의식에 직접 주어진 것들에 관한 시론

대우고전총서
Daewoo Classical Library
001

의식에 직접 주어진 것들에 관한 시론

Essai sur les données immédiates de la conscience

앙리 베르크손 | 최화 옮김

아카넷

앙리 베르크손(1859–1941)

빠리 고등사범학교 1878년 입학 동기들 사이의 베르크손(오른쪽의 서 있는 이). 장 조레스(첫 줄 왼쪽에서 두 번째)와 폴 데자르댕(베르크손 뒤 한 사람 건너 베레모 쓴 이)이 보인다.

앙리 4세 고등학교의 제자들과 함께(둘째 줄 중앙이 베르크손)

1883년 끌레르몽페랑의 베르크손

볼로냐 세계 철학자 대회(1911)에 참석한 베르크손

1911년 꼴레즈 드 프랑스의 강의실에서 빠리 사교계의 청중들에게 둘러싸인 베르크손

1913년 12월 30일 꼴레즈 드 프랑스의 끌로드 베르나르 탄생 100주년 기념식에서 그의 철학에 대해 강연하는 베르크손

1921년 조제프 조프르 원수와 베르크손

프루스트가 베르크손에게 보낸 정확하고도 깊이 있는 헌사. 〈라이프니츠 이후 가장 위대한 형이상학자께… 사람들이 이유도 없이, 또 운율도 맞지 않게 '베르크손적 소설'이라 불리는 작품을 쓴 한 경탄자가…〉

1914년에 아카데미 프랑세즈 회원으로 선출된 베르크손이 1918년 1월에야 정식으로 입회함.

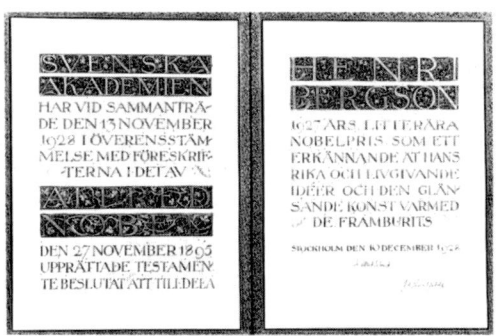

1927년도 노벨문학상을 1928년 12월에 수상

생시르쉬르루아르의 별장 〈라 고디니에르〉. 아나톨 프랑스의 〈라 베셀러리〉와 마주하고 있었다.

서재에서의 베르크손

빠리 몽모랑시의 자택 앞에서

베르크손과 부인

베르크손과 딸 잔느

명상 중인 베르크손의 옆모습

역자 서문

 한국에서 베르크손은 이제 더 이상 여러 서양 철학자들 중의 한 사람이 아니다. 박홍규라는 걸출한 형이상학자의 작업을 통해 그는 플라톤과 함께 서양철학, 아니 철학 자체의 가장 기본적인 두 방향을 대표하는 철학자로 자리매겨졌다. 박홍규는 진화의 긴 여정에서 〈지성intelligence〉의 방향을 대표하는 인간의 가장 기본적인 사유의 틀을 마련한 플라톤과, 그런 지성의 연원 자체를 뚫고 들어감으로써 진화의 의미를 밝힘과 동시에 플라톤 철학을 완전히 뒤집은 형이상학을 제시한 앙리 베르크손을, 허망한 사색이 아니라 사실에 바탕을 둔 참된 철학의 양대 줄기로 파악하고, 그 양자 사이의 이동(異同)에서 나오는 온갖 철학적 함의들을 하나하나 분석해 냈다. 자료에 충실한 철학을 하는 한 〈누가 해도 마찬가지일 수밖에 없는〉 인간의 가장 기본적인 사유와 분석의 틀을 확립한 것이 플라톤이라면, 어느 누구도 그로부터 자유로울 수 없으며, 따라서 베르크손 역시 형이상학을 한다는 점에서는 플라톤의 제자라 해야 할 것이나, 논리의 배후를 파고 들어가 그 논리 자체의 원천을 내부로부터 밝히고 사물의 고정성이 아니라 생명의 동적 자발성으로부터 세계를 파악함으로써 플라톤을 완전히 뒤집은 전혀 새로운 형이상학을 제시한 것이 베르크손이기에, 전면적이기를 원하는 형이상학은 그 양자를 다 취할 수밖에 없다는 것이 그의 분석의 요지이다. 세계 어디서도 이러한 철학사 파악은 찾아볼 수 없으며, 플라톤과 베르크손이 짝지어져 이처럼 깊이 이해되고 이처럼 높이 평가된 적은 없다. 결국 박홍규라는 한 이해와 분석의 천재를 통해 그 둘은 그 어디에서도 유래가 없는 깊은 이해와 연구의 대상이 되는 특권을 바로 한국에서 누린 셈이며, 그와 함께 그들은 한국 지성사에 편입된 것이다. 그리하여 그들은 더 이상 풍문으로 들은 이런저런 외국 철학자가 아니라, 한국의 철학자가 세계에서도 가장 심오하고 특별한 해석을 해낸 우리의 철학자, 또는 적어도 이미 〈우리화〉하여 우리의 일부분이 된 철학자라 하지 않을 수 없다.

이제 서양철학을 공부하면 남의 등긁기에 불과하고 동양철학을 해야 우리 것을 하는 것이라는 유아기적 발상을 버릴 때가 왔다. 그런 식이라면 공자는 어찌 우리 것이며, 불교는 어찌 우리 것인가? 아니, 완전히 우리만의 우리 것이 어디 있는가? 우리가 우리 식으로 소화한 것은 바로 우리 것이며, 그러기에 공자도 우리 것이요 불교도 우리 것이며, 따라서 플라톤도 베르크손도 이제 우리 것이다. 사실 그런 정도의 보편성도 없다면 그것들이 어찌 세계적인 종교나 철학이 될 수 있었겠는가? 물론 플라톤이나 베르크손 쪽이 공자나 불교에 비해 우리와 접한 역사가 짧은 것은 사실이다. 그 점에서는 확실히 후자 쪽이 전자 쪽보다는 더 강한 의미에서의 우리 것이라 해야 할 것이다. 그러나 우리의 현재를 움직이는 힘에서 전자 쪽은 후자 쪽에 뒤지지 않는다. 가령 우리 대학들의 체제는 플라톤적 학문 체제로 되어 있지 성균관 체제로 되어 있지는 않으며, 정치 체제도 유교적 왕권 국가가 아니라 민주정인 것이다. 사실 네 것, 내 것을 따지는 것 자체가 학문의 세계에서는 별 의미 없는 일인지도 모른다. 그러나 너무도 서양 일변도로 치닫는 우리 삶의 모습이 우리로 하여금 우리 것을 찾자는 반성을 하게 했고, 그것은 아직도 우리의 당면 과제이다. 그러나 진정으로 우리를 찾는 것은 무조건 서양을 배격하는 것이 아니라, 그것에 압도되지 않고 소화해 내는 데에 있다. 바로 그 점에서 플라톤과 베르크손은 밖에서 왔지만 우리 것으로 된 대표적인 사례이다. 오늘의 이 역주도 베르크손을 우리 것으로 만든 박홍규의 작업의 연장선상에서 이루어진 것이다. 그가 없었다면 혹시 번역은 가능했을지 몰라도 주석은 불가능했을 것이기 때문이다.

포스트-모더니즘의 유행이 사그러드는 요즈음 프랑스 내에서도 다시 베르크손으로 돌아가려는 움직임이 보인다. 그의 강의록이 새롭게 편찬된 것은 물론, 최근 그에 관한 연구가 부쩍 늘고 있다. 그럴 수밖에 없는 것이 아닐까? 베르크손은 분명 새로운 것을 모색하려 할 때 항상 다시 찾지 않을 수 없는 현대 철학의 영감의 원천이다. 더구나 운동의 근원성을 강조하면서도 정지의 연원을 잊지 않는 그의 균형 감각은 철학자라면 놓치지 말아야 할 교과서적 모범이다. 그러므로 이 철학자들의 철학자, 선생들의 선생의 번역을 새로운 길을 모색하는 모든 한국의 철학자와 철학도들에게 바친다.

다음은 이 책을 읽을 때 필요한 참고 사항이다.

1. 번역은 의역을 원칙으로 했다. 축자역이 아니기 때문에 프랑스 어의 원문과 대조해 가며 읽는 독자는 프랑스 어의 문장구조와 우리말의 구조가 꼭 일치하지 않는 경우를 많이 볼 것이다. 그러나 그것은 원저자의 뜻을 가능한 한 살리면서도 우리말의 흐름에 맞도록 번역한 데에 기인한 것이므로, 너무 성급하게 오역이라는 판단을 내리지 말고 찬찬히 그 의미를 살피면 이해될 줄로 믿는다. 가장 흔한 경우는 가령 형용사가 부사나 부사구로, 명사가 동사나 명사구로, 또 관계문이 이유나 양보의 부사구로 바뀌는 경우인데 이 같은 것은 번역에서 자주 일어나는 일이므로 별문제가 없을 것이다. 그러나 가장 문제가 되는 것은 동사의 시제나 법(法)의 경우인데, 프랑스 어와 우리말의 동사 시제는 너무도 달라서 가령 초보 문법책에 나와 있듯이 현재는 현재, 미래는 미래라는 식의 대응이 결코 일률적으로 이루어지지 않는다. 또 문법적으로는 올바르게 번역했고, 그 문장 자체로만 보면 틀린 것이 아닌데 전체 문맥의 흐름상 어색한 것이 있다. 가령 직설법 현재의 반어적 의문법을 〈-가 아닌가?〉로 번역해 놓으면 문맥상 껄끄럽고, 〈-가 아니겠는가?〉나 〈-가 아닐까?〉로 해야 더 부드러울 때가 있다. 이러한 것은 프랑스 어와 우리말의 미묘한 뉘앙스의 차이로서, 아직 문법적으로 정리되어 있지 않은 것으로 안다. 어쨌든 번역의 원칙은 최대한 원문에 충실하면서도, 우리말의 표현법에 맞아야 하고, 우리말로만 읽어도 무슨 소린지 알아듣게 해야 한다는 것이었다. 어디까지나 우리말 번역이기 때문이다.

2. 주석은 우선적으로 원문을 보지 않고 이 번역본만으로도 이

해할 수 있도록 하는 데에 주안점을 두었다. 물론 철학적으로 중요한 곳에 대해서는 역주자의 판단에 따라 역주자 나름의 해석을 붙였다. 독자들은 이것이 가능한 오직 하나의 해석이라고 생각하지 말고 자유롭게 참조하기를 바란다. 원전의 주석은 역자 주석과 구분하기 위해 (원주)라 표시하였다.

3. 지금까지 나온 『시론』의 판본은 다음 8가지로 정리할 수 있다. 우리는 (V)로 작업했지만 (IV)의 주석을 계속 참조했다. 우리가 표시한 본문 옆의 쪽수는 (III)[또는 (V)]를 따랐다.

(I) 초판, Paris, Félix Alcan, 1889(Bibliothèque de philosophie contemporaine). 머리말(vii-viii), 본문(1-182쪽).
(II) 두번째 Alcan판, MM이 성공한 이후에 나와서 1939년까지 이어짐. 본문이 1-184쪽으로 나뉨. 몇 부분 수정이 이루어짐.
(III) 1940년 PUF판. 본문은 1-180쪽. 이후 지금까지 줄곧 이 판으로 유지됨. (V)도 이 판과 같음. (IV)도 이 판의 쪽수를 따름.
(IV) *Oeuvres*, 1959년 베르크손 탄생 100주년 기념으로 발간된 한 권짜리 전집. André Robinet의 문헌 비판 apparat critique과 역사 주석 notes historiques이 붙어 있음.
(V) Quadrige(31)판, 1982, PUF. 현재 이용되고 있는 최근판.

위의 일반적인 판본들 이외에 다음과 같은 특별한 판들도 있다.
(VI) *Oeuvres complètes d'Henri Bergson*, Genève, Albert Skira, I 권, 186쪽, 1945. 11. 15.

(VII) Evreux, C. Hérissey, 1927, XII, 295(col. L'intelligence 6). 베르크손 생전에 그의 허락을 받아 출판된 이 판본은 Albert Thibaudet의 서문이 붙어 있으며, (II)를 기초로 이루어진 것이다.

(VIII) Hersg. von Hans Kinkel. Bielefeld, Velhagen und Klasing, 1928, XX, 138(Velhagen und Klasings Sammelung, französich und engl. Schulausgaben. Prosateurs français, vol. 238).

4. 주석에 등장하는 베르크손 작품의 약어는 다음과 같다.

MM	*Matière et mémoire*
EC	*L'évolution créatrice*
DSMR	*Les deux sources de la morale et de la religion*
PM	*La pensée et le mouvant*
ES	*L'énergie spirituelle*
DS	*Durée et simultanéité*

끝으로 원고를 세밀히 검토하여 모든 잘못되거나 어색한 부분을 꼼꼼히 지적해 주었으며, 주석에 대해서도 여러 다른 의견을 제시한 황수영 박사와 너무나도 정확하게 모든 허점들을 교정해 준 이윤주씨께 이 자리를 빌려 감사의 마음을 전한다. 그러나 모든 번역과 주석상의 오류는 역주자의 책임임은 물론이다.

학술원 회원이며
공교육 총 감독관이신
쥘 라셜리에 씨께
경의와 더불어 헌정합니다.

【차례】

역자 서문 5

머리말 15
제1장 심리상태들의 강도에 관하여 17
제2장 의식상태들의 다수성에 관하여 : 지속의 관념 97
제3장 의식상태들의 조직화에 관하여 : 자유 179
결론 273

해제 : 베르크손의 생애와 철학, 그리고 『시론』 293
베르크손 연보 365
참고문헌 375
찾아보기 391

머리말

 우리는 반드시 말을 통해 의사를 표현하며, 우리의 사유는 대부분 공간에서 이루어진다. 달리 말해서, 언어는 물질적 대상들 사이에서와 같은 선명하고도 명확한 구별, 즉 불연속성[1]을 우리의 관념들 사이에도 확립할 것을 요구한다. 그렇게 [대상과 관념을] 동일시하는 것이 실제의 삶에서는 유용한 것이며, 대부분의 과학에서는 필수적이다. 그러나 몇몇 철학적 문제들이 일으키는 극복할 수 없는 난관들은 전혀 공간을 차지하지 않는 현상들을 공간 위에 병치시키려고 고집하는 데서 오는 것은 아닐까 그리고 어떤 거친 이미지를 둘러싸고 논쟁이 벌어질 때, 그 거친 이미지들을 빼버리고 나면 때로는 논쟁이 끝나는 것은 아닐까 하는 것

---

[1] 이 구절을 베르크손이 물질적 사물들 사이에 명확한 불연속성을 인정한 것으로 해석해서는 안 된다. 베르크손은 반대로 물질계에서야말로 불연속성이 없으며, 거기에 불연속성을 개입시킨 것은 오히려 우리 자신을 포함한 여러 활동적 기능들이라 생각한다. 여기서 말하는 불연속성은 공간적 구별이 당연히 지닐 수밖에 없는 상대적 불연속성이다.

을 자문해 볼 수 있다. 비연장적인 것을 연장적인 것으로, 질을 양으로 부당하게 번역함으로써, 제기된 문제의 바로 한가운데에 모순을 자리잡게 했을 때, 제시된 해답들 속에서 그 모순을 다시 발견하는 것이 놀라운 일일까?

여러 문제들 중에 우리는 형이상학과 심리학에 공통적인 문제, 즉 자유의 문제를 선택했다. 우리가 확립하려고 시도하는 것은 결정론자들과 그 반대자들 사이의 모든 논쟁이 이미 그 전제 속에, 지속과 연장성, 계기(繼起)와 동시성, 질과 양 사이의 혼동을 포함하고 있다는 점이다. 그러한 혼동이 일단 걷히기만 하면, 아마도 자유에 반대하여 제기되는 반론들과 자유에 대해 사람들이 내리는 정의들 그리고 어떤 의미에서는 자유의 문제 자체가 사라지는 것을 보게 될 것이다. 그것을 증명하는 것은 우리 작업의 세 번째 부분의 일이다. 강도(强度)와 지속의 개념을 연구하는 처음의 두 장은 제3장에 대한 입문으로 사용될 수 있도록 썼다.

1888년 2월
앙리 베르크손

제1장

심리상태들의 강도에 관하여

 사람들은 보통 감각, 감정, 열정, 노력과 같은 의식의 상태들이 증가하거나 감소할 수 있다고 생각한다. 어떤 이들은 심지어 어느 한 감각이 같은 성질을 가진 다른 감각보다 두 배, 세 배, 네 배 더 강하다고 말할 수 있음을 확언한다. 나중에 살펴보겠지만 이것은 정신물리학자[1]들의 주장이다. 그러나 정신물리학의 반대자들조차 다른 감각보다 더 강한 감각, 다른 노력보다 더 큰 노력에 대해 이야기하고, 그리하여 순전히 내적인 상태들 사이에 양적인

---

[1] 정신물리학psychophysique은 페히너Fechner가 창시한 것으로서 물리적인 자극과 그 자극이 발생시키는 감각경험의 크기 사이의 관계를 탐구하는 이론이다. 표준자극과 최소가지 차이(最小可知差異)가 비례한다는 베버Weber의 법칙과 감각의 크기는 자극의 대수함수라는 페히너의 법칙이 가장 유명하다. 베르크손은 이 장의 마지막 부분에서 이 이론을 비판한다(83-93쪽 참조).

차이를 수립하는 데에 아무런 장애도 느끼지 않는다. 게다가 그 점에 관해 상식이 취하는 태도는 조금의 주저도 없다. 사람들은 더 덥다거나 덜 덥다거나, 더 슬프다거나 덜 슬프다고 말하며, 그러한 〈더〉와 〈덜〉의 구별이 주관적인 사실이나 비연장적(非延長的)인 사물의 영역으로 확장될 때조차 아무도 놀라지 않는다. 그러나 거기에는 매우 불분명한 점이 있으며, 일반적으로 생각하는 것보다 훨씬 중대한 문제가 있다.

가령 어떤 수가 다른 수보다 더 크다거나, 한 물체가 다른 물체보다 더 크다고 주장할 때, 사람들은 그것이 무엇을 말하는지 매우 잘 안다. 왜냐하면 조금 후에 자세히 증명되겠지만, 두 경우 모두 크기가 다른 공간에 관한 문제이며, 여기서 더 큰 공간이란 다른 〔더 작은〕 공간을 포함하는 공간을 일컫는 말이기 때문이다. 그러나 더 강한 감각의 경우에는 그것이 어떻게 더 약한 강도(强渡)의 감각을 포함할 것인가? 전자가 후자를 내포하며, 더 높은 강도의 감각에 도달하려면 더 낮은 강도를 먼저 거친다는 조건을 만족시켜야만 하고, 그리하여 여기서도 역시 어떤 의미에서는 포함하는 것과 포함되는 것의 관계가 존재한다고 할 것인가? 강도의 크기에 관한 이러한 관념은 상식의 관념으로 보이나, 그것을 철학적 설명으로 확립하려면 진정한 악순환을 범하지 않을 수 없을 것이다. 예를 들어 자연수 계열에서 한 수가 다른 수 다음에 올 때 그것이 다른 수보다 크다는 것에는 이론(異論)의 여지가 없다. 그러나 수를 증가하는 순서로 배열할 수 있었다면, 그것은 바로 그들 사이에 포함하는 것과 포함되는 것의 관계가 존재하기 때문이며, 어떤 의미에서 하나가 다른 것보다 더 큰지를 정확하게 설명할 수 있음이 느껴지기 때문이다. 그렇다면 문제는 이제 서로 포개질 수 없는 강도를 가지고도 어떻게 그런 종류의 계열을 만드는 데 성공할 수 있는지, 그리고 무슨 징표로 그런 계열의 항들이 가령 감소하지 않고 증가한다고 알아차릴 수 있는지를 아는 것이다. 그것은 항상 어째서 강도가 크기와 동일시될 수 있는지를 묻는 것과 마찬가지이다.

사람들이 보통 그렇게 하듯이,[2] 두 종류의 양, 즉 첫번째로 외연적이고 측정 가능한 양과, 두번째로 측정은 포함하고 있지 않지만 그럼에도 불구하고 다른 것보다 더 크거나 더 작다고 말할 수 있는 강도의 양을 나누는 것은 문제를 회피하는 것이다. 왜냐하면 그렇게 함으로써 이쪽이나 저쪽 모두를 크기라 부르고 둘 다 마찬가지로 증가하고 감소할 수 있다고 선언하는 것이므로, 그 두 형태의 크기에 어떤 공통적인 것이 있음을 인정하는 것이기 때문이다. 그러나 크기의 관점에서 볼 때 외연적인 것과 강도의 성격을 띤 것, 연장적인 것과 비연장적인 것에 어떤 공통점이 있을 수 있겠는가? 첫번째의 경우에는 다른 것을 포함하는 것을 더 큰 양이라 부를 수 있지만, 포함하는 것과 포함되는 것이 더 이상 존재하지 않는 [두번째의] 경우에는 어째서 여전히 양을 이야기해야 하는 것일까? 양이 증가하고 감소할 수 있다면, 즉 거기서 이를테면 더 속에서 덜이 발견된다면, 바로 그 사실 자체에 의해 양은 나누어질 수 있는 것이고, 바로 그렇기 때문에 연장적

---

[2] 연상심리학자들. A. Bain, *The senses and the intellect* 1, III, 2, 62-65쪽. 정신물리학자들도 이러한 구별을 한다(IV, 1543쪽, 주 p. 6, l. 21 참조).

étendue인 것이 아닌가? 그렇다면 비외연적 inextensive인 양을 말하는 것에 과연 아무런 모순도 없을까? 그러나 상식은 순수한 강도를 마치 연장(延長)처럼 크기로 확립하는 점에 대해서 철학자들에 찬성한다. 두 경우 모두에 동일한 용어를 사용할 뿐만 아니라, 더 큰 강도를 생각하든 더 큰 연장을 생각하든 우리는 모두 동일한 인상을 갖는다. 〈더 큰〉이나 〈더 작은〉이라는 용어는 두 경우 모두 분명히 동일한 관념을 불러일으킨다. 이제 그러한 관념이 무엇으로 이루어졌는지를 스스로에게 물어보면 의식이 우리에게 제공하는 것은 여전히 포함하는 것과 포함되는 것의 이미지이다. 우리는 가령 더 큰 강도의 노력을 더욱 길게 감긴 실이나 풀리면 더 큰 공간을 차지할 태엽으로 표상한다. 강도라는 관념 그리고 심지어는 그것을 번역하는 단어 속에서도 현재의 응축, 따라서 장래의 이완이라는 이미지, 잠재적 연장성과 이를테면 압축된 공간이라는 이미지가 발견될 것이다.[3] 따라서 우리가 강도의 성격을 띤 것을 외연적인 것으로 번역한다는 것 그리고 두 강도 사이의 비교는, 두 연장 사이의 관계라는 혼동된 직관에 의해 이루어지거나 또는 적어도 그렇게 표현된다는 것을 믿을 수밖에 없다. 그러나 그러한 조작의 본성〔이 과연 무엇인지〕를 결정하기는 쉽지 않아 보인다.

일단 이 길에 들어서면 머리에 즉각 떠오르는 해법이 하나 있다. 그것은 어떠한 감각이나 자아의 상태이든, 그것의 강도를, 그

---

3) 강도를 의미하는 프랑스 어 〈intensité〉는 〈안으로 향하다〉〈안으로 펼치다〉라는 의미이므로 이미 공간적인 표상이 들어가 있다.

것을 낳게 한 객관적이며 따라서 측정 가능한 원인들의 수나 크기로 정의함으로써 문제가 풀리지나 않을까 하는 것이다.[4] 빛의 감각 중에 더 강한 감각은 더 많은 광원—그들 사이의 거리와 밝기가 동일하다면—에 의해 획득되었거나 될 것이라는 점은 반론의 여지가 없다. 그러나 압도적 다수의 경우에 우리는 원인의 성격조차 모르면서, 그리고 그 크기는 더더욱 모름에도 불구하고 그 결과의 강도에 대해 이러쿵저러쿵 이야기한다. 심지어 우리는 결과의 강도를 가지고 원인의 수와 성격에 대해 무모한 가설을 내세우기 일쑤이고, 그리하여 처음에는 원인들이 무의미하게 보이던, 감각의 판단을 그 결과의 강도에 의해 수정하기에까지 이르게 된다. 우리는 그때 결과의 경험과 동시에 그 원인이 완전하게 지각되는 이전의 어떤 상태와 자아의 현재 상태를 비교하는 것이라고 둘러대도 소용없다.[5] 아닌게 아니라 상당히 많은 경우 우리는 그와 같은 절차를 따르고 있는지도 모른다.[6] 그러나 그렇다 하더라도 우리로부터 나오며 더 이상 외부의 원인으로부터 나

---

4) 연상심리학자들에게서 이러한 생각이 발견된다. A. Bain, *The senses and the intellect 1*; H. Taine, *De l' intelligence*, t. I, livre IV, 곳곳에서(IV, 1543쪽, 주 p. 7, l. 20 참조).

5) A. Bain, 위의 책, 64쪽 참조(IV, 1548쪽, 주 p. 7, l. 35). 현재는 명확하게 원인을 해명할 수 없지만, 원인과 결과가 명확히 인식되던 과거의 상태와 현재를 비교함으로써 원인과 결과의 관계를 해명할 수 있을 것이라는 생각을 말한다.

6) 〈아닌게 아니라……모른다〉는 〈sans doute〉를 번역한 말이다. 그 말에는 〈틀림없이〉나 〈분명히〉라는 의미도 있지만 많은 경우 〈아마도〉를 의미한다.

오지 않는 깊은 심리적 사실들 사이에 우리가 세우는 강도의 차이는 전혀 설명되지 않는다. 다른 한편, 현상의 주관적 측면이 우리를 자극하는 유일한 것일 때나 그 주관적 측면에 결부되는 외부 원인이 측정을 포함하기 어려울 때만큼 우리가 무리를 해서라도 심리적 상태의 강도에 대해 이야기하고 싶어하는 때는 없다. 그리하여 머리카락보다는 이빨이 뽑히는 것을 느낄 때 더 강한 고통을 경험하는 것은 분명해 보이며, 예술가들이 가게의 간판보다 거장의 회화가 더 큰 즐거움을 줌을 안다는 것은 의심의 여지가 없고, 철봉을 구부리려는 것보다는 면도날을 꺾는 것이 힘이 덜 든다는 것을 인정하기 위해 응집력에 대해 이야기하는 것을 반드시 들었어야만 할 필요는 없다.[7] 따라서 두 강도의 비교는 대부분 원인의 수, 그 작용 방식 그리고 그 범위 étendue에 대한 조그만큼의 평가도 없이 이루어진다.

동일한 성격이지만 좀더 미묘한 가설의 여지가 아직 있다고들 〔주장〕하는 것도 사실이다. 주지하는 바와 같이, 역학 이론 그리고 특히 운동론은, 물체의 외양적이고 감각적인 특성들을 분명히 결정된 그 구성 부분들의 운동으로 설명하려고 한다. 또 어떤 이들[8]은 질, 즉 감각의 강도의 intensive 차이가 그 배후에서 이루어

---

7) 이빨과 머리카락은 외부대상 사이의 측정이 명백히 어려운 경우이고, 간판과 회화는 현상의 주관적 측면이 우리를 자극하는 유일한 것일 경우이며, 철봉과 면도날은 그 자체로서는 측정이 가능하지만 응집력에 대해 아무것도 모르는 사람에게는 결국 측정되지 않는 것이나 마찬가지인 경우이다.

8) 이들이 누구인지는 불분명하다. 로비네는 정신물리학자라 추측한다(IV, 1543쪽, 주 p. 8, l. 21 참조). 그러나 데 브로카와 같이 뇌와 심리적 기능

지는 변화들 간의 외연적extensive 차이로 환원될 때가 오리라고 예견한다. 그런 이론을 모르더라도 우리는 그것에 대한 막연한 예감을 가지고 있으며, 더 강한 소리 아래에서는 더 큰 진동이 〔그 소리가〕 울리는 지역으로 퍼져 나갈 것이라고 추측하며, 한 소리에 대해 더 큰 강도를 말할 때 우리가 암시하고 있는 것은 바로 막연하게 의식되나마 매우 정확한 그런 수학적 관계임을 주장할 수 있지 않겠는가? 그렇게 멀리 나갈 것도 없이, 모든 의식의 상태는 뇌수의 분자와 원자들의 일정한 진동에 대응하며, 감각의 강도는 그러한 분자운동의 폭과 복잡성, 또는 범위만큼의 측정치를 가진다는 것을 원리로 놓을 수는 없을까? 이 후자의 가설은 적어도 전자만큼은 그럴싸하지만, 그 역시 문제를 해결하지 못한다. 왜냐하면 한 감각의 강도가 우리 몸 속에서 일어나는 일travail의 크고 작음을 나타내는 것은 가능하지만, 의식에 의해 우리에게 주어진 것은 감각이지 그러한 기계적인 일이 아니기 때문이다. 우리는 오히려 감각의 강도에 의해 이루어진 작업량의 크고 작음을 판단한다. 따라서 강도는 적어도 외관상으로는 분명 감각의 특성이다.[9] 그리하여 항상 같은 질문이 제기된다. 어찌하여 우리

   사이의 연관관계를 확보하려고 하는 사람들일 수도 있다.
9) 여기서 베르크손이 지적하고 싶어하는 것은 우리에게 주어지는 감각이라는 현상은 분명히 있고, 그것은 뇌수에서의 분자운동과는 완전히 다르며, 따라서 강도는 감각과 그 감각을 일으킨 외부대상과의 관계의 문제이지 대뇌피질에서의 분자운동과 감각, 또는 외부대상과 분자운동간의 문제는 아니라는 점이다. 대뇌의 분자운동과 감각을 위시한 심리상태의 관계에 관한 문제, 즉 심신관계 문제는 MM, 그 중에서도 특히 제2장에서 그리고 EP의 "L'âme et le corps" "Le cerveau et la pensée: une illusion

는 더 높은 supérieure[10] 강도를 더 크다고 말하는가? 어째서 우리는 더 큰 양, 즉 더 큰 공간을 생각하는가?[11]

philosophique"에 본격적으로 다루어져 있다.

10) 〈supérieure〉는 여기서 양적으로 더 큰 것이 아니라, 질적으로 다르지만 더 높은 것을 의미한다. 가령 가벼운 것을 드는 느낌과 무거운 것을 드는 느낌은 무게를 든다는 점에서는 같지만 그 느낌 자체는 질적으로 완전히 다르다. 이때 후자가 〈더 높은〉 감각이다.

11) 지금까지는 문제를 제기하는 부분이다. 이상을 요약하면 대충 다음과 같다. 사람들은 심리적 상태들의 크기를 말하고 그것을 잴 수 있다고 생각하는데, 사실은 연장적인 것만을 잴 수 있는 것이지 비연장적인 심리적 상태는 잴 수 없다(거기에는 자를 갖다 댈 수 없으므로). 그런데도 사람들은 왜 잴 수 있다고 생각하는가? 그들은 우선 원인에 의해 잴 수 있다고 생각할지 모르지만, 그것이 옳다 하더라도 외부 원인과는 아무 관계가 없는 순수 주관적인 상태들의 경우는 설명이 되지 않을 뿐 아니라, 외부 원인들을 서로 비교할 수 없을 때 오히려 더 강도를 이야기하려는 경향을 보인다는 사실도 이해되지 않는다. 또 감각의 강도 차이를 그 배후의 외연적 차이로 환원하거나 의식의 상태를 뇌수의 분자적 운동으로 설명하려는 시도도 그런 운동과 감각 자체(즉 순수 질적인 것) 사이의 간격을 메울 수 없다. 그러므로 어째서 순수 질적인 강도를 양적인 크기로 생각하는지에 대한 의문은 계속 남는다.

앞으로 깊은 감정, 미적 감정, 도덕감, 근육의 힘쓰기, 주의, 격렬한 감정, 정조적 감각, 표상적 감각, 정신물리학의 순으로 의식의 심리적 상태들을 분석하는데, 그러한 순서는 근육의 힘쓰기를 제외하면 대체로 깊은 의식의 차원에서 의식의 표면, 즉 순수 의식에서 신체나 외부 대상과 결합된 의식으로 나아가는 점진적 서술방식이다. 이 장 전체의 의도는 의식의 각 상태는 모두 질적으로 다른 것이기 때문에 양적으로 계산할 수 없음을 보여주는 것이므로 가장 덜 공간적인 것, 즉 가장 덜 양적인 것으로부터 공간과 가장 많이 관련된 것, 즉 가장 양적인 성격이 강한 것으로 나아감으로써, 증명하기 가장 쉬운 것에서 가장 어려운 것으로 진행하는 아마도 이 문제의 어려움은 특히 우리가 매우 성질이 다른 강도들, 이를테면 감정의 강도와 감각이나 노력의 강도를 동일한 이름으로 부르고, 동일한 방식으로 표상하는 데 기인하는 것 같다. 노력은 근육 감각을 동반하며, 감각 자체는 또 그 강도의 평가에 어떤 요인으로 작용할지도 모르는 모종의 신체적 조건에 연결되어 있다. 감각이나 노력은 모두 의식의 표면에서 일어나는 현상들이며, 나중에 살펴볼 것처럼[12] 운동[13]이나 외부 대상의 지각과 항상 결합되는 현상들이다. 그러나 영혼의 어떤 상태들은 옳든 그르든 자기 충족적으로 보인다. 깊은 슬픔과 기쁨, 숙고한 열정passions réfléchies,[14] 미적 감동이 그러하다. 순수한 강도는 어떠한 외연적 요소도 개입하지 않는 것처럼 보이는 그런 단순한 경우에 더 쉽게 정의되어야 한다. 왜냐하면 곧 보게 될 것처럼 그것은 여기서 크고 작은 덩어리의 심리적 상태들을 물들이는 어떤 성질이나 색조로, 또는 원한다면, 기저의 느낌émotion fonda-mentale[15]에 스며드는 크고 작은 수의 단순한 상태들로 환원되기 때문이다.

가령 막연한 욕망이 점점 깊은 열정이 되는 경우가 있다. 당신

    방식을 취한다.
12) 40-51쪽 참조.
13) 여기서는 특히 공간 운동.
14) 즉물적이며 즉각적인 열정이 아니라, 심사숙고한 뒤에도 또는 그것에 의하여 계속되고 강화되는 열정.
15) 〈기저의 느낌émotion fondamentale〉은 앞으로도 여러 번 나올 것인데, 여러 표면적 감정들이 녹아들어가는 감정의 가장 밑바닥에 자리잡은 표현할 수 없는 모종의 느낌을 말한다.

은, 그 욕망의 강도가 약했던 것은 우선 그것이 고립되어 있었고, 당신의 내적 삶의 모든 나머지 부분에 대해 낯선 것으로 보였기 때문이었음을 간파할 것이다. 그러나 그 욕망이 조금씩 더 큰 수의 심리적 요소들에 침투하여 그것들을, 말하자면 자신의 고유한 색깔로 물들였다. 그리하여 지금은 이제 사태 전체에 대한 당신의 관점이 변한 것으로 보이는 것이 아닌가. 사실, 당신이 깊은 열정을 깨닫게 되는 것은 일단 그것이 형성된 후에는 동일한 대상이 당신에게 더 이상 동일한 인상을 주지 않게 되었기 때문이 아닌가. 당신의 모든 감각과 모든 생각이 그로 인해 새롭게 생기를 찾은 것처럼 보이는데, 그것은 마치 어린 시절을 새롭게 맞이한 것과 같다.[16] 그와 비슷한 것을 우리는, 매우 범상한 것을 떠올렸을 뿐임에도 알지 못할 독특한originale 선율이 줄곧 울려퍼지는 몇몇 꿈들 속에서 경험한다. 그것은 의식 깊은 곳으로 내려갈수록 심리적 사실들을 상호 병치되는 사물들처럼 취급할 권리가 줄어들기 때문이다. 한 대상이 영혼 속에 커다란 자리를 차지한다거나 심지어는 모든 자리를 차지한다고 말할 때, 그 말은 단지 그 대상의 상image이 수많은 지각이나 기억들의 색조를 변경시켰고, 그러한 의미에서 그 상이 지각이나 기억들에 침투하였다 —— 그 상을 그것들 속에서 볼 수는 없지만 —— 는 의미로 이해되어야 한다.[17] 그러나 그런 대단히 동적인 표상은 반성적 의식

---

16) 즉, 열정의 각 단계들은 모두 그 색조가 다른 상태들이다. 즉, 질적으로 다른 상태들이다. 가령, 사과와 사람을 같이 셀 수 없는 것과 마찬가지로 센다는 것은 항상 동질적인 것들 사이에서만 가능하므로, 이 다른 열정의 단계들을 양화할 수 없다.

conscience refléchie[18])이 싫어하는 것인데, 그것은 반성적 의식이 말로 쉽게 표현되는 확연한 구별과 공간에서 발견되는 것처럼 분명하게 윤곽이 정해진 사물들을 좋아하기 때문이다. 그러한 의식은 따라서 나머지가 동일하게 있는 한, 어느 한 욕망이 여러 크기들을 연속적으로 거쳐 온 것으로 가정할 것이다. 마치 다수성도 공간도 없는 곳에서도 여전히 크기를 말할 수 있기나 하다는 듯이! 우리는 그러한 의식이 몸의 표면에서 행해지는 점점 더 많은 수의 근육 수축을 유기체의 주어진 한 점에 집중시킴으로써 그것을 점증하는 강도의 노력으로 만드는 것을 보게 될 것이며,[19] 그와 마찬가지로 공존하는 심리적 사실들의 혼융된 덩어리에서 일어나는 점진적인 변화들도 따로 떼내, 커져 가는 하나의 욕망의 형태로 결정화(結晶化)할 것이다.[20] 그러나 그것은 크기의 변화라기보다는 질qualité의 변화이다.

희망을 그렇게도 강력한 즐거움으로 만드는 것은, 우리 마음대로 좌지우지할 수 있는 미래가 동시에 여러 형태로, 그것도 모두 동일하게 미소지으며 동일하게 가능한 것으로 나타나기 때문이

---

17) 즉, 한 대상이 영혼에서 큰 자리를 차지한다거나, 적은 자리를 차지한다는 것은 공간의 크고 작음을 의미하는 것이 아니라, 사실은 각각의 색조가 다르다는 것, 즉 질적으로 다름을 의미한다.
18) 바로 이어지는 설명처럼, 반성적 의식은 사물을 하나하나 구별하여 대상화하고 공간화하는 의식이다.
19) 근육운동을 다루는 곳에서(40-46쪽 참조).
20) 〈공존하는 심리적 사실들의 혼융된 덩어리에서 일어나는 점진적인 변화들〉은 다 질적으로 달라지는 변화임에도 불구하고, 그것을 어떤 한 장소에서의 크기의 변화로 생각한다는 것.

다. 그 중에서 가장 원하던 것이 실현된다 하더라도, 다른 것들을 희생해야 할 것이며, 그리하여 많은 것을 잃어버리게 될 것이다. 무한한 가능성들로 가득차 있기에, 미래에 대한 생각은 결국 미래 자체보다도 더 풍부하기 때문에 우리는 소유보다는 희망에서, 현실보다는 꿈에서 더 많은 매력을 발견한다.[21]

어떠한 신체적 징후도 개입되지 않는 예외적인 경우에 기쁨이나 슬픔의 점증하는 강도는 어디에서 성립하는지를 밝혀 보기로 하자. 열정과 마찬가지로 내적인 기쁨은 우선 마음의 한 구석을 차지했다가 점차적으로 그 자리를 넓혀 가는 고립된 심리적 사실이 아니다. 가장 낮은 단계에서 그것은 우리 의식의 상태들이 미래로 방향을 잡는 것과 상당히 비슷하다. 다음에는 마치 그러한 인력(引力)[22]이 심리상태들의 무게를 감소시킨 것처럼, 생각과 감각들이 더 빨리 이어지며, 우리의 동작들은 더 이상 동일한 노력을 지불하지 않는다. 마지막으로 극도의 기쁨에서는 우리의 지각과 기억들이 정의할 수 없는 어떤 성질을 띠게 되는데, 그것은 어떤 열기나 빛과도 비교될 수 있는 그리고 너무도 새로워서 몇몇 순간에는 우리 자신으로 되돌아와 존재의 경이로움 étonnement d'être 같은 것을 느끼게 되는 그러한 성질이다. 그

---

21) 여기서 희망을 논하는 것은 다음의 기쁨과 슬픔, 특히 기쁨을 그것으로 설명하기 위해서이다. 미래가 필연적 진행으로 닫혀 있는 것이 아니라 무엇이 될지 모르게 열려 있다는 것이 베르크손의 철학이므로, 그런 무한한 가능성이 현재에 대해 제공하는 느낌 자체가 바로 희망이며, 그것은 무한이 인간에 주는 말하자면 〈계시〉이다. 빠스깔적 무한의 은총이 베르크손에게는 과거로부터 오는 것이 아니라 미래에 있다.

22) 미래의 방향으로 끄는 힘.

러므로 순수한 내적인 기쁨의 여러 특징적인 형태들이 존재하며, 우리 심리적 상태들의 덩어리의 질적 변화에 대응하는 만큼의 연속적인 단계들이 있다. 그러나 그러한 각각의 변화들이 영향을 미치는 상태들의 수는 크건 작건 상당수에 이르고, 그것을 드러나게 계산하지는 않더라도 우리의 기쁨이 가령 그날의 모든 인상에 스며드는지 아니면 몇몇 인상들은 거기서 벗어나는지를 우리는 잘 안다. 우리는 이처럼, 이어지는 두 형태의 기쁨을 가르는 간격 사이에다 구분점들을 확립하고, 하나에서 다른 하나로의 그러한 점진적인 진행으로 말미암아 이제 그 둘이, 크기가 변하는 유일하고도 동일한 하나의 감정의 두 강도처럼 보이게 된다. 슬픔의 여러 상이한 정도degré들 역시 질적 변화에 대응함도 어렵잖게 보여줄 수 있을 것이다. 슬픔은 과거로의 정향(定向, orientation)에 불과한 것에서 시작된다. 즉, 마치 각각의 감각이나 생각이 이제는 완전히 슬픔이 주는 그 보잘것 없음에 갇혀 버린 것처럼, 이를테면 미래가 우리에게 닫혀 버린 것처럼, 우리의 감각과 생각이 빈약해진다. 그리하여 무를 갈망하게 하고, 매번의 새로운 불행이 투쟁의 불필요성을 더 잘 이해하게 함으로써, 쓰디쓴 쾌락plaisir amer[23]을 일으키는, 어떤 으깨지는 듯한 느낌 impression d'écrasement에서 슬픔은 끝을 맺는다.[24]

---

23) 씁쓸함을 거의 즐기기에 이른 상태.
24) 열정, 희망, 기쁨, 슬픔 등의 깊은 감정에 관한 지금까지의 논의 주제는 앞으로의 다른 심리상태들에 대한 논의들과 마찬가지로 우리가 어떻게 질적인 변화를 양적인 변화로 생각하게 되었는가를 분석적으로 보여주는 것이다. 즉, 우리가 양적 크기의 변화로 생각하는 심리상태의 각 단계

9   미적 감정sentiment esthétique[25]은 새로운 요소들—기저의 느낌 속에서 드러나며, 성질을 변화시키는 것에 불과함에도 불구하고 크기를 증가시키는 것으로 보이는—의 그러한 점진적 개입의 더욱더 인상적인 예를 제공한다. 그들 중 가장 단순한 것, 즉 우아함의 느낌sentiment de la grâce에 대해 살펴보자. 그것은 우선 외적인 동작의 어떤 편안함aisance, 어떤 용이함facilité의 지각일 뿐이다. 그리고 용이한 동작이란 하나가 다른 것을 준비하는 동작이므로, 종국에 가서는 스스로를 예견케 하는 동작, 즉 앞으로 올 자세가 지시되어 있고, 그것도 미리 형성되어 있는 것처럼 되어 있는 현재의 자세에서 더 고급의 편안함을 발견하게 된다. 경련을 일으키는 듯한saccadé 동작이 우아함을 결여한 것이라면, 그것은 각각의 동작이 그 자체로서 충분하며 곧 따라올 동작을 예고하고 있지 않기 때문이다. 우아함이 꺾어진 직선보다는 곡선을 선호한다면, 그것은 곡선이 매순간 방향을 바꾸지만, 각각의 새로운 방향이 그 이전의 방향 속에 지시되어 있기 때문이다. 그러므로 여기서 움직임의 용이함을 지각하는 것은 이를테면 시간의 진행을 멈추게 하여 미래를 현재에 잡아두는 즐거움과 합쳐지게 된다. 세번째[26] 요소는 우아한 동작이 율동에 따르며 거

들은 사실은 모두 질적으로 다른 것들이며, 따라서 동질적인 것들 사이에서만 가능한 양적 계산이 불가능하다는 것이다.

기쁨과 슬픔을 의식의 정향이 미래와 존재로 향하느냐 과거와 무로 향하느냐에 따라 설명하는 분석은 너무도 탁월하여 감탄을 금할 수 없다.

25) 미적 감정은 아름다움으로부터 받는 느낌으로서 〈미감〉이라 번역할 수도 있겠으나, 그것은 미적 감각, 또는 미적 감식안의 의미가 더 강하므로 그렇게 할 수가 없었다.

기에 음악이 동반될 때 개입한다. 율동rythme과 박자mesure[27]는 예술가의 동작을 더 잘 예견할 수 있게 해주므로, 우리가 이제 그 동작의 주인이라고 믿게 하기 때문이다. 우리는 예술가가 곧 취할 자세를 거의 짐작하기 때문에, 그가 실제로 그 동작을 취했을 때 우리에게 복종하는 것처럼 보인다. 율동의 규칙성은 그와 우리 사이에서 이루어지는 일종의 의사소통을 확립하고, 박자의 정기적인 반복은 우리가 그 상상적 꼭두각시를 움직이게 할, 그만큼의 보이지 않는 실과 같다. 심지어 그 꼭두각시가 어느 순간 멈추면, 조급증이 난 우리의 손은 움직이지 않고 배길 수가 없다. 마치 그를 밀기나 할 것처럼. 그 율동이 우리의 사유 전체, 우리의 의지 전체가 되어 버린 그 동작의 한가운데로 그를 다시 되돌려놓기나 할 것처럼. 그러므로 우아함이라는 느낌 속에는 일종의 신체적 공감sympathie physique이 들어가 있으며, 그러한 공감의 매력을 분석해 보면, 당신이 그것을 좋아하는 것 자체가, 신체적 공감이 미묘하게 그 관념을 암시하고 있는 정신적 공감 sympathie morale과의 인접성 때문임을 알게 될 것이다. 이 마지막 요소는 우아함의 저항할 수 없는 매력을 설명하는 것으로서, 다른 요소들은 말하자면 그것을 예고한 후 그것과 합쳐지게 된

---

26) 용이함, 예견 가능성에 이은 세번째. 그것은 율동, 또는 음악성이다.
27) 율동rythme과 박자mesure는 자주 혼동되어 쓰인다. 베르크손도 여기서 특별히 구별하는 것 같지 않다. 그러나 율동이 삶에 내재하는 자연적 박동(호흡이나 심장 박동 같이)에 연계된 자연적 규칙성이며 반드시 엄밀한 시간적 동일반복을 요구하는 것이 아닌 반면(가령 내재율도 율동의 일종이다), 박자는 시간의 인위적인 등분이며 그 등분성이 엄밀히 지켜져야 한다.

다. 스펜서가 주장하는 것처럼[28] 우아함이 노력의 경제로 환원된다면, 그것이 낳는 즐거움을 이해할 수 없을 것이다.[29] 그러나 우리는 사실 매우 우아한 모든 것 속에서 운동성의 징표인 가벼움 이외에 우리로 향한 가능적 운동, 잠재적이거나 심지어는 막 일기 시작하는 공감의 표시를 분간해 낸다고 믿는다. 고급스런 우아함의 본질 자체가 항상 곧 일어날 준비가 되어 있는 sur le point de se donner 그런 동적인 공감 sympathie mobile이다.[30] 따라서 미적 감정의 점증하는 강도는 여기서 그만큼의 다양한 감정들로 해소되고, 그 다양한 감정들 각각은 이미 그에 앞선 것에 의해 예고되어 있기 때문에 그 속에서 볼 수 있게 되지만, 그런 다음에

---

28) (원주) 『진보에 관한 시론 *Essai sur le progrès*』(불역), 283쪽.
29) 우아함을 의미하는 프랑스 어 〈grâce〉는 라틴어 〈gratia〉에서 온 것으로 원래 은총을 의미한다. 은총은 노력의 대가가 아니라 주어지는 것이다. 따라서 우리에게 부담을 주는 것이 아닌 것이 은총이며, 또한 우아한 것이다. 우리가 반응하고 행동하지 않을 수 없게 만드는 것은 우리에게 부담을 주는 것이며 우리를 경계하게 한다. 그 부담을 덜어 주는 것, 우리가 경계하지 않게 하는 것, 즉 마음을 풀어 주고 편안하게 하는 것 aisance이 우아한 것임이 고전 예술의 기본 사상이다. 그러나 고전적 예술론과는 반대 입장에 선 베르크손에서는 거기에 노력이 들어가야 하며, 그 노력의 결과 더 이상 부담이 가지 않는 상태가 우아함이다. 따라서 그것은 그냥 주어지는 것이 아니라 노력의 대가이며, 따라서 스펜서처럼 노력의 경제, 즉 절약에서 오는 것일 수 없다.
30) 베르크손의 동적인 세계관에서 공감은 항상 사물의 내부로 들어가서 그것과 함께 사는 데에서 성립한다. 예술 작품과의 공감은 그것을 통해 예술가의 마음 속으로 들어가야 하며, 가령 춤의 경우 그 춤 속에 들어가 춤을 직접 추는 것처럼, 즉 행동하는 것처럼 그것을 살아야 한다. 〈우리로 향한 가능적 운동〉이나 〈동적 공감〉은 바로 그러한 상태를 의미한다.

는 그 앞선 것을 완전히 지워버린다. 바로 그러한 질적 진전을 우리는 크기의 변화라는 방향으로 해석하는데, 그것은 우리가 단순한 것을 좋아하고, 우리의 언어가 심리적 분석의 미묘함을 번역하기는 곤란하게 되어 있기 때문이다.[31]

아름다움의 느낌 sentiment du beau 자체가 어떻게 정도차를 포함하게 되는지를 이해하기 위해서는 세밀한 분석을 해야 할 것이다. 아름다움을 정의하는 데 겪는 고통은 아마도 특히 자연의 아름다움이 예술의 아름다움에 앞선다고 생각하는 데에 기인하는 것 같다. 그렇게 되면 예술의 방법들은 이제 예술가가 아름다움을 표현하는 수단에 불과하게 되어 버리고, 아름다움의 본질은 신비에 싸인 채로 남는다. 그러나 자연이 아름다운 것은 우리 예술의 몇몇 절차들이 운 좋게 만났기 때문 이외의 다른 것인지 그리고 어떤 의미에서는 예술이 자연에 선행하는 것이 아닌지를 자문할 수 있을 것이다.[32] 그렇게 멀리 나가지 않고도, 의식적 노력으로 만들어진 작품들에서 나타난 미를 우선 연구하고, 그 다음에 점진적으로 예술로부터 나름대로의 예술가라 할 수 있는 자연

---

31) 지금까지 우아함을 동작의 어떤 용이함, 예견가능성, 율동 그리고 율동으로부터 오는 신체적 공감과 정신적 공감 그리고 그것들이 합쳐진 동적 공감 등의 질적으로 다른 느낌들의 단계로 분석하고 있다.

32) 고대에는 자연의 조화 harmonia를 예술 작품 속에 반영하는 것이 예술가의 작업이었다. 즉 자연의 조화가 예술 작품의 조화보다 더 우월한 것이었다. 그러나 그러한 조화는 폐쇄적 우주관에 기초를 둔 것이며, 폐쇄적 우주관을 인정하지 않는 베르크손의 입장에서는 자연의 조화를 인정하기 어려우므로 기능의 소산, 특히 인간이 만들어 낸 예술이 더 우월하게 된다.

으로 내려가는 것이 건전한 방법적 규칙에 더 적합해 보인다. 이런 관점에서 보면 예술의 목적은, 우리 인격의 활동적인 또는 오히려 저항적인 힘을 잠재우고, 그럼으로써 우리를 완벽한 순종의 상태로 이끌어서, 그 상태에서 작가가 우리에게 암시하는 생각을 깨닫게 하며, 표현된 느낌과 공감하게 하는 것임을 알게 되리라고 생각한다. 보통은 최면상태를 획득하는 방법이, 약화되고, 정제되고, 어떤 의미에서는 정신화spiritualisée된 형태로, 예술의 방법 속에서 다시 발견될 것이다.——그리하여 음악에서는 율동과 박자가 우리의 주의(注意)를 고정된 점들 사이에서 왔다갔다 하게 함으로써 감각과 생각의 정상적인 흐름을 정지시키고, 신음하는 목소리를 아주 살짝만 모방하더라도 극도의 슬픔에 잠기게 하기에 충분할 정도로 우리를 강력하게 사로잡는다. 우리에게 음악의 소리가 자연의 소리보다 더 강력하게 작용한다면, 그것은 자연이 느낌을 그대로 드러내 놓고 표현해 버리는 데 불과한 반면, 음악은 그것을 암시하기 때문이다. 시의 매력은 어디에서 오는가? 시인이란 그 안에서 느낌이 심상(心像, image)들로, 심상 자체는 또 운율rythme에 복종하면서 그것을 번역할 언어들로 발전되어 가는, 그런 사람이다. 눈앞에 지나가는 그 심상들을 보면서, 이번에는 우리가 이를테면 그것의 감정적 등가물에 해당하는 느낌을 경험하게 될 것이다. 그러나 운율의 규칙적인 운동이 없다면 그 상들은 그처럼 강력하게 떠오르지 않을 것이다. 그 운율에 따라 우리의 영혼은 아기가 〔요람에서〕 흔들리듯 잠재워져 마치 꿈 속에서 처럼 스스로를 잊어버림으로써, 시인과 함께 생각하고 보게 된다. 미술은 신체적 감염을 통해 감상자의 주의(注意)

에 전달되는, 생에 급작스럽게 부과된 고정성fixité에 의해 같은 종류의 효과를 얻는다. 고대 조각상 작품들이 바람결처럼 겨우 스쳐 지나갈 뿐인 가벼운 감동을 표현한다면, 반대로 돌의 창백한 부동성은 우리의 사유가 그리로 흡수되고 우리의 의지가 그리로 사라져 버리는 뭔지 모를 결정적이고도 영원한 것을 표현된 감정, 즉 막 시작된 운동에 부여한다. 건축에서는 우리를 사로잡는 그 부동성의 한가운데에서 율동과 유사한 어떤 효과를 재발견할 수 있다. 형태의 대칭 그리고 동일한 건축적 동기의 무한한 반복은[33] 우리의 지각 능력을 동일한 것에서 동일한 것으로 흔들리게 하고, 일상 생활에서 끊임없이 우리 자신personnalité을 의식하게 하는 부단한 변화에 몰두하는 버릇에서 벗어나게 한다.[34] 그렇게 되면 어떤 생각을 아주 가볍게만 표시하더라도 우리의 영혼 전체를 그 생각으로 채우기에 충분할 것이다. 따라서 예술은 감정을 드러내기exprimer보다는 우리 속에 새겨넣으려imprimer

---

[33] 원문은 두 주어가 쉼표로 연결되어 있으나 동사가 복수이므로 열거라 볼 수밖에 없다. 한편, 대칭을 펼쳐 놓으면 동일한 것이 반복되므로, 그것도 일종의 리듬이다.

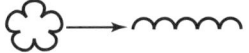

[34] 여기서 〈personnalité〉란 일반적인 의미에서의 인격이 아니라, 타인에 대항하여 이익을 챙기는 자아이다. 일상적 삶에서는 항상 자기의 이익이 문제이며, 따라서 상황이 어떻게 변하는지를 부단히 예의 주시해야 한다. 〈부단한 변화changements incessants〉는 바로 그러한 변화의 무상함을 말하는 것이며, 리듬은 그런 일상적 이해관심으로부터 주의를 딴 데로 돌린다.

한다. 예술은 우리에게 감정을 암시하며, 더 효과적인 방법을 발견하면 기꺼이 자연을 모방하지 않고도 꾸려 나간다. 자연은 예술처럼 암시에 의해 작업하지만, 율동을 사용할 수 없다. 자연은 주고받은 영향의 공통성을 통해 자연과 우리 사이에 형성된 오랜 친교에 의해 율동을 보충하며 그러한 친교로 말미암아 자연이 어떤 느낌을 조금이라도 표시하면, 우리는 마치 익숙한 피험자가 최면술사의 몸짓에 복종하듯이 그에 공감한다. 그리고 그러한 공감이 일어나는 것은, 특히 자연이 우리의 주의가 어느 한 부분에 고정되지 않고 형태의 모든 부분에 골고루 나뉠 수 있는 정상적 비율의 존재자들을 보여줄 때이다. 그때 우리의 지각능력은 그런 일종의 조화에 의해 요람에서처럼 흔들려서, 공감에 의해 감동받으려고 방해물의 제거만을 기다렸던 감수성의 자유로운 약동 essor을 더 이상 막지 못한다.——이러한 분석으로부터, 아름다움이라는 느낌은 특별한 느낌이 아니며, 우리가 경험하는 모든 느낌이 유발되지cuasé 않고 암시되기suggéré만 하면 미적 성격을 띨 것이라는 결론이 나온다. 그렇다면 이제 미적 감정이 왜 세기의 정도 그리고 또 높이élévation의 정도를 허용하는 것처럼 보이는지를 이해할 수 있을 것이다. 왜냐하면 때로는 암시된 감정이 우리의 역사를 구성하는 심리적 사실들의 꽉 짜인 조직을 거의 차단하지 못하기도 하며, 때로는 그것으로부터 우리의 주의를 떼내긴 했지만 그것이 우리 눈에 보이지 않게 할 수는 없는 경우도 있고, 때로는 결국 그것을 완전히 대체하여 우리를 흡수하고 우리 영혼 전체를 독차지할 때도 있기 때문이다. 따라서 미적 감정의 진전에는 최면상태에서와 마찬가지로 구별되는 여러 국면들이 있다. 그러한 국면들은 정도의 다양함보다는 상태나 본성의 차이에 대응한다. 그러나 예술 작품의 가치는 암시된 감정이 우리를 사로잡는 힘에 의해서라기보다는 그 감정 자체의 풍부함에 의해 측정된다. 다른 말로 하면, 세기의 정도와 더불어 본능적으로 우리는 깊이, 또는 높이의 정도를 구별한다. 이 마지막 개념을 분석하면 예술가가 우리에게 암시하는 감정과 생각은 크건 작건[35] 그의 역사의 일정 부분을 표현하고 요약하고 있음을 볼 것이다. 감각밖에 주지 않는 예술이 저급한 예술이라면, 그것을 분석해 봤을 때 감각 속에서 감각 자체 이외에는 그 무엇도 찾아낼 수 없는 경우가 허다하기 때문이다. 그러나 대부분의 감동은 거기에 스며드는 수많은 감각과 감정과 생각들로 가득차 있다. 따라서 각각의 감동은 그 종류에 있어서 유일무이하고 정의할 수 없는 상태이며, 그것을 그 복잡한 본래의 상태에서 감싸 안으려면 그것을 경험하는 사람의 삶을 다시 살아야 할 것으로 보인다. 그럼에도 불구하고 예술가는 우리를 그토록 풍부하고, 그토록 개인적이며, 그토록 새로운 감동 속으로 끌어들여, 이해시키기 불가능한 것을 경험하게 하려고 시도한다. 그는 따라서 자신의 감정의 외적인 표출물들 중에서 그것을 보면 우리 몸이 기계적—비록 가볍게일망정—으로 따라할 것들을 고정함으로써 그것들을 야기한 정의할 수 없는 심리적 상태 속으로 단번에 자리잡게 할 것이다. 그리하여 그와 우리의 의식 사이에 놓인 시공(時空)의 장벽

---

[35] (III)은 〈plus moins〉으로 되어 있으나, 〈plus ou moins〉의 오식이다. 로비네의 비교본은 이것을 지적하지 않고 있다.

이 무너질 것이다. 그리고 그가 우리를 어떤 감정의 틀로 들어가게 할 때의 그 감정이 더 풍부한 생각들, 즉 더 가득한 감각과 감동들로 이루어져 있을수록, 표현된 아름다움은 더 많은 깊이와 높이를 가질 것이다. 미적 감정의 연속적 강도는 따라서 우리에게 일어나는 상태의 변화들에 대응하며, 깊이의 정도는 기저의 감정 속에서 어렴풋하게나마 가려낼 수 있는 요소적인 심리 사실들의 크거나 작은 수에 대응한다.[36]

도덕감에도 동일한 종류의 연구를 적용할 수 있을 것이다. 예를 들어 연민 pitié을 생각해 보자. 그것은 우선 생각을 통해 다른 사람들의 자리에 서서 그들의 고통을 겪는 것이다. 그러나 몇몇 사람들이 주장하듯이[37] 연민이 그 이상 아무것도 아니라면, 그들

[36] 이 절에서는 미적 감정의 다양성을 강도의 차이와 깊이(profondeur, élévation)의 정도라는 두 가지 기준으로 설명하고 있다. 강도의 차이는 얼마나 우리를 사로잡는가에 달려 있다. 음악, 미술, 건축 등의 모든 예술은 율동을 사용함으로써 일종의 최면처럼 암시에 의해 우리를 일상적 관심으로부터 돌려서 예술가의 내적 상태에 공감하게 한다. 그것의 성공 여부에 따라 현실적 심리 상태의 굳건한 조직을 뚫을까 말까 한 상태로부터, 우리의 관심을 돌리긴 했으나 그 조직을 완전히 보지 않게 하지는 못한 단계를 거쳐 우리의 전 영혼을 사로잡는 단계에까지 여러 단계가 있다. 그러나 그것은 양적으로 증가하는 단계들이 아니라 각각 질적으로 다른 단계들이다. 깊이의 정도는 한 미적 상태에 녹아들어가 있는 감각과 감정, 사유의 풍부함에 달려 있다. 하나의 감동은 수많은 사실들이 녹아 있는 유일무이한 어떤 상태이며, 예술가는 그렇게도 풍부하고 개인적이며 새로운 세계 속으로 단번에 우리를 끌어들인다. 그것의 풍부함에 의해 우리는 예술의 깊이를 말하며, 그러한 각 상태들은 또한 질적으로 다른 상태들이다.

[37] Schopenhauer, *Über die Grundlage der Moral* §§ 18-19; *Die Welt als Wille*

을 돕기보다는 그 비참함을 피하려는 생각을 하게 될 것이다. 고통은 당연히 우리가 혐오하는 것이니까. 그러한 연민의 원천에 혐오감이 있을 수는 있다. 그러나 우리와 같은 부류의 사람들을 돕고 그들의 고통을 덜어 주려는 새로운 요소가 지체하지 않고 거기에 결합된다. 라 로쉬푸꼬처럼[38] 사람들이 주장하는 그런 공감이 하나의 계산, 〈닥쳐올 불행에 대한 약삭빠른 예견〉이라 할 것인가? 다른 사람의 재난이 불러일으키는 동정(同情) 속에는, 두려움이라는 것이 아마도 어떤 역할을 하기 위해 들어가 있을 것이다. 그러나 그것은 여전히 저급한 형태의 연민일 뿐이다. 진정한 연민은 고통을 두려워하기보다는, 욕망하는 데에서 성립한다. 그 고통이 실현되는 것을 보고 싶지는 않지만 그래도 자연이 마치 어떤 큰 부정을 저지르거나 한 것처럼, 그래서 그것과의 모든 공범의 혐의를 벗어야 하거나 할 것처럼, 자신도 모르게 일어나는 어떤 가벼운 욕망 말이다. 연민의 본질은 따라서 겸손해야 할 필요성이며, 낮아지려는 열망이다. 그런 고통스러운 열망은 게다가 매력을 지니고 있다. 왜냐하면 그것은 스스로의 자기 평가에서 우리를 높여 주고, 우리의 사유가 거기서부터 순간적으로 멀어지는 [바로] 그 감각적 이득보다 우리 자신이 더 우월하다는

---

und Vorstellung, B. IV, § 67(IV, 1544쪽, 주 p. 16, l. 22 참조).

38) Rochefoucauld, *Maximes*, 264(ed., 1687): 〈연민은 자주 타인의 불행에서 보는 우리 스스로의 불행에 대한 감정이다. 그것은 우리에게 닥칠 수 있는 불행에 대한 약삭빠른 예견이다. 우리가 다른 사람을 돕는 것은 비슷한 경우에 그들도 우리를 돕게 하기 위함이며, 우리가 그들에게 행하는 봉사는 고유한 의미에서 말한다면, 우리가 우리 자신에게 미리 장만해 놓는 재산이다〉.

것을 스스로 느끼게 해주기 때문이다. 연민의 증가하는 강도는 따라서 질적인 진전, 즉 혐오에서 두려움으로, 두려움에서 공감으로 그리고 공감 자체에서 겸손함으로의 이행에서 성립한다.

이러한 분석을 더 이상 밀고 나가지는 않을 것이다. 우리가 방금 그 강도를 정의한 심적 상태들은, 외부 원인과 전혀 연계되어 있지 않는 것으로 보이며, 근육 수축의 지각 또한 포함하고 있지 않은 것으로 보이는 깊은 상태들이다. 그러나 그러한 상태들은 드물다. 신체적 징후를 수반하지 않는 열정이나 욕망, 기쁨이나 슬픔은 거의 없다. 그리고 그러한 징후가 나타나는 곳에서는 그것이 강도의 평가에 뭔가 역할을 하는 것처럼 보인다. 고유한 의미에서의 감각은 명백히 외부 원인과 연결되어 있으며, 비록 감각의 강도가 원인의 크기에 의해 정의될 수는 없을지라도, 그 두 항 사이에는 분명히 어떤 관계가 존재한다. 심지어 감각이 나타나는 몇몇 경우에는, 마치 강도가 연장성으로 발전되는 것처럼, 의식이 밖으로 피어 나온다. 근육운동이 그러하다. 즉시 이 마지막 현상을 마주해 보자. 이렇게 함으로써 우리는 심리적 사실들의 계열의 반대 극단으로 단번에 이동하게 될 것이다.

의식에 즉각적으로 양 또는 적어도 크기의 형태로 나타나는 것처럼 보이는 현상이 있다면, 그것은 두말할 나위 없이 근육의 힘쓰기effort musculaire이다. 심적인 힘은 에올의 동굴[39] 속의 바

---

39) 에올은 그리스 신화의 바람의 신 〈아이올로스〉이다. 그는 동굴 속에서 바람을 불어대며, 소가죽 부대자루(askos)에 바람을 담아 오디세우스에게

람처럼 영혼 속에 갇혀 있으면서 오직 밖으로 빠져 나올 기회만 노리고 있는 것처럼 보인다. 그리하여 의지가 그 힘을 감시하며, 그것이 흘러나가는 비율을 원하는 효과에 맞춰 가면서 그때 그때 출구를 열어 주는 것 같다. 곰곰히 반성해 보면, 노력에 대한 그런 상당히 거친 개념이 심지어 강도의 크기에 대한 우리의 믿음에 상당 부분 들어가 있다는 것을 알 수 있다. 근육의 힘은 공간에서 전개되며, 측정 가능한 현상들을 통해 나타나므로, 그것이 나타나기 전에도 이를테면 응축된 상태로 그리고 더 작은 용적으로나마 미리 존재했던 것 같은 효과를 발하기 때문에, 우리는 주저하지 않고 그 용적을 점점 더 줄여, 결국에는 순전히 심적인 상태도 더 이상 공간을 차지하지 않음에도 불구하고 크기를 가진다는 것을 이해할 수 있다고 믿는다. 게다가 과학은 그 점에 관한 상식의 착각을 강화한다. 베인Bain은 가령 근육운동에 수반되는 감각의 정도sensibilité는 신경의 원심력의 흐름과 일치한다고 하였다.[40] 따라서 의식은 신경에서의 힘의 전파 자체를 알아차린다는 것이다. 분트Wundt도 마찬가지로 근육의 수의(隨意) 신경자극innervation volontaire에 동반되는, 중심으로부터의 감각을 논하며, 비록 움직이지는 않지만 다리를 들어올리려 할 때 그가 전개하는 힘을 매우 선명하게 감각한다는 마비 환자의 예를 인용한다.[41] 대부분의 저자들이 이 의견에 동조하며, 만일 몇 년 전에 윌리엄 제임스W. James가 매우 주목할 만하지만 별로 주목받지 못

주기도 한다(『오디세이아』, X, 19; 47 참조).
40) Bain, 위의 책, 1, III, § 1, 51쪽(IV, 1544쪽, 주 p. 18, l. 6 참조).
41) (원주) 『생리 심리학 Psychologie physiologique』(루비에 역), I권, 423쪽.

한 몇몇 현상들에 대해 생리학자들의 주목을 끌지 않았다면, 그러한 의견이 실증과학에서 법칙으로서의 효력을 발휘하고 있을 것이다.

마비 환자가 움직이지 않는 신체 부위를 들어올리려고 애쓸 때, 비록 그가 그 운동을 하는 것은 아닐지 모르지만, 그럭저럭 다른 운동은 하고 있다. 모종의 운동이 어디선가는 이루어지고 있는 것이다. 그렇지 않다면 노력한다는 감각이 전혀 없을 터이니까.[42] 뷜피앙Vulpian은 이미, 반신불수 환자에게 마비된 쪽의 주먹을 쥐라고 하면, 그는 무의식적으로 마비되지 않은 쪽에서 주먹쥐는 행동을 수행한다는 것을 주목케 한 적이 있다.[43] 페리에 Ferrier는 보다 더 신기한 현상을 환기시켰다.[44] 권총의 방아쇠를 당기는 것처럼 검지를 가볍게 구부리면서 팔을 펴 보라. 손가락도 흔들리지 않고, 어떠한 손 근육도 수축되지 않고, 어떠한 눈에 띄는 운동도 이루어지지 않았으나, 그럼에도 당신은 힘이 소모되는 것을 느낄 수 있을 것이다. 그러나 좀더 자세히 살펴보면 당신은 그 힘들인다는 감각이 가슴 근육의 고정과 일치하며, 성대를 닫아 두고 있고, 호흡 근육을 능동적으로 수축하고 있음을 알아차릴 수 있을 것이다. 호흡이 정상적인 흐름을 되찾자마자, 실제로 손가락을 움직이지 않는 한, 힘쓴다는 의식은 사라진다. 이러

---

42) (원주) W. James, 「노력의 느낌 Le sentiment de l'effort」(《철학 비평 Critique philosophique》, 1880, II권).

43) Vulpian, *Leçons sur la physiologie du système nerveux*, 1866(IV, 1544쪽, 주 p. 18, l. 24 참조).

44) (원주) 『뇌의 기능 *Les fonctions du cerueau*』(불역), 358쪽.

한 사실들은 우리가 이미 힘의 전파가 아니라 그 결과인 근육의 운동을 의식하는 것을 가리키는 것으로 보였다. 윌리엄 제임스의 독창성은 그 가설을 완전히 그에 반하는 것처럼 보이는 예들 속에서 입증하는 것이었다. 그리하여 오른쪽 눈의 오른쪽 바깥 근육이 마비되었을 때, 환자는 눈을 오른쪽으로 돌리려고 시도하지만 소용이 없다. 그러나 그에게 사물들은 오른쪽으로 빠져 도망가는 것 같이 보인다. 헬름홀츠Helmholtz는[45] 따라서 의지의 작용이 아무런 효과도 낳지 않기 때문에, 의지의 노력 자체가 의식에 나타나는 것이 틀림없다고 말했다.──그러나 제임스는 다른 쪽 눈에서 일어나는 일이 고려되지 않았다고 대답한다. 그 눈은 실험하는 동안 덮여 있다. 그러나 그것은 움직이며, 그 점을 깨닫기는 어렵지 않을 것이다. 그 왼쪽 눈의 움직임이 의식에 의해 지각됨으로써 우리에게 힘을 쓴다는 감각을 주며, 동시에 오른쪽 눈이 보는 대상들이 움직인다고 믿게 한다. 그러한 관찰 그리고 그와 유사한 관찰에 의해 제임스는 노력의 느낌은 원심적이 아니라 구심적임을 확인케 한다. 우리는 우리가 몸 속에서 내보내는 힘을 의식하지 못한다. 근육의 에너지가 소모되는 느낌은, 한마디로 노력이 변화를 가져오는 주변의 모든 점, 즉 〈수축된 근육, 긴장한 인대, 접힌 관절, 고정된 가슴, 닫힌 성대, 찌푸린 눈살, 다문 턱 등으로부터 오는 복합적 구심 감각이다〉.[46]

---

45) (원주) 『생리 광학 Optique physiologique』(불역), 764쪽.
46) "Feelings of effort," *Essays of psychology*(Works of William James 8), 85쪽을 인용한 것임. 원주에서 밝힌 바와 같이 베르크손은 이것을 *Critique philosophique*지에 실린 르누비에의 번역으로 읽었다.

이 토론에서 입장을 정하는 것은 우리 일이 아니다. 우리가 다루고 있는 문제는 사실 노력의 느낌이 중앙으로부터 오는지 주변으로부터 오는지 하는 것이 아니라, 그 강도의 지각이 정확하게 어디서 성립하는지를 아는 것이다. 그런데 이 점에 대해서는, 스스로를 주의 깊게 관찰하는 것으로 충분히, 제임스가 정형화하지는 않았지만 그의 이론에 완전히 합치하는 것으로 보이는 결론에 도달할 수 있다. 우리가 주장하는 바는, 주어진 어떤 노력이 우리에게 증가하는 효과를 내면 낼수록, 그와 더불어 수축되는 근육의 수는 더욱 증가하며, 몸의 주어진 한 점에서 더 큰 강도의 노력을 의식하는 것처럼 보이는 것은 사실 그 작업에 관여된 신체의 면적이 더 넓음을 지각하는 것으로 환원된다는 것이다.

가령 주먹을 〈점점 더 세게〉 쥐려고 노력해 보라. 당신에게는 노력의 감각이 완전히 손에 국한되어 연속적으로 더 큰 크기로 진행하는 것으로 보일 것이다. 〔그러나〕 사실은 당신의 손이 느끼는 것은 여전히 동일한 것이다. 다만 처음에는 주먹에만 국한되었던 감각이 팔로 넘어가서 어깨로까지 올라간다. 급기야는 다른 쪽 팔이 굳어지고, 다리도 그와 같아지며 호흡이 멈춘다. 몸 전체가 관여하게 된 것이다. 그러나 그것을 알려주지 않는 한, 당신은 그러한 수반 운동들을 알아차리지 못한다. 그때까지도, 당신은 크기가 변하는 단 하나의 의식상태와 관계하고 있다고 생각하고 있었다. 입술을 점점 더 굳게 다물 때, 당신은 거기서 점점 더 강해지는 동일한 감각을 경험한다고 믿는다. 좀더 생각해 보면 여기서도 역시 당신은, 그 감각은 그대로 있으나, 얼굴과 머리의 몇몇 근육 그리고는 몸의 나머지 모든 부분이 그 일에 참여했음을 알아차릴 것이다. 당신은 그 점진적인 침투, 그 표면의 증가를 느꼈고, 그것은 실제로 분명히 양의 변화이다. 그러나 당신은 특별히 다문 입술을 생각하고 있었기 때문에, 그러한 증가를 입술에 국한시켰고, 연장성을 가지지 않음에도 불구하고, 거기서 소모된 심적 힘을 크기로 만들었다. 점점 더 무거운 무게를 들어올리는 사람을 주의 깊게 살펴보라. 근육 수축은 조금씩 그의 몸 전체로 퍼져 나간다. 힘을 쓰고 있는 팔에서 느끼는 고유의 감각은 상당히 오랫동안 일정하게 남아 있으며, 무게감이 어느 순간 피로로, 피로가 어느 순간 고통이 되면서, 거의 성질만 변할 뿐이다. 그러나 그 사람은 팔에 흐르는 심적 힘의 연속적 증가를 의식한다고 생각할 것이다. 알려주지 않으면 그는 자신의 잘못을 인정하지 않을 것이며, 그만큼 그는 수반되는 의식적 운동들에 의해 주어진 심리상태를 측정하도록 부추김 받고 있다![47] 이러한 사실들 그리고 같은 종류의 많은 다른 사실들에서 다음과 같은 결론이 나오리라 믿는다. 즉, 근육운동이 증가한다는 의식은 더 큰 수의 주변 감각의 지각과 그들 중 몇몇에서 일어나는 질적 변화의 지

---

47) 이 문장은 문법상 〈주어진 심리적 상태를, 수반되는 의식적 운동들에 의해 측정하도록〉 부추김을 받는다는 뜻으로도 읽을 수 있고, 〈수반되는 의식적 운동들이 주는 심리적 상태를 측정하도록〉 부추김을 받는다는 뜻으로도 읽을 수 있는 애매한 구조로 되어 있다. 그러나 수반되는 의식적 운동들에 의해 심리상태를 측정한다는 것은 이미 그러한 수반되는 운동들을 알고 있다는 뜻이므로 그런 것을 모르고도 심리상태를 측정하려는 경향이 있다는 전체 문맥과 맞지 않는다. 따라서 문맥상 후자가 더 타당하다는 것은 명백하다. 우리는 원문장의 애매함을 그대로 살려서 〈수반되는 의식적 운동들에 의해 주어진 심리상태를 측정……〉으로 번역한다.

각이라는 이중적 지각으로 환원된다.

따라서 우리는 이제 영혼의 깊은 감정과 마찬가지로 표면적 노력의 강도도 정의하게 되었다. 이 경우나 저 경우나 질적인 진전과 막연하게나마 자각되는 증가하는 복잡성complexité이 있다.[48] 그러나 공간에서 생각하고, 생각하는 것을 스스로에게 말하는 습관을 가진 의식은, 감정을 하나의 단어로 지시하는 한편, 노력을 유용한 결과를 주는 바로 그 지점에 국한시킬 것이다. 그렇게 되면 의식은 그가 지정한 장소에서 크기가 증가하는 항상 비슷한 노력과, 이름이 바뀌지 않으므로 성질도 바뀌지 않으면서 불어가는 감정을 볼 것이다. 의식의 그러한 착각이 표면적 노력과 깊은 감정 사이의 중간 상태들에서도 다시 발견되리라는 것은 그럴 법한 일이다. 왜냐하면 많은 수의 심리상태들이 근육 수축과 주변 감각들을 수반하기 때문이다. 그러한 표면적 요소들은 때로는 순전히 관념적인 생각에 의해, 때로는 실제적 차원의 표상에 의해 상호 조정coordonnés된다.[49] 전자의 경우가 지적 노

---

[48] 심리상태의 강도를 질적인 변화(진전)와 복잡성으로 정의하고 있다. 여기서 복잡성이란 다양한 요소, 특히 양적 연장적 요소의 더 많은 개입을 의미한다. 단, 그러한 양적 요소들의 복잡성이 증가했을 때 그것 또한 질적으로 다른 느낌을 주는 것이지 양화될 수 있는 것이 아니다. 형이상학자인 베르크손은 철학자의 기본 임무가 정의하는 것임을 잊지 않는다. 여기서는 〈심적 상태의 강도란 무엇인가?〉를 밝히고 있다.

[49] 조금 뒤에 설명되는 바와 같이, 〈순전히 관념적인 생각idée purement spéculative〉은 무엇을 기억해 내려 할 때처럼 머릿속에서 생각만 하는 것이고, 〈실제적 차원의 표상représentation d'ordre pratique〉은 어떤 사건에 대한 실질적 반응을 동반하는 생각이다.

력이나 주의이며 후자의 경우에는 과격하다거나 격렬하다고 부를 수 있는 감정들, 즉 분노나 공포 그리고 기쁨, 고통, 열정, 욕망 등의 모종의 변양(變樣)들이 일어난다. 동일한 강도의 정의가 그런 중간 상태들에도 적합하다는 것을 간략히 보여주자.

주의는 순전히 생리적인 현상만은 아니다. 그러나 거기에 운동이 수반된다는 것을 부인할 수는 없다. 그러한 운동은 그 현상의 원인도 결과도 아니며, 리보Ribot가 그토록 놀랍게 보여 준 것처럼[50] 그것의 일부이며, 그것을 연장(延長)으로 표현하는 것이다. 페히너Fechner가 이미 주의를 할 때 감각 기관에서의 노력의 느낌을, 〈일종의 반사 행동에 의해 다양한 감각 기관과 관계를 맺고 있는 근육들을 움직이게 함으로써 일어나는〉 근육의 느낌으로 환원한 바 있다. 그는 뭔가를 기억하려고 무척 애쓸 때 느끼는, 머리가죽이 당기고 수축하는 듯한 그 분명한 감각, 머리 전체에 느껴지는 밖으로부터 안으로의 압력에 주목했다. 리보는 의도적 주의의 특징적인 운동을 더욱 자세히 연구했다. 〈주의는 이마를 수축시킨다. 그 근육은……눈썹을 당겨 올려 이마에 가로 주름을 형성한다……. 극단의 경우에는 입이 크게 벌어진다. 어린아이들과 많은 어른들의 경우, 강한 주의는 마치 뾰로통해지는 것처럼 입술을 앞으로 나오게 한다.〉[51] 지금 하려고 하는 생각과 관계없는 모든 생각을 의지에 의해 단지 배제하려고만 할 때에는 분명히, 의도적인 주의에 순전히 심적인 요인이 들어간다. 그러나

---

50) (원주) 『주의의 기제 Le mécanisme de l'attention』, Alcan, 1888.
51) Psychologie de l'attention, 27쪽(IV, 1545쪽, 주 p. 22. 1. 4 참조).

그러한 배제가 일단 이루어지고 나면, 우리는 아직도 영혼의 증가하는 긴장, 커져 가는 비물질적immatériel 노력을 의식한다고 믿는다. 그 인상을 분석해 보라.[52] 그러면 긴장이 압박, 피로, 고통으로 되는 것과 같이, 면적을 넓혀 가거나 성질을 바꾸는 근육 수축의 느낌 이외의 다른 것을 결코 발견할 수 없을 것이다.

그런데 격렬한 욕망, 미친 듯한 분노, 열정적 사랑, 격심한 증오 등과 같이 영혼의 긴장성 노력l' effort de tention이라 부를 수 있는 것과, 주의성 노력l' effort d' attention[53] 사이에는 아무런 본질적 차이도 보이지 않는다. 우리는 그러한 상태들 각각이 하나의 관념에 의해서 조정된 근육 수축의 체계로 환원될 것이라고 생각한다. 다만 그 관념은, 주의에서는 알려고 하는 다소 반성적인 관념이며, 감정에서는 행동하려는 비반성적 관념일 뿐이다. 그러한 격렬한 감정들의 강도는 그에 수반하는 근육의 긴장 이외의 다른 것이 아님이 틀림없다. 다윈Darwin은 분노의 생리적 징후들을 두드러지게 묘사했다. 〈심장의 박동이 빨라진다. 얼굴이 붉어지거나 시체와 같이 창백해진다. 호흡이 힘들어지며, 가슴이 올라가고, 떨리는 콧구멍이 넓어진다. 자주 몸 전체가 떨린다. 목소리가 변하며, 이를 앙다물거나 갈며, 근육 체계는 거의 광란적인 격렬한 행동을 하도록 흥분된다……. 몸짓은 적과 싸우거나

---

52) (III), (V)의 〈analyser〉는 〈analysez〉의 오식. (I)-(II), (IV)에는 옳게 되어 있다.
53) 〈긴장의 노력〉이나 〈주의의 노력〉이라는 번역은 우리말로 어색할 뿐만 아니라, 〈de〉 + 무관사 명사 용법의 형용사적 의미를 제대로 전달하지 못하므로 이렇게 번역한다.

때릴 듯한 행동을 거의 완벽하게 표현한다.〉[54] 우리는 윌리엄 제임스와 같이[55] 격분의 감정이 그런 신체 감각들의 총체로 환원된다는 주장으로까지는 나아가지 않을 것이다. 분노에는 항상 어찌할 수 없는 심적 요소가 들어갈 것이다. 그것이 그토록 다양한 운동에 하나의 공통적 방향을 각인하는 관념, 즉 다윈이 말하는 때리거나 싸우려는 관념에 지나지 않을 때라 하더라도. 그러나 그러한 관념이 감정 상태의 방향과 수반되는 운동이 향하는 곳을 결정한다면, 〔반면〕 그러한 상태 자체의 증가하는 강도는, 우리가 생각하기에 신체의 점점 더 깊은 동요, 즉 의식에 관련된 표면의 수와 범위에 의해 어렵지 않게 측정할 수 있는 그 동요 이외의 다른 것이 아니다. 감춰 두었기 때문에 그만큼 더 큰 분노가 있다고 말해 봐야 소용없다. 〔그러한 분노가 더 크게 느껴지는 것은〕 감정이 마음대로 날뛰는 곳에서는 의식이, 수반되는 운동이라는 세부에 멈추지 않으나, 그것을 숨기려고 할 때는 반대로 그 운동에 멈추어서 거기에 집중하기 때문이다.[56] 마지막으로 모든 신체적 동요의 흔적, 모든 근육 수축의 자국을 제거해 보라. 분노에는 어떤 관념밖에 남지 않을 것이며, 혹시 아직도 그것이 감정이라고 집착한다 하더라도, 더 이상 그것의 강도를 말할 수는 없을

---

54) (원주) 『감정의 표현 Expression des emotions』, 79쪽.
55) (원주) 「감정이란 무엇인가What is an emotion?」, *Mind*, 1884, 189쪽.
56) 분노를 감추려 할 때에는 그것에 수반되는 신체적 징후들을 감추어야 하므로 우선 거기에 신경이 쓰이고, 따라서 그 징후들을 더 의식하게 되므로 분노가 더 커 보인다. 깊은 분노는 문자 그대로 〈뼈에 사무친〉 분노이며, 신체의 표면이 아니라 깊은 곳까지 영향을 미치는 분노이다.

것이다.

〈강한 공포는 비명, 숨거나 도망가려는 노력, 두근거림 그리고 전율로 표현된다〉고 허버트 스펜서는 말한다.[57] 우리는 더 나아가 그러한 운동들이 공포 자체의 일부라고 주장한다. 그 운동들에 의해 공포는 서로 다른 정도의 강도들을 통과할 수 있는 감정이 된다. 그 운동들을 완전히 제거해 보라. 그러면 더하거나 덜한 강도의 공포 대신에 공포의 관념, 즉 위험을 피하는 것이 중요하겠다는, 전적으로 지적인 표상이 따라나올 것이다. 기쁨과 고통, 욕망, 혐오, 심지어는 수치(羞恥)의 격렬함도 있다. 그것들의 존재 이유는 신체가 시작하여 의식이 지각하게 되는 자동 반응의 운동에서 찾을 수 있을 것이다. 〈사랑은 심장을 뛰게 하고, 호흡을 더 빨라지게 하며, 얼굴을 붉히게 한다〉고 다윈은 말한다.[58] 혐오는 싫어하는 대상을 생각할 때 조심성 없이 반복하게 되는 불쾌의 동작으로 표시된다. 수치를 경험할 때는 비록 그것을 회상할 때라도, 얼굴이 붉어지고, 자기도 모르게 손가락을 부르르 떨게 된다. 그러한 감정들의 격렬함은 그에 수반되는 주변 감각들의 수와 성질에 따라 평가된다. 감정상태가 그 격렬함을 잃고 영혼 깊숙이 들어감에 따라 주변 감각들은 조금씩 내적인 요소들에 자리를 내줄 것이다. 이제 더 이상 외적 운동이 아니라 생각이나 기억, 의식상태 일반이 많건 적건 일정한 방향으로 향하게 될 것이다. 따라서 강도의 관점에서 이 연구의 모두(冒頭)에 말한 깊

---

57) (원주) 『심리학의 원리 *Pricipes de psychologie*』, I권, 523쪽.
58) (원주) 『감정의 표현』, 84쪽.

은 감정들과 방금 검토해 본 격렬하거나 과도한 감정 사이에는 어떠한 본질적 차이도 없다. 사랑, 증오, 욕망이 격렬하게 밀려온다고 말하는 것은 그것들이 밖으로 투사되고, 표면으로 방사되어 내적인 요소들을 주변의 감각들이 대체했음을 표현하는 말이다. 그러나 표면적이건 깊은 것이건, 격렬하건 숙고된 것이건, 그러한 감정들의 강도는 항상 의식이 거기서 모호하게 분간해 내는 단순한 상태들의 다수성에서 성립한다.[59]

우리는 지금까지 감정이나 노력 등, 그 강도가 절대적으로 외부 원인에 의존하지는 않는 복잡한 상태들을 살펴보는 데 그쳤다. 그에 반해 감각은 우리에게 단순한 상태로 보인다. 그것의 크기는 어디에서 성립할 것인가? 감각의 강도는 외부 원인에 따라 변하는 바, 감각은 그 외부 원인의 의식적 등가물로 취급된다. 그렇다면 비연장적이며 그리고 이번에는 불가분적인 결과에 양 quantité이 침입하는 것을 어떻게 설명해야 할까?[60] 이 물음에 답하기 위해서는 우선 정조적(情調的, affectives)이라 불리는 감각

---

[59] 즉, 다른 강도의 감정들은 동일한 감정의 다른 크기가 아니라 모두 다른 성질의 감정들이며, 다만 거기에 개입하는 단순한 상태들, 즉 질적으로 다른 상태들의 수만 다를 뿐이다.
[60] 베르크손에게 감각은 반드시 비연장적이 아니다. MM에서 그 점은 분명하다. 그러나 여기서는 아직 MM 이전이며 양과 질, 연장적인 것과 비연장적인 것을 완전히 가르려고 애쓰는 부분이므로 이와 같이 서술하고 있다고 봐야 한다. 우리가 직접 접하고 있는 모든 것은 양과 질, 연장적인 것과 비연장적인 것이 섞여 있다. 여기서는 다만 그렇게 섞인 것을 분석해 내려고 하기 때문에 그 양자를 완전히 구분하고 있는 것이다.

과 표상적représentatives 감각을 구별해야 한다.[61] 아닌게 아니라 그들 중 어느 하나에서 다른 하나로 점진적으로 옮아갈 수 있으며, 대부분의 단순한 표상에는 정조적 요소가 들어간다. 그러나 그 요소를 구별하여, 쾌락이든 고통이든 하나의 정조적 감각의 강도가 어디에서 성립하는가를 따로 탐구하는 것을 방해하는 것은 없다.

아마도 방금의 문제[62]의 난점은 특히, 사람들이 정조적 상태 속에서 유기체 내에서 일어나는 진동의 의식적 표현, 즉 외적 원인의 내적 반향 이외의 다른 것을 보고 싶어하지 않는다는 데 기인하는 것 같다. 사람들은 더 큰 신경의 진동에는 일반적으로 더 강한 감각이 대응한다는 것에 주목한다. 그러나 그 진동이 의식에 대해서는 그것과 거의 닮지 않은 감각의 모습을 띠게 됨으로써

---

61) 프랑스 어의 〈affective〉는 감정 중에서도 특히 쾌·불쾌 또는 쾌락과 고통과 같은 가장 기초적 감정에 관련된 것을 의미한다. 이 말과 가장 유사한 우리말은 〈정조적(情調的)〉이라는 말인데, 〈정조(情調)〉의 사전적 의미는 〈단순한 감각에 따라 일어나는 느낌. 색채, 악취 따위에 대한 쾌, 불쾌의 느낌〉이다. 그러므로 〈affective〉의 번역어로는 〈정조적〉이 가장 낫다고 할 수 있으나, 다만 일상적으로 그 말의 그런 의미가 널리 통용되고 있지는 않다는 것이 문제이다. 그러나 다른 대안을 찾기가 쉽지 않으므로 그 말의 본뜻이 이해되기를 바라면서 일단 그렇게 번역해 둔다. 어쨌든 정조적 감각은 쾌락이나 고통과 같이 감각은 감각인데(고통의 경우는 통각점이 따로 존재한다) 감정적 요소가 개입되는 것이고, 표상적 감각은 시각, 청각 등과 같이 순수 표상적 감각이다.
62) 정조적 감각의 강도가 어디에서 성립하는가의 문제.

운동으로서 의식되지 않기 때문에, 그러한 진동이 어떻게 그 자신의 크기에 속하는 뭔가를 감각에 전달할 수 있는지를 알지 못한다. 왜냐하면 반복하거니와 가령 진동의 폭과 같은 겹쳐 볼 수 있는 크기와 전혀 공간을 차지하지 않는 감각 사이에는 아무런 공통점도 없기 때문이다. 더 강한 감각이 더 작은 강도의 감각을 포함하는 것처럼 보인다면 그리고 그것이 우리에게 유기체 내에서 일어나는 진동 자체처럼 크기의 형태를 띤다면, 그것은 아마도 그 감각이 그에 대응하는 신체적 진동의 어떤 점을 보존하기 때문일 것이다. 그러나 감각이 분자운동의 의식적 번역에 불과하다면, 그 진동의 아무것도 보존하지 못하게 될 것이다. 그 운동이 쾌락이나 고통의 감각으로 번역된다는 바로 그 이유에 의해, 분자운동으로서는 의식되지 않는 채로 남기 때문이다.[63]

그러나 쾌락과 고통이 일반적으로 생각하는 것처럼 신체 속에서 방금 일어났거나 일어나고 있는 일을 표현하는 대신에, 곧 생기려 하는 것, 일어나려는 경향을 보이는 것 또한 가리키는 것이 아닐까 하고 자문(自問)해 볼 수 있을 것이다. 왜냐하면 그토록 철저히 실리주의적인 자연이 여기서만은, 더 이상 우리가 좌

---

63) 이 문단이 말하려는 것은 대략 다음과 같다: 몸 속 분자의 진동이 쾌락이나 고통으로, 즉 전혀 공간성을 가지지 않는 질적 정신적 감각으로 변해 버렸다면, 바로 그 사실 자체에 의해 그것의 공간적 요소, 즉 진동의 폭에 해당하는 것은 사라져 버린다. 실제로 쾌락이나 고통은 각각의 다른 어떤 느낌일 뿐이지, 분자 운동의 폭처럼 공간적으로 겹쳐 봐서 그 크기를 잴 수 있는 것이 아니다. 우리는 분자의 운동을 운동으로서, 즉 어떤 흔들림으로서 느끼는 것이 아니라 기분이 좋거나 아프다는 느낌으로서 느낄 뿐이다.

지우지할 수 없는 과거나 현재에 관한 정보를 제공한다는 대단히 학문적인 과업을 의식에 부과했다는 것이 거의 신빙성이 없어 보이기 때문이다.[64] 더구나 우리는 감지할 수 없을 정도로 조금씩 자동 운동으로부터 자유로운 운동으로 올라갈 수 있으며, 특히 후자의 경우 그 자유 운동의 기회를 제공한 외부 작용과 그에 따라올 원하는 반응 사이에, 정조적 감각이 중간에 끼여서 나타난다는 데에서 후자가 전자와 다르다는 점을 주목해야 한다. 심지어는 우리의 모든 행위는 자동적이라고 생각할 수도 있을 것이며, 더구나 외부 자극이 의식의 매개를 거치지 않고도 일정한 반응을 일으키는 무수한 유기체의 변종들이 알려져 있다. 쾌락과 고통이 몇몇 특권적 존재들에서 나타난다면, 그것은 짐작컨대 일어나려는 자동적 반응에 대한 그 존재들로부터의 저항을 허용하기 위해서이다. 감각은 존재 이유가 없거나 아니면 자유의 시작이거나 둘 중 하나이다. 그러나 감각이 어떤 명확한 표시에 의해 준비되고 있는 반응의 본성을 우리에게 알려주지 않는다면, 그것이 어떻게 그 반응에 저항하도록 해줄 수 있을 것인가? 그리고 그 표시란 경험된 감각의 바로 한가운데에 미래의 자동 운동을 미리 이루어진 듯이 소묘해 놓는 것이 아니라면 무엇일 수 있겠는가? 정조적 상태는 따라서 단지 존재했던 신체적 진동이나 운동, 또는 현상에만 대응하는 것이 아니라, 오히려 특히 준비되고 있는 것, 즉 존재하고 싶어하는 운동이나 현상에 대응해야 한다.[65]

---

64) 바로 다음 주 65) 참조.
65) 베르크손이 이 단락에서 이야기하고자 하는 것은 감각이나 감정이 아무 이유 없이, 또는 단지 우리의 과거나 현재의 상태를 알려준다는 고답적

이런 가정이 얼마나 문제를 단순하게 하는지가 우선은 잘 보이지 않는 것이 사실이다. 왜냐하면, 우리는 크기의 관점에서 신체적 현상과 의식의 상태 사이에 어떤 공통점이 있을 수 있는지를 탐구하고 있으며, 현재의 의식상태를, 지나간 자극의 심적 번역이 아니라 다가올 반응의 지표로 만들어 버리면 난점을 우회하는 것처럼 보이기 때문이다. 그러나 두 가정 사이의 차이는 상당하다. 왜냐하면 분자운동 자체의 어떤 것도 그것을 번역한 감각에 남아 있을 수 없으므로, 방금 말한 분자의 진동은 필연적으로 의식되지 않기 때문이다. 그러나 받은 자극을 따르려는 경향이 있고 그 자극의 자연적 연장prologement인 자동 운동은 짐작컨대 운동으로서 의식된다. 그렇지 않으면 이제 그러한 자동적 반응과, 다른 가능한 운동들 사이에서 선택하도록 하는 역할을 지닌 감각 자체가 아무런 존재 이유를 가질 수 없을 것이기 때문이다. 정조적 감각의 강도는 따라서 시작되고 있는 기계적 involontaire

  이고도 사변적인 이유만으로 생긴 것이 아니라, 미래로 향한 행동의 필요에 따라 생겼다는 것이다. 많은 생물들이 감정이나 감각 없이 자동적인 움직임에 따라 살며, 자유로운 행위, 즉 선택이 필요한 곳에서 비로소 감각이나 감정이 나타나고, 그때 그것은 미래의 행동의 선택지를 밑그림으로 그려 보여주는 역할을 한다. 따라서 그것은 우선 미래로 향해 있다. 즉, 현재 또는 이전의 몸 속의 분자 운동 상태를 반영해서 알려주는 기능은 그 본연의 것이 아니다. 그러므로 몸 속의 분자 운동과 감각의 상관관계를 강조하는 사람들은 감각이나 감정의 본성을 잊고 있는 것이다. 단, 여기는 자유로운 행동이 자동적 행동과 마찬가지로 행동적 필요에서 나온 것임을 강조하는 곳이므로 둘 사이의 연속성이 강조되어 있으나, 가령 EC에서는 식물과 동물 그리고 동물과 인간의 행동방식은 그 자유로움에 있어서 확연히 구별됨에 주의해야 한다.

운동, 즉 각 심리상태들 속에 그려져 있어서 자연이 우리를 의식적 존재가 아니라 자동 인형으로 만들었다면 아무렇게나 그것이 움직이는 대로 따랐을, 그런 기계적 운동에 대해 우리가 취하는 의식에 불과하다고 여겨진다.

이 추론에 근거가 있다면, 증가하는 강도의 고통을 점점 커져 가는 음계의 한 음에 비교하기보다는 점점 더 많은 종류의 악기 소리가 들려 오는 교향악에 비교해야 할 것이다. 의식은, 다른 모든 것들에 주조(主調, ton)를 부여하는 특징적 감각의 한가운데에서, 주변의 다른 점들로부터 오는 크건 작건 상당수의 감각들을, 즉 근육 수축이나 모든 종류의 신체 기관들의 움직임을 구분해 낼 것이다. 그러한 요소 심리상태들의 협주는 한 유기체 앞에서 벌어지는 새로운 상황에 대면한 그 유기체의 새로운 요구를 표현한다. 다른 말로 하면, 우리는 한 고통의 크기를 유기체의 크거나 작은 어느 부분이 거기서 분명히 취하고 싶어하는 이익에 따라 평가한다. 리셰Richet는[66] 고통이 약할수록 더 정확한 장소에 아픔을 지정한다는 것을 관찰한 바 있다. 즉 고통이 커지면, 온몸이 아프다고 한다는 것이다. 그리하여 그는 〈고통은 커지는 만큼 더 멀리 퍼진다〉[67]고 결론지어 말한다. 우리는 그 명제를 뒤집어서, 바로 고통의 강도야말로 의식이 보는 앞에서 그 고통에 동조하고 반응하는 신체 부분들의 수와 범위라고 정의해야 한다고 믿는다.[68] 이것을 납득하기 위해서는 같은 저자가 혐오감에 대해 기술

---

66) (원주) 『인간과 지능 *L'homme et l'intelligence*』, 36쪽.
67) (원주) 위의 책, 37쪽.
68) 즉, 리셰의 말처럼 고통이 강하면 퍼지는 것이 아니라, 퍼지면 강한 것이

한 뛰어난 묘사를 읽는 것으로 충분할 것이다. 〈자극이 약하면, 구토도 구역질도 없을 수 있다……. 자극이 더 강하면, 미주신경 pneumogastrique[69]에 국한되지 않고, 유기적 생명 체계 전체로 퍼지고 선체에 관련된다. 얼굴은 창백해지고, 피부의 평활근은 수축하며, 피부는 식은 땀으로 덮이고, 심장은 박동을 멈춘다. 한 마디로 연수(延髓)의 흥분에 뒤따르는 유기체 전반의 혼란이 일어나며, 그 혼란은 혐오감의 최고 표현이다.〉[70] ──그러나 그것이 과연 표현에 불과할까? 그러한 요소 감각들의 총체가 아니라면 혐오의 감각 일반은 도대체 어디서 성립할 것인가? 그리고 여기서 증가하는 강도란 이미 이루어진 감각에 덧붙여지는 감각의 수가 계속 증가하는 것이 아니라면 무슨 뜻일 수 있단 말인가? 다윈은 점점 더 거세지는 고통에 뒤따르는 반응들을 인상적으로 그렸다. 〈고통은 동물에게 그것을 일으킨 원인으로부터 벗어나기 위해 가장 격렬하고 가장 다양한 노력을 하도록 내몬다……. 심한 고통을 받을 때에는 입이 굳게 오므라들고, 입술이 떨리며, 이빨이 다물린다. 때로는 눈이 매우 크게 벌어지고, 때로는 눈썹이 심하게 찌부러진다. 몸은 땀으로 뒤덮이며, 피의 순환이 호흡과 함께 변한다.〉[71] ──우리가 고통의 강도를 측정하는 것은 바로 그런 관여된 근육들의 수축에 의해서가 아닌가? 당신이 극단적이

라는 말이다.
[69] 미주(迷走)신경은 숨골에서 나오는 열번째의 뇌신경으로서 목, 가슴, 복부의 모든 내장에 분포하여 그 지각, 운동, 분비를 맡는 신경이다.
[70] (원주) 위의 책, 43쪽.
[71] (원주) 『감정의 표현』, 84쪽.

라 선언하는 고통에 대해 당신 스스로가 하고 있는 생각을 분석해 보라. 극단적이라는 말로 당신이 뜻하는 바는 고통을 견딜 수 없다는 것, 즉 그것을 벗어나기 위해 신체가 수많은 다양한 행동을 하게 된다는 것이 아닌가? 한 신경은 모든 자동적 반응으로부터 독립된 하나의 고통을 전달한다고 사람들은 생각한다. 더 강하거나 덜 강한 자극이 다양한 방식으로 그 신경에 작용한다고도 생각한다. 그러나 감각에 수반하게 마련인 더 넓거나 덜 넓은, 더 크거나 덜 큰 반응을 당신이 거기에 붙여 넣지 않았다면, 당신의 의식이 그러한 감각의 차이를 양의 차이로 해석하지는 않았을 것이다. 그런 뒤따르는 반응이 없다면, 고통의 강도는 크기가 아니라 질(質)이었을 것이다.

여러 쾌락들을 서로 비교할 수 있는 다른 수단도 거의 없다. 더 큰 쾌락이란 더 선호하는 쾌락이 아니라면 무엇인가? 또 선호란 우리 신체 기관들의 어떤 기질disposition, 두 가지 쾌락이 동시에 마음에 떠오를 때 우리 몸이 그들 중 어느 하나로 기울어지게 하는 그런 기질이 아니라면 무엇인가? 그런 기울어짐 자체를 분석해 보라. 그러면 마치 신체가 마음에 떠오른 쾌락보다 앞서 가거나 할 것처럼, 관여된 기관들에서 그리고 몸의 나머지 부분들에서까지 그려지고 있고 또 시작되고 있는 수많은 작은 운동들을 발견할 것이다. 그런 기울어짐을 운동으로 정의할 때, 그것은 비유를 하고 있는 것이 아니다. 지성이 생각하는 여러 쾌락들 앞에서, 우리의 신체는 마치 반사작용처럼 그들 중 어느 하나로 자발적으로 향한다. 그것을 멈추는 것은 우리에게 달렸지만, 그 쾌락의 매력은 그렇게 시작된 운동과 다른 것이 아니며, 그것을 맛보는 동안의 쾌락의 세기 자체는 모든 다른 감각을 거부하고 거기에 빠져 버리는 신체의 무기력l'inertie에 불과하다. 우리의 정신을 흐트러뜨릴 수 있는 것에 대하여 저항하려 할 때 그러한 무기력을 의식하게 되는데, 그러한 무기력이 없다면 쾌락은 여전히 어떤 상태이나 더 이상 크기는 아닐 것이다. 물리적 세계에서와 마찬가지로 정신의 세계에서도 매력(attraction, 인력)은 운동을 일으키기보다는 설명하는 데에 쓰인다.[72)]

우리는 정조적 감각을 따로 떼어 고찰했다. 이제 많은 표상적 감각이 정조적 성격을 가지며, 그럼으로써 우리에게 일정한 반응을 불러일으키고, 그 반응은 표상적 감각의 강도를 평가할 때 고려된다는 것에 주목하자. 상당량의 빛의 증가는 우리에게 아직 고통은 아니지만 눈부심과 유사한 어떤 특징적인 감각으로 번역

---

72) 어떤 매력에 이끌려 쾌락을 맛본다는 것 자체는 운동을 일으킨 것이지만, 그 쾌락은 바로 다른 운동을 하지 않게 하는 〈무기력〉이기 때문에, 〈매력에 이끌렸다〉는 것은 실제로 어떤 행동을 하게 한 것이 아니라, 행동을 하지 않게 된 핑계로 쓰인다. 어떤 〈매력에 사로잡힌〉 상태는 거기서 헤쳐 나오려 해도 나올 수 없는, 즉 몸을 뺄 수 없는 그 〈옴쭉달싹할 수 없음〉, 즉 무기력의 상태이다. 물리적 세계에서의 매력attraction은 인력인데, 그것은 물질이 나름대로 운동하는 것이 아니라 옴쭉달싹 못 하게 자기에게로 끌어들이는 힘이며, 물질이 왜 그렇게 나름대로의 운동을 〈일으키지〉 않고 옴쭉달싹 못 하는지를 설명하는 방식이다. 사실 만유인력의 법칙 자체가 하나의 설명적 가설이다.

고통이 그것을 벗어나기 위해 운동하라는 명령이며, 쾌락을 운동하지 못하게 사로잡힌 무기력이라고 설명하는 베르크손의 분석은 명쾌하면서도 눈부시다.

되어 나타난다. 소리의 진동폭이 커짐에 따라, 우리의 머리 그리고 다음에는 우리 몸이 흔들리거나 충격을 받는 것 같은 효과를 낸다. 맛, 냄새, 온도와 같은 몇몇 표상적 감각은 유쾌하거나 불쾌한 성격을 항상 일정하게 가지고 있기까지 하다. 더 쓰거나 덜 쓴 맛 사이에서는 거의 질적 차이만을 구별해 낼 수 있을 뿐이다. 그것들은 마치 동일한 색깔의 여러 색조nuances들과 같다.[73] 그러나 그러한 질적 차이는 곧 양적 차이로 해석되는데, 그것은 그러한 색조들의 정조적 성격과 그들이 우리에게 암시하는 쾌·불쾌와 같은 어느 정도 드러나는 반응 운동 때문이다. 게다가 감각이 순수히 표상적으로 남을 때조차, 외부의 원인은 일정한 정도의 세기나 약하기를 넘으면, 우리측에 그 감각을 측정하는 데 이용되는 운동들을 일어나게 한다. 왜냐하면 때로는 그 감각이 달아나기나 할 듯이 그것을 보려고 애를 써야 하며, 때로는 반대로

　　이 단락에서 저자는 쾌·불쾌의 감각을 분석하고 있는데, 분석의 핵심은 그것을 우리 신체의 외부나 내부에서 이미 일어난 과거적 분자 운동의 번역이라 보지 않고 미래로 향하는 행위의 자유로운 선택의 가능성으로부터 해명한다는 것이다. 그렇게 하면 쾌·불쾌라는 감정 자체에는 나타나지도 않는 내외의 분자 운동 대신에, 마주친 상황을 벗어나야 할 것인가 아니면 거기에 계속 머무를 것인가에 따라, 어떤 것은 유쾌한 감각이 되고 어떤 것은 불쾌한 감각이 된다는 현상이 설명된다. 그리고 그것의 강도는 진짜 외연적인 강도가 아니라, 회피와 탐닉에 동원되는 우리 신체 부위의 범위에 따른 것으로서, 그 범위는 측정될 수 있지만 그것으로부터 받는 느낌 자체는 각각 질적으로 다를 뿐이라는 것이다.

73) 동일한 색깔의 여러 색조는 조금 후에 밝혀지는 바와 같이 양적 차이가 아니라 질적 차이를 보인다.

그것이 우리에게 침입해 와서 자신을 강요하고 우리를 흡수해 버려서, 거기서 벗어나 우리 자신으로 남아 있기 위해서는 모든 노력을 다 경주해야 하기 때문이다. 첫번째 경우에 사람들은 감각이 매우 약하다고 말하며, 두번째 경우에는 매우 세다고 말한다. 그리하여 멀리서 들리는 소리를 지각하기 위해, 또는 우리가 가벼운 냄새나 약한 빛이라 부르는 것을 구별해 내기 위해, 우리는 우리 활동의 모든 충전력 ressort 을 긴장시키고, 〈주의를 모은다〉. 냄새와 빛이 우리에게 약해 보이는 것은 다름이 아니라 그것들이 그때 우리의 노력에 의해 보강되기를 요구하기 때문이다. 역으로, 우리가 극도로 강한 감각으로 인식하는 것은 그것이 우리에게 저항할 수 없는 자동적 반응 운동들을 일으키거나 우리를 무력하게 만들 때이다. 우리 귓전에서 쏜 대포 소리나 갑자기 켜지는 눈부신 빛은 잠깐 동안 우리 개인 personnalité[74]의 의식을 앗아가 버린다. 이런 상태는 그런 소질을 갖춘 사람에게는 오래 연장될 수도 있다. 덧붙여야 할 것은, 중간 정도의 강도의 범위에서조차, 사람들은 〔그것을〕 표상적 감각과 대등한 것으로 취급함에도 불구하고,[75] 우리는 자주 그 감각이 대신하는 다른 감각과 비

---

74) 여기서 〈개인 personalité〉은 자기 동일성을 가진 존재자라는 의미이다. 그 자기 동일성이 위협받을 때, 극단적인 경우에는 그것을 지키기 위해 잠시 기절할 수도 있다.

75) 〈alors qu'on traite d'égal à égal avec la sensation représentative〉라는 이 문장은 매우 어렵다. 일반적으로 〈traiter qn d'égal à égal avec qn〉은 타동사구로서 〈누구를 누구와 대등하게 취급하다〉는 뜻이나 여기에는 목적어가 없다. 그러나 의미상 〈중간 정도의 감각〉이라는 목적어가 생략된 것으로 보아 〈사람들이 (그 감각을) 표상적 감각과 대등하게 취급함에

교하거나 그것이 다시 찾아오는 집요함(persistence, 반복성)을 고려함으로써 그 감각의 중요성을 평가한다는 것이다. 그리하여 시계의 째깍거리는 소리는 밤에 더 크게 들리는데, 그것은 밤 동안에 그 소리가 감각이나 생각도 없이 거의 비어 있는 의식을 쉽사리 흡수하기 때문이다. 우리가 전혀 알아듣지 못하는 말로 서로 대화하는 외국인들은 우리에게 더 큰 소리로 말하는 것 같은 효과를 주는데, 그것은 그들의 말이 우리 마음에 더 이상 아무런 생각도 불러일으키지 않아, 밤중의 시계 소리처럼 일종의 지적인 적막 속에서 터져 나와 우리의 주의를 사로잡기 때문이다. 그러나 이른바 중간 정도라는 감각들을 통해 우리는 그 강도가 새로운 의미를 가짐에 틀림없는 일련의 심리상태에 접근하게 된다. 왜냐하면 대부분의 경우 신체는 적어도 드러나게는 거의 반응하지 않으나, 그럼에도 불구하고 우리는 여전히 소리의 높이, 빛의 세기, 색의 농도 saturation 등을 크기로 표시하기 때문이다. 이런저런 음을 들을 때나 이런저런 색을 볼 때 신체 전체에서 일어나는 일을 세밀하게 관찰하면, 놀랄 일이 적잖이 숨어 있을 것이다. 그리하여 페레 Ch. Féré는 모든 감각에 역량계 dynamomètre로 잴 수 있는 근육의 힘의 증가가 수반됨을 증명하지 않았던가?[76] 그

도 불구하고〉의 의미로 새길 수 있다. 이때 〈표상적 감각〉을 다음 단락에 나올 순수히 표상적인 감각으로 봐야 하고, 그러면 〈중간 정도의 감각은 아주 약하거나 아주 센 감각과는 달리 그 자체로서는 아무런 신체적 반응을 수반하지 않고, 따라서 순수한 표상적 감각과 대등하게 취급됨에도 불구하고〉라는 의미를 가지게 된다.

76) (원주) Ch. Féré, 『감각과 운동 Sensation et mouvement』, Paris, 1887.

러나 그럼에도 그런 증가는 의식에 거의 인상을 남기지 않는다. 그리고 소리와 색깔, 또는 무게와 온도를 구별하는 정확성을 생각해 보면, 여기에 새로운 평가 요소가 등장해야 한다는 것을 쉽게 짐작할 것이다. 더구나 그 요소의 본성을 결정하기는 어렵지 않다.[77]

---

77) 바로 앞 문단까지 정조적 감각은 거기에 수반되는 신체적 반응 운동에 따라 강도가 평가된다고 논했고, 이 문단에서는 (1) 우선 표상적 감각에 정조가 수반되는 경우, 즉 아주 작거나 아주 큰 표상적 감각의 경우에는 그 역시 그에 따르는 신체적 반응에 의해 강도가 평가된다는 것을 말한 다음, (2) 중간 정도의 감각에서도 〈그 감각이 대신하는 다른 감각과 비교하거나 그것이 다시 찾아오는 집요함을 고려함으로써〉 그 감각의 크기를 평가한다는 것을 밝힌다. 그 예로서 인용된 것이 밤중의 시계 소리나 외국인의 말이 더 크게 들린다는 사실이다(이 두 예는 사실, 같은 감각이 다른 것과 함께 감각될 때와 홀로 감각될 때의 차이를 나타내는 것으로서 둘 다 〈다른 감각과 비교〉될 때의 예이다. 그러나 가령 그 시계 소리가 계속될 때 더 크게 들린다면 〈집요함을 고려〉할 때의 예도 될 수 있을 것이다). (3) 또 아무리 중간적인, 즉 평상적인 감각이라도 우리가 의식하지 못하는 신체적 반응을 수반할 것이며, 페레가 모든 감각에 역량계로 측정할 수 있는 근육의 힘의 증가가 수반됨을 증명한 것은 그 좋은 예이다. (4) 그러나 그것은 역시 우리가 일상적으로 느낄 수 있는 것이 아니며, 그럼에도 불구하고 순수한 표상적 감각도 예외 없이 크기를 평가하는 우리의 성향은 어디에서 오는가를 설명할 수밖에 없고, 그것은 이제 새로운 요소의 개입에 의해 이루어진다. 그렇게 새로운 요소가 개입된다는 것은 어떻게 우리가 전혀 틀리지 않고 소리와 색깔, 무게와 온도를 서로 다른 것으로 구별하는가를 생각해 보면 분명해진다. 그것은 바로 그런 감각들을 일으키는 외부 대상이 다르기 때문이다. 즉, 조금 후에 밝혀질 것처럼 새로운 요소는 바로 외부 대상이다.

그도 그럴 것이, 한 감각이 자신의 정조적 성격을 잃어버리고 표상의 상태로 넘어감에 따라 그것이 우리측에 일으키는 반응 운동들은 사라지려는 경향을 보인다. 그러나 우리는 또한 그 감각의 원인인 외부 대상을 현재 지각하고 있거나, 그렇지 않은 경우에는, 과거에 지각하여 지금 그것을 생각하고 있다. 그런데 그 원인은 연장적이며 따라서 측정 가능하다. 최초의 의식의 빛과 함께 시작되었고 우리의 생존 기간 내내 계속되는 매순간의 경험은 자극의 일정한 가치에 대응하는 감각의 일정한 색조를 보여준다. 우리는 그때, 나타난 결과의 어떤 질qualité에다 원인의 어떤 양quantité의 관념을 결합시킨다. 그러고는 결국 모든 획득된 지각에서 일어나는 것과 같이 그러한 관념을 감각에, 즉 원인의 양을 결과의 질에 집어넣는다. 정확히 바로 그 순간에, 감각의 어떤 색조나 성질에 불과했던 강도가 크기로 된다.[78] 예를 들어 오른손에 바늘을 들고 왼손을 점점 더 깊이 찔러 보면 그러한 과정을 쉽게 이해할 수 있을 것이다. 처음에는 어떤 간지럼 같은 것을 느끼고, 그 다음에는 어떤 접촉을 느끼며, 거기에 찔린다는 느낌이 뒤따

---

[78] 우리의 모든 경험은 우선 삶을 향한 것이므로, 어떠한 경험이든 그것은 일단 그 경험에 대한 우리의 반응을 유발한다. 순수 표상적 감각도 자극의 일정한 가치에 대응하는 일정한 〈색조〉를 띤다. 예를 들어 바다를 바라보는 느낌과 사막을 바라보는 느낌은 분명히 다르다. 그런데 우리는 바다 자체가 그 느낌을 가지며, 그 느낌 자체가 바다에서 오는 것으로, 즉 외부 원인과 우리의 감각(느낌)을 결부시켜 버린다. 그 결과 외부 원인의 성격이 곧 감각의 내용과 동일시되어, 결국 외부 원인이 양적 성격을 가졌다면 감각도 가지는 것으로 생각하게 된다.

르고, 다음에는 한 점에 국한된 고통, 마지막에는 그 고통이 주변 부위로 퍼져 나가는 것을 느낄 것이다. 그것에 대해 숙고하면 할수록, 그것들은 그만큼의 질적으로 구별되는 감각이며, 동일한 종의 그만큼의 변종들[79]임을 알게 될 것이다. 그럼에도 불구하고 당신은 우선 점점 더 침투해 들어오는 오직 하나의 동일한 감각, 즉 점점 더 강한 찔림을 이야기했다. 그것은 찌르는 오른손의 점진적인 힘주기를 찔린 왼손의 감각으로, 별 다른 주의 없이 그 장소를 지정해 버렸기 때문이다. 이렇게 하여 당신은 원인을 결과에 집어넣고, 무의식적으로 질을 양으로, 강도를 크기로 해석했다. 모든 표상적 감각의 강도를 같은 방식으로 이해해야 한다는 것을 알아차리기는 쉬운 일이다.

소리의 감각은 매우 뚜렷한 세기의 차이를 보여준다. 우리는 이미 이 감각의 정조적 요소, 즉 신체 전체가 받는 흔들림 secousse을 고려해야 한다고 말했다. 매우 강한 소리는 우리의 주의를 흡수하고 다른 모든 것들을 대체하는 소리라는 것도 보였다. 그러나 우리가 머리와 심지어 몸 전체에서 때때로 느끼는 상당히 특징 있는 그 진동, 그 충격을 제거해 보라. 동시적인 음향들이 서로 다투는 그 경쟁을 없애 보라. 그러면 들려오는 소리의 어떤 정의할 수 없는 성질 이외에 무엇이 남을 것인가? 다만 그 성질이 곧 양으로 해석되는 바, 그것은 당신이 가령 한 물체를 두드리면서 그리고 그에 의해 일정한 양의 노력을 함으로써 당신

---

[79] 종의 차이는 질의 차이이다. 변종variation도 마찬가지이다. ⟨eidos⟩는 종이라는 의미와 질이라는 의미를 동시에 가진다.

자신이 그러한 크기의 소리를 얻은 것이 수천 번도 더 되기 때문이다. 당신은 또한 유사한 소리를 내기 위해서는 어느 정도까지 당신의 목소리를 높여야 하는지를 알며, 그 소리의 세기를 크기로 나타낼 때 당신은 그러한 노력의 관념을 순간적으로 머릿속에 떠올린다. 분트[80]는 인간의 뇌에서 이루어지는 발성신경망과 청신경망의 매우 특별한 연결을 주목케 하였다. 듣는다는 것은 스스로에게 말하는 것이라고 사람들이 말하지 않았던가?[81] 어떤 신경 질환자들névropathe은 입술을 움직거리지 않고는 대화하는 자리에 앉아 있을 수 없다. 그것은 사실 우리 모두에게 일어나는 일이 과장된 것뿐이다. 우리는 들려오는 소리를 우리 속에서 반복한다는 것, 소리가 울려 나오는 심리적 상태, 즉 표현할 수는 없으나 몸 전체에 의해 채택된 운동이 암시하는 그 원초적 상태에 다시 자리잡을 수 있도록 소리를 우리 속에서 반복한다는 것을 인정하지 않는다면, 음악의 표현력 아니 그 암시력을 이해할 수 있을까?

따라서 중간 정도의 힘을 가진 소리의 세기를 크기라고 말할 때, 우리는 특히 같은 크기의 소리 감각을 다시 얻기 위해 들여야 할 크거나 작은 노력을 암시하고 있는 것이다. 그러나 우리는 세기와 더불어 소리의 또 다른 특징적 속성인 높이를 구별한다. 귀가 지각하는 대로의 높이의 차이는 양적인 차이인가? 우리는 소

---

80) (원주)『생리 심리학』(불역), II권, 497쪽.
81) Cardaillac, *Études élémentaires de philosophie*, Paris, 1830; V. Egger, *La parole intérieure. Essai de psychologie descriptive*, Paris, 1881, 43-57쪽 등 (IV, 1545쪽, 주 p. 32, l. 17 참조).

리의 더 높음이 공간에서 더 높은 위치에 있다는 심상을 불러일으킴을 인정한다. 그러나 거기서부터 음계의 음들이, 청각인 한에 있어서, 질에 의한 것 이외의 방식으로 서로 다르다는 것을 이끌어 낼 수 있는가? 물리학이 가르쳐 준 것을 잊어버리고 더 높거나 낮은 음에 대해 당신이 가진 생각을 면밀히 검토해 보라. 그리고 당신이 생각하고 있는 것을 말하라. 그것은 단지 당신 성대의 장근(張筋, muscle tenseur)이 이번에는 자기가 그 음을 내려면 들여야 할 노력의 크고 작음[에 관한 것]이 아닌가? 당신의 목소리가 어떤 음에서 다음 음으로 넘어 갈 때 들이는 노력이 불연속적이라서 당신은 그 연이은 음들을, 그들 각각을 나누는 빈 간격을 매번 건너뜀으로써 급작스런 도약에 의해 하나씩 도달되는 공간의 점들로 표상한다. 그리고 그것이 음계의 음들 사이에 간격을 두는 이유이다. 왜 그들을 배열하는 선이 수평적이지 않고 수직적인지, 왜 우리는 소리가 어떤 때는 올라간다고 하고 또 다른 때는 내려간다고 하는지의 문제가 남아 있는 것은 사실이다. 높은 음은 머리에서, 낮은 음은 흉부에서 울리는 듯한 효과를 낳는다는 데 반론의 여지가 없다. 사실이든 거짓이든, 그러한 지각이 아마 그 간격들을 수직적으로 배열하게 하는 데 기여했을 것이다. 그러나 가슴에서 소리를 낼 때 성대를 당기는 노력이 크면 클수록, 미숙한 가수에게는 관여하는 몸의 표면이 넓다는 점 또한 주의해야 할 것이다. 심지어 그것이야말로 그에게 그 노력이 더 강한 것으로 느껴지는 이유이기조차 하다. 그리고 아래에서 위로 공기를 내쉬기 때문에, 그는 그 공기의 흐름이 만들어 내는 소리에도 동일한 방향을 부여할 것이다. 따라서 성대의 근육과 몸의 더 큰 부

34

분이 공감하면, 그것은 바로 아래에서 위로의 운동으로 번역될 것이다.[82] 우리는 그때 음이 더 높다고 말할 것인데, 그것은 몸이 공간에서 더 높은 물체에 도달하려는 것처럼 어떤 노력을 하기 때문이다. 그리하여 음계의 각 음에 높이를 부여하는 습관이 형성되었고, 물리학자가 그것을 주어진 시간에 그에 대응하는 진동의 수로 정의하던 날, 우리는 더 이상 망설이지 않고 우리의 귀가 양적 차이를 직접적으로 지각한다고 말하게 되었다. 그러나 우리가 소리를 내는 근육의 노력이나 그것을 설명하는 진동을 거기에 도입하지 않는다면, 그것은 순수한 질로 남을 것이다.[83]

블릭스Blix와 골트샤이더Goldscheider, 그리고 도날슨Donaldson의 최근 실험[84]은 차가움과 더움을 느끼는 신체 표면의 지점

---

82) 지금까지 높은 음을 공간적으로 더 높은 위치에 있는 것처럼 표상하게 되는 이유를 세 가지로 설명하였다. 첫째, 높은 음은 머리에서, 낮은 음은 흉부에서 울리는 듯한 효과를 낳는다는 것. 둘째는 높은 음을 낼 때 성대를 당기는 노력과 함께 그에 관여하는 신체 부분이 더 넓어진다는 것. 셋째, 높은 음을 내려면 아래에서 위로 공기를 내쉬기 때문에, 높은 음에도 그와 동일한 방향이 부여된다는 것. 두번째와 세번째가 결합하여, 〈성대의 근육과 몸의 더 큰 부분이 공감하면, 그것은 바로 아래에서 위로의 운동으로 번역〉되기 때문에 결국에는 높은 음에는 공간에서의 더 높은 위치가 부여된다. 결국 질적으로 다른 것일 뿐인 음의 높낮이에 공간적 표상이 부과되는 것은, 그 음을 내기 위해 동원된 신체 부위의 노력에 달려 있다는 것이다.
83) 근육이나 진동은 모두 외연적인 것이어서 셀 수 있다. 따라서 순수히 질적인 소리의 높낮이가 양화되는 것은 그런 양적인 규정을 도입하였기 때문이다. 그것을 빼면 순수 질만 남는다.
84) (원주) 「온도의 감각에 대하여On the temperature sense」, *Mind*, 1885.

들이 동일하지 않다는 것을 보여주었다. 따라서 생리학은 이제부터 차가움과 더움의 감각 사이에 정도의 차이가 아니라 본성의 차이를 확립하는 데로 기울고 있다. 그러나 심리학적 관찰은 더 멀리 나아간다. 주의 깊은 의식은 다양한 열 감각들 사이에서도 그리고 차가움의 감각들 사이에서도 또한, 종류의 차이를 쉽게 발견할 것이기 때문이다. 더 강한 더움은 사실상 다른 더움이다. 그것을 더 강하다고 말하는 것은, 우리가 열원(熱源)으로 다가가거나 우리 몸의 더 넓은 표면이 열을 받았을 때, 더 뜨거워지는 변화를 수천 번 겪었기 때문이다. 게다가, 더움과 차가움의 감각은 상당히 빨리 정조적 성격을 띠게 되고, 그때 그것의 외부 원인의 수치만큼 더 세거나 덜 센 반응을 우리측에 불러일으킨다. 그렇다면 그 원인으로부터 전도(傳導)되는 intermédiaire 힘에 대응하는 감각들 사이에 그와 유사한 양적 차이를 어떻게 확립하지 않을 수 있겠는가? 더 길게 논하지 않겠다. 감각의 원인에 대해 과거의 경험이 일러주는 모든 것을 백지화하고 감각 자체와 맞대면하여, 그 점에 관해 각자가 신중하게 자문해 보기 바란다. 검토 결과는 의심의 여지가 없다. 표상적 감각의 크기는 원인을 결과에 집어넣은 데 기인하며, 정조적 요소의 강도는 외부 자극에 따르는 크거나 작은 반응 운동을 감각에 도입한 데 기인한다는 것을 금방 알아차릴 것이다. 압각(壓覺)이나 중량 감각에 대해서도 동일한 검토를 요청할 것이다. 당신이 손에 작용하는 압력이 점점 더 강해진다고 말할 때, 그 말로 당신이 떠올리는 것은 접촉이 압력으로 되고 다음에는 고통이 되며, 그리고 그 고통 자체는 여러 국면을 거쳐 주변 부위로 퍼져 나간다는 것이 아닌지를 보라. 그리고 특히, 당신이 외부 압력에 대립하여 점점 더 강한, 즉 점점 더 넓은 대항의 노력을 개입시키지 않았는지를 보라. 더 무거운 중량을 들 때, 정신물리학자는 감각의 증가를 경험한다고 말한다. 그 감각의 증가는 오히려 증가의 감각으로 불려야 하지 않을지 검토해 보라. 모든 문제는 거기에 있다. 왜냐하면 첫 번째 경우에 감각은 양일 것이며, 두번째 경우에는 비록 그 원인의 크기를 표현하는 것으로 되어 버렸지만 하여간 질일 것이기 때문이다.[85] 무거운 것과 가벼운 것의 구별은 더운 것과 차가운 것의 구별만큼이나 뒤쳐지고 소박한 것으로 보인다.[86] 그러나 그런 구별의 소박함 자체가 그것을 심리학적 실재réalité로 만든다. 그리고 무거운 것과 가벼운 것이 우리 의식에는 다른 유(類)를 이룰 뿐만 아니라, 가벼움과 무거움의 정도들도 두 부류에 속하는 그만큼의 종(種)들이다. 주어진 무게를 들기 위해 몸이 들여야 할 더 크거나 작은 범위의 노력 때문에 여기서 질의 차이가 자발적으로 양의 차이로 번역된다는 것을 덧붙여야 한다. 누군가가 당신에게 실제로는 비어 있는 바구니를 쇳덩어리로 가득 찼다고 말하면서 들어보라고 했을 때, 그것을 쉽게 받아들일 것이다. 그 바구니를 잡으면서 당신은 균형을 잃었다고 생각할 것이다. 마치

---

85) 감각의 증가는 동일한 감각이 양적으로 증가한다는 것이므로 감각을 양적으로 본 것이며, 증가의 감각은 그 원인이 양적으로 증가할지언정 증가한 원인의 감각 자체는 각각 질적으로 다른 감각이므로 하여간 감각을 질로 생각한 것이다.

86) 즉, 그런 구별을 할 필요 없이 모두 양적인 차이만 있는 것으로 생각하고 싶을 것이라는 것. 그러나 무거움과 가벼움은 성질상 분명히 구별이 되는 다른 감각이므로, 그러한 구별은 심리학적 실재를 반영한 구별이다.

관계없는 근육들이 미리 그 일에 관여하여 거기서 갑작스런 실망을 느낀 것처럼.[87] 당신이 주어진 한 점에서 무게의 감각을 측정하는 것은, 특히 신체의 다양한 점에서 이루어지는 그러한 공감하는 노력의 성질과 수에 따라서이다. 그리고 당신이 그처럼 크기의 관념을 도입하지 않았다면, 그러한 감각은 질에 불과할 것이다. 더구나 그 점에 관한 당신의 착각을 강화하는 것은 동질적 공간에서 이루어지는 동질적 운동을 직접적으로 지각한다고 믿는 습관이 형성되어 있다는 사실이다. 내가 팔로 가벼운 무게를 들 때에는 몸의 모든 나머지 부분은 부동인 채 일련의 근육 감각을 느끼는데, 그 각각은 자신의 〈국부적 신호〉, 즉 고유한 색조를 가진다. 바로 그러한 일련의 감각들을 나의 의식은 공간 속에서의 연속적 운동이라는 의미로 해석한다. 내가 다음으로 더 무거운 무게를 동일한 높이와 동일한 속도로 들어올린다면, 새로운 일련의 근육 감각들을 거치게 되는데, 그 각각은 이전의 감각연쇄의 대응하는 항들과 다르다. 그것은 잘 검토해 보면 쉽사리 납득할 수 있을 것이다. 그러나 나는 그 새로운 연쇄 역시 연속적 운동이라는 의미로 해석했기 때문에, 그리고 그 운동이 먼저 것과 동일한 방향과 동일한 지속과 동일한 속도를 가지기 때문에,

---

87) 비어 있는 바구니를 찼다고 생각하고 들었을 때 균형을 잃는 것은 필요 이상의 근육이 예기적으로 미리 동원되었기 때문이다. 그것은 더 무거운 것을 들 때는 더 많은 근육이 동원된다는 것을 역으로 보여주는 것이고, 그렇게 동원된 근육의 수나 범위에 의해 우리는 그 감각을 양적으로 큰 것으로 생각하게 된다. 그러나 사실은 다른 수나 범위의 근육이 동원된 감각은 질적으로 다른 감각이다.

나의 의식은 두번째의 감각연쇄와 첫번째 연쇄 사이의 차이를 그 운동 자체와는 다른 곳에 위치시킬 수밖에 없다. 나의 의식은 그때 그러한 차이를 움직이는 팔 끝에 구체화하여 위치시키는데 matérialise, 운동 감각은 두 경우 모두 동일했던 반면, 중량 감각은 크기가 달랐다고 확신한다. 그러나 운동과 무게는 반성적 의식의 구별이다. 직접적 의식은 이를테면 무게 있는 운동 mouvement pesant의 감각을 가지며, 그런 감각 자체는 분석하면 일련의 근육 감각으로 해소되는 바, 그 각각은 그 음영nuance에 의해 일어나는 장소를, 그 색채coloration에 의해 들어올리는 무게의 크기를 표현한다.[88]

빛의 강도를 양이라 부를 것인가 질로 취급할 것인가? 아마도 사람들은 일상생활에서 우리에게 광원의 성질에 관한 정보를 주기 위해 매우 다른 많은 요소들이 협력하고 있다는 사실에 충분히 주목하지 않은 것 같다. 우리는 오래 전부터 사물의 윤곽과 세

---

[88] 우리 의식에 직접적으로 느껴지는 바대로의 무게를 드는 운동은 중량감과 운동감이 혼융일체가 된 〈무게 있는 운동〉으로서, 가벼운 것을 들 때와 무거운 것을 들 때의 그 〈무게 있는 운동〉의 감각은 질적으로 완전히 다르다. 그것을 우리의 반성적 의식이 무게와 운동으로 나누어 생각하여 운동 자체는 동질적 공간을 움직이는 동질적 운동으로서 같고 다만 무게만 다르다고 생각한다. 이때 〈그 음영에 의해 일어나는 장소를, 그 색채에 의해 들어올리는 무게의 크기를〉 가늠한다. 여기서 색채coloration란 더 힘들게 느껴지느냐 아니냐의 차이로서 그 느낌에 따라 중량 감각의 크기가 결정되며, 음영nuance이란 그 다른 느낌이 어디서 좀더 두드러지게 나타나느냐의 차이로 그것에 따라 중량 감각의 장소가 정해진다. 앞에서의 설명에 따르면 팔로 들어올리는 경우 그곳은 팔 끝이다.

부를 구별하기 어려우면 빛이 멀거나 꺼질 때가 가까웠다는 것을 안다. 우리가 어떤 때 경험하는 정조적 감각인 눈부심의 전조[89]를 그 원인의 우월한 힘으로 돌려야 한다는 것을 경험은 우리에게 가르쳐 주었다. 광원의 수가 증가하거나 감소함에 따라, 물체의 모서리도, 그것이 만드는 그늘도 같은 방식으로 부각되지는 않는다. 그러나 우리는 더 약하거나 더 밝은 빛의 영향 아래 착색되는 표면—그것이 분광기 spectrum 상의 순색이라 하더라도—이 받는 빛깔의 변화를 더 크게 고려해야 한다고 생각한다. 광원이 가까워짐에 따라 보랏빛은 푸르스름한 빛깔을 띠며, 초록은 희끄무레한 노랑으로, 빨강은 밝은 노랑으로 되는 경향을 보인다. 반대로 광원이 멀어지면, 감색은 보라로, 노랑은 녹색으로 이행하며, 마지막에는 빨강, 녹색, 보라가 희끄무레한 노랑에 가까워진다. 얼마 전부터 물리학자들은 그러한 빛깔의 변화에 주목하기 시작하였다.[90] 그러나 우리가 달리 주목할 만한 일은, 대부분의 사람들이 주의를 기울이거나 알려주지 않으면 그것을 알아차리지 못한다는 것이다. 질의 변화를 양의 변화로 해석하기로 작정한 우리는 모든 사물이 불변의 결정된 고유색을 가진다는 것을 원리로 놓고 출발한다. 그리고 사물의 색상이 노랑이나 파랑에 접근한다면, 조명의 증가나 감소의 영향을 받아 그 색깔이 변하는 것을 본

---

89) 〈눈부심의 전조 prélude de l'éblouissement〉라는 좀 특이한 표현을 썼는데, 빛이 밝아서 눈이 부신 듯한 느낌(아직 완전히 눈이 부신 것은 아니지만)을 받는다는 의미 이외의 다른 뜻은 없다.

90) (원주) Rood, 『색깔의 과학적 이론 Théorie scientifique des couleurs』, 154-159쪽.

다고 말하는 대신에, 색깔은 동일한 채 남아 있고 다만 조도(照度)의 감각이 증가하거나 감소한다고 말할 것이다. 따라서 우리는 아직도 우리 의식이 받아들이는 질적 인상을 우리의 지성 entendement이 그것에 대해 부과하는 양적 해석으로 대체한다. 헬름홀츠는 좀더 복잡하지만 같은 종류의 해석 현상을 지적했다. 그에 따르면, 〈분광기상의 두 색을 흰색과 합성하고, 그 두 색의 빛의 강도를 합성비가 동일하도록 같은 비율로 증가시키거나 감소시키면, 나오는 색깔은 계속 동일하지만, 감각 강도의 비율은 눈에 띄게 변한다……. 그것은 우리가 정상적인 백색으로 생각하는 햇빛 자체가 낮 동안 조도가 변할 때 유사한 색조의 변화를 겪는다는 데에 기인한다〉.[91]

그러나 우리가 자주 우리를 둘러싸고 있는 사물들의 상대적 빛깔의 변화에 의해 광원의 변화를 판단한다 하더라도, 하나의 사물, 예를 들어 흰색 표면이 다른 정도의 밝기를 계속적으로 거치는 단순한 경우에는 더 이상 그렇지 않다. 우리는 특히 이 마지막 논점에 관해 상세히 다루어야 한다. 왜냐하면 물리학이 빛의 세

---

91) (원주)『생리 광학』(불역), 423쪽.
(역주) 흰색의 양은 일정하게 유지하고 두 색깔만 같은 비율로 그 강도를 변화시키면 색깔 자체는 동일하게 남는다. 그런데 두 색의 강도를 변화시킨 만큼만 빛의 밝기에 대한 감각이 변해야 할 텐데 그렇지 않고 두 색의 강도와 그에 대한 감각의 비율이 완전히 달라진다. 그것은 낮 동안의 백색과 색깔의 비율에 익숙해져 있어서 그에 따라 느껴지는 빛의 강도의 차가 달라지기 때문이다. 햇빛의 조도가 변할 때 색조도 변하므로 거기에 익숙해진 우리는 색조가 변하지 않으면 오히려 더 밝거나 더 어둡게 느낀다.

기의 정도를 진정한 양으로 말하기 때문이다. 즉 물리학은 그것을 조도계로 측정하지 않는가? 정신물리학자는 보다 더 멀리 나아가서 우리의 눈 자체가 빛의 강도를 측정한다고 말한다. 처음에는 델뵈프Delboeuf[92]에 의해, 다음에는 레만Lehmann과 네이글릭Neiglick[93]에 의해 빛 감각의 직접적 측정에 관한 정신물리학적 방정식을 확립하기 위한 실험이 시도되었다. 우리는 그 실험 결과에 대해서도, 조도 측정법의 가치에 대해서도 이의를 제기하지 않을 것이다. 그러나 모든 것은 그것을 어떻게 해석하는가에 달려 있다.

이를테면 네 개의 촛불이 비추는 한 장의 종이를 주의 깊게 생각해 보라. 그리고 촛불을 하나, 둘, 셋 차례로 꺼 보라. 당신은 표면은 하얀 채로 남아 있고 밝기가 감소한다고 말할 것이다. 왜냐하면 당신은 방금 촛불 하나가 꺼졌음을 알기 때문이다. 또는 그것을 몰랐다면, 조명이 감소할 때 흰 표면에서 일어나는 유사한 변화를 여러 번 확인한 바 있기 때문이다. 그러나 당신의 기억과 언어 습관을 제거해 보라. 당신이 실질적으로 본 것은 흰 표면의 밝기의 감소가 아니라, 초가 꺼지는 순간 그 표면을 지나가는 한 층의 그림자이다. 그 그림자는 우리 의식에게는 빛 자체와 마찬가지로 하나의 실재이다. 완전히 밝혀진 최초의 표면을 희다고 불렀다면, 당신이 [지금] 보고 있는 것에는 다른 이름을 주어야 할 것이다. 그것은 다른 것, 즉 이렇게 말할 수 있다면 흼의 새로

---

[92] (원주) 『정신물리학 요강 Éléments de psychophysique』, Paris, 1883.
[93] (원주) 《철학지 Revue philosophique》, 1887, I호, 71쪽과 II호, 180쪽의 그 실험에 관한 논평을 보라.

운 색조nuance일 것이기 때문이다. 이제 전부 다 말해야 하나? 우리는 과거의 경험과 물리학 이론들에 의해, 검은색을 빛 감각의 결여나 기껏해야 그것의 최소량minimum으로 그리고 회색의 연속적 색조를 흰빛의 점차 감소하는 강도로 생각하는 습관을 들였다.[94] 그러나 사실을 말하자면 검은색은 우리 의식에게는 흰색과 마찬가지의 실재성을 가지며, 주어진 한 표면을 밝히는 흰빛의 점감(漸減)하는 강도들은 미리 알고 있지 않은 의식에게는 분광기상의 다양한 색깔들과 상당히 유사한, 그만큼의 다른 색조들일 것이다. 그것을 잘 증명하는 것은 그 변화가 외부 원인에서와는 달리 감각에서는 연속적이 아니라는 것이며, 흰 표면의 조명이 우리에게 변하는 것으로 보이지 않고도 빛은 일정 시간 증가하거나 감소할 수 있다는 것이다. 그것이 변하는 것으로 보이는 것은 사실 외부의 빛의 증가나 감소가 새로운 질을 창조하기에 충분할 때만이다.[95] 따라서 만약 우리가 원인을 결과 속에 넣고 우리의 소박한 인상을 경험과 과학이 가르쳐 준 것으로 대체하는

---

[94] 다시 말해 사물의 지각에는 단지 원시적 감각자료뿐 아니라 경험, 습관, 학습된 것 등, 한 마디로 모든 기억이 들어간다.

[95] 빛 감각이 양적인 것이라면, 빛의 양의 변화와 마찬가지로 연속적으로 변해야 하겠지만, 사실은 그렇지 않다. 빛의 양이 변하더라도 일정한 변화량 이전에는 변화를 알아차리지 못하고 같은 감각으로 머문다. 따라서 빛의 양의 변화와 그것에 대한 감각은 전혀 다르다는 것을 알 수 있다. 그 감각은 양적인 것이 아니라 질적이다. 정신물리학 자체가 변화를 알아차릴 수 있는 자극의 최소 변화량을 차이역difference threshold이라 정형화했으며, 그것은 현재 자극의 양에 비례한다. 즉 현재 자극이 강할수록 최소가지 차이는 더욱 커진다.

습관을 가지지 않았다면, 주어진 한 색깔의 다양한 밝기—위에서 말한 정조적 감각을 빼더라도—는 질적인 변화로 환원될 것이다. 채도에 대해서도 마찬가지로 말할 수 있을 것이다. 왜냐하면 어떤 색의 다양한 강도들이 그 색과 검은색 사이에 포함된 만큼의 다른 음영들에 대응한다면, 채도는 바로 그 색과 순백색 사이의 중간 색조들과 같기 때문이다. 모든 색깔은 이중적 측면, 즉 검은색의 관점과 흰색의 관점에서 생각될 수 있다고 우리는 말하겠다. 검은색과 강도의 관계는 흰색과 채도의 관계와 같다.

이제 조도 측정 실험의 의미를 이해할 수 있을 것이다. 한 장의 종이에서 일정한 거리에 위치한 촛불은 일정한 방식으로 그것을 밝힌다. 당신이 그 거리를 두 배로 하면 동일한 감각을 일으키게 하기 위해서는 네 개의 촛불이 필요하다는 것을 확인한다. 거기서부터 당신은 광원의 강도를 증가시키지 않고 거리를 두 배로 하면 조명의 효과는 사분의 일로 줄어들 것이라고 결론내린다. 그러나 여기서 문제가 되는 것은 물리적 결과이지 심리적 결과는 아님이 너무도 명백하다. 왜냐하면 우리가 비교한 것이 두 개의 감각이라고는 말할 수 없기 때문이다. 우리는 두 개의 다른 광원, 즉 두번째가 첫번째보다 밝기는 네 배이지만 거리는 두 배 더 떨어진 두 광원을 서로 비교하는 데 오직 하나의 감각[96]만을 사용하였다. 한 마디로 말해 물리학자는 결코 하나가 다른 것의 두 배, 세 배인 감각들을 개입시킨 적이 없으며, 단지 이제는 대등하

---

96) 바로 다음 주 97) 참조.

게 놓을 수 있는 두 물리적 양 사이의 매개자로 사용되도록 운명 지어진 동일한 감각들[97]을 개입시켰을 뿐이다. 여기서 빛 감각은 수학자가 계산에는 도입하지만 최종 결과에는 나타나지 않는 보조 미지수의 역할을 한다.

정신물리학자의 대상은 완전히 다르다. 그가 연구하고 측정한다고 주장하는 것은 빛 감각 자체이다. 때로는 페히너의 방법에 따라 미분을 적분하고, 때로는 직접 한 감각을 다른 감각과 비교한다. 후자의 방법은 쁠라또Plateau와 델뵈프에 힘입은 것으로서, 지금까지 사람들이 믿어 온 것보다 훨씬 더 페히너의 방법과 유사하다. 그러나 그것이 특별히 더 빛의 감각과 관련이 있기 때문에, 우선 그것부터 다룰 것이다. 델뵈프는 밝기가 변할 수 있는 세 개의 [크기가 다른] 동심원 고리 앞에 관찰자를 자리잡게 한다. 교묘하게 장치하여 각각의 고리가 흰색과 검은색 사이의 모든 중간색을 거칠 수 있도록 한다. 그 회색 빛들 중 두 개가 두 고리에 동시적으로 나타나서 변하지 않도록 유지된다고 가정해 보자. 우리는 그것을 A와 B라 부를 것이다. 델뵈프는 세번째 고리의 밝기 C를 변화시키면서, 주어진 한 순간에 회색 B가 다른 둘과 같은 거리에 있는 것으로 보이면 그렇다고 말하라고 관찰자에게 요청했다. 어느 순간에 이르자 과연 관찰자는 AB의 대비가 BC의 대비와 같다고 선언한다. 델뵈프에 따르면 그 결과, 동등한

---

97) 이때 동일하다는 것은 물론 그 종류에 있어서 동일하다는 것이지 각각의 성질 자체가 동일하다는 것은 아니다. 바로 다음 문장에 나오는 〈보조미지수〉처럼, 어떤 구체적인 개별 감각이 아니라 계산상 필요에 의해 개입되지만 뭔지는 결정되지 않은 막연한 빛 감각 일반이다.

감각적 대비에 의해 한 감각에서 다음 감각으로 옮겨갈 수 있는 조도의 등급표를 작성할 수 있다. 즉 우리의 감각은 이처럼 서로에 의해 측정된다는 것이다. 우리는 그러한 주목할 만한 실험으로부터 델뵈프가 이끌어 낸 결론에 대해서는 그를 따르지 않을 것이다. 본질적인 문제, 우리에게 유일한 문제는 A와 B라는 요소로 이루어진 AB의 대비가 다르게 구성된 BC의 대비와 정말로 동등한 égal가를 아는 것이다. 두 감각이 동일한 감각이 아니면서도 같은 크기égal일 수 있다는 것이 확립되는 날, 정신물리학은 기반을 가지게 될 것이다.[98] 그러나 그 크기의 동등성 égalité이야말로 우리에게는 이론(異論)의 여지가 있는 것으로 보인다. 한 조도의 감각이 어떻게 다른 둘과 등거리에 있다고 말할 수 있는지를 설명하는 것은 사실 쉬운 일이기 때문이다.[99]

우리가 태어난 이래 한 광원의 강도 변화가 우리 의식에서는 분광기상의 다양한 색깔의 연속적 지각으로 번역되었다고 잠시 가정해 보자. 그때 그 색깔들이 우리에게 음계상의 그만큼의 음들로, 등급표 상의 더 높거나 더 낮은 등급으로, 한 마디로 말해 크기들로 보일 것임은 의심의 여지가 없다. 다른 한편, 그들 각각

---

[98] 프랑스 어의 〈identique〉와 〈égal〉은 그리스 어의 〈homoios(=질적 동일성)〉와 〈isos(=양적 동일성)〉와 같이 확연히 구분되는 것은 아니지만, 대체로 그와 유사한 성격은 지니고 있다. 따라서 여기서는 〈égal〉을 〈같은 크기의〉로 번역한다.

[99] 한 감각이 다른 둘과 등거리에 있다는 것을 설명하기가 쉬운 만큼 그 감각들의 거리가 어떻게 크기로 해석되었는지도 뻔히 보이며, 따라서 감각들의 크기도 진정한 크기가 아님을 증명하기도 쉬운 일이라는 것. 이에 대한 설명은 바로 다음에 나온다.

에 그 계열에서의 위치를 할당하는 것은 쉬운 일이다. 왜냐하면 외연적 원인이 연속적인 방식으로 변한다면, 색의 감각은 한 색조에서 다른 색조로 지나가면서 불연속적인 방식으로 변하기 때문이다. 두 색깔 A와 B 사이의 중간 색조가 아무리 많아도 비록 거칠게나마 생각으로 항상 그것을 셀 수 있고, 그 수가 B와 또 다른 색 C를 나누는 색조들의 수와 대체로 비슷한지를 확인할 수 있다. 바로 이 경우 B는 A, C와 같은 거리에 있다, 즉 대비는 이쪽 저쪽에서 동일하다고 말할 것이다. 그러나 그것은 여전히 편리한 해석에 불과하다. 왜냐하면 중간 색조들의 수가 양쪽에서 동일하다 하더라도, 그리고 하나에서 다른 것으로 급작스런 도약에 의해 넘어간다 하더라도, 그 도약이 도대체 크기인지 또 같은 크기인지는 모르기 때문이다. 특히, 측정에 사용된 중간색들이 말하자면 측정된 사물 속에서 다시 발견되는지를 증명해야 할 것이다. 그렇지 않다면 한 감각이 다른 둘과 대등한 거리에 있다고 말할 수 있는 것은 오직 비유에 의해서일 뿐이다.

그런데 우리가 위에서 조도에 대해 말한 것에 동의해 준다면, 델뵈프가 관찰하라고 제시했던 회색 빛의 다양한 음영들은 우리 의식에게는 색깔과 완전히 대응되며 한 회색 빛이 다른 두 회색 빛과 등거리라고 선언한다면 그것은 가령 오렌지색이 초록과 빨강의 등거리에 있다[100]고 말할 수 있는 것과 마찬가지 의미에서이다. 다만 우리의 모든 과거 경험에서 회색 빛의 연쇄가 이루어

---

100) 초록과 빨강을 섞으면 오렌지색이 나온다는 말이 아니라, 분광기 상에서 등거리에 있다는 것.

졌던 것은 조명의 점진적인 증가나 감소에 의해서였다는 차이가 있다. 거기서부터 색채의 차이에 대해서는 엄두도 내지 않을 일을 밝기의 차이에 대해서는 한다는 것, 즉 질의 변화를 크기의 달라짐으로 확립한다는 일이 생긴다. 측정은 더구나 어렵지 않게 이루어진다. 조명의 연속적continue인 감소에 의해 만들어지는 회색 빛의 잇단successives 음영들은 질이기 때문에 불연속적discontinues이며,[101] 그들 중 둘을 나누는 중요한 중간색들을 어림잡아 셀 수 있기 때문이다. 따라서 AB의 대비가 BC의 대비와 동일하다고 선언하는 것은 기억의 도움을 받은 우리의 상상력이 동일한 수의 표지점(標識点, points de repère)을 이쪽 저쪽에 찍었을 때이다. 그러한 어림잡기는 더구나 매우 조잡한 것임에 틀림없고, 사람에 따라 상당히 달라질 것임을 예견할 수 있다. 특히, A와 B 고리 사이의 밝기의 차이가 더 증가하면 그만큼 더 망설임과 판단의 격차가 뚜렷해질 것임을 예기하지 않을 수 없다. 사이에 낀 음영들의 수를 평가하기 위해서는 점점 더 고통스러운 노력이 요구될 것이기 때문이다. 그것은 정확히 실제로 일어나는 일인데, 델뵈프가 작성한 두 표를 한번 훑어보면[102] 그 사실을 쉽게 납득할 것이다. 밖의 고리와 가운데 고리 사이의 밝기의 차이를 증가시킴에 따라, 동일한 한 관찰자 또는 여러 다른 관찰자들이 차례로 머무는 숫자들 사이의 격차는 거의 연속적 방식, 즉 3도에서 94도, 5도에서 73도, 10도에서 25도, 7도에서 40도 등

---

101) 질은 어떤 질이 다른 질과 완전히 다른 것이기 때문에 구별되는 것이고, 따라서 불연속적이다.
102) (원주)『정신물리학 요강』, 61쪽과 69쪽.

으로 증가한다.[103] 그러나 그런 격차는 제쳐두자. 관찰자들이 자기 자신과도 다른 사람들과도 항상 일치한다고 가정하자. 그렇다면 AB와 BC의 대비가 동일하다는 것이 확립된 것일까? 우선 이어지는 두 단위 대비들이 동일한 양이어야 할 터인데, 우리는 단지 그것들이 이어진다는 것만을 알 뿐이다. 다음으로 주어진 어떤 회색 빛 속에서 광원의 객관적 강도를 평가하기 위해 우리의 상상력이 거쳐온 하위색들이 재발견된다는 것이 확립되었어야 할 것이다. 한 마디로 델뵈프의 정신물리학은 아주 고도의 중요성을 가진 이론적 요청을 가정한다. 실험이라는 외양 아래 헛되이 숨어 있지만 우리는 그것을 다음과 같이 공식화할 것이다. 즉 〈빛의 객관적인 양을 연속적으로 증가하게 할 때, 계속적으로 획득되는 회색 빛들 사이의 차이는 그 각각이 물리적 자극의 지각 가능한 최소의 증가를 번역하는 차이들로서, 그것들은 서로 동일한 양이다. 거기에 더하여, 획득된 어떠한 감각이든 그것을 감각 영(零)으로부터 〔그 감각에 이르기까지의〕 이전 단계의 감각들을 서로로부터 구별하는 차이들의 합계와 동일한 크기로 만들 수 있다.〉[104] ──그런데 이것이 바로 우리가 지금 살펴보려는 페히너의

---

103) 앞의 숫자들은 대비차가 적을 때이며, 뒤의 숫자들은 대비차가 많을 때이다. 즉 대비차가 적을 때에는 관찰자마다 3, 5, 10, 7 등의 격차를 보이다가 대비차가 커지면 94, 73, 25, 40 등의 격차를 보인다.
104) 논리적으로 표현했기 때문에 프랑스 어로도 정신차려 읽어야 한다. 표현은 어렵지만 내용은 비교적 간단하다. (1) 빛이 연속적으로 증가할 때 밝기의 변화를 지각할 수 있는 자극의 최소 변화량[이것이 정신물리학에서의 차이역(差異域, difference threshold)이다]은 일정하다. (2) 한 감각의 크기는 그 감각에 이르기까지의 단위 감각들의 합이다. 결국 정신물리학에 반대했던 델뵈프도 정신물리학과 동일한 전제 위에 서 있

정신물리학의 요청이다.

페히너는 베버가 발견한 법칙으로부터 출발하였다. 그 법칙에 따르면, 어떤 감가을 일으키는 어떤 자극이 주어졌을 때, 의식이 변화를 알아차리기 위해 처음 것에 더해야 할 자극의 양과 처음 자극의 비율은 일정하다. 그리하여 감각 S에 대응하는 자극을 E라 하고, 차이를 감각하기 위해 처음 것에 더해야 할 자극의 양을 ΔE라 한다면, $\frac{\Delta E}{E}$ = 상수이다. 이 방정식은 페히너의 제자들[105]에 의해 깊이 수정되었다. 우리는 그 논의에 개입하지 않을 것이다. 베버가 확립한 관계식과 거기에 대체되는 관계식들 사이를 결정하는 것은 실험의 몫이다. 더구나 그런 종류의 법칙이 존재할 개연성을 인정하는 데에 우리는 어떠한 문제도 제기할 생각이 없다. 왜냐하면 여기시는 감각을 측정하는 것이 문제가 아니라, 단지 자극의 증가가 감각을 변화하게 하는 정확한 순간을 결정하는 것이 문제이기 때문이다. 그런데 일정한 양의 자극이 일정한 색조의 감각을 일으킨다면, 그 색조의 변화를 일으키기 위해 필요한 자극의 최소량 역시 일정하리라는 것은 분명하다. 그런데 그 최소량은 일정하지 않기 때문에, 그것이 더해지는 자극의 함수임에 틀림없다.――그러나 자극과 그 최소 증가의 관계로부터 어떻게 〈감각의 양〉과 그에 대응하는 자극을 연결시키는 방정식으로 넘어갈 것인가? 모든 정신물리학이 그러한 전이(轉移)에서 성립하므로, 그것을 주의 깊게 연구하는 것이 중요하다.

는 셈이다.
105) 특히 델뵈프와 쁠라또를 의미한다(IV, 1545쪽, 주 p. 43, l, 4 참조).

우리는 베버의 실험이나 그와 유사한 다른 일련의 관찰들로부터 페히너와 같은 정신물리학적 법칙으로 넘어가는 조작에서의 여러 다른 인위적 책략들artifices을 구분하겠다. 사람들은 먼저 자극의 증가에 대한 우리의 의식을 감각 S의 증가로 생각하는 것에 합의한다. 따라서 그것을 ΔS로 부를 것이다. 다음으로, 지각 가능한 자극의 최소 증가분에 대응하는 모든 감각 ΔS는 그들 사이에 서로 동일하다고 가정한다. 그때 그것들은 양으로 취급되며, 그 양들은 한편으로는 항상 동일한 반면 다른 한편으로는 경험이 자극 E와 그 최소 증가분 사이에 $\Delta E = f(E)$라는 어떤 관계식을 제공하므로, ΔS의 항상성을 $\Delta S = C \dfrac{\Delta E}{f(E)}$ (C는 일정한 양)라고 표현한다. 그들은 마지막으로 매우 작은 차이분인 ΔS와 ΔE를 미분 dS와 dE로 대체하는 것에 합의하여, 거기서부터 이제 미분 방정식 $dS = C \dfrac{dE}{f(E)}$가 나온다. 이제 등호의 양쪽을 적분하여 찾던 관계식 $S = C \int_o^E \dfrac{dE}{f(E)}$를 얻는 것밖에 더 이상 아무것도 남지 않을 것이다.[106] 이렇게 해서 사람들은 감각이 나타나느냐 아니냐만이 유일하게 문제가 되었던 입증된 법칙에서 그 감각을 측정하는 입증 불가능한 법칙으로 넘어갈 것이다.

이런 교묘한 조작에 대한 세밀한 논의에 들어가기보다는 페히너가 문제의 진정한 난점을 어떻게 파악했고, 어떻게 그것을 극복하려 했으며 그리고 우리가 보기에 그의 추론의 잘못은 어디에 있는지를 몇 마디로 보여주자.

---

106) (원주) 베버의 법칙 $\dfrac{\Delta E}{E}$ =상수가 제한없이 받아들여지는 특별한 경우 적분은 $S = C \log \dfrac{E}{Q}$ (Q는 상수)가 된다. 이것이 페히너의 〈대수의 법칙〉이다.

페히너는 두 개의 단순한 상태, 즉 두 감각이 같은 크기라는 것과 또 그것들을 더한다는 것을 우선 정의하지 않으면 심리학에 측정을 도입할 수 없음을 이해했다. 다른 한편, 동일한 감각이 아니면 사람들은 우선 어떻게 두 감각이 같은 크기인지를 이해하지 못한다. 물리적 세계에서는 분명 같은 크기임égalité과 동일성 identité[107]은 절대 동의어가 아니다. 그러나 그렇게 되는 까닭은 거기서는 모든 현상, 모든 대상이 한쪽으로는 질적이며 다른 쪽으로는 외연적이라는 이중적 측면에서 나타나기 때문이다. 첫째 측면을 제거하는 것을 방해하는 것은 아무것도 없으며, 그렇게 되면 이제는 오직 직접적으로이건 간접적으로이건 서로서로 겹칠 수 있고, 따라서 전체적으로 동일시될 수 있는 항들만이 남는다. 그런데 측정을 가능하게 하기 위해 처음부터 외부 사물들에서 제거되는 그 질적 요소가 바로 심리학이 붙잡고 측정한다고 주장하는 것이다. 그리고 그러한 질 Q를 그 위에 자리잡고 있는 어떤 물리적 양 Q′에 의해 평가하려고 시도해 봐야 헛수고이다. 왜냐하면 그 이전에 Q가 Q′의 함수라는 것을 보였어야 할 것인데, 그것이 이루어질 수 있으려면 질 Q를 그것 자체의 어떤 조각들에 의해 먼저 측정했어야만 하기 때문이다. 그리하여 열의 감각을 온도로 측정하는 것을 방해하는 것은 없다고 하지만, 그때 그것은 관행일 뿐이며, 정신물리학은 바로, 그러한 〔관행의〕 관행성을 물리치고[108] 온도가 변할 때 어떻게 열의 감각이 변하는가를

---

107) 즉, 동질성.
108) 〈repousser cette convention〉은 〈관행을 거부하고〉라는 뜻인데 여기서는 관행의 내용을 부인한다는 의미가 아니라 그 관행성을 거부한다는

탐구하는 데에서 성립한다. 간단히 말해서 다른 두 감각은 그들의 질적 차이를 제거한 후에도 어떤 동일한 기반이 남아 있을 때에만 같은 크기라고 할 수 있는 것으로 보이는데, 다른 한편 그러한 질적 차이야말로 우리가 느끼는 모든 것이기 때문에, 그것을 제거해 버린 후에는 무엇이 남아 있을 수 있을지 알 길이 없다.

페히너의 독창성은 그런 난점을 극복할 수 없는 것이라 판단하지 않았다는 것이다. 자극이 연속적인 방식으로 증가할 때 감각은 급작스런 도약에 의해 변한다는 것을 이용하여 그러한 감각의 차이를 바로 그 이름으로, 〔즉 〈감각의 차이〉라〕 부르기를 주저하지 않았다.[109] 아닌게 아니라 그것들은 최소 차이들인데, 그 각각이 외부 자극의 지각 가능한 가장 작은 증가에 대응하기 때문이다. 이때부터 연이어 나오는 차이의 색조나 고유한 질을 제거해 버릴 수 있다. 그 차이들이 말하자면 통째로 동일시된다는 바로 그 사실에 의해 그것들은 공통의 기반으로 남을 것이다. 즉 그것들 하나하나가 최소량이 된다.[110] 바로 이것이 찾으려 했던 같은 크기임의 정의이다. 더하기의 정의도 자연적으로 따라나올 것이다. 왜냐하면 자극의 연속적 증가를 따라 이어지는 두 감각 사이에서 의식이 인지한 차이를 양으로 취급하여 처음 것을 S, 다음 것을 $S+\Delta S$라 부른다면, 모든 감각 S를 하나의 합계, 즉 그 감

뜻으로 이해해야 한다.
[109] 감각이 달라지므로 분명히 〈차이〉가 나기는 하지만, 그것은 질적 차이이지 페히너가 생각하듯 양적 차이는 아니다.
[110] 색조나 질의 차이는 모두 사상하고, 하나하나가 모두 최소 차이라는 그 사실만을 공통 기반으로 모두 같은 양이라 생각한다.

에 도달하기 전에 지나는 최소 차이들의 덧셈으로 얻은 합계로 생각해야 할 것이기 때문이다. 그러면 이제 그 두 정의를 이용하여, 먼저 차이 ΔS와 ΔE 사이의 관계를, 다음에는 미분들을 매개로 하여 두 변수 사이의 관계를 확립하는 것밖에 더 이상 아무것도 남지 않을 것이다. 여기서 사실 수학자들은 차이에서 미분으로의 이행에 항의할 수 있을 것이다.[111] 심리학자들은 양 ΔS가 일정하지 않고 감각 S 자체처럼 변하지 않을까 하고 자문(自問)할 것이다.[112] 마지막으로 일단 확립된 정신물리학적 법칙의 진정한 의미에 대해서도 논의될 것이다. 그러나 ΔS를 양으로 S를 합계로 생각한다는 그 사실만으로도 조작 전체의 근본적 요청을 받아들이는 셈이다.

그런데 바로 그 요청 자체가 우리에게는 이론(異論)의 여지가 있고 심지어는 상당히 이해하기 어려운 것으로 보인다. 만약 내가 어떤 감각 S를 경험하고 있고, 연속적으로 자극을 증가시키면서 일정한 시간 후 그 증가를 인지했다고 가정해 보라. 나는 벌써 원인의 증가에 대해 알고 있지 않은가. 그러나 그 앎과 [감각의] 차이 사이에 어떤 관계를 확립할 것인가? 아마도 안다는 것은 여기서 원래 상태 S가 변했다는 데에서 성립할 것이다. 그것은 S'로 되었다. 그러나 S에서 S'로의 이행이 산술적 차이에 비교될 수 있으려면 내가 S와 S' 사이에서 말하자면 일종의 간격을 의식하고 뭔가를 더함으로써 내 감도(感度, sensibilité)가 S에서 S'로

---

111) 미분은 무한히 작은 양이어야 하는데, 최소 차이는 상당히 작은 양이지만 무한히 작은 양은 아니므로 여기에 이의를 제기할 수 있다.
112) (원주) 최근에는 ΔS가 S에 비례한다고 추정되었다.

올라가야 할 것이다. 그 이행에 어떤 이름을 부여함으로써, 즉 그것을 ΔS라 부름으로써 당신은 그것을 우선 실재로, 그리고 다음에는 양으로 만든다. 그런데 당신은 어떤 의미에서 그 이행이 양이 되는지를 설명할 수 없을 뿐 아니라, 반성해 보면 그것이 실재조차 아니라는 것을 알아차릴 것이다. 실재적인 것은 거쳐온 상태 S와 S'뿐이다. S와 S'가 수라면, 오직 S와 S'만이 주어졌을 때라도, 나는 아마 차이 $S'-S$의 실재성을 인정할 수 있을 것이다. 그것은 단위들의 일정한 합계인 수 $S'-S$가 그때는 정확히 S에서 S'로 거쳐온 덧셈의 계속적 순간들을 표현하기 때문이다. 그러나 S와 S'가 단순한 상태들[113]이라면, 그들을 나누는 간격은 어디서 성립할 것인가? 그리고 첫번째 상태에서 두번째로의 이행은 자의적으로 그리고 원인의 필요에 따라[114] 두 상태의 계기(繼起)를 두 크기의 차이와 동일시한 당신의 사유 행위가 아니면 도대체 무엇이란 말인가?

의식이 당신에게 주는 것에 만족하거나, 관행적 표상 방식을 행사하거나 둘 중 하나이다. 첫번째의 경우 당신은 S와 S' 사이에서 무지개의 색조들과 유사한 차이를 발견할 것이며, 크기의 차이는 결코 발견하지 못할 것이다. 두번째의 경우, 원한다면 당신은 상징 기호 ΔS를 도입할 수 있지만 당신이 산술적 차이를 논

---

113) 즉, 질적으로 다른 상태들.
114) ⟨pour le besoin de la cause⟩는 문자 그대로 하면 ⟨원인의 필요를 위해⟩라는 뜻인데, 여기서는 원인을 크기로 나타낼 수 있으므로 그러한 특성에 따라 결과인 감각도 크기로 나타내고 싶어하는 ⟨필요⟩에 따른다는 뜻.

할지라도 그것은 관행에 의한 것이며, 주어진 감각을 어떤 합계와 동일시하는 것 역시 관행에 의한 것이다. 페히너의 비판자 중 가장 통찰력이 뛰어난 쥘 딴너리Jules Tannery는 방금 언급한 그 점을 확실하게 밝혔다. 〈가령 50도의 감각은 감각이 없는 상태에서 50도의 감각까지 계속되는 미분 감각들의 수에 의해 표현된다고들 말할 것이다……. 나는 거기서 합법적인 만큼 자의적이기도 한 정의(定義) 이외의 다른 것이 있으리라 보지 않는다.〉[115]

사람들이 무어라고 하든지간에, 우리는 중간 눈금법 méthode des graduations moyennes[116]이 정신물리학을 새로운 길로 접어들게 했다고 믿지 않는다. 델뵈프의 독창성은, 의식이 페히너의 옳음을 인정하는 것처럼 보이고 상식 자체도 정신물리학자가 되는 특별한 경우를 선택한 것이었다. 그는 어떤 감각들은 비록 다르다 하더라도 우리에게 직접적으로 같은 크기로 보이지 않을까, 그리고 그들을 매개로 하여 서로 두 배, 세 배, 네 배인 감각표를 작성할 수 있지 않을까 하고 자문해 보았다. 페히너의 잘못은, 연이은 두 감각 S와 S' 사이에는 하나에서 다른 하나로의 이행만 있을 뿐, 그 말의 산술적 의미에서의 차이는 없음에도 불구하고, 그들 사이에 간격을 믿은 것이었다고 우리는 말했다. 그러나 이행이 이루어지는 두 항이 동시에 주어질 수 있다면, 이번에는 이행이 아니라 대비가 있을 것이다. 대비는 아직 산술적 차이는 아니지만, 어떤 측면에서 그것과 닮았다. 비교되는 두 항은 두 수의

---

115) (원주)《과학지 Revue Scientifique》, 1875. 3. 13과 4. 24.
116) 78-82쪽에 이미 설명된 델뵈프의 조도 측정법.

뺄셈에서처럼 서로의 면전에서 공존하고 있다. 이제 그 감각들이 동일한 성질이며, 물리적 자극이 연속적으로 증가하는 동안 우리의 과거 경험 속에서, 말하자면 그것들의 사열(查閱)을 계속 참관했다고 가정해 보라. 그때 우리는 원인을 결과에 집어넣을 것이고 대비의 관념이 등장하여 산술적 차이의 관념 속으로 녹아 들어갈 개연성은 무한히 높다. 다른 한편, 자극의 증가가 연속적인 반면 감각은 급작스럽게 변한다는 것을 알아차렸을 것이므로, 아마도 주어진 두 감각 사이의 거리를 그 급작스러운 도약들이나 적어도 우리에게 표지로 가장 자주 이용되는 중간 감각들의 조잡하게 짜맞춘 수로 평가할 것이다. 요약하자면 대비는 차이로, 자극은 양으로, 급작스런 도약은 등가성의 요소로 보일 것이며, 그 세 요인을 모두 결합하여 양적으로 동등한 차이라는 관념에 이를 것이다. 그런데 더 밝거나 덜 밝은 동일한 색깔의 표면들이 우리에게 동시에 나타날 때만큼 그 조건들이 잘 이루어지는 곳은 어디에도 없다. 여기서는 유사한 감각 사이의 대비가 존재할 뿐 아니라, 그 감각들이 하나의 원인에 대응하며, 그 원인의 영향은 우리에게 항상 거리와 밀접하게 연관된 것으로 보인다. 그리고 그 거리는 연속적인 방식으로 변할 수 있으므로 우리는 과거의 경험에서 원인의 연속적인 증가에 따라 이어지는 셀 수 없을 만큼 많은 수의 감각적 색조들을 매겨 두어야 했다. 따라서 첫번째와 두번째 회색 빛의 대비가 두번째와 세번째의 대비와 우리에게 거의 동일한 것으로 보인다고 말할 수 있을 것이다. 그리고 우리가, 그것은 다소간 혼동된 추론에 의해 그렇게 해석된 감각들이라고 말하면서,[117] 두 감각을 같은 크기라고 정의한다면, 결과적으로 델뵈프가 제안하는 것과 같은 법칙에 도달하게 될 것이다. 그러나 의식은 정신물리학자에게서와 같은 매개자들을 지나왔으며, 그것의 판단은 여기서 정신물리학이 지니는 가치만큼의 가치밖에 지니지 않는다는 것을 잊지 말아야 할 것이다. 그것은, 즉 질을 양으로 상징적으로 해석한 것이며, 주어진 두 감각 사이에 끼여 들 수 있을 감각의 수를 다소간 조잡하게 평가한 것이다. 최소 차이 측정법 méthode des modifications minima과 중간 눈금법 사이의 차이, 페히너와 델뵈프의 정신물리학의 차이는 따라서 사람들이 믿는 것만큼 그리 대단한 것이 아니다. 전자는 감각의 관행적 측정에 도달하며, 후자는 상식이 유사한 관행을 받아들이는 특별한 경우에 바로 그 상식에 호소하는 것이다. 간단히 말해서, 모든 정신물리학은 그 원천 자체에 의해 악순환의 고리를 돌도록 처단되어 있는데, 왜냐하면 그것이 기반으로 하고 있는 이론적 요청에 의해 실험적 검증을 할 수밖에 없는 처지에 있으며, 먼저 그 요청을 받아들일 때에만 실험적으로 검증될 수 있기 때문이다. 그렇게 악순환할 수밖에 없는 이유는 비연장적인 것과 연장적인 것 사이, 질과 양 사이에 아무런 접촉점이 없기 때문이다. 하나를 다른 것으로 해석하고, 하나를 다른 것의 등가물로 세울 수는 있다. 그러나 먼저건 나중이건, 처음이건 끝에서이건 그러한 동일시(同一視)의 관행적 성격을 인정해야 할 것이다.

사실을 말하자면, 정신물리학은 상식에 친숙한 개념을 정확히 공식화하여 그 극단적 귀결로까지 밀고 나간 것에 불과하다. 우

---

117) 다소 혼동된 것이기는 하지만 우리의 의식이 일상적으로 하는 방식대로 추론하여 같은 크기라고 해석한 바의 감각들이라고 둘러대면서.

리는 사유하기보다는 말하기 때문에,[118] 또한 공통의 영역에 속하는 외부 대상들이 우리가 지나가는 주관적 상태들보다 더 중요하기 때문에, 그 상태들에 외부 원인의 표상을 가능한 한 많이 도입함으로써 그것들을 객관화하는 것이 우리에게 매우 이롭다. 우리의 인식이 증가할수록 더욱더 우리는 강도의 성격을 띤 것 뒤에서 외연적인 것을, 질 뒤에서 양을 보며, 또한 전항(前項)에 후항(後項)을 집어넣고 감각을 크기로 취급하려는 경향이 있다. 바로 우리의 내적 상태들의 외적 원인을 계산해 내는 것이 그 역할인 물리학은, 그 상태들 자체에는 가능한 한 상관하지 않는다. 끊임없이 그리고 〔아예〕 방침을 정하고 물리학은 그 상태들을 그 원인과 혼동한다. 따라서 물리학은 그 점에서 상식의 환상을 북돋우며, 심지어 과장하기까지 한다. 과학이 그러한 질과 양 그리고 감각과 자극의 혼동과 친숙해짐으로써 한쪽을 측정하듯이 다른 쪽도 측정하려고 시도할 날이 숙명적으로 올 수밖에 없었다. 그것이 바로 정신물리학의 목적이었다. 그런 무모한 시도에서 페히너는 자신의 적수들, 즉 심리적 상태는 측정에 저항한다고 기껏 선언하고서도 강도의 크기를 논하는 철학자들에게 〔오히려〕 격려를 받았다. 왜냐하면 한 감각이 다른 감각보다 클 수 있고 그러한 크기의 다름이 모든 관념의 결합과 독립적으로, 즉 모든 수와 공간에 관한 다소간 의식적인 고려와 독립적으로, 감각 자체 속에 내재함을 인정한다면, 첫번째 감각이 두번째 감각을 얼마만큼 능가하는지를 탐구하고, 그 강도들 사이의 양적 관계를 확립하는

---

118) 말을 구성하는 단어 자체가 사물을 하나하나 끊어서 거기에 대응시키는 것이기 때문에, 외부 사물과 같이 공간화하는 성격을 지닌다.

것은 자연스러운 일이기 때문이다. 그리고 정신물리학의 적대자들이 자주 그렇게 하듯이 모든 측정은 포갬superposition을 내포하고 있으며, 포개지는 사물이 아닌 강도들 사이에서 수적인 관계를 찾을 수 있는 여지는 없다고 대답해 봐야 아무 소용이 없다. 왜냐하면 그때는 어째서 한 감각이 다른 감각보다 더 강하다고 말해지는지 그리고 방금 인정했듯이 그들 사이에 포함하는 것과 포함되는 것의 관계를 받아들이지 않는 사물들을 어떻게 더 크다거나 더 작다고 부를 수 있는지를 설명해야 할 것이기 때문이다. 그런 종류의 모든 질문을 중단시키기 위하여 두 종류의 양, 즉 오직 더와 덜만을 포함하는 강도의 성격을 띤 양과 측정에 적합한 외연적인 양을 구별한다면, 페히너와 정신물리학자들을 옳다고 인정하는 데에 매우 가까이 가 있다. 왜냐하면, 한 사물이 커지거나 작아질 수 있는 것으로 인정되자마자, 얼마만큼 작아졌고 얼마만큼 커지는지를 찾는 것은 자연스러워 보이기 때문이다. 그리고 그런 종류의 측정이 직접적으로 가능하다고는 보이지 않는다고 해서, 거기서부터 과학이 어떤 간접적인 방식—페히너가 제안하는 것처럼 무한히 작은 요소들의 적분이건, 다른 모든 우회적 방식이건 간에—으로 거기에 성공할 수 없으리라는 결론은 도출되지 않는다. 따라서 감각은 순수한 질이거나, 그렇지 않고 크기라면 측정할 방도를 찾아야 하거나 둘 중 하나이다.

이상을 요약하여 우리는 강도의 개념이 외부 원인을 표상하는 의식의 상태를 연구하느냐, 그 자체로서 충족적인 상태를 연구하느냐에 따라 이중적 측면에서 나타난다고 말할 것이다. 첫번째의 경우 강도의 지각은 결과의 어떤 질에 의해 원인의 크기를 모종의 방식으로 평가하는 데서 성립한다. 그것은 스코틀랜드 학파가 말하듯 획득된 지각perception acquise이다.[119] 두번째의 경우 우리가 강도라 부르는 것은 기저의 상태état fondamental 한가운데에서 우리가 짐작해 내는 단순한 심리적 사실들의 더나 덜한 정도의 다수성multiplicité이다. 그것은 더 이상 획득된 지각이 아니라, 혼동된 지각perception confuse[120]이다. 게다가 강도라는 말의 그 두 의미는 매우 자주 상호 침투하는데, 그것은 어떤 감정이나 노력이 포함하고 있는 더 단순한 사실들이 일반적으로 표상적이며, 대부분의 표상적 상태들은 동시에 정조적이기도 하여 그들 자체가 많은 수의 기본적 심리상태들을 포함하고 있기 때문이다. 강도의 관념은 따라서 두 흐름의 접합점에 위치하고 있는데, 그 하나는 밖으로부터 우리에게 외연적 크기의 관념을 가져오며, 다른 하나는 의식의 심연에서 내적인 다수성의 상(像)을 찾으러 가서 표면으로 가지고 나오게 한다. 이 상이 어디서 성립하는지, 즉 그것이 수의 상과 혼용되는지 아니면 그것과 근본적으로 다른지를 아는 일이 남아 있다. 이어지는 장에서 우리는 더 이

---

119) 학습된 내용이나 기억이 들어가서 형성된 지각. 로비네의 보고에 따르면 J. S. Mill의 *Examination of Sir William Hamiton's Philosophy*의 8장과 9장 「의식에 관하여」에 이 문제에 관한 언급이 있음(IV, 1546쪽, 주 p. 50, l. 25 참조). 여기서는 순수한 의식상태가 아니라 외부 원인에 대한 관념이 섞여 들어간 지각이라는 뜻.
120) 의식의 여러 단순한 상태들이 섞여 있는 지각. 획득된 지각과 달리 외부 원인에 대한 관념이 섞이지 않고 그 자체로 파악된 막연한 의식상태.

상 의식의 상태들을 서로서로 고립적으로 생각하지 않고, 그것들이 순수 지속durée pure 속에서 전개되는 한에서 그 구체적 다수성 속에서 생각할 것이다. 그리고 우리가 원인의 관념을 도입하지 않는다면 표상적 감각의 강도는 도대체 무엇인가를 자문했던 것과 마찬가지로, 그것이 펼쳐지는 공간을 추상하였을 때 우리의 내적 상태들의 다수성은 무엇이 되며, 지속은 어떤 형태를 띨 것인가를 이제 탐구해야 할 것이다. 이 두번째 문제는 첫번째 것과는 또 다르게 중요하다. 만약 질과 양의 혼동이 고립적으로 취한 의식의 사실들 각각에만 한정된다면, 그것은 우리가 방금 본 것과 같이 몇몇 불분명한 점들을 생기게 할 뿐, 문제를 일으키지는 않을 것이기 때문이다. 그러나 사실은 그러한 혼동이 일련의 심리적 상태들에 침입하고 지속의 개념에 공간을 도입하면서, 외적 변화와 내적 변화, 운동과 자유의 표상을 그 원천 자체에서부터 침식한다. 거기서부터 엘레아 학파의 궤변이 나오며, 거기서부터 자유 의지의 문제가 나온다. 우리는 오히려 두번째 문제를 더 상세히 다룰 것이다. 그러나 문제를 풀려고 시도하려는 것이 아니라, 그것을 제기한 사람들의 착각을 보여줄 것이다.

제2장

의식상태들의 다수성에 관하여[1] :
지속의 관념

수는 일반적으로 단위unité[2]들의 집합, 또는 좀더 정확히 말해

---

1) (원주) 우리가 수 개념과 공간 개념의 연대성에 관한 노엘G. Noël의 흥미로운 논문에 대한 삐용F. Pillon의 매우 주목할 만한 반박을 《철학 비판 *Critique philosophique*》(1883년과 1884년)에서 읽은 것은, 우리의 작업이 완전히 끝났을 때였다. 그러나 우리는 곧 읽을 글에서 바꾸어야 할 아무것도 발견하지 못했는데, 그것은 삐용이 질로서의 시간le temps qualité과 양으로서의 시간le temps quantité, 병치적 다수성multiplicité de juxtaposition과 상호 침투적 다수성celle de pénétration mutuelle을 구별하지 않았기 때문이다. 이 제2장의 주요 대상을 이루는 그런 중요한 구별이 없다면, 삐용처럼 공존의 관계가 수의 구성에 충분하다고 주장할 수도 있을 것이다. 그러나 여기서 공존은 무엇을 의미하는가? 공존하는 항들이 전체로서 유기화된다면, 수는 결코 거기서 빠져 나올 수 없을 것이다. 그 항들이 구별된 채로 남아 있다면, 그것은 병치되어 있기 때문이며 그러면 우리는 이미 공간 속에 있는 것이 아닌가. 여러 감각이 받아들인 동시적 인상들의 예를 인용해 봐야 소용없다. 그 감각들에 종적 차이를 보존하거

서 하나와 여럿의 종합으로 정의된다. 왜냐하면 모든 수는 정신 esprit의 단순한 직관에 의해 표상되고 하나의 이름이 주어지므로 하나의 수이지만, 그러한 단일성unité은 합계somme의 단일성이며, 그것은 개별적으로 고려할 수 있는 다수의 부분들을 포괄하기 때문이다. 당분간 그 단일성과 다수성의 개념을 깊이 다루지 말고, 수의 관념이 또한 어떤 다른 것의 표상을 포함하고 있지 않은지를 자문(自問)해 보자.

57   수가 단위들의 집합이라고 하는 것만으로는 충분하지 않다. 그 단위들이 그들 사이에 서로 동일하거나, 또는 적어도 그들을 셀 때는 곧 동일한 것으로 가정한다는 것을 덧붙여야 한다. 아닌게 아니라 한 무리의 양(羊)을 세면서 오십 마리가 있다고 말하는 것은 그들이 서로서로 구별되며 목동은 그들을 쉽게 알아볼 수 있

나(그것은 그것들을 세지 않는다는 것과 마찬가지이다), 그 차이를 제거해 버리거나이다(그럴 때는 그 위치에 의해서가 아니라면 어떻게 그 감각들이나 그 상징들을 구별할 것인가?). 우리는 〈구별하다〉라는 동사가 두 가지 의미, 즉 하나는 질적이고 하나는 양적인 의미를 갖는다는 것을 곧 볼 것이다. 우리가 생각하기에 그 두 의미는 수와 공간의 관계를 다룬 모든 이들에 의해 혼동되었다.

2) 주지하는 바와 같이 프랑스 어 〈unité〉는 단위라는 뜻과 단일성이라는 뜻을 함께 가지고 있다. 앞으로도 계속 나오는 바와 같이 동일한 말로 이 양자를 모두 가리키므로 그때그때의 의미에 맞게 번역했다. 그러나 독자는 이 두 의미가 프랑스 어로는 같은 말로 표현되었다는 것을 기억하면서 읽으면 더욱 묘미가 있을 것이다. 조금 후(103쪽 이하)에 단위와 단일성이라는 〈unité〉의 두 의미를 구별하면서 전자를 〈결정적인 단일성〉, 후자를 〈잠정적인 단일성〉이라 부른다. 전자는 단적인 단일성 그 자체이며, 후자는 다수성을 포함하는 단일성이기 때문이다.

음에도 불구하고 그렇게 하는 것일 터이다. 그러나 그것은 사람들이 그때 개별적인 차이는 무시하고 그들의 공통적 기능만을 고려하자고 합의했기 때문이다. 반대로 대상이나 개체들의 특수한 특징에 주의를 고정하자마자, 그것들을 열거는 할 수 있을지언정 합계를 낼 수는 없다. 한 부대의 군인들을 셀 때와 호명할 때는 분명히 다른 그 두 관점에서 그렇게 하는 것이다. 우리는 따라서 수의 관념은 서로가 절대적으로 닮은 다수의 부분이나 단위들에 대한 단순한 직관을 내포한다고 말할 수 있다.

그러나 그것들이 단 하나로서 합일되지는 않기 때문에 어디에 선가는 분명 구별되어야 한다. 방금 말한 양들의 무리가 그들 사이에서는 동일하다고 가정하자. 그들은 적어도 공간 속에서 그들이 차지하는 장소에서 다르다. 그렇지 않다면 그들은 도대체 무리를 형성하지도 않을 것이다.[3] 그러나 오십 마리의 양 자체는 제쳐두고 그 관념만을 취하자. 〔그때에는〕 그들 모두를 동일한 상(像) 속에 포괄하여 그 결과 그들을 이념적 공간 속에서 병치시켜야 하거나 그들 중 하나의 상을 오십 번 연속적으로 반복하거나

---

3) 모든 수는 하나의 수인 한 그것을 구성하는 단위들이 결합하여 하나로 되어야 한다. 이때 각 단위들은 모두 동질적인 것이어야 한다. 그렇지 않으면 하나로 결합하지 못할 것이다. 그러나 또한 동시에 그 결합이 완전한 합일이어서는 안 된다. 모든 단위들이 하나로 융합되어 버리면 빼기, 나누기는 물론이요, 더하기, 곱하기도 할 수 없다. 하나로 뭉쳐져서 더 이상 분해될 수 없는 고유한 존재가 되어 버릴 것이기 때문이다. 따라서 각 단위는 완전히는 아닐지언정 어느 정도 독립성을 가지고 구별되어야 한다. 이와 같이 동질적인 것이 위치를 달리하며 서로 구별되게 해주는 것이 바로 공간의 특성이다. 앞으로 계속되는 설명은 바로 그 점을 밝히고 있다.

둘 중 하나인데, 나중의 경우에는 그 연쇄가 공간보다는 지속[4] 속에 자리잡고 있는 것처럼 보인다. 그러나 사실은 그렇지 않다. 앞서의 그 양떼들 각각을 차례로 그리고 따로따로 떠올린다면, 내가 관여하고 있는 것은 아무리 해봐야 오직 한 마리의 양일 뿐이기 때문이다. 내가 앞으로 나아감에 따라 양들의 수가 증가해 가려면, 계속되는 상들을 붙잡고, 그것들을 내가 관념으로 떠올리는 새로운 각각의 단위들과 병치시켜야 한다. 그런데 그와 같은 병치가 이루어지는 것은 공간 위에서이지, 순수 지속 속에서가 아니다. 게다가 물질적 대상들을 세는 모든 조작opération은 그 대상들의 동시적인 표상을 내포하며, 그 사실 자체로 그것들을 공간 속에 놓는 것임에 쉽게 동의할 것이다. 그러나 그러한 공간의 직관이 모든 수의 관념, 심지어 추상적인 수의 관념에도 따라 오는가?

이 물음에 답하기 위해서는 어린 시절 이후 수의 관념이 각자에게서 취했던 다양한 형태들을 훑어보는 것만으로도 충분하다. 우리는 가령 한 줄의 공을 상상하는 것으로부터 시작했고, 그 공이 점으로 되었으며, 결국에는 그 상 자체마저 사라지고 우리가 말했듯이 추상적 수 이외의 아무것도 그 배후에 남아 있지 않게 되었음을 볼 것이다. 그러나 또한 바로 그때, 수는 상으로 떠올려지기imaginé를 멈추었고, 심지어는 생각되는 것조차 멈추었다. 수로부터 계산에 필요한 기호만이 보존되었으며, 그 기호로 수를 표시하자는 합의가 이루어졌다. 왜냐하면 12가 24의 반이라는 것

---

[4] 여기서는 아직 지속에 대한 아무 설명 없이 일상적 용법으로 사용되고 있다. 그러므로 일상적 의미에서의 시간적인 지속이라 이해하면 된다.

은 12라는 수나 24라는 수를 생각하지 않고도[5] 얼마든지 인정할 수 있기 때문이다. 심지어 계산을 빨리 하려면 그런 것은 하지 않는 것이 훨씬 이롭다. 그러나 단지 숫자chiffres나 말만이 아닌 수 nombre[6]를 표상하려고 하자마자, 어떤 연장적인 상으로 되돌아갈 수밖에 없다. 그 점에 대해 착각을 불러일으키는 것은 외견상 공간에서보다는 시간 속에서 세는 버릇이 형성되어 있다는 사실 때문이다. 예를 들어 오십이라는 수를 생각하기 위해서는 기본단위에서 출발하여 모든 수들을 반복〔해야〕 할 것이며 그리하여 오십 번째에 이르렀을 때, 분명 지속 속에서 그리고 오직 지속 속에서만 그 수를 구성했다고 믿을 것이다. 사람들이 이처럼 공간의 점들이라기보다는 지속의 순간들을 셌으리라는 것에는 이론(異論)의 여지가 없다. 그러나 문제는 지속의 순간들을 센 것은 공간의 점들과 함께가 아닌지를 아는 것이다. 아닌게 아니라 순수한 계기(繼起) 그 자체succession pure et simple는 시간 속에서 그리고 오직 시간 속에서만 지각된다는 것은 가능한 일이지만, 어떤 합계에 도달하는 계기, 즉 더하기는 그렇지 않다. 합계가 여러 다른 항들을 차례로successive 고려함으로써 얻어진다면, 그 항들 각각은 다음 항으로 넘어갈 때에도 남아 있어 그것이 다른 항들에 보태지기를, 말하자면 기다려야 하기 때문이다. 그 각 항이

---

[5] 이때 12나 24라는 숫자를 전혀 떠올리지 않는다는 뜻은 아니고, 계산의 항으로서는 생각하지만 12나 24라는 숫자 자체의 내용, 즉 어떤 것이 12개나 24개가 모인 것으로서 그 하나하나를 세어 보지는 않는다는 뜻이다.
[6] 여기서 숫자chiffre는 각 수를 표시하는 문자를 의미하며, 수nombre는 수 그 자체이다.

지속의 한 순간에 불과하다면 어떻게 기다릴 것인가? 우리가 그것을 공간에 위치시키지 않는다면 어디서 기다릴 것인가? 무의식적으로 우리는 우리가 세는 순간들 각각을 공간의 점으로 고정시키며, 오직 그런 조건 아래에서만 추상적 단위들이 합계를 이룬다. 우리가 나중에 증명하겠지만 시간의 계기하는 순간들을 공간과 독립적으로 생각하는 것은 분명 가능하다. 그러나 단위들을 더할 때 일어나는 것과 같이, 현재의 순간에 앞선 순간들을 더할 때, 조작이 가해지는 것은 그 순간들 자체에 대해서가 아니라(그들은 영원히 사라졌으므로), 그것들이 공간을 지나가면서 거기에 남겨둔 것으로 보이는 지속 가능한 흔적에 대해서이다.[7] 우리는 매우 자주 그런 심상의 도움을 받지 않고 처리해 나가기 일쑤이며, 처음 두세 개의 수에 대해서는 그것을 이용했다가, 필요하다면 다른 수의 표상에도 역시 사용될 수 있음을 아는 것만으로도 충분하다는 것은 사실이다. 그러나 수에 대한 분명한 관념은 모두 공간 속에서 본다는 것vision dans l'espace을 내포한다. 그리고 그 점에 대해서는, 하나의 구별되는 다수성une multiplicité distincte을 구성하는 데 들어가는 단위들을 직접적으로 연구해 보면, 수 자체의 탐구에서와 같은 결론을 이끌어 낼 수 있을 것이다.[8]

---

[7] 현재에서 지속의 각 순간은 공간과 만난다. 지속과 함께 사라지는 순간은 그 자체로서는 사라지지만, 공간에 흔적을 남긴다.
[8] 조금 전까지의 수 일반에 대한 탐구에서와 마찬가지로 바로 다음에 나올 단위들에 대한 탐구에서도 수가 공간에서 본다는 것을 내포함이 밝혀진다는 것.

우리가 말했듯이 모든 수는 단위unité들의 집합이며, 다른 한편 모든 수는 그것을 구성하는 단위들의 종합인 한에서 그 자체 하나의 단일한 것unité이다. 그러나 〈하나unité〉라는 말이 그 두 경우에 동일한 의미를 가지는가? 수가 하나임을 인정할 때 우리가 그 말로 의미하는 것은 정신esprit의 단순하고도 불가분적인 직관으로 그 수를 그 전체에서 표상한다는 것이다. 따라서 그러한 단일성은 전체의 단일성이므로 다수성multiplicité을 내포하고 있다. 그러나 우리가 수를 구성하는 단위들을 말할 때의 그 단위는 더 이상 합계가 아니고, 분명 순수하고도 단순한 단위 그 자체이며, 서로 무한히 결합됨으로써 수들의 계열을 제공하도록 운명 지어진, 없앨 수 없는 그 어떤 것이라고 생각된다. 따라서 두 종류의 단일성이 있는 것으로 여겨진다. 하나는 결정적définitive인 것으로서 스스로에 보태짐으로써 수를 형성하는 것이고, 다른 하나는 잠정적provisoire인 것으로서 [단위들이 보태져 이루어진] 수의 단일성인 바, 그 수는 그 자체로서는 여럿이지만 지성이 그것을 파악하는 단순한 행위로부터 그 단일성을 빌려온다. 그리고 수를 구성하는 단위들을 생각할 때 우리는 불가분적인 것들을 생각한다고 믿고 있음은 부정할 수 없다. 그러한 믿음은 수를 공간과 독립적으로 생각할 수 있다는 관념 속에 많은 부분 들어간다. 그러나 더 자세히 들여다보면 모든 단일성은 정신의 단순한 행위의 단일성이며, 그러한 행위는 단일화하는unir 데서 성립하므로 분명히 어떤 다수성이 질료matière로 사용되어야 함을 보게 될 것이다. 아닌게 아니라 그 단일성 각각을 고립적으로 생각하는 순간에 나는 그것을 불가분적이라 생각하는데, 그것은 내가 오직

60

그것만을 생각한다는 것이 전제되었기 때문이다. 그러나 그것을 한쪽에 제쳐두고 다음 것으로 넘어가자마자, 나는 그것을 객관화하고[9] 바로 그 사실 자체에 의해 그것을 하나의 사물, 즉 하나의 다수성으로 만든다.[10] 그것을 납득하기 위해서는 산술에서 숫자를 형성하는 단위들은 잠정적인 단위들이고, 무한히 쪼개질 수 있으며, 그들 각각이 상상하고 싶은 만큼의 적거나 많은 수의 분수적(分數的) 양들의 합계를 이룬다는 것을 지적하는 것으로 충분할 것이다.[11] 여기서 문제되는 것이 정신의 단순한 행위를 특징짓는 그 결정적인 단일성이라면, 그러한 단일성이 어떻게 나누어질 수 있겠는가? 그것을 은연중에 연장적인 대상, 즉 직관에서는 하나이지만 공간에서는 여럿인 대상으로 생각하지 않았다면, 어떻게 그것이 분수로 나누어질 수 있겠는가? 당신이 구성한 관념으로부터 당신이 거기에 전혀 집어넣지 않은 것은 결코 끌어내지

---

9) 내 의식의 직접적 상관자로서 파지하고 있는 것이 아니라, 내 의식으로부터 그것을 떨어뜨리는 것을 말한다. 전자의 경우, 의식의 단순한 직관의 대상으로서 거기서부터 이어받은 단일성을 그대로 유지하는 데 비해, 후자의 경우는 그러한 단일성이 하나로 움켜잡고 있던 것을 놓아버림으로써, 질료의 상태로 말하자면 퍼져 버리는 것을 의미한다.
10) 바로 앞의 주에서 설명한 바와 같이 질료로 퍼져 버린 것은 사물화하여 나누어질 수 있는 것, 즉 다수성을 가진 것으로 된다.
11) 단위도 분수로 나뉜다. 우리는 그것을 수직선 위의 일정한 길이로 표시하고, 원하는 대로 나누지 않는가? 결국 결정적 단일성이라 생각되던 단위도 이미 다수성을 포함하고 있는 것이다. 사실 수학적 일자는 이미 나뉘고 쪼개질 뿐 아니라 덧셈, 뺄셈 등의 〈조작〉의 대상으로서, 가령 플라톤의 〈이데아〉와 같이 모든 조작을 초월하는 것이 아닌 한, 결코 완전한 일자일 수 없다.

못할 것이다. 그리고 당신이 구성하는 수의 단위가 행위acte의 단일성이지 대상objet의 단일성이 아니라면, 아무리 분석하려고 노력해도 거기에서 순수하거나 단순한 단일성 이외의 것을 나오세 할 수 없을 것이다.[12] 아닌게 아니라 3이라는 숫자를 1 + 1 + 1의 합계와 동일시할 때, 아무것도 그것을 구성하는 단위들이 불가분적이라 생각하는 것을 방해하지 않는다. 그러나 그것은 그 단위들 각각을 채우고 있는 다수성을 전혀 사용하지 않기 때문이다. 게다가 숫자 3이 우선은 그런 단순한 형태로 우리 정신에 나타난다는 것은 그럴 법한 일이다. 왜냐하면 우리는 〔우선〕 그것을 얻은 방식을 생각하며, 그것으로 할 수 있는 활용은 나중 일이기 때문이다.[13] 그러나 모든 곱셈이 어떠한 수이든 그 수를 스스로에게 보태질 잠정적 단위로 취급할 수 있는 가능성을 함축하는 것이라면,[14] 역으로 이번에는 단위들도 원하는 만큼 커질 수 있는 진정한 수이지만, 사람들은 그것들을 결합하기 위하여 잠정적으

---

12) 위의 문장에 나온 바와 같이, 우리가 수를 구성할 때 단지 순수한 단일성만을 생각하는 것이 아니라, 은연중에 이미 연장적 대상(즉 단일하지만 이미 다수성을 포함하는 것)도 생각하고 있었다. 그렇기 때문에 단위들 마저도 다시 나뉠 수 있는 것이며, 그렇지 않고 순수 단일성만을 생각했다면 아무리 분석해도 순수 단일성 이외의 다른 것이 나올 수 없다.
13) 즉, 3이라는 수를 얻을 때 동원된 그 단일성이 우선적으로 우리 머리에 떠오르며, 그 수를 사용하여 더하기, 빼기, 곱하기, 나누기를 할 수 있다는 생각은 나중에야 하게 된다는 것.
14) 가령 3×4는 3을 단위로 하여 그것을 네 번 더하는 것과 같다. 어떠한 수이든 곱셈의 대상이 되는 한, 그 자신이 단위가 되어 곱하는 수만큼 더해지는 것과 같다.

로 분할될 수 없는 것으로 생각한다는 것을 우리는 곧 알아차린다. 그런데 단위를 원하는 만큼의 부분들로 나눌 수 있는 가능성을 인정한다는 사실 자체만으로 사람들은 그것을 연장적인 것으로 생각하고 있는 것이다.

그도 그럴 것이 수의 불연속성에 대해 환상을 가져서는 안 되기 때문이다. 어떤 수의 형성이나 구성이 불연속성을 내포한다는 것에 이의를 제기할 수는 없을 것이다. 다른 말로 하면, 위에서 말한 것처럼 3이라는 숫자를 형성하는 단위들 각각은 내가 그것들에 조작을 가하는 동안에는 하나의 불가분적인 것을 이루는 것처럼 보이며, 나는 중간 단계 없이 단번에 앞의 것에서 다음 것으로 넘어간다. 이제 내가 동일한 수를 $\frac{1}{2}$, $\frac{1}{4}$ 그리고 어떠한 단위로든 구성하면, 그 단위들은 그 수를 형성하는 데에 사용되는 한 계속해서 잠정적으로 불가분적인 요소들을 이룰 것이며, 하나에서 다른 하나로 넘어가는 것은 항상, 이를테면 끊어지듯par saccades 그리고 급작스런 도약에 의해서이다. 그리고 그 이유는 수를 얻으려면 그것을 구성하는 단위들 각각에 차례로 주의를 고정해야만 하기 때문이다. 그때 무엇이든 그 단위들 중 어느 하나를 생각하는 행위의 불가분성은 공간의 빈 간격에 의해 다음 점과 분리되는 수학적 점의 형태로 번역된다. 그러나 빈 공간에서 펼쳐지는 일련의 수학적 점들이 우리가 수의 관념을 형성하는 과정을 충분히 잘 표현한다면, 그 수학적 점들은 우리의 주의가 그들로부터 멀어짐에 따라 마치 서로서로 결합하기를 모색하는 것처럼 선으로 발전하려는 경향을 나타낸다. 그리고 우리가 수를 그 완성상태에서 생각할 때, 그러한 접합jonction은 기왕의 사실이 되어 버린다. 점들은 선이 되어 버렸고, 분할은 지워져 버렸고, 전체는 연속성의 모든 성격을 나타낸다.[15] 그렇기 때문에 일정한 법칙에 따라 합성된 수가 어떠한 법칙에 따라서건 분해될 수 있는 것이다. 한 마디로 사람들이 생각하고 있는 동안의 단일성과 생각된 후 사물로 확립되는 단일성을 구별해야 한다. 그것은 형성 중인 수le nombre en voie de formation와 일단 형성된 수le nombre une fois formé 사이에서도 마찬가지이다. 단일성은 그것을 생각하는 동안에는 없애 버릴 수 없으며, 수도 그것을 구성하는 동안에는 불연속적이다. 그러나 수는 완성된 상태에서 생각하자마자 객관화되며,[16] 바로 그렇기 때문에 그때 그것이 무한히 분할 가능한 것으로 보인다. 사실 우리는 완전히 충족하게 adéquatement 알려진 것을 주관적subjectif이라 부르며, 항상 증가하는 수의 새로운 인상들이 우리가 현재 가지고 있는 관념을 대체할 수 있을 방식으로 알려진 것을 객관적objectif이라 부른다는 것에 주목하자.[17] 그리하여 〔가령〕 복합적 감정은 상당히 큰

---

15) 앞에서(104쪽) 언급된 바, 한 단위로부터 우리의 관심이 멀어지면 그것이 객관화하고 사물화한다는 것과 같은 맥락이다. 이것은 곧이어 나올 〈생각하고 있는 중의 단일성〉과 〈생각된 후 사물로 확립되는 단일성〉의 구별 그리고 〈형성 중인 수〉와 〈형성된 수〉의 구별과도 같다.
16) 위의 주 9)와 10) 참조.
17) 주관적인 것은 우리가 그것을 내부로부터 볼 수 있으므로 우리에게 완전히 충족하게 알려진다. 반면 객관적인 것은 사물의 외부를 돌면서 밖으로부터 알 수밖에 없으므로 새로운 자료에 따라 기존의 생각이 자꾸 교정될 수밖에 없다. 주관적인 것과 객관적인 것에 관한 이러한 구별은 매우 특이한 것으로서, 〈직관과 분석〉이라는 베르크손 후기의 인식방법의

수의 더 단순한 요소들을 포함할 것이다. 그러나 그러한 요소들이 완벽한 명료함을 가지고 드러나지 않는 한, 그것들이 실현되었다고 말할 수 없을 것이며, 의식이 그것에 대한 분명한 지각을 가지자마자, 그들의 종합으로부터 결과되는 심적 상태는 [분명히 지각되었다는] 바로 그 사실 자체에 의해 변화된다. 그러나 물체corps의 전체적인 모습은 사유가 그것을 어떤 방식으로 분할하건 아무것도 변하지 않는데, 그 이유는 그 다양한 분할이 다른 무한한 분할과 마찬가지로 비록 실현되지는 않았을지라도 미리 심상image 속에서 볼 수 있기 때문이다. 나누어지지 않은 것에서의 재분할subdivision을 단지 잠재적으로가 아니라 현재적으로 actuellement 지각하는 것이 바로 우리가 객관성objectivité이라 부르는 것이다.[18] 이제부터 수의 관념에서 주관적인 것과 객관적

구별을 예상케 할 뿐 아니라, 특히 〈충족하게adéquatement〉라는 말은 현상학을 연상시킨다. 우리는 지금 1888년에 있음을 상기하자. 그러나 사실 이 개념은 멘느 드 비랑에게서 암시받은 것일 가능성이 높다.

18) 의식의 상태, 즉 주관적 상태는 그 구성성분을 구별하자마자 바로 그 사실 자체에 의해 변질된다. 그 상태 자체가 바로 우리 자신에 속하며, 우리 자신에 종속되어 있기 때문이다. 그러나 물체는 우리 밖에 있기 때문에, 즉 객관적이기 때문에 우리가 그것을 우리 속에서 아무리 쪼개 보아도 그것의 외관은 변하지 않는다. 즉 객관성이라는 특성 자체는 우리 마음대로 분해(즉 분석)할 수 있으며, 그러한 분해를 현재에(마음 속에서) 그리고(畵) 있을지라도 그 자신의 외관은 전혀 변하지 않는다는 것이다. 의식상태들은 분할 가능성을 단지 잠정적으로만 가지고 있을 뿐이고 실재로 분할하면 이미 다른 의식상태가 되어 버리지만, 외부 물체는 현실적으로 분할을 그리고 있으면서도 외관은 전혀 변하지 않는다. 즉 현실적으로 분할이 실현되지는 않는다. 이 어려운 부분을 이해하기 위한 열

인 것을 정확하게 고려하기가 쉬워진다. 주어진 한 공간의 다양한 부분들에 차례로 주의를 고정하는 불가분의 과정은 고유하게 정신에 속하는 것이다. 그러나 이와 같이 고립된 부분들은 다른 것들에 보태지기 위해 보존되며, 일단 서로 보태지면 어떠한 방식으로도 분해될 준비가 된다. 그것들은 따라서 분명 공간의 부분들이며, 공간이란 정신이 수를 구성하는 질료이며,[19] 정신이 그것을 위치시키는 장소이다.

진실을 말하자면, 수를 이루는 단위들을 무한히 쪼개는 방법을 가르쳐 준 것은 산술이다. 상식은 수를 불가분적인 것으로 구성하는 쪽에 상당히 기울어 있다. 그리고 그런 생각은 어렵잖게 드는데, 구성 단위들의 잠정적인 단순성이 그 단위들에 온 것은 바로 정신으로부터이고, 정신은 자신이 작용을 가하는 물질보다는 자신의 행위에 더 많은 주의를 기울이기 때문이다.[20] 과학[21]은 우

쇠는 객관적인 것에 있어서 〈현재적으로actuellement〉 분할을 그리고 있다는 것과 실제로 분할이 실현된다réalisé는 것의 구별이다. 후자는 물체가 실제로 쪼개지는 것을 의미한다. 그것은 우리의 행동이 가해질 때에만 일어난다.

19) 수를 구성하려면 공간이 필요하므로.
20) 일반적으로 정신은 외부 사물에 더 많은 주의를 기울이며, 그것은 사물의 구조에 따라 생각의 구조도 결정될 정도이다. 그러나 여기서는 사물에 대한 생각 중에(수도 일종의 사물이다) 그 사물에 대한 스스로의 생각에 많은 주의를 기울이지, 사물의 본성 그 자체에 대한 고려는 아무래도 부족하다는 뜻이다. 즉 여기서 대비되는 것은 정신과 사물이 아니라 사물에 대한 우리의 생각, 말하자면 사물에 대한 우리의 행위(생각도 일종의 행위라면)와 사물 자체의 본성이다.
21) 과학 일반이 그러하다.

리의 시선을 그 물질로 이끄는 데에 그친다. 즉, 우리가 미리 수를 공간에 위치시키지 않았다면, 과학[22]은 아마도 우리로 하여금 수를 공간으로 옮기게 하는 데에 성공하지 못했을 것이다. 따라서 처음부터 우리는 분명 수를 공간 속에서의 병치로 표상했음이 틀림없다. 그것이 모든 덧셈은 동시에 지각된 많은 수의 부분들을 내포하고 있다는 것에 의거하여 우리가 먼저 도달한 결론이다.[23]

그런데 그러한 수의 개념을 받아들인다면, 모든 사물이 동일한 방식으로 세어지는 것이 아니고 분명히 다른 두 종류의 다수성이 있음을 볼 것이다. 물질적 대상들에 대해 말할 때, 우리는 그 대상들을 보고 만질 수 있는 가능성을 암시하고 있으며, 그것들을 공간에 위치시킨다. 그때부터 그것들을 세는 데에는 어떠한 발명이나 상징적인 표상의 노력도 필요치 않다. 우리는 그 대상들이 우리의 관찰에 나타나는 장소 자체에서 그것들을 먼저 따로따로, 다음에는 동시에 생각하기만 하면 된다. [그러나] 영혼의 순전히 정조적인 상태들이나 심지어 시각과 청각 이외의 표상들을 생각할 때, 사태는 더 이상 동일하지 않다. 여기서는 항들이 더 이상 공간에서 주어지지 않기 때문에, 어떤 상징적 형상화 figuration에

---

22) 여기서는 특히 산술.
23) 논의 진행이 좀 복잡하지만 이 문단이 말하고자 하는 것은 대략 다음과 같다: 상식은 수를 불가분적인 것으로 생각하고 싶어한다. 수의 단일성이 정신 자체의 불가분적 행위에서 오기 때문이다. 그러나 사실은 우리 자신이 처음부터 수를 공간에서 표상하고 있었고, 그렇기 때문에 산술에서 수를 공간적으로 취급하는 것이 가능했다.

의해서가 아니라면 그것들은 선험적으로 a priori[24] 거의 셀 수 없을 것으로 보인다. 그 원인이 명백히 공간에 자리잡고 있는 감각들에 관한 것일 때에는, 그 표상 방식이 완전히 지시되어 있는 것처럼 보이는 것은 사실이다. 그리하여 길에서 나는 발자국 소리를 들을 때, 나는 [생각 속에서] 막연히 걷고 있는 사람을 보고 있다. 그때 계속되는 각각의 소리는 보행자가 발을 디딜[25] 공간의 각 점에 자리잡는다. 내가 나의 감각들을 세는 것은 그 손에 잡힐 듯한 tangible 원인들이 도열하는 공간 자체 속에서이다. 아마도 어떤 이들은 멀리서 계속해서 울려 퍼지는 종소리도 유사한 방식으로 셀 것이다. 그들의 상상력은 흔들리는 종을 떠올린다. 그러한 공간적 성격의 표상은 처음 두 단위에 대한 것으로 충분하다. 다른 단위들은 자연적으로 따라온다. 그러나 대부분의 의식 esprit은 그런 절차를 밟지 않는다. 계속되는 소리를 이념적 공간에 도열시키고는 그것을 이제 순수 지속 속에서 센다고 생각한다. 그러나 그 점에 대해 오해가 없어야 한다. 틀림없이 종소리는 나에게 계기적으로[26] 도달한다. 그러나 다음의 둘 중 하나이다. 하나

---

24) 다른 요인들을 생각해 볼 필요 없이 그 자체로서. 즉, 공간 위에서만 셀 수 있는 것이라면 공간이 포함되어 있지 않은 것은 다른 설명을 기다릴 필요 없이 그 자체로도 셀 수 없다는 것.
25) 실제로 보행자가 발을 내딛는 공간이 아니라 내가 생각 속에서 내딛으리라고 떠올리는 관념적 공간이기 때문에 〈pouvoir〉 동사의 조건법이 쓰였다.
26) 앞에서 나온 〈차례로〉, 혹은 〈계속적(으로)〉이라는 말이나 지금의 〈계기적(으로)〉은 모두 프랑스 어 〈successive〉나 〈successivement〉을 번역한 말이다. 앞에서는 특별히 계기적이라기보다는 소리가 연달아 난다는 뜻

는 계기적인 감각 각각을 붙잡아서 그것을 다른 것들과 유기적으로 결합하고 알려진 어떤 곡조나 장단을 상기시키는 하나의 무리를 형성하는 것이다. 그때 나는 소리를 세는 것이 아니라 그 수만큼의 감각이 나에게 끼치는 이를테면 질적인 인상을 받아들이는 데에 그친다. 다른 하나는 명시적으로 그것을 세려고 마음먹는 것이며, 그때 나는 분명 그것을 하나씩 분리해야 할 것이며, 그러한 분리는, 소리들이 그 질을 벗어 버리고 말하자면 속이 비어서 그들이 지나간 동일한 흔적만을 남기는 어떤 동질적 장소에서 이루어져야 할 것이다.[27] 그 장소가 시간적인 것인지 공간적인 것인지를 알아내는 문제가 남아 있는 것은 사실이다. 그러나 반복하거니와 시간의 한 순간은 다른 것들에 보태지기 위해 보존될 수 없다. 소리들이 분리된다면 그것은 그 소리들이 그들 사이에 빈 간격을 남겨 두기 때문이다. 사람들이 그것들을 센다면, 그것은 지나가는 소리들 사이에 그 간격이 남아 있기 때문이다. 그 간격

이고 여기서는 시간적으로 하나가 나온 다음 다른 것이 나온다는 뜻이 더 강하므로 각각 다르게 번역했다. 그것이 전체 문맥상으로도 부드럽다.

[27] 종소리가 계속적으로 들릴 때, 우리는 두 가지 태도를 취할 수 있다. 하나는 마치 음악을 듣듯 그것이 주는 어떤 질적 느낌만을 받아들이는 것으로 만족할 때이다. 다른 하나는 그 수를 세려 할 때이다. 이때에는 그 질적인 요소를 떨쳐 버리고 그 소리 각각을 공간 속의 여러 점들처럼 배열하면서 세야 한다. 전자의 경우 더해지는 각각의 음이 다른 색조를 띨 것이므로 더 이상 셀 수 없으며(계산은 항상 동질적인 것 사이에서 일어나므로), 후자의 경우는 그 질적인 요소를 빼 버려야 한다. 그리하여 〈속이 비어서〉 동질적인 것으로서 동일한 공간에 공존할 때, 비로소 셀 수 있다.

이 공간이 아니라 순수 지속이라면, 어떻게 남아 있겠는가?[28] 따라서 그러한 조작이 이루어지는 것은 분명 공간 속에서이다. 그것은 더구나 우리가 의식의 심부(深部)로 더 침투해 들어감에 따라, 점점 더 어려워진다. 거기서 우리는 감각과 감정의 다수성과 대면하는데, 그것들은 오직 분석만이 구별해 낼 수 있다. 그들의 수는 우리가 그것들을 셀 때 그것들이 채우고 있는 순간들의 수 자체와 혼용된다.[29] 그러나 서로 더해질 수 있는 그러한 순간들은 아직도 공간의 점들이다. 거기서부터 결국 두 종류의 다수성이 있다는 결과가 나온다. 직접적으로 수를 형성하는 물질적 대상들의 다수성과, 필연적으로 공간이 개입하는 어떤 상징적 표상[30]의 매개 없이는 수의 모습을 띨 수 없을 의식적 사실들의 다수성이 그것이다.

사실을 말하면, 우리는 지마다 물질의 불가입성 impénétrabilité에 대해 말할 때 그 두 종류의 다수성 사이에 어떤 구별을 하고 있다.[31] 때로는 그 불가입성을 물체의 근본적인 속성으로 세우기

---

28) 소리들 각각이 분리되어야 하나하나 셀 수가 있는데, 그러려면 소리들 사이에 간격이 남아 있어야 하며, 그 간격은 공간이다. 만약 그 간격이 시간적인 것이라면 남아 있을 수가 없다. 시간이란 바로 하나가 사라진 다음에야 다른 것이 올 수 있는 것이기 때문이다.
29) 감정이나 감각을 분석하여 그것들 하나하나를 셀 때, 그 하나하나의 순간들의 수가 바로 그 감정이나 감각들의 수가 된다.
30) 즉, 위에서의 순간들의 표상.
31) 곧이어 설명되고 있는 것처럼 불가입성이 여기서 논의되고 있는 이유는 그것이 수와 더불어 나타나는 공간의 특성이기 때문이며, 그러한 공간의 특성과 심리적 상태들의 상호 침투성은 대립된다.

도 하는데, 그것이 가령 무게나 저항과 꼭 같은 방식으로 알려지며, 동일한 자격으로 인정된다는 것이다. 그러나 순전히 부정적인 그런 종류의 속성이 감각에 의해 드러날 수는 없을 것이다. 심지어 모종의 혼합과 합성의 경험[32]은 그것을 의심하게 할 것이다 ─그 점에 관한 우리의 신념이 확립되어 있지 않다면.[33] 한 물체가 다른 물체 속으로 침투해 들어간다고 상상해 보라. 당신은 곧 후자에다가 전자의 입자들이 자리잡을 빈틈을 만들 것이다. 〔다시〕 그 입자들이 서로 침투해 들어가려면 이번에는 그 입자들 중 어느 하나가 나뉘어져 다른 것의 틈새를 채워야 할 것이다. 그리고 우리의 사유는 그런 조작을 무한히 계속할지언정, 두 물체를 동일한 장소에서 표상하지는 않을 것이다. 그런데 불가입성이 실제로 물질의 질이며 그것이 감각에 의해 알려지는 것이라면, 어째서 우리는 저항 없는 표면이나 무게 없는 액체보다 서로의 속으로 녹아드는 두 물체를 생각하는 데 더 큰 어려움을 겪는지 이해되지 않는다.[34] 사실상 그것은 물리적 차원의 필연성이 아니라,

---

32) 예를 들어 물에 잉크를 타는 것.
33) 불가입성은 부정적 성격이므로 직접적으로 경험되지 않는다. 또 어떤 경험, 예를 들어 물에다 잉크를 떨어뜨리는 경험 같은 것은 불가입성을 부정하는 것처럼 보인다. 즉 경험은 불가입성을 보장해 주지 못한다. 그렇다면 그것은 단지 우리의 신념에서 확립된 것이다. 바로 다음에 나오는 것처럼, 그것은 논리적 필연성이지 경험적 필연성이 아니다.
34) 만약 불가입성이 경험적 원리라면, 서로 침투하는 두 사물은 저항 없는 표면이나 무게 없는 액체와 동일하게 경험에 반하는 사실일 뿐, 충분히 상상할 수 있는 것이어야 한다. 그런데 저항 없는 표면이나 무게 없는 액체와는 달리 그것은 상상하기조차 어렵다. 그것은 바로 불가입성이 물리

〈두 물체는 동시에 동일한 장소를 차지할 수 없다〉는 명제에 결부되어 있는 논리적 필연성이다. 그 반대의 주장은 생각할 수 있는 어떠한 경험도 제거할 수 없는 부조리를 포함한다. 간단히 말해 그것은 모순을 내포한다. 그러나 그것은 곧 둘이라는 수, 또는 더 일반적으로 어떠한 것이건 수의 관념 자체가 공간에서의 병치라는 관념을 포함하고 있음을 인정하는 것과 마찬가지가 아닌가? 불가입성이 매우 자주 물질의 성질로 간주된다면, 그것은 수의 관념이 공간 관념과 독립적으로 생각되기 때문이다. 그렇게 되면 사람들은 둘 또는 여러 대상들이 동일한 공간을 차지할 수 없다고 말할 때, 그 대상들의 표상에 뭔가를 덧붙였다고 믿는다. 우리가 증명했듯 아무리 추상적인 것일지라도 2라는 수의 표상은 이미 공간 속에서의 다른 두 장소라는 관념이 아니기라도 하다는 듯이![35] 따라서 물질의 불가입성을 설정하는 것은 단적으로 수 개념과 공간 개념의 유대를 인정하는 것이며, 물질보다는 수의

적 필연성이 아니라, 논리적 필연성의 성격을 띠기 때문이다. 물리적 세계는 모순되지 않는 모든 사건이 일어나는 곳이 아니라, 그 중 일부분만 일어나는 세계이기 때문에, 물리적 세계에서 일어나지 않는 것이 곧 논리적 모순이 되는 것은 아니다. 저항 없는 표면이나 무게 없는 액체가 바로 그러하다. 그러나 불가입성은 논리적 원리이기 때문에 서로 침투하는 두 사물은 마치 둥근 사각형과 같이 논리적 모순의 성격을 띤다.

35) 2에는 이미 공간 속에서의 다른 두 장소라는 관념이 들어 있기 때문에 둘 이상의 대상이 동일한 공간을 차지할 수 없다는 것은 사실 동어반복에 지나지 않는다. 그럼에도 불구하고 그것을 동어반복이 아니라 뭔가 새로운 사실을 덧붙인 것처럼 생각하는 것은 2에 다른 두 장소의 관념이 들어 있지 않다고 생각하기 때문이다.

속성을 표현하는 것이다.──그럼에도 불구하고 사람들은 감정, 감각, 관념 등 서로가 서로를 침투하며, 그 각각이 나름대로 영혼 전체를 차지하는 모든 것들을 세고 있지 않는가?──그렇기는 하다. 그러나 그것들이 바로 상호 침투하는 것이기 때문에, 그것들이 공간 속에서 구별되는 위치를 차지하는 동질적 단위들, 따라서 더 이상 서로를 침투하지 않는 단위들로 표상된다는 조건 아래에서만 셀 수 있다. 그러므로 불가입성은 수와 동시에 나타난다.[36] 그리고 그러한 성질을 물질에 부여함으로써 물질을 그것 아닌 모든 것으로부터 구별하려 할 때, 그것은 우리가 위에서 확립한 구별, 즉 곧바로 수로 번역될 수 있는 연장적 사물과 우선 공간에서의 상징적 표상을 내포하고 있는 의식적 사실 사이의 구별을 다른 형태로 표현하는 것에 지나지 않는다.[37]

이 마지막 문제에 대해 좀더 살펴보는 것이 적절하다. 의식의 사실들을 세기 위해서는 그것들을 공간 속에서 상징적으로 표상해야 한다면, 그러한 상징적 표상이 내적 지각의 정상적 조건을 변조시키리라는 것이 진실일 것 같지 않은가? 우리가 앞에서 심리상태들의 강도에 대해 말한 것을 상기해 보자. 표상적 감각은

---

[36] 두 개의 사물을 말할 때는 이미 수 개념을 포함하고 있으며, 수는 공간과 함께 나타나고, 그 공간은 불가입성을 가지므로, 결국 불가입성은 물질의 특성이 아니라 수와 더불어 나타나는 공간의 특성이다. 다만 수와 공간 중 어느 쪽이 먼저인가 하는 문제가 남는데, 베르크손은 여기서 일단 동시적이라 보고 있다.

[37] 불가입성에 의해 물질과 물질 아닌 것을 구별하는 것은 결국 연장물과 연장적이지 않은(불가입적이지 않은) 의식의 사실을 구별하는 것 이상도 이하도 아니다.

그 자체로 생각하면 순수한 질(質)이다. 그러나 연장성을 통해 보면, 그러한 질이 어떤 의미에서는 양이 된다. 사람들은 그것을 강도라고 부른다. 따라서 하나의 구별되는 다수성을 형성하기 위하여 심리상태들에 대해 행하는 공간으로의 투사는 그 상태들 자체에 영향을 미치고, 그것들에게 직접적 파악aperception이 제공하지 않는 새로운 형태를 반성적 의식 속에서 부여한다. 그런데 시간을 이야기할 때, 우리는 매우 자주 의식의 사실들이 공간에서처럼 배열되고 병치되며, 구별되는 다수성을 성공적으로 형성하는 동질적 장소milieu homogène를 생각한다. 이렇게 이해된 시간과 심리상태들의 다수성과의 관계는, 강도와, 심리상태들 중 어떤 것들, 즉 진정한 지속과는 절대적으로 구별되는 어떤 기호, 어떤 상징과의 관계와 같지 않을까?[38] 우리는 따라서 의식에 대해 외부세계로부터 떨어져서 강력한 추상의 노력으로[39] 다시 자기 자신이 되라고 요구하려 한다. 그때 우리는 의식에 다음과 같은 질문을 할 것이다. 즉, 우리 의식의 상태들의 다수성은 수의 단위들의 다수성과 조금이라도 유사성을 가지고 있는가? 진정한

---

38) 〈이렇게 이해된〉 시간이란 공간화된 시간을 말하며, 그러한 시간은 심리상태들의 다수성을 셀 수 있게 해주고, 강도는 진정한 지속과는 구별되는 상징적 심리상태들을 측정하게 해준다. 〈이렇게 이해된 시간〉 : 심리상태들의 다수성 = 강도 : 상징적 심리상태들.
39) 〈강력한 추상의 노력〉이란 문자 그대로의 절대적 추상, 즉 구체로부터 멀어지는 것이 아니라, 외적대상을 향해 있어서 심리상태마저도 외적 대상처럼 생각하는 습관으로부터 멀어지려는 노력을 말한다. 그것은 따라서 진정한 내적 상태라는 구체로 들어가려는 노력이다. 현상학적 환원을 연상시킨다.

지속은 공간과 조금이라도 관계를 가지고 있는가? 하기야 수 관념의 분석은, 더 이상은 아니라 하더라도, 적어도 우리에게 그러한 유사성 정도는 의심케 했어야 했다. 왜냐하면 반성적 의식이 표상하는 대로의 시간은 우리의 의식상태들이 세어질 수 있도록 구별되어 계기하는 장소이고, 다른 한편 우리의 수 개념이 직접적으로 세어지는 모든 것을 공간에 분산시키기에 이른다면, 구별하고 세는 장소라는 의미로 이해되는 시간은 공간에 속할 뿐이라고 추정되어야 한다. 그러한 견해를 우선 확증하는 것은, 반성적 의식이 시간과 심지어 계기에 대해 가지는 감정을 묘사하는 데에 사용하는 상image들을 반드시 공간에서 빌려온다는 것이다. 따라서 순수한 지속durée pure은 다른 것이어야 한다.[40] 분명한 다수성 개념의 분석 자체에 의해 제기되는 그러한 문제들은, 공간 관념과 시간 관념을 그것들이 서로에 대해 유지하고 있는 관계에서 직접적으로 탐구함으로써만 밝힐 수 있을 것이다.

공간의 절대적 실재성 문제에 지나치게 큰 중요성을 부여하는 것은 잘못일지 모른다. 그것은 아마도 공간이 공간 속에 있는지 아닌지를 묻는 것과 마찬가지일 것이다. 대체로 우리의 감각은 물체의 질을 그리고 그와 함께 공간을 지각한다. 연장성이 물리적 질들의 한 측면 —— 질의 질 —— 인지, 아니면 그러한 질들은 본질적으로 비연장적이며 공간은 거기에 덧붙여지는 것이지만 그

---

40) 이제 여기서 본격적으로 순수 지속이 등장한다. 우리가 일상적으로 생각하는 시간은 다만 공간적인 시간, 즉 사실은 시간의 성격을 띤 공간일 뿐이고, 진정한 시간은 그것과는 다른 순수 지속이다.

자체로서 충분하고 질들 없이 존속할 수 있는지를 분간하는 것이 커다란 난제였던 것으로 보인다. 첫번째 가정[41]에 따르면, 공간이 하나의 추상, 또는 더 잘 말하자면 하나의 추출물로 환원될 것이며, 표상적이라 불리는 어떤 감각들이 서로 공통적으로 가지는 것을 표현할 것이다. 두번째 가정을 따르면, 비록 차원은 다르지만 공간은 감각 자체와 마찬가지로 굳건한 실재일 것이다. 이러한 견해conception의 정확한 정형(定型)은 칸트에게서 얻는다. 그가「초월적 감성론」에서 발전시킨 이론은, 공간에 그 내용과는 독립적인 존재를 제공하고, 우리 각각이 사실상 분리하고 있는 것을 권리상 고립될 수 있는 것으로 선언하며, 연장성에서 다른 것들과 마찬가지의 추상을 보지 않는 것에서 성립한다. 그런 의미에서 공간에 대한 칸트적인 견해는 생각하는 것만큼 일반인들의 믿음과 다르지 않다. 공간의 실재성에 대한 우리의 믿음을 흔들기는커녕, 칸트는 그것의 정확한 의미를 결정했으며, 그것에 대해 정당성을 부여하기까지 했다.

칸트가 제공한 해법은 더욱이 그 철학자 이후 심각한 도전을 받은 적이 없는 것으로 보인다. 심지어는 생득론자들nativistes이건 경험론자들empiristes[42]이건 새롭게 그 문제를 다룬 대부분의

---

41) 뉴턴의 가정. *Philosophiae naturalis principia mathematica*의 결론에 전개되어 있음. S. Clarke는 라이프니츠와의 논쟁에서 이 이론을 발전시킴(IV, 1546쪽, 주 p. 62, l. 23 참조).

42) 공간 문제에서의 〈생득론nativisme〉은 공간이 감각에서 직접적으로 주어지는 것이며, 주관의 어떠한 선행하는 경험에 관계없이 감각으로부터 곧바로 연장, 형태, 거리, 깊이 등의 관념이 나온다는 이론이다. 이 이론

사람들—때로는 그들 자신도 모르게—에게 그러한 해법이 인정되었다. 장 뮐러Jean Muller의 생득론적 설명[43]의 원천이 칸트라는 데에 심리학자들은 [의견이] 일치한다. 그러나 로체Lotze의 국부신호 가설hypothèse des signes locaux[44]이나 베인의 이론[45] 그리고 분트[46]가 제안한 더 포괄적인 설명은 우선적으로는

> 은 그러니까 상식과 가장 가까운 이론이며, 그 명칭은 〈생득론〉이지만 공간이 가령 주관의 선험적 형식으로서 모든 경험 이전에 주어진다는 칸트와 같은 〈본유론innéisme〉과는 구별된다. 반면 〈경험론empirisme〉 또는 〈발생론théorie génétique〉은 연장의 지각(추상적 공간 개념이나 관념은 더욱더)은 교육을 통해 점진적으로 형성된다는 이론이다. 이 이론은 감각은 그 자체 순수히 주관적이며 질적이므로 어떠한 공간적 성질도 가지지 않는다는 생각에서부터 출발한 것으로서, 그렇다면 어떻게 비공간적인 것으로부터 공간적인 것이 나올 수 있느냐를 설명하려고 시도한 데에서 나온 이론이다. 로체는 국부신호의 차이로부터, 베인은 여러 감각의 결합으로부터, 분트는 여러 국부신호의 결합으로부터 나온다고 주장한다. 베르크손이 여기서 지적하는 것은 그와 같이 그 세 이론은 내용상 분명히 구별되긴 하지만 공간의 독립적 실재성에 관한 한, 칸트가 확립한 개념에 빚지고 있다는 것이다. 장 뮐러의 〈생득론〉은 아예 칸트로부터 출발한 것이며 로체, 베인, 분트 등의 경험론도 일단 공간과 그 질적인 내용을 완전히 구분한 후에 어떻게 후자에서 전자가 나오는가를 보이려는 시도이므로 그 역시 칸트가 남겨 놓은 곳에서 출발했다는 것이다.

43) 장 뮐러는 대표적 생득론자. 그의 공간론은 *Physiologie comparée du sens de la vue*, 1824; *Manuel de physiologie*, 1845에서 전개됨(IV, 1546쪽, 주 p. 63, l. 3 참조).

44) 국부신호란 신체를 만질 때 그 부위에 따라 나타나는 질적 차이를 의미하는데, 로체는 그 국부신호의 차이에 의해 각 촉각의 위치가 결정된다고 한다. *Métaphysique*, Paris, Didot, 1883, p. 526(IV, 1546쪽, 주 p. 63, l. 4 참조).

「초월적 감성론」과 완전히 독립된 것으로 보인다. 왜냐하면 그런 이론들의 저자들은 공간의 본성 문제를 제쳐두고, 단지 어떤 과정을 통하여 우리의 감각이 공간에 자리잡고, 서로에 대해, 말하자면 병치되게 되는지만을 탐구한 것으로 보이기 때문이다. 그러나 바로 그 사실 자체에 의해 그들은 감각을 비연장적 inextensives인 것으로 생각하고, 칸트의 방식으로 표상의 질료와 형식 사이에 근본적인 구별을 확립한 것이다. 로체와 베인의 생각 그리고 그것에 대해 분트가 시도한 것으로 보이는 화해로부터 나온 결과는 우리가 공간 개념을 형성하기에 이르는 감각들은 그 자체가 비연장적이며 단순히 질적이라는 것이다. 즉, 연장성은 마치 물이 두 기체의 결합으로부터 나오는 것처럼 그 감각들의 종합의 결과라는 것이다. 경험론적 또는 발생론적 설명은 따라서 공간의 문제를 정확히 칸트가 남겨 놓은 바로 그 지점에서 다시 시작한다. 즉, 칸트는 공간을 그 내용으로부터 떼낸 것이다. 경험론자들은 그 내용이 우리 사유에 의해 공간으로부터 분리되었음에도 불구하고 어떻게 다시 거기에 자리잡게 되는지를 탐구한다. 그들이 다음에는 지성의 능동성을 무시한 것처럼 보이고, 표상의 연장적 extensive인 형태를 감각들 상호간의 일종의 결합에 의해 산출하

---

45) 베인은 대표적인 연상심리학자로서, 비공간적인 여러 감각들의 결합 association으로부터 공간개념이 형성된다고 생각했다.
46) 분트의 이론은 〈복합적 국부신호 이론〉이라 불릴 수 있는 것으로서, 다양한 국부신호들이 결합하여 그것과 전혀 다른 공간이라는 제3의 화합물을 만든다는 이론. *Psychologie physiologique*, II, p. 28 이후(IV, 1546쪽, 주 P. 63, l. 5 참조).

려는 데로 명백히 기운다는 것은 사실이다. 즉, 공간이 감각으로부터 추출되지 않았음에도 불구하고, 감각들의 공존으로부터는 산출된다는 것이다. 그러나 정신의 능동적 개입 없이 어떻게 그와 같은 발생을 설명할 것인가? 가정에 의해 연장적인 것은 비연장적인 것과 다르다. 그리고 연장성이 비연장적인 항들 사이의 관계에 불과하다고 가정하더라도, 그처럼 여러 항들을 결합할 수 있는 정신에 의해 그 관계 역시 확립되어야 한다. 구성 원자 중 어떤 것에도 속하지 않는 형태와 성질들을 전체가 취하는 것처럼 보이는 화학적 결합의 예를 끌어대야 헛된 일이다. 그러한 형태, 그러한 성질들은 우리가 다수의 원자들을 단일한 지각 속에서 포괄하는 데에서부터 탄생한다. 그러한 종합을 행하는 정신을 제거해 보라. 그러면 당신은 곧 그 성질들, 즉 구성 부분들의 종합이 의식에 나타나는 모습을 소멸시킬 것이다. 그리하여 거기에 아무것도 덧붙여지지 않는다면, 비연장적인 감각들은 그것인 그대로, 즉 비연장적인 감각으로 남을 것이다. 공간이 그들의 공존으로부터 탄생하려면 그것들 모두를 동시에 포괄하여 병치시키는 정신의 행위가 필요하다. 고유한 종류의sui generis 그런 행위는 칸트가 감성의 초월적 형식이라고 부른 것을 상당히 닮았다.[47]

---

47) 일반적으로 베르크손은 칸트 철학에 대립되는 입장을 취한다. 그러나 여기서는 칸트와 자신의 입장이 상당히 비슷하다고 이야기하고 있다. 즉 동질적 공간의 개념은 지성의 종합하는 능동적 행위가 있어야 가능하며, 그것은 칸트의 선험적 형식과 비슷하다는 것이다. 그러나 그것은 어디까지나 비슷한 것이지 동일한 것은 아니다. 베르크손에게 공간은 선험적

직관 형식으로서 주관이 이 세계에 적용해야만 있게 되는 것이 아니기 때문이다. 공간은 우리의 직관 형식과는 상관 없이 우리 기능을 넘어 뻗어 있는 〈실재〉이다. 그것은 우리 기능과 대립해 있는 유동flux의 어떤 측면이다. 단, 그러한 측면을 얼마나 동질적인 것으로 파악하느냐는 각종의 기능에 종속한다. 곧이어 이야기되는 바와 같이 동물들은 공간을 모두 이질적으로 파악하기 때문에 알지 못하는 장소에 놓아두어도 거의 직선으로 집을 찾아가지만 인간은 그렇지 못하다. 인간은 그 대신에 〈지성의 종합하는 능동적 행위〉에 의해 동질적 공간을 개념화할 수 있다. 그것은 동물들이 가지지 못하는 인간의 독특한 능력이다. 결국, 아예 아무 공간성도 없는 곳에 인간이 비로소 공간성을 집어넣는 것이 아니라, 공간적 측면과 질적 측면을 모두 가지고 있는 유동flux 속에서 인간이라는 종의 기능이 질적인 측면과 공간적인 측면을 〈추출 extraction〉해 내는 것이다. 그렇기 때문에 어느 정도 동질적 공간을 추출해 내는가는 지성의 노력 여하에 달려 있다. 그럼에도 불구하고 그러한 공간은 주관적인 것이 아니라 객관적이다. 외부에 있는 것을 빼낸 것이기 때문이다. 잠시 후에 베르크손 자신이 표현하는 바와 같이 〈연장성의 지각〉과 〈공간의 개념화〉를 구별하는 것은(비록 섞여 있지만) 바로 그러한 이중성 때문이다. 전자는 외부세계의 유동 속에 실재하는 공간을, 후자는 거기서부터 지성의 노력에 의한 동질성의 확보를 의미한다. 공간은 그 양자의 상호작용으로부터 형성된다.

그렇다면 베르크손은 왜 지성의 종합하는 능동적 행위가 칸트의 선험적 형식과 닮았다고 했는가? 가장 직접적인 이유는 물론 실제로 닮기도 했기 때문일 것이다. 그러나 혹시 드 보스에게 털어놓은 박사학위 준비 당시의 상황과 관련이 있지 않을까 하는 의문을 가져볼 수 있다. 즉, 당시의 소르본느의 분위기로 보아 칸트를 논하지 않고는 학위로서 인정받기가 곤란했던 상황과 관련이 있지 않을까 하는 것이다(권말 해제 III참조). 베르크손 자신이 주로 제3장을 그런 방식으로 고쳤다고 한 것으로 보아 그렇지 않을 수도 있다. 그러나 〈첫번째 초안에서는 칸트를 고려하지 않았다〉는 말과 〈내 정신은 자발적으로는 결코 그에 의해 크게 고양되지 않았다〉는 말로 미루어 보아, 이 부분 역시 초안 완성 후에 수정한 부이제 이런 행위를 특징지으려고 시도한다면, 그것이 본질적으로 직관에서, 또는 오히려 텅 빈 동질적 장소의 개념화에서 성립한다는 것을 볼 것이다. 왜냐하면 가능한 다른 공간의 정의는 거의 없기 때문이다. 그것은 동시적인 여러 동일한 감각들을 서로서로 구별하게 해주는 것이다. 그것은 따라서 질적인 차별과는 다른 차별의 원리이며, 따라서 질 없는 실재 réalité이다.[48] 국부적 신호 이론의 지지자들처럼 동시적 감각은 결코 동일할 수 없으며 그것들이 영향을 미치는 유기적 요소들의 다양성의 결과로 시각이나 촉각에 동일한 인상을 낳는 동질적 평면의 두 점은 없다고 말할 것인가? 우리는 거기에 어렵잖게 동의할 것이다. 왜냐하면 그 두 점이 우리에게 동일한 방식으로 영향을 준다면, 그들 중 하나를 왼쪽이 아니라 오른쪽에 위치시킬 아무런 이유가 없을 것이기 때문이다. 그러나 바로 그러한 질의 차이가 그 다음에 자리 situation의 차이라는 의미로 해석되기 때문에, 동질적 장소에 대한 명확한 관념, 즉 질에 있어서는 동일하지만 그럼에도 불구하고 서로서로 구별되는 항들의 동시성에 대한 명확한 관념을 반드시 가지고 있어야 한다.[49] 한 동질적 평면의 두 점이 우리 망막에

분일 개연성도 매우 크다.
48) 공간의 본질을 동질성과 위치적 차이의 기반으로 보고 있다. 질적 차이와 다르게 동질적인 것을 그 위치에 의해 서로 구별해 주는 원리가 공간이다. 어느 정도까지 동질성을 획득하느냐는 기능의 함수이지만, 그러한 공간성 자체는 외부세계에 객관적으로 있는 실재이다.
49) 즉, 국부신호들을 서로 다른 곳에 위치한다고 생각하려면 이미 공간개념이 형성되어 있어야 한다. 다시 말해, 국부신호 이론은 거기서부터 비로소 형성된다고 믿는 것을 이미 전제하고 있는 선결문제 요구의 오류를

주는 인상의 차이를 강조할수록, 질적 이질성 hétérogénéité qualitative으로서 주어지는 것을 연장적 동질성 homogénéité étendue이라는 형태로 파악하는 정신의 활동 activité에 더 많은 자리를 내주어야 할 것이다. 게다가 동질적 공간의 표상이 지성의 노력에 기인한다면, 역으로 두 감각을 구별하는 질 자체 속에 그들이 공간에서의 이런저런 특정한 자리를 차지하는 이유가 있어야 한다고 판단된다.[50] 따라서 연장성의 지각과 공간의 개념화를 구별해야 할 것이다.[51] 그것들은 아마도 서로 속에 내포되어 있을 것이다. 그러나 지성적 존재자들의 계열로 올라갈수록,[52] 동질적 공간이라는 독립적 관념이 더욱더 명료하게 드러날 것이다. 그러한 의미에서 동물들이 외부세계를 절대적으로 우리와 같이 지각하며, 특히 그것의 외부성 extériorité을 완전히 우리처럼 표상한다는 것은 의심스럽다. 박물학자들은 주목할 가치가 있는 사실로서 많은 척추동물과 심지어 어떤 곤충들까지도 놀랍도록 쉽게 공간에서 방향을 잡아간다는 사실을 지적한다. 사람들은 동물들이

범하고 있다.
50) 동질성의 획득 자체는 지성, 즉 우리 기능의 노력에 의존하지만, 그렇게 노력하는 바탕이 질 자체 속에, 즉 외부세계 자체 속에 이미 존재해야 거기서부터 동질성을 끌어내려는 노력을 할 수가 있다.
51) 연장성은 그 자체로 외부 지각에서 지각되는 것이지만, 동질성의 획득은 진화의 계열 속에서의 지성적 존재, 즉 인간이라는 종의 노력에 달려 있다.
52) 이것은 분명 진화과정 전체에서의 지성적 존재자들의 계열, 즉 영장류의 계열을 의미한다. 젊은 베르크손이 장년의 『창조적 진화』를 어느 정도는 미리 생각하고 있었음을 알 수 있는 구절이다.

족히 수백 킬로미터는 될 거리를 미처 알지도 못하는 길을 따라가면서 거의 직선으로 그들의 옛집에 되돌아오는 것을 보았다. 사람들은 그러한 방향감각을 시각이나 후각 그리고 최근에는 나침반처럼 동물들에게 방향을 잡도록 해주는 자기류(磁氣流)의 지각으로 설명하려고 시도했다.[53] 그것은 동물에게는 우리에게서만큼 공간이 동질적이지 않으며 공간의 결정, 즉 방향잡음이 동물에게는 전혀 순수 기하학적인 형태를 띠지 않는다는 것과 마찬가지의 말이다. 각 방향은 동물에게 그 색조와 함께, 즉 고유한 질과 함께 나타날 것이다. 그런 종류의 지각의 가능성을 이해하려면, 우리 스스로 우리의 오른쪽과 왼쪽을 어떤 자연적인 느낌에 따라 구별하며, 우리 자신의 연장성에 대한 그 두 결정[54]은 그때 분명히 질적 차이를 나타낸다는 것을 생각해 보면 될 것이다. 그것은 심지어 우리가 그 두 방향을 정의하는 데에 실패하는 이유이기도 하다.[55] 사실을 말하자면 질적 차이는 자연 속 어디에나 있으며, [오히려] 왜 구체적인 두 방향이 두 색깔만큼 직접적인 지각에서 뚜렷이 드러나지 않는지를 이해할 수 없[을 정도이]다. 그러나 동질적인 빈 공간의 개념화는 다른 방식으로 놀랄 만한 것이며, 우리 경험의 배경fond 자체를 형성하는 그러한 이질성에

---

53) 파브르J. H. Fabre나 베스A. Bethe는 후각에 의해, 로브J. Loeb는 시각에 의해 설명했다. 자기장 이론 역시 파브르의 견해(다윈에 암시받음, IV, 1547쪽, 주 p. 65, l. 14, 15 참조).
54) 즉, 펼쳐져 있는 우리 몸에서의 오른쪽, 왼쪽의 결정.
55) 왼쪽, 오른쪽은 단순한 질적 차이에 의해 드러나므로 직관의 대상으로서 단지 그렇게 느낄 수 있을 뿐, 어떻게 정의할 수가 없다.

대한 일종의 반작용을 요구하는 것으로 보인다. 따라서 단지 어떤 동물들은 특수한 방향감각을 가졌다고만 말해서는 안 되며, 거기에 더하여 그리고 특히, 우리는 질 없는 공간을 지각하고 개념화할 수 있는 특수한 능력을 가졌다고도 말해야 할 것이다. 그러한 능력은 결코 추상하는 능력이 아니다.[56] 추상이 개념들과 그 상징들 서로에 관한 명료하게 나누어진 구별과 일종의 외재성을 가정한다는 것에 주목한다면, 추상하는 능력은 이미 동질적 장소의 직관을 내포하고 있음을 발견하기까지 할 것이다. 여기서 말해야 할 것은, 우리가 다른 질서의 두 실재를 안다는 것이다. 즉, 하나는 이질적인 것으로서 감각적 질들의 실재이며, 다른 하나는 동질적인 것으로서 공간이다. 후자는 인간의 지성에 의해 명료하게 개념화된 것으로서 확연히 나누는 구분을 행하고, 세며, 추상하고 그리고 아마도 또한 말할 수 있게도 해준다.

그런데 공간이 동질적인 것으로 정의된다면, 역으로 모든 동질적이며 한정되지 않은indéfini 장소는 공간일 것으로 생각된다. 왜냐하면 여기서 동질성은 모든 질의 부재에서 성립하는 것이므로,[57] 두 형태의 동질적인 것이 어떻게 서로 구별될지 그 길이 보

---

56) 바로 다음의 설명과 같이, 추상력 자체가 공간의 직관으로부터 나온 것이므로. 그러나 추상력 자체는 지성의 본질적 능력이다. 다만 그것이 공간의 직관에 기반을 두고 있다는 것을 지적하고 있는 것뿐이다.

57) 동질성은 문자 그대로 질이 같다는 것이기 때문에 질이 완전히 빠진 것은 아니다. 실제로 질이 완전히 빠져 버린 공간은 공간으로 성립하지 않는다. 그러나 여기서 생각하는 것은 텅 빈 공간이기 때문에, 공간을 성립시킬 수 있는 최소 한도의 질을 제외하고는 모두 빠졌다고 봐야 한다. 그러니까 질의 〈부재absence〉라 할 때 그 부재의 의미를 엄밀하게 새겨서

이지 않기 때문이다.[58] 그럼에도 불구하고 사람들은 시간을, 공간과 다르지만 공간처럼 동질적인 어떤 한정되지 않은 장소로 생각하는 데에 [의견이] 일치한다. 즉, 동질적인 것은 이처럼 그것을 채우는 것이 공존이냐 계기(繼起)이냐에 따라 이중적인 형태를 띤다는 것이다. 사실 시간을 의식의 상태들이 전개되는 것으로 보이는 동질적 장소로 만들 때, 그 사실 자체에 의해 시간은 단번에 주어지며, 그것은 곧 시간을 지속으로부터 빼내는 것과 마찬가지이다. 그런 단순한 반성으로부터 우리는 그때 무의식적으로 공간으로 다시 떨어지고 있음을 알아차려야 할 것이다. 다른 한편, 물질적 사물들은 서로의 밖에 있고 우리 밖에 있는 것으로서, 그들 사이의 간격을 확보하고 그 윤곽을 고정시키는 어떤 장소의 동질성으로부터 그러한 이중적 성격[59]을 빌려온다고 사람들은 생각한다. 그러나 의식의 사실들은 비록 계기적이라 할지라도 상호 침투하며, 그들 중 가장 단순한 것에도 영혼 전체가 반영된다.[60] 따라서 동질적 장소라는 형태로 생각된 시간은 순수 의식의 영역

완전한 무와는 다른 〈결여〉로서 이해하면 별 문제가 없다. 양 자체가 이미 모종의 질을 포함하고 있다는 것은 나중에(158쪽)에 설명될 것이다. 하여간 텅 빈 공간의 동질성은 모든 차이가 없어야 하고, 어떠한 것이든 두 형태의 동질적인 것은 위치를 제외하면 서로 구별되지 않는다.

58) 그 두 형태의 동질적인 것이 공간에서의 위치의 차이에 의해 구별되지 않는다면.
59) 계기와 공존.
60) 계기적이라는 것은 물론 하나가 사라진 다음 다른 것이 온다는 말인데, 이때 사라지는 것은 완전히 무로 돌아가는 것이 아니라 기억으로 남는다. 따라서 그것도 어떤 의미에서는 다른 상태들과 함께 있는 것인데(앞

에 공간의 관념이 침입한 데 기인한 사생아적 개념이 아닌지를 자문해 볼 여지가 있을 것이다. 아무튼 시간과 공간이라는 동질적인 것의 두 형태를 우선 그들 중 하나가 다른 것으로 환원될 수 있는지를 살펴보지 않고서는 결정적으로 받아들일 수 없을 것이다. 그런데 외재성은 공간을 차지하는 사물들의 고유한 특성인 반면, 의식의 사실들은 본질적으로 서로의 밖에 있지 않으며 동질적 장소로 간주된 시간 속에서 전개됨으로써만 그렇게 된다. 따라서 사람들이 주장하는 동질적인 것의 두 형태인 시간과 공간 중 하나가 다른 것에서 나온 것이라면, 공간의 관념이 〔더〕 근본적 소여(所與)임을 선험적으로 인정할 수 있다. 그러나 공간 관념의 외양적 단순성에 오도되어 그 두 관념의 환원을 시도한 철학자들은 지속의 표상으로 공간의 표상을 구성할 수 있다고 믿었다.[61] 그러한 이론의 잘못을 적시힘으로써 우리는 어떻게 한정되지 않고 동질적인 장소의 형태로 생각된 시간이 반성적 의식을 괴롭히는 공간의 환영에 불과한지를 보여줄 것이다.

영국 학자들은 사실 연장의 관계를 다소 복잡한, 지속에서의 계기 succession의 관계로 환원하려고 애쓴다. 눈을 감고 한 표면을 따라 손을 움직일 때, 그 표면에 대한 손가락의 마찰과 특히

에서 설명되었듯이 의식의 상태들도 분명 모종의 다수성이다), 그 함께 있음이 공간 위에서 동시에 공존하는 방식으로가 아니라 상호 침투하여 부분이 전체에, 전체가 부분에 영향을 미치는 방식으로 있는 것이다. 결코 병치되어 있는 것이 아니다.

61) 가령 위에서 나온 경험론자나 발생론자들, 또는 헤겔도 그런 사람들 중 하나이다.

관절의 다양한 놀림은 우리에게 일련의 감각들을 제공하는데, 그것들은 질에 의해서만 구별되며 시간 속에서의 어떤 질서를 나타낸다. 다른 한편, 경험은 우리에게 그 연쇄가 가역적이며, 다른 성질의(또는 좀더 후에 말할 것처럼, 반대 방향의) 노력에 의해 동일한 감각들을 역순으로 다시 얻을 수 있을 것임을 알려준다. 즉, 그때 공간에서의 위치situation 관계는, 이렇게 말할 수 있다면, 지속에서의 계기의 가역적인 관계로 정의된다는 것이다. 그러나 그러한 정의는 악순환 또는 적어도 매우 피상적인 지속 관념을 내포하고 있다. 왜냐하면 잠시 후 자세히 밝히겠지만[62] 지속에는 가능한 두 견해, 즉 모든 혼합으로부터 〔벗어난〕 순수한 지속과 공간의 관념이 몰래 개입한 지속이 있기 때문이다. 완전히 순수한 지속은 우리의 자아를 그냥 살아가도록 내버려 두었을 때, 현재 상태와 이전 상태 사이를 구별하는 것을 삼갈 때, 우리 의식상태들의 계기가 취하는 형태이다. 그를 위해서는 지나가는 감각이나 관념에 자아 전체가 흡수될 필요는 없다. 그때는 반대로 지속하기를 멈출지도 모르기 때문이다. 이전 상태들을 잊어버릴 필요도 없다. 그 상태들을 상기하면서도 한 점에 다른 점을 병치하듯이 그것들을 현재 상태에 병치하지 않고, 말하자면 전체가 녹아들어간 한 선율의 음들을 상기할 때처럼 그것들을 자아와 유기적으로 결합하는organise 것으로 충분하다. 그 음들은 계기하지만, 우리는 그럼에도 불구하고 그 음들 서로를 서로 속에서 파악하며 그 음들 전체는 생명체, 즉 그 부분들이 비록 구별되지만 그

---

[62] 139쪽 이하.

들의 유대의 결과 자체에 의해 상호 침투하는 생명체와 비교될 수 있다고 말할 수 있지 않을까? 그 증거는 선율의 한 음에 적합한 길이 이상으로 머물면서 장단을 깨면, 우리의 잘못을 알려주는 것은 실이로서의 그 과장된 길이가 아니라, 그것에 의해서 음절 전체에 가해지는 질적 변화라는 사실이다. 따라서 구별 없는 계기[63]를 생각할 수 있으며, 그것을 또 요소들의 상호 침투, 연대, 내적인 유기적 결합으로서 생각할 수 있다. 그 요소들 각각은 전체를 나타내며, 추상할 수 있는 사유에게가 아니라면 전체로부터 구별되고 고립되지 않는다. 어떠한 공간의 관념도 가지지 않을 것이며, 동일하면서도 또한 동시에 변화하는 존재자un être à la fois identique et changeante[64]가 스스로의 지속에 대해 가질 표

---

63) 즉, 공간이 끼여들어 여러 요소가 한꺼번에 서로 구별되는 계기와는 다른 계기.
64) 〈동시에 동일하면서도 변화하는 존재자un être à la fois identique et changeante〉는 자기모순적 개념이다. 변화하면 이미 동일하지 않을 것이요 동일한 채로 남아 있으면 아직 변화하지 않은 것이기 때문이다. 그런데 바로 이러한 존재자가 지속하는 존재자이다. 다시 말해 지속한다는 것은 그 자체 모순적 사건이다. 변화했음에도 불구하고 계속해서 자기자신으로 남아 있어야 〈지속〉할 수 있기 때문이다. 논리적으로는 모순임에도 불구하고 바로 그러한 것이 존재한다. 박홍규 선생이 플라톤을 해석하면서 지적한 대로 이러한 존재 방식은 바로 자발적으로 운동하는 것, 자기운동자, 즉 생명체 일반의 존재 방식이다(「자기운동(I), (II)」, 『형이상학 강의』, 민음사, 1995, 94-162쪽 참조). 생명체는 항상 변화하면서도 자기동일성을 유지하며, 그것을 보장해 주는 것이 바로 기억이다. 이 책에서는 아직 기억이 중심적인 주제로 떠오르지 않았으나 지속을 발견했다는 것 자체는 이미 거기로 나아가는 길을 미리 그리고 있다고 봐야

상은 의심할 여지없이 바로 그런 것이다. 그러나 공간의 관념과 친숙하며, 심지어 그것에 사로잡힌 우리는 자신도 모르게 공간을 순수한 계기의 표상에 도입하며, 의식의 상태들을 동시에 파악할 수 있는 방식, 즉 하나가 다른 것 속에 있는 것이 아니라 하나 옆에 다른 것이 있는 방식으로 병치한다. 간단히 말해서 우리는 시간을 공간에 투사하고, 지속을 연장으로 표현하며, 계기는 우리에게 그 부분들이 서로 스며드는 것이 아니라 서로 접하는 연속적인 선이나 사슬의 형태를 띤다. 이 마지막 이미지는 계속적이 아니라 동시적인 앞과 뒤의 지각을 내포하며, 계기는 계기일 뿐임에도 불구하고 오직 하나의 동일한 순간에 머물러 있는 계기[65]를 가정하는 데에는 모순이 있다는 것에 주목하자. 그런데 지속에서의 계기의 순서와 그 순서의 가역성을 이야기할 때, 문제가 되는 계기는 우리가 위에서 정의한 바와 같이 연장성이 섞이지 않은 순수한 계기인가, 아니면 공간에서 전개되어 분리되고 병치된 여

한다. 그리고 베르크손은 이 모순을 처음부터 명백하게 인식하고 있었음을 이 구절이 보여주고 있다. 그가 과연 박홍규 선생처럼 플라톤으로부터 이러한 분석의 결과를 얻었는지는 분명치 않다. 아마 직접적으로 얻었다기보다는 간접적으로, 즉 라베쏭, 라셜리에 등의 고전해석으로부터 얻었을 것으로 짐작된다. 한편, 플라톤은 『파이드로스』편(245c-246a)에서 〈자기운동자autokinēton〉는 〈영원히 움직이는 것 aei kinēton〉이며, 그러한 것은 〈자기자신을 버리지 않는다ouk heauton apoleipōn〉, 즉 자기동일성을 잃지 않는다는 것을 베르크손보다 대략 2400년 전에 밝힌 바 있다.

65) 계기는 하나가 사라진 다음에야 다른 것이 나오는 것임에도 불구하고, 여럿이 한 순간에 동시에 머물러 있는 계기를 상정하는 것은 모순이다.

러 항들을 동시에 포괄할 수 있는 계기인가? 대답은 의문의 여지가 없다. 즉, 우선 항들을 구별하고 다음에는 그것들이 차지하는 자리를 비교하지 않고서는 항들 사이의 순서를 확립할 수 없을 것이다. 그렇기 때문에 사람들은 그것들을 여럿이고 동시적이며 구별되는 것으로 파악한다. 한 마디로 사람들은 그것들을 병치시킨다. 그리고 계기적인 것에서 순서를 세운다면 그것은 계기가 동시적으로 되고 공간에 투사되기 때문이다. 간단히 말해, 한 평면이나 선을 따라 이루어지는 내 손가락의 이동이 일련의 다양한 질적 감각들을 제공할 때, 다음의 둘 중 한 가지 사태가 일어날 것이다. [첫번째 경우], 나는 그 감각들을 오직 지속에서만 생각할 것이다. 그러나 그렇게 되면 그것들은 어떤 주어진 순간에 그들 중 여럿을 동시적이면서도 구별되는 것으로서 표상할 수 없는 방식으로 계기할 것이다. ──[두번째 경우] 나는 계기의 순서를 구별할 것이다. 그러나 그렇게 하는 것은 그때의 내가 항들의 계기를 지각할 뿐만 아니라 그 항들을 구별한 후 그 전체를 정렬하는 능력을 지녔기 때문이다. 한 마디로, 나는 이미 공간의 관념을 가지고 있다. 따라서 지속 속에서의 가역적 연쇄라는 관념, 또는 단순히 시간 속에서의 어떤 계기적 순서라는 관념조차도 그 자체 공간의 표상을 내포하며, 그것은 시간을 정의하는 데에 사용될 수 없을 것이다.

 이러한 논점이 더 엄밀한 형태를 취하게 하기 위하여, 길이가 한정되지 않은 직선과 그 직선 위의 이동하는 한 질점 A를 상상해 보자. 그 점이 자신에 대한 의식을 가지고 있다면, 그 점은 움직이고 있으므로 스스로가 변하는 것을 느낄 것이다. 그것은 어떤 계기(繼起)를 지각할 것이다. 그러나 그러한 계기가 그 점에게 선의 형태를 취할까? 아마도 그럴 것이다. 그것이 지나간 선 위로 말하자면 일어서서 그 선의 병치된 여러 점들을 동시에 볼 수 있다는 조건에서만. 그러나 바로 그 사실 자체에 의해 그 점은 공간의 관념을 형성할 것이며, 그것이 겪은 변화가 전개되는 것을 순수한 지속 속에서가 아니라 공간 속에서 볼 것이다. 여기서 〔이제〕 순수한 지속을 공간과 유사하지만 더 단순한 성질의 사물[66]로 생각하는 사람들의 잘못이 손에 잡힐 듯하다. 그들은 심리상태들을 병치하여 연쇄나 선으로 만들기를 좋아하며, 공간은 삼차원의 장소이기 때문에 고유한 의미에서의 공간 관념, 즉 공간 관념 전체[67]를 그와 같은 조작에 개입시켰다고는 전혀 생각하지 않는다. 그러나 선을 선으로 보기 위해서는 선 밖에 위치하여 그것을 둘러싼 빈 곳을 알아보며, 따라서 삼차원의 공간을 생각해야 한다는 것을 누가 보지 못할 것인가?[68] 의식을 가진 점 A가 아직 공간의 관념을 가지지 않는다면—그리고 우리는 분명히 그런 가정에 자리잡아야 한다—, 그 점에게 그것이 지나가는 상태들의 계기는 선의 형태를 취할 수는 없을 것이다. 그러나 우리가 어떤 선율에 따라 스스로를 흔들리도록 놓아둘 때의 그 선율의 계기적

---

66) 공간은 삼차원이지만 시간은 그들에게 이차원(어떤 선)으로 표상되므로 더 단순하다고 생각하는 것이다.
67) 3차원의 공간.
68) 선 밖의 동일한 평면에서라면 이차원에서도 선이 보일 터이지만, 베르크손은 여기서 선이 그어진 평면을 떠나 삼차원의 공간에서 그 선을 바라보는 상태를 생각하고 있다.

음들이 그런 것처럼, 그 감각들이 서로에게 동적dynamiquement 으로 더해질 것이며 그들 사이는 유기적으로 연결될 것이다. 간단히 말해 순수한 지속은 분명, 명확한 윤곽도 없고, 서로의 밖에 있으려는 어띠한 경향도 없으며, 수와는 어떠한 유사성도 없이 서로에 녹아들고 서로 침투하는 질적 변화의 연속에 불과할지도 모른다. 그것은 〔아마도〕 순수한 이질성일 것이다. 그러나 당분간은 이 점에 관해 고집하지 않겠다. 지속에 조금이라도 동질성을 부여하면, 공간이 몰래 도입된 것임을 증명한 것으로도 충분하다.

우리가 지속의 계기하는successifs 순간들을 센다는 것 그리고 시간은 수와의 관계에 의해 우선 측정할 수 있는 크기, 그것도 공간과 대단히 유사한 크기로 보인다는 것은 사실이다. 그러나 여기서 중요한 구별을 해야 한다. 가령 내가 방금 일분이 흘렀다고 말했을 때, 그 말은 시계추가 초를 똑딱거리며 60번의 진동을 실행했음을 의미한다. 내가 그 60번의 진동을 단번에 그리고 단일한 정신의 포착에 의해 표상한다면, 가정에 의해 나는 계기succession의 관념을 배제한 셈이다. 즉, 나는 계속해서 이어지는 60번의 박동을 생각하는 것이 아니라, 그 각각이 말하자면 시계추의 진동을 상징하는 고정된 선 위의 60개의 점을 생각하는 것이다.──다른 한편, 만약 내가 그 60번의 진동을 계기적으로 표상하되 〔그것이〕 공간 안에서 이루어지는 방식에는 아무런 변화도 일으키지 않으면서 그렇게 하기를 원한다면, 각 진동을 앞선 진동에 대한 기억을 배제하고 생각해야 할 것이다. 공간은 그 기억에 대한 어떠한 흔적도 보존하지 않기 때문이다.[69] 그러나 바

---

69) 그 진동이 공간에서 계기적으로 일어나는 그대로 표상하려면, 그때그때

로 그 사실 자체에 의해 나는 스스로를 끊임없이 현재에만 머물도록 처단하는 셈이 될 것이며, 계기나 지속을 사유하는 것은 단념하는 것이 될 것이다. 마지막으로 내가 현재의 진동의 상image과 결합하여 그에 앞선 진동의 기억을 보존한다면, [다음] 둘 중 하나의 사태가 일어날 것이다. 하나는 그 상들을 병치하는 것인데, 이때에는 우리의 첫번째 가정[70]으로 떨어질 것이다. 다른 하나는 그 상들을 선율의 음들처럼 그들 사이가 상호 침투하고 유기적으로 조직화되어 서로 속에 있는 것으로 파악하는 것이다. 그 결과 그 상들은 수와는 아무 유사성이 없게 되며, 우리가 구별되지 않는indistincte 다수성, 또는 질적인 다수성이라 부르는 것을 형성할 것이다. 그렇게 하여 나는 순수 지속durée pure의 상을 얻을 것이나, 또한 동질적 장소나 측정 가능한 양이라는 관념에서도 완전히 벗어날 것이다. 의식을 주의 깊게 들여다보면, 지속을 상징적으로 표상하기를 삼갈 때 의식은 항상 그와 같은 방식으로 진행됨을 알아차릴 수 있을 것이다. 시계추의 규칙적인 진동이 졸음을 일으킬 때, 마지막 소리를 들었거나 마지막 운동을 지각했기 때문에 그러한 효과가 생기는 것인가? 분명히 아니다. [만약 그렇다면] 첫번째의 소리나 운동은 왜 같은 효과를 전혀 일으키지 않았는지를 이해할 수 없을 것이기 때문이다. 앞선

의 진동밖에는 생각할 수 없다. 공간 위에는 이전 진동에 대한 아무런 흔적도 남아 있지 않기 때문이다.
70) 바로 앞에서 나온 〈60번의 진동을 단번에 그리고 단일한 정신의 파악으로 표상〉한다고 가정할 때를 의미한다. 그렇게 되면, 〈가정에 의해 계기의 관념을 배제하〉게 된다.

것들의 기억이 마지막 소리나 운동에 병치되었기 때문인가? 그러나 동일한 기억을 나중에 어떤 하나의 소리나 운동에 병치시켜 보면 아무런 효과도 나타나지 않는다. 따라서 소리들이 서로 결합하여 양으로서의 양이 아니라 그 양이 나타내는 질에 의해서, 즉 그들 전체 박자의 유기적 조직에 의하여 작용한다는 것을 인정해야 한다. 계속되는 약한 자극의 효과는 다르게 이해될까? 만약 그 감각이 자기동일적인 것으로 남아 있다면, 그것은 무한히 약하고 무한히 견딜 수 있는 것으로 머물 것이다. 그러나 각 자극의 증가는 앞의 자극들과 유기적으로 조직되어, 그 전체는 어떤 악절, 즉 항상 끝나려 하지만 어떤 새로운 음이 보태짐으로써 전부가 끊임없이 변하는 어떤 악절의 효과를 낸다는 것이 진실이다.[71] 우리가 그것을 항상 동일한 감각이라 생각한다면, 그것은 감각 자체를 생각하기 때문이 아니라 공간에 자리잡은 그것의 객관적 원인을 생각하기 때문이다. 그렇게 되면 우리는 이번에는 그 감각을 공간 위에 전개시키고, 발전하는 유기체나 상호 침투하는 변화 대신에 동일한 하나의 감각이 말하자면 길이로 펼쳐지고 무한히 스스로에 병치되는 것을 본다. 의식이 지각하는 진정한 지속은 그리하여 이른바 강도의 성격을 띤 크기 중의 하나로 분류될 것이다. 단, 강도가 크기라고 불릴 수만 있다면. 진실을

---

[71] 약한 자극이 계속될 때, 그것은 너무나 약하므로 곧 끝날 것 같은 느낌을 주지만, 또한 계속되므로 그 계속되는 자극 하나하나가 결합하여 점점 다른 색조의 느낌으로 변해 간다. 귀찮다거나, 지루하다거나, 더 이상 못 참겠다 등으로. 그것은 하나의 악절을 듣는 것과 같이 그때그때의 다른 질적 느낌으로 나타난다.

말하자면 진정한 지속은 양이 아니며, 사람들이 그것을 측정하려고 시도하자마자 무의식적으로 그것에 공간을 대체시키는 것이다.

그러나 우리는 지속을 그 본래의 순수함에서 표상하는 데에 믿기 힘들 [정도의] 어려움을 느낀다. 그리고 그것은 아마도 오직 우리만이 지속하는 것은 아니라는 데에 기인할 것이다.[72] 외부 사물도 우리처럼 지속하는 것으로 보이며, 이 마지막 관점에서 보면 시간은 동질적 장소와 매우 닮았다. 그러한 지속의 순간들은 공간 위의 물체들이 그런 것처럼 서로에 대해 밖에 있는 것으로 보일 뿐만 아니라, 감각이 보는 운동은 동질적이며 측정 가능한 지속의 이를테면 손에 잡히는 신호이다.[73] 게다가 시간은 양의 형

---

[72] 오직 우리만이 지속하는 것은 아니라는 것은 베르크손도 분명히 인정하는 사실이다. 외부의 사물도 어느 정도 지속한다는 것을 보이면서 그는 심지어 고대의 물활론이 반드시 틀린 것은 아니라고 주장할 정도이다. 그러나 조금 있다가 밝혀지겠지만 여기서는 지속과 공간을 확연히 구별하는 것이 문제이므로, 엄밀한 의미에서는 우리의 지속 없는 외부의 지속, 즉 외부 사물의 운동(특히 공간운동)은 도저히 운동일 수 없다는 것이 그의 주장이다. 즉, 외부사물의 운동을 그렇게 한 사물의 지속적 변화로 파악하는 우리의 지속이 없다면, 사물의 각 순간순간은 그때마다 전혀 다른 것의 산개(散開)일 뿐, 도대체 운동일 수 없다는 것이다. 단, 현실에서는 그 양자가 서로 삼투하고 있다는 것은 베르크손도 곧 인정한다. 한편, 외부 사물이 지속하는 것으로 보이지 않는다는 정반대의 관점에 대해서는 195쪽 주 40)과 259쪽 주 148) 참조.

[73] 〈감각이 보는 운동〉은 공간운동을 말하는 것으로, 그 운동은 분명 시간 속에서 일어나므로 시간도 물체가 지나가는 공간과 같이 측정 가능한 것으로 보이게 한다. 그러나 우리가 눈으로 보는 것은 공간의 변화일 뿐이며, 그것을 동일한 운동체가 그렇게 공간 속에서 그리고 동시에 시간 속에서 움직이는 것으로 보는 자, 즉 진정한 시간 속에 있는 우리 자신이

태로 역학의 공식에, 천문학자와 심지어 물리학자의 계산에도 들어간다. 사람들은 운동의 속도를 재는데, 이는 시간 역시 크기임을 함의한다. 우리가 방금 시도한 분석 자체가 보완을 요구하는 바, 고유한 의미에서의 지속이 측정되지 않는다면 시계추의 진동이 측정하는 것은 도대체 무엇이란 말인가? 부득이한 경우 사람들은, 의식에 의해 지각된 내적 지속은 의식적 사실들의 상호 내포emboîtement, 자아의 점진적 풍요화enrichissement와 구별되지 않는다는 것을 인정할 것이다. 그러나 천문학자가 그들의 공식에 도입하는 시간, 시계가 같은 크기의 미세 조각들로 나누는 그 시간은 다른 것이며, 그것은 측정할 수 있고, 따라서 동질적인 크기라고 그들은 말할 것이다.——그러나 전혀 그렇지가 않다. 주의 깊게 살펴보면 이 마지막 착각이 사라질 것이다.

내가 시계의 숫자판 위에서 시계추의 진동에 대응하는 바늘의 운동을 눈으로 따라갈 때, 사람들이〔그렇게〕믿는 것처럼 보이는 바대로, 나는 지속을 측정하는 것이 아니다. 나는 동시성들을 세는 데 지나지 않으며, 그것은 분명 다른 것이다. 내 밖의 공간 속에는 시계 바늘과 추의 오직 한 위치밖에는 없다. 과거의 위치들

없다면 다른 공간에 있는 다른 사물들이 있을 뿐, 공간운동 자체가 없는 것이다. 공간운동은 사실 우리의 내적 시간과 외적 공간이 만나는 표면에서 이루어지는 것으로서 시간의 가장 공간적인 측면과 공간의 가장 시간적인 측면의 접합지점에서 성립한다. 그렇기 때문에 그것이 우리 눈에는 시간의 공간성을 보장해 주는 증거로 보인다. 조금 후 베르크손은 이러한 시공의 접합을 〈삼투압〉에 빗대어 설명한다. 어쨌든 엄밀히 분석하면 그 양자는 완전히 다른 것이다.

중 어느 것도 남아 있지 않기 때문이다. 내 속에서는 의식적 사실들의 유기적 조직화와 상호 침투의 과정이 계속되며 그것이 진정한 지속을 이룬다. 내가 그런 방식으로 지속하기 때문에 나는 현재의 진동을 지각함과 동시에 내가 과거의 추의 진동들이라 부르는 것을 표상한다. 그런데 계기적이라고 불리는 그 진동들을 사유하는 나를 잠시 제거해 보자. 추의 오직 한 진동, 그 추의 오직 한 위치, 결국 지속의 한 점밖에는 없을 것이다.[74] 다른 한편, 추와 그 진동을 제거해 보자. 서로에 대해 외적인 순간들도, 수와의 관계도 없는, 자아의 이질적 지속 이외에는 더 이상 아무것도 없을 것이다. 따라서 우리의 자아 속에는 상호 외재성 없는 계기가 있으며, 자아 밖에는 계기 없는 상호 외재성이 있다. 이때 상호 외재성이라 한 것은 현재의 진동과 더 이상 존재하지 않는 이전의 진동이 근본적으로 구별되기 때문이지만, 계기가 없다는 것은, 계기는 오직 과거를 기억하고 두 진동이나 그들의 상징을 보조 공간에 병치하는 의식적 관객에게만 존재하기 때문이다.[75] ——그런

---

74) (I), (II)판과는 다르게 (III)판은 ⟨...le moi qui pense ces oscillations du pendule, une seule position...⟩으로 되어 있다. 이것은 (I), (II)판의 ⟨...le moi qui pense ces oscillations dites succesives; il n'y aura jamais qu'une seule oscillation du pendule, une seule position...⟩의 명백한 오식이다. (III)판처럼이면 뜻이 통하지 않는 문장이 된다.

75) 앞의 주 73)에서 밝힌 바와 같이 우리 내부의 지속과 외부 사물의 상호 외재성이 확연히 구별되어 있다. 곧이어 그 둘이 서로 삼투된다는 것이 논의된다. 여기서 문제는 과연 외부 대상 없는 의식, 의식 없는 대상이 가능한가 하는 점이다. 현실적으로는 불가능하다. 그러나 권리상 그렇게 분석할 수는 있다. 즉, 현실의 양측면을 갈라보는 것이다. 현실을 구성하

데 그러한 외재성 없는 계기와 계기 없는 외재성 사이에서는 물리학자들이 삼투압endosmose 현상이라 부르는 것과 상당히 닮은 일종의 교환이 일어난다. 우리의 의식적 삶의 계기적이지만 상호 침투하는 국면들 각각이 그와 동시적인 시계추의 진동에 대응하는 반면에 그 진동들은 하나가 나타날 때 다른 것은 더 이상 없기 때문에 [서로] 분명하게 구별되므로,[76] 우리는 우리의 의식적 삶의 계기적 순간들 사이에도 동일한 구별을 하는 습관을 가지게 된다. 즉, 추의 진동들은 의식적 삶을, 말하자면 서로에 대해 외재적인 부분들로 분해한다. 거기서부터 공간과 유사한 동질적인 내적 지속이라는 관념 그리고 그 순간들이 서로 침투되지 않고 이어진다는 잘못된 관념이 나온다.[77] 그러나 다른 한편, 하

는 양면적인 것은 항상 섞여 있게 마련이며, 칼로 두부 사르듯이 잘라지는 것이 아니다. 그러므로 현실에서 관찰되는 것은 항상 어떤 경향일 뿐, 영구불변의 형상은 아니다. 분석의 성패는 그 경향의 핵심을 잘 파악한 나눔이냐, 아니냐에 달려 있다.

76) 그러니까 지속에도 분명히 한 순간이 다른 순간과 구별되는 측면이 있다. 완전히 자기동일적이라면 지속하지 않을 것이며 오직 이데아와 같은 영원불변의 일자가 있을 뿐이다. 다른 한편, 공간도 서로가 서로에 대해 외재적인 측면만 있는 것이 아니라 서로 하나로 이어진다는 측면, 즉 연속성을 가지고 있다. 결국 지속과 공간의 구별은 경향성 tendance의 구별일 뿐 절대적인 구별은 아니다. 양자는 서로 삼투해 있다. 앞의 주에서도 밝힌 바와 같이 여기서는 다만 그 경향성을 확연히 구별해 내는 것이 문제이기 때문에 양자를 엄밀히 대비시킨 것이다.

77) 지금까지의 설명은 공간이 우리의 내적 지속에 미치는 영향에 관한 것이다. 그것은 상호 침투하는 지속을 〈서로에 대해 외재적인 부분들로 분해〉한 것이다. 거기서부터 〈공간과 유사한 동질적인 내적 지속이라는 관념〉

나가 나올 때 다른 것은 사라진다는 이유에 의해서만 구별되는 추의 진동들은 이를테면 그들이 그와 같이 우리 의식적 삶에 행사하는 영향의 혜택을 받는다. 우리의 의식이 그들 전체에 대해 조직한 기억 덕분에, 그들은 보존되고 다음에는 [일렬로] 정렬된다. 간단히 말해, 우리는 그 진동들을 위해 우리가 동질적 시간이라고 부르는 공간의 제4차원을 창조하며, 그것은 추의 운동을 비록 제자리에서일지언정 무한히 스스로에 병치될 수 있게 한다.[78]——이제 우리가 그러한 매우 복잡한 과정 중에서 실재적인 것과 상상적인 것을 정확히 구별하려고 시도하면, 우리는 다음과 같은 것을 발견한다. 현상들이 의식의 상태들과 동시에 나타나고 사라지지만 지속은 없는, 어떤 실재 공간이 있다. 그 이질적 순간들이 상호 침투하지만 각 순간이 그와 동시적인 외적 세계의 한 상태에 접근할 수 있으며 그 접근 자체의 결과에 의해 다른 순간들과 구별되는 어떤 실재 지속도 있다. 그 두 실재의 비교로부터

과 지속의 각 순간들이 〈서로 침투되지 않고 이어진다는〉 관념이 나온다. 곧이어 지속이 공간에 미치는 영향에 관한 설명이 전개된다.

[78] 시간이 공간에 미친 영향은 상호 외재적인 운동이 기억에 의해 하나의 동일한 운동체의 운동으로 보존된다. 그리하여 그것은 〈동질적 시간이라 부르는 공간의 제4차원〉 속에서 이루어지게 된다. 추의 운동이 〈무한히 스스로에 병치될 수 있게 한다〉는 말은 추라고 하는 하나의 운동체의 반복적 운동이 가능해졌다는 뜻이다. 그렇지 않으면 각 운동은 다른 운동일 뿐, 반복일 수 없다. 한편, 공간의 제4차원으로서의 동질적 시간을 논하는 바로 이 구절을 염두에 두고, 베르크손은 아인슈타인 이론을 평가하면서 이미 30년 전에 자기는 시간을 공간의 4차원이라 불렀다고 주장했다(DS, 58쪽 참조).

공간에서 끌어낸 지속의 상징적 표상이 생긴다. 지속은 그와 같이 동질적 장소라는 환상적 형태를 취하며, 지속과 공간이라는 그 두 항 사이의 연결선은 동시성이며, 그것은 시간의 공간과의 교차라고 정의될 수 있을 것이다.[79]

외견상 동질적으로 보이는 지속의 살아 있는 상징인 운동의 개념을 동일한 분석에 회부하면, 같은 종류의 분해 dissociation가 행해지게 될 것이다. 사람들은 아주 자주 운동은 공간 속에서 일어난다고 말한다. 그리고 운동이 동질적이며 나누어질 수 있다고 선언할 때 사람들이 생각하는 것은 〔운동이〕 지나간 공간이다. 마치 공간을 운동 자체와 혼동할 수 있기나 하다는 듯이. 그런데 그것을 좀더 반성해 보면, 운동체의 계기하는 위치들은 실제로 분명히 공간을 점유하지만, 그것이 한 위치에서 다른 위치로 옮겨 가는 움직임 opération, 즉 지속을 점유하고 의식적 관객에 대해서만 실재성을 가지는 그 움직임은 공간을 벗어난다는 것을 알 것이다. 여기서 우리가 다루고 있는 것은 결코 **사물**chose이 아니라 **진행**progrès이다. 한 점에서 다른 점으로의 이행인 한에 있어서 운동은 정신의 종합이며 심적인, 따라서 비연장적인 과정 processus이다. 공간 속에는 공간의 부분들밖에 없으며, 공간의

---

79) 시공의 교차점을 동시성이라 부르고 있다. 동시성을 접점으로 하여 공간 쪽에는 지속하는 공간, 즉 공간은 공간인데 그 속의 사물이 완전히 상호 외재적이 아니라 어느 정도 서로에 침투하여 자기동일성을 유지하는 공간이 있으며, 시간 쪽에는 공간적인 지속, 즉 지속은 지속인데, 완전히 상호 침투하는 것이 아니라 동질적으로 펼쳐져서 마치 공간처럼 잴 수 있는 시간이 있다. 공간운동은 그 양쪽을 넘나들며 일어나는 사건이다.

어느 점에서 운동체를 생각하든, 위치밖에는 얻지 못할 것이다. 의식이 위치 이외의 것을 지각한다면, 그것은 의식이 잇따르는 위치들을 기억하고 그것들을 종합하기 때문이다. 그러나 의식은 어떻게 그런 종류의 종합을 수행하는가? 동질적 장소에서 방금 그 위치들을 새롭게 펼치는 방식에 의한 것일 수는 없다. 왜냐하면 그 위치들을 서로 잇기 위해서는 또 다른 종합이 필요하고, 그런 식으로 무한히 계속될 것이기 때문이다.[80] 따라서 여기에는 말하자면 질적인 종합, 즉 잇따른 감각들 서로간의 점진적 조직화, 즉 선율의 한 소절의 통일성unité과 유사한 통일성이 있다는 것을 인정하지 않을 수 없다. 그것이 바로 운동만을 생각할 때, 즉 운동으로부터 이를테면 운동성mobilité을 추출할 때, 우리가 운동에 대해 가지는 관념이다. 이것을 납득하기 위해서는 갑자기 별똥별이 떨어지는 것을 보았을 때 사람들이 경험하는 것을 생각해 보는 것으로도 충분할 것이다. 극도로 빠른 그 운동 속에서는 우리에게 빛의 선의 형태로 나타나는 지나간 공간과, 운동 또는 운동성의 절대적으로 불가분적인 감각 사이의 분할이 저절로 일어난다.[81] 눈을 감고 행하는 빠른 동작은, 지나간 공간을 생각하

---

80) 처음 두 위치를 동질적 공간에서 종합한 다음, 그것과 새로운 위치를 다시 새로운 동질적 공간에서 종합하고…… 하는 방식으로 무한히 계속해야 한다.

81) 이것은 베르크손의 지속을 설명하는 가장 유명한 예 중의 하나이다. 별똥별이 지나가면서 남긴 잔영은 별똥별의 운동이 지나간 공간적 궤적이며, 별똥별의 운동 자체는 〈야, 별똥별이 지나갔구나〉 하고 감탄할 수는 있지만 말로 기술할 수는 없는 어떤 운동성 그 자체이다. 운동 자체는 이처럼 말로 표현될 수가 없고 단지 직접적으로 지각될 뿐이다.

지 않는 한, 순수한 질적 감각의 형태로 의식에 나타날 것이다.[82] 간단히 말해, 운동에는 구별해야 할 두 가지 요소가 있는 바, 지나간 공간과 그것을 지나가는 움직임acte, 이어지는 위치들과 그 위치들의 종합이 그것이다. 그 요소들 중 첫번째 것은 동질적인 양이며, 두번째 것은 우리의 의식 속에서만 실재성을 가진다. 그것을 질이라 하든 강도 intensité라 하든 원하는 대로이다. 그러나 여기서도 삼투압 현상, 즉 운동성의 순수하게 강도의 성격을 띤 intensive 감각과 지나간 공간의 외연적 extensive 표상 사이의 섞임이 일어난다.[83] 사실 한편으로 우리는, 사물은 나눌 수 있지만 움직임은 나눌 수 없다는 것을 잊고 운동에 그것이 지나간 공간의 가분성 자체를 귀속시킨다.——그리고 다른 한편으로 우리는 그 움직임 자체를 공간에 투사하고 운동체가 지나간 선을 따라 적용시키는 데에, 한 마디로 그것을 응고시키는 데에 익숙해 있다. 진행을 그렇게 공간 속에 위치시키는 것이 마치 과거와 현재

---

82) 또 하나의 좋은 예. 눈을 감고 팔을 움직이면 우리는 팔을 움직였다는 어떤 느낌을 가질 뿐이다. 그것이 그 운동의 순수한 운동성이다. 그러나 눈을 뜨면 아래에서 위로 올라가는 공간적 이동의 궤적만이 주로 눈에 들어온다. 이상의 두 예는 운동 자체와 운동의 궤적이 다름을 보여준다.

83) 여기서 〈intensité〉나 〈intensive〉라는 말은 〈강도〉나 〈강도의 성격을 띤〉이라고 번역되었지만 사실은 〈extensive〉에 대립된 것으로서 〈내포〉〈내포적인 것〉이라는 의미가 더 강하다. 바로 위 문장의 〈질이라 하든 강도라 하든〉이라는 말에서, 질과 동치되어 거의 같은 뜻으로 쓰일 수 있는 표현은 사실 〈강도〉라기보다는 〈내포〉이다. 다만 프랑스 어에는 내포를 의미하는 말로 따로 〈compréhension〉이라는 말이 있기 때문에 그렇게 번역하지는 못했다.

가 심지어 의식 밖에서도 공존한다는 것을 시인하는 것과 다르기라도 하다는 듯이!——우리의 의견으로는 운동과, 운동체가 지나간 공간 사이의 그러한 혼동으로부터 엘레아 학파의 궤변이 태어났다. 왜냐하면 두 점을 가르는 간격은 무한히 나눌 수 있으며, 운동이 그 간격 자체의 부분들과 같은 부분들로 이루어져 있다면, 그 간격은 결코 건널 수 없을 것이기 때문이다. 그러나 진실은 아킬레스의 발걸음 각각이 단순하고 나누어질 수 없는[84] 행위이며, 일정한 수만큼의 행위 후에 아킬레스는 거북을 지나갈 것이라는 것이다. 엘레아 학파의 착각은 일련의 불가분적이며 독자적인 sui generis 행위 acte를 그 밑에 놓인 동질적 공간과 동일시한 데에서 비롯된다. 그런 공간은 어떠한 법칙에 따라서도 분할되고 재구성될 수 있으므로, 그들은 아킬레스의 운동 전체를 아킬레스의 걸음이 아니라 거북의 걸음으로 재구성할 수 있다고 믿었다. 그들은 거북을 뒤쫓는 아킬레스 대신에 사실은 서로에 대

---

84) 운동의 불가분성은 우선 절대적 불가분성이 아니라, 일단 나누어지면 그 자체로 다른 운동이 되어 버린다는 의미에서의 불가분성이라고 봐야 한다. 절대적 불가분성은 완전한 일자 같은 것에서만 성립하기 때문이다. 그러나 어떤 의미에서는 운동성도 절대적 불가분성과 닿아 있다고도 말할 수 있는데, 운동에서 공간성을 다 빼면 완전히 불가분적인 것만 남고 그것만이 순수한 운동성이라 할 수 있기 때문이다. 그러나 실재의 운동성은 공간과 만나는 곳에서 성립하므로 무한대의 속도가 아니라면 그 나름의 가분성을 지니게 마련이다. 그것은 물론 양적 가분성이 아니라 이를테면 질적 가분성으로서 질적인 다수성과 마찬가지의 지위를 가진다고 생각하면 된다. 즉, 운동이 순간적으로 이루어지지는 않는다는 의미에서의 연속성이며 공간에서와 같이 자를 수 있다는 의미에서의 가분성은 아니다.

해 맞추어진 두 마리의 거북, 즉 절대로 서로 만날 수 없게 동일한 종류의 걸음이나 동시적 행위를 하도록 처단된 두 마리의 거북으로 대체해 놓는다. 아킬레스는 왜 거북을 지나가는가? 아킬레스의 각 걸음과 거북의 걸음은 운동인 한에서는 불가분적이며, 공간인 한에서는 다른 크기이기 때문이다. 그 결과 〔그러한 아킬레스의 걸음들을〕 더해 보면, 거북이 지나간 공간과 거북이 아킬레스보다 앞에서 출발한 길이의 합계보다 더 긴 길이가 아킬레스가 지나간 공간에 대해 곧바로 산출될 것이다. 공간만이 자의적인 해체와 재구성의 방식에 적합하다는 것을 잊고 그리하여 공간과 운동을 혼동하면서 제논이 아킬레스의 운동을 거북의 운동과 동일한 법칙에 따라 재구성할 때, 그가 전혀 고려하지 않은 것이 바로 이 점이다.[85] —— 우리는 따라서 우리 시대의 한 사색가의 섬세하고 심오한 분석 후에도,[86] 두 운동체의 만남이 실재적 운동과 상상된imaginé 운동, 공간 자체와 무한히 나뉠 수 있는 공간, 구체적 시간과 추상적 시간 사이의 차이écart를 내포한다는 것을

---

85) 즉, 제논이 운동과 그 운동이 지나간 공간을 혼동하여, 아킬레스와 거북 각각의 독자적이며 불가분적인 운동을 그들이 지나간 공간처럼 마음대로 자를 수 있다고 생각한 것이 잘못이라는 것이다. 운동의 운동성은 무한히 나누어지는 공간을 단번에 지나갈 수 있는 바로 그 행위 자체이므로, 공간을 아무리 무한히 나누어도 아킬레스는 단번에 지나가 버린다. 그렇기 때문에 제논의 역설을 들은 디오게네스가 직접 걸어 보였다는 것은 의미가 있는 반론이었다. 그 행위가 운동이란 바로 무한 분할 가능한 공간을 지나가는 이 단순하고도 불가분적인 행위임을 보여준다고 해석될 수 있는 한에서.

86) (원주) 에벌렝Evellin, 『무한과 양 *Infini et quantité*』, Paris, 1881.

받아들일 필요가 없다고 생각한다. 직접적인 직관이 운동은 지속 속에 있고, 지속은 공간 밖에 있다는 것을 보여주는데, 무엇 때문에 공간과 시간과 운동의 본성에 대한 형이상학적 가설—아무리 정밀하다 하더라도—에 의존해야 할 것인가? 구체적 공간의 가분성(可分性)에 대해 한계를 상정할 필요가 전혀 없다. 실제로 공간 속에 있는 두 운동체의 동시적 위치와, 연장성이기보다는 지속이며, 질이지 양이 아니기 때문에 공간을 차지할 수 없는 그들의 운동 사이의 구별을 확립하기만 하면, 공간을 무한히 나누어질 수 있는 것으로 남겨둘 수 있다. 우리가 곧 볼 것과 같이, 한 운동의 속도를 측정한다는 것은 단지 하나의 동시성을 긍정하는 것일 뿐이다. 그 속도를 계산 속에 도입한다는 것은 한 동시성을 예견하기 위해 편리한 수단을 사용하는 것이다. 따라서 수학이 주어진 순간에서의 아킬레스와 거북의 동시적 위치를 결정하려고 몰두하는 한, 또는 한 점 X에서의 두 운동체의 만남, 그 자체 동시성인 만남을 선험적으로 인정할 때, 수학은 자신의 역할에 머무는 것이다. 그러나 그 수학이 두 동시성의 간격 사이에서 일어나는 것을 재구성한다고 주장할 때에는 그 역할에서 벗어나는 것이다. 또는 적어도 그때마저 계속해서 동시성들을 생각하도록 숙명적으로 유도된다. 그 새로운 동시성들은 그 수가 무한히 증가하는데, 그렇기 때문에 그것은 부동성으로 운동을 만들 수도, 공간으로 시간을 만들 수도 없음을 알려줄 수밖에 없다.[87] 간단히

---

87) 이 문제에 대한 상세한 설명은 곧이어 나올 것이다. 수학이 아무리 두 시점 사이의 간격을 재구성하려고 해도 그 두 시점 사이에 또 다른 시점들, 즉 동시성들을 무수히 개입시킬 수 있을 뿐, 결코 간격 자체는 재구성할

말해, 지속 속에서는 지속하지 않는 것 이외에는, 즉 동시성들이 정렬되는 공간 이외에는 동질적인 것이 없는 것과 마찬가지로, 운동의 동질적 요소는 운동에 가장 적게 속하는 것, 즉 지나간 공간이며 다시 말해 부동성이다.[88]

그런데 바로 그런 이유 때문에, 과학은 시간과 운동의 본질적이고 질적인 요소—시간으로부터는 지속, 운동으로부터는 운동성—를 우선 제거한다는 조건에서만 그것들에 대해 작업한다. 그 점에 대해서는 천문학과 역학에서 시간, 운동, 속도에 대해 고려한다는 것의 역할이 무엇인지를 고찰해 보면 어렵잖게 납득할 수 있을 것이다.

역학의 개설서들은 지속 자체가 아니라 두 지속의 크기가 같음 égalité을 정의할 것이라고 예고하는 성의를 보인다. 그들에 따르면, 〈시간의 두 간격이 같은 크기인 것은 그 각 간격의 출발점에서 동일한 상황에 놓인 동일한 두 물체가 모든 종류의 동일한 작용과 영향을 받은 후 그 간격의 끝에서 동일한 공간을 통과했을 때이다〉. 다른 말로 하면, 우리는 운동이 시작하는 바로 그 순간, 즉 외부의 변화와 우리 심리상태 중 하나 사이의 동시성을 점찍어 둔 다음, 운동이 끝나는 순간, 즉 또 하나의 동시성을 점찍어 두고 마지막으로 통과한 공간을 측정하리라는 것이다. 그것은 실제로 측정할 수 있는 유일한 것이다. 따라서 여기서 문제가 되는

수 없다는 말이다.
[88] 이상의 논의는 운동 자체와 운동이 지나간 공간을 혼동하지 말 것을 주장하는 이 책의 핵심 부분이다. 논의 자체는 더 이상의 설명이 필요 없이 명확하다.

것은 지속이 아니라 단지 공간과 동시성일 뿐이다. 일정한 시간 t의 끝에서 한 현상이 일어날 것이라 예고하는 것은 의식이 지금부터 그때까지 어떤 종류의 동시성을 수 t만큼 점찍을 것이라고 말하는 것이다. 그리고 우리는 〈지금부터 그때까지〉라는 용어에 환상을 가져서는 안 될 것이다. 왜냐하면 지속의 간격은 오직 우리에게만 그리고 우리 의식상태의 상호 침투 때문에 존재하는 것이기 때문이다. 우리의 외부에서는 공간, 따라서 동시성들밖에 발견할 수 없을 것이다. 그 동시성들에 대해서는 객관적으로 계기한다고조차 말할 수 없는데, 모든 계기는 현재와 과거의 비교에 의해 사유될 수 있기 때문이다.——과학의 관점에서 지속의 간격 자체는 중요하지 않다는 것을 잘 증명하는 것은, 우주의 모든 운동들이 두 배, 세 배 더 빨리 이루어지더라도 우리의 공식이나 거기에 들어갈 수(數)에는 아무 수정도 가할 필요가 없다는 것이다.[89] 의식은 그러한 변화에 대하여 정의 불가능하며 이를테면 질적인 인상을 갖게 될 것이나, 공간에서는 여전히 동일한 수의 동시성이 일어날 것이므로 그 변화는 의식 밖에서는 나타나지 않을 것이다. 천문학자가 가령 일식을 예견할 때 바로 그런 종류의 작업에 처하게 된다는 것을 나중에 보게 될 것이다.[90] 다시 말해 그는 과학에는 중요치 않은 지속의 간격들을 무한히 축소시켜서, 그 간격을 살지 않을 수 없는 구체적 의식에게는 수세기를 차지할 동시성들의 연속을 매우 짧은 시간—기껏해야 몇 초—에 파악

---

89) 이것은 과학에서 고려하는 시간이 진정한 시간이 아님을 보여주는 가장 중요한 예이다.

90) 240쪽 이하.

한다.

 속도의 개념을 직접적으로 분석해 보면 동일한 결론에 도달할 것이다. 역학은 그 계보를 어렵잖게 되짚어 볼 수 있는 일련의 관념들을 매개로 하여 속도라는 개념을 얻었다. 먼저 한편으로는 한 운동체의 궤적 AB를 그리고 다른 한편으로는 동일한 조건에서 무한히 반복되는 한 물리적 현상, 가령 항상 동일한 높이에서 동일한 장소로 떨어지는 돌의 낙하를 표상함으로써 등속운동의 관념을 구성한다. 궤적 AB 위에 돌이 땅에 닿기까지의 각 순간들에 운동체가 지나가는 점들 M, N, P……를 찍고 간격 AM, MN, NP……가 서로 같은 크기라고 인정된다면, 운동은 등속이라고 할 수 있다. 그리고 비교항으로 선택한 물리적 현상을 지속의 단위로 채택할 것에 동의하기만 한다면, 어느 것이든 그 간격들 중 하나를 운동체의 속도라 부를 것이다. 따라서 등속운동의 속도가 공간과 동시성 이외의 어떤 개념에 호소하지 않고도 정의되는 것이다.——가속운동이 남는데, 그것은 요소 AM, MN, NP……가 서로 다르다고 인정되는 운동이다. 점 M에서의 운동체 A의 속도를 정의하기 위해서는 모두 등속으로 움직이는 무한수의 운동체 A_1, A_2, A_3……를, 그들의 속도 v_1, v_2, v_3……가 가령 증가하는 순서로 배열되어 모든 가능한 크기에 대응한다고 상상하는 것으로 충분하다. 이제 운동체 A의 궤적 위에 점 M의 양쪽에 위치하는 매우 가까운 두 점 M′와 M″를 생각하자. 그 운동체가 점들 M′, M, M″에 도달함과 동시에 다른 운동체들은 그들 자신의 각 궤적에서 점들 $M'_1 M_1 M''_1$, $M'_2 M_2 M''_2$…… 등에 이른다. 그리고 한편으로는 $M'M = M'_h M_h$이며 다른 한편으로는 $MM'' = M_p M''_p$

인 두 개의 운동체 A_h, A_p가 반드시 존재한다. 그렇다면 점 M에서의 운동체 A의 속도는 v_h와 v_p 사이에 포함되어 있다고 말하는 것이 적합할 것이다. 그러나 점 M'과 M"가 점 M에 더욱 가깝다는 가정을 방해할 것은 아무것도 없으며, 그렇다면 이제 속도 v_h와 v_p를 하나는 v_h보다 크고 다른 하나는 v_p보다 작은 새로운 속도 v_j와 v_n으로 대체해야 한다고 생각한다. 그리고 두 간격 M'M과 MM"를 감소시킴에 따라, 대응하는 두 등속운동의 속도 사이의 차이도 또한 감소할 것이다. 그런데 두 간격은 영으로까지 감소할 수 있으므로 v_j와 v_n 사이에 어떤 속도 v_m이 있어서, 한편으로는 v_h, v_j ……와, 다른 한편으로는 v_p, v_n……와 그 속도 사이의 차이가 모든 주어진 양보다 더 적게 될 수 있는 경우가 분명히 존재한다. 그 공통한계 v_m이 바로 점 M에서의 운동체 A의 속도라 불릴 것이다.[91]——그런데 그러한 가속운동의 분석에서도 등속운동의 경우와 마찬가지로 일단 지나간 공간과 일단 도달된 동시적 위치들만이 문제이다. 그렇기 때문에 우리가 역학이 시간으로부터 동시성만을 취한다면 운동 자체로부터는 부동성만을 취할 뿐이라고 말한 것은 근거가 있는 일이었다.[92]

---

91) 지금까지의 긴 설명은 매우 복잡하지만 결국 가속운동도 동시성에 의해 정의된다는 것을 보인 것이다. 가속운동은 각각 다른 속도로 등속운동하는 여러 운동체를 속도의 크기대로 일렬로 배열했을 때 그것들 중 답을 얻으려는 어느 한 운동에 무한히 접근하는 두 운동의 한계로 분석될 수 있으므로 결국 등속운동으로 환원되며, 그것은 다시 동시성으로 환원된다는 것이다.

92) 역학은 결국 진정한 시간이 아니라 어떤 사건이 일어나는 시점, 즉 의식과 사건 사이의 동시성만을 취하고, 운동 그 자체가 아니라 운동이 끝난

역학은 반드시 방정식 위에서 작업하며 하나의 대수적 방정식은 항상 하나의 완성된 사실을 표현한다는 것을 알아차렸다면 그런 결과를 예견할 수 있었을 것이다. 그런데 끊임없이 형성되는 도중에 있다는 것이 우리 의식에 나타나는 대로의 지속과 운동의 본질 자체이다. 따라서 대수학은 지속의 어떤 한 순간에서 얻은 결과들과 어느 운동체가 취하는 공간에서의 위치들을 번역할 수는 있을지언정, 지속과 운동 자체는 번역할 수 없을 것이다. 고려되는 동시성과 위치들의 수를 끌어대도 소용없을 것이다. 그것이 매우 작은 간격 사이에서의 동시성과 위치라 가정하더라도.[93] 그러한 지속의 간격들의 수를 무한히 증가시킬 수 있는 가능성을 표시하기 위해 차이의 개념을 미분의 개념으로 대치시킨다 하더라도 아무 소용없을 것이다. 아무리 작은 것을 생각한다 하더라도 수학이 자리잡는 곳은 항상 그 간격의 끝이다. 한 마디로 간격 그 자체, 즉 지속과 운동은 필연적으로 방정식 밖에 남아 있다. 그것은 지속과 운동이 정신적 종합synthèses mentales이지 사물choses이 아니기 때문이며, 또 운동체가 한 선분의 점들을 차례로 점한다 하더라도 운동은 그 선분 자체와는 아무런 공통점이 없기 때문이다.[94] 그리고 마지막으로 운동체가 점하는 위치들이

뒤의 공간적 위치만을 취하며, 그것이 바로 부동성이다. 역학은 따라서 시간과 운동의 본질은 **빼**고 공간과 닿아 있는 측면만을 취한다.
93) 위의 주 87)에서 이미 암시된 것이 여기서 설명된다. 아무리 많은 수의 위치나 동시성을 고려한다 해도 그리고 그것들의 간격이 아무리 좁다 해도, 결국은 동시성과 위치일 뿐이지, 그것들에 의해 진정한 운동이나 시간이 계산되거나 재구성될 수는 없다는 것.
94) 운동은 분명 선분 위에서 그 점들을 지나가며 일어나지만, 그럼에도 불

지속의 각 순간들과 함께 변한다 할지라도, 그리고 그 운동체가 오직 다른 위치를 점한다는 그 사실 자체만으로 [지속의] 구별되는 각 순간들이 만들어진다 하더라도,[95] 고유한 의미에서의 지속은 본질적으로 스스로에 대해 이질적이며 구별되지 않으며 indistincte 수와는 아무런 유사점이 없으므로 서로에 대해 동일한 순간들도 외적인 순간들도 가지지 않기 때문이다.

이러한 분석으로부터 나오는 결과는 공간만이 동질적이고, 공간에 위치한 사물들은 구별되는 distincte 다수성을 이루며 모든 구별되는 다수성은 공간에서의 전개를 통해 얻을 수 있다는 것이다. 마찬가지로, 공간에는 의식이 그 말들에 대해 취하는 의미에서의 지속도 계기도 없다는 결과가 나온다. 즉, 계기적이라 불리는 외부세계의 상태들 각각만이 존재할 뿐이며, 그 상태들의 다수성이 실재성을 가지는 것은 우선 그것들을 보존하고 다음으로 그것들을 서로에 대해 밖에 있도록 하여 병치시킬 수 있는 의식에 대해서만이다. 의식이 그것들을 보존한다면, 그것은 그 다양한 외부세계의 상태들이, 상호 침투하며 모르는 사이에 전체가 조직화되고 그러한 연대성 자체의 결과로 과거를 현재에 연결하는 의식의 사실들에 그러한 여지를 주었기 때문이다.[96] [또] 의식

구하고 그 선분과 운동 자체는 완전히 구별된다.
95) 운동체의 위치는 분명히 시간이 지남에 따라 그 시간과 함께 변하며, 운동체가 다른 위치를 점한다는 바로 그 사실 자체에 의해 지속의 각 순간도 다른 순간으로 자리매김될 수 있다 하더라도, 본래의 지속은 그런 점들도, 다른 순간들도 아니다.
96) 〈여지를 주다 donner lieu à〉라는 것은 그러한 기회나 이유, 또는 근거를 준다는 것으로, 여기서는 외부상태들이 의식적 사실에 그 내용을 제공하

이 그것들을 서로에 대해 밖에 있도록 한다면, 그것은 의식이 다음으로 그들의 근본적인 구별(하나가 나타날 때, 다른 것은 존재하기를 멈춘다)을 생각하면서 그것들을 구별되는 다수성의 형태로 보았기 때문이다. 그것은 곧 그들 각각이 따로 떨어져서 존재했던 공간에 그것들 전체를 배열하는 것과 같다. 그런 용도로 사용되는 공간이 바로 동질적 시간이라 불리는 것이다.[97]

그러나 그러한 분석으로부터 다른 결론이 하나 전개되어 나온다. 그것은, 즉 의식의 상태들의 다수성은, 그 가장 원천적인 순수성에서 생각되었을 때, 수를 형성하는 구별되는 다수성 multiplicité distincte과는 아무런 유사성도 나타내지 않는다는 것이다. 우리가 이미 말한 것처럼 거기에는 질적 다수성 multiplicité qualitative이 있을 것이다. 간단히 말해, 두 종류의 다수성을 인정해야 할 것이다. 즉, 구별한다 distinguer는 말의 가능한 두 의미, 즉 **같은 것** le même과 **다른 것** l'autre 사이의 차이에 대한 두 견해 conception,[98] 하나는 질적이며 하나는 양적인 두 견해를 인

여 그것을 보존하게 했다는 뜻이다.
97) 여기서 하려는 말은, 공간 자체는 의식의 지속과는 완전히 다른 성격을 가지지만, 각각 다른 외부 현상들을 계기적인 것으로 보고 그것을 공간에 배열한 것은 의식의 행위라는 것이다. 그러한 공간이 바로 동질적 시간이며, 그것은 비록 외부 현상의 영향을 받은 것이지만, 역시 의식이 구성한 공간이다.
98) 〈구별한다〉는 것은 같은 것은 같은 것으로 다른 것은 다른 것으로 그 차이를 보는 것이다. 그러므로 여기서 〈같은 것과 다른 것 사이의 차이〉란 〈구별하다〉는 말을 다른 말로 설명한 것이다. 문제는 왜 〈같은 것〉과 〈다른 것〉을 고딕체로 강조했느냐 하는 것인데, 그것은 우리 언어의 특성상

정해야 한다. 때로는 그러한 다수성, 구별, 이질성이 아리스토텔레스의 표현처럼 가능적으로밖에는 수를 포함하지 않을 경우가 있으며, 그것은 의식이 행하는 질적인 구별이 그 질들을 센다거나 심지어 그것들을 여럿으로 보려는 저의조차 없이 이루어지기 때문이다. 그때는 분명 양이 없는 다수성이 존재한다. 때로는 반대로 세거나 셀 수 있는 것으로 생각되는 항들의 다수성이 문제가 될 경우가 있다. 그러나 그때 사람들은 그것들을 서로에 대해서 밖에 놓을 수 있는 가능성을 생각하며, 그것들을 공간 속에 펼쳐 놓는다. 불행하게도 우리는 동일한 말의 그 두 의미 중 하나를 다른 것으로 설명하고 심지어 하나를 다른 것 안에서 보는 데 너무도 익숙해 있기 때문에, 그것들을 구별하거나 최소한 그러한 구별을 언어로 표현하는 데에 믿기 힘들 정도의 어려움을 느낀다. 그리하여 여러 의식의 상태들은 서로 유기적으로 조직화하고 상호 침투하며 점점 더 풍요해질 뿐 아니라, 그렇게 하여 공간을 모르는 자아에게 순수 지속의 느낌을 줄 수 있으리라고 말했지만, 이미 〈여럿〉이라는 말을 사용하기 위해 우리는 그 상태들을 서로로부터 고립시키고, 서로에 대해 밖에 있도록 했으며, 한 마

〈같은 것〉은 이미 항상 〈무엇과 같은 것〉이며 〈다른 것〉은 이미 항상 〈무엇과 다른 것〉이므로, 그 말 속에 벌써 두 사물이 확연히 구별된다는 공간적 표상이 들어가 있기 때문이다. 동일성과 차이성 자체가 사물을 확연히(공간적으로) 구획하는 가장 기본적인 개념틀이기 때문에, 그 자체가 여기서 나누려는 〈구별한다〉는 말의 두 개념 중의 어느 한쪽(양적인 구별) 편을 들고 있는 상황을 주목시키기 위해 강조 표시를 한 것이다. 그것은 바로 다음에 나오는 〈여럿〉에 관해서도 마찬가지이다. 〈여럿〉이라 하면 우리는 먼저 수적인 표상을 하게 마련이기 때문이다.

디로 그것들을 병치시켰다. 그리고 이와 같이 우리가 의존하지 않을 수 없었던 표현 자체에 의해, 우리는 시간을 공간 속에 펼쳐 놓는다는 뿌리 깊은 습관을 노정했던 것이다. 그러한 펼침을 아직 전혀 행하지 않았을 영혼의 상태를 번역하도록 되어 있는 항들을 우리는 필연적으로 일단 행해진 그러한 펼침의 이미지에서 빌려오는 것이다. 그 항들은 따라서 원죄로 얼룩져 있으며, 수나 공간과 관계 없는 다수성의 표상은, 스스로에게로 되돌아와서 몰두하는 사유에서는 분명할지언정,[99] 상식의 언어로는 번역될 수 없을 것이다. 그러나 우리는 우리가 질적 다수성이라 부르던 것을 병행하여 고려하지 않고는 구별되는 다수성이라는 관념 자체를 형성할 수 없다. 우리가 단위들을 공간 속에 도열케 하여 그것들을 셀 때, 동일한 항들이 동질적 배경 위에 그려지는 덧셈의 한쪽에는, 그 단위들 상호간의 유기적 조직화가 영혼의 깊은 곳에서 계속되고 있지 않은가? 감각을 가진 모루가 증가하는 수의 망치의 두드림에 대해 가질 순수 질적인 표상과 상당히 유사한 매우 동적인 과정이 계속되고 있지 않은가?[100] 이러한 의미에서 대체로 일상적 용도의 수들은 각각 그들의 감정적 등가물을 가진다

---

99) 〈스스로에게 돌아와 몰두하는 사유〉는 외부 공간성의 영향을 받아들이지 않고 스스로의 고유한 지속적 존재 방식에 충실한 사유를 말한다.
100) 수가 아무리 단위들의 집합이라 하더라도 그것이 단순한 집합이 아니라 하나의 수를 형성하는 이상, 나름의 통일성을 가진다. 그 통일성의 원천이 다름 아닌 지속 자체이며, 그것이 양이 가지는 질적 요소이다. 그것은 마치 모루가 감각을 가졌다고 가정할 때, 그 위에 가해지는 망치의 두드림에 대해 모루가 가질 모종의 느낌(그것은 두드림의 수와는 다르다)과 같다.

고 말할 수 있을 것이다. 상인들은 그것을 잘 안다. 그래서 그들은 딱 떨어지는 수로 물건값을 매기는 대신, 그 바로 밑의 수치를 써놓고는 충분한 수의 전(錢, centimes)을 덧붙인다.[101] 요약컨대, 우리가 단위를 세며 구별되는 다수성을 형성하는 과정은 이중적 측면을 나타낸다. 즉 한편으로는 단위들을 동일하다고 가정하는데, 그것은 단위들이 동질적 공간에 도열한다는 조건에서만 생각될 수 있다. 그러나 다른 한편으로는 가령 세번째 단위가 다른 두 단위에 더해지면서 그 본성, 즉 외양을 변하게 하며 그것은 마치 전체의 리듬과 같다. 그러한 상호 침투와 이를테면 질적인 진전 progrès 없이는 어떠한 덧셈도 불가능할 것이다.[102]——우리가 질 없는 양의 관념을 형성하는 것은 따라서 양의 질 덕분이다.[103]

---

101) 가격표를 가령 100프랑이라 붙이는 것보다 99프랑 99쌍띰으로 붙이는 것이 더 싸 보인다.
102) 〈본성 nature〉을 〈외양 aspect〉과 같이 놓은 것은 플라톤적 사유이다. 플라톤의 〈형상 idea〉은 사물의 본성이자 그것의 모습이다. 〈idea〉라는 말 자체가 질을 나타내는 동시에 〈보여진 것〉, 즉 〈외관〉을 의미한다. 여기서는 수에 관한 논의이기 때문에 플라톤적 사유가 가장 잘 들어맞는 곳이며, 따라서 베르크손도 주저 없이 거기에 의존하고 있다. 위의 주 100)에서와 같이 수도 나름의 통일성을 가지며, 그런 한에서 그 모습이, 즉 질적인 성격이 달라진다. 그것을 베르크손은 여기서 〈전체의 리듬〉과 같다고 표현한다. 그러한 질적 통합, 즉 〈상호 침투〉와 〈질적 진전〉이 없으면, 각각 낱낱이 흩어진 단위들만 있을 뿐이지 덧셈은 없다.
103) 이미 양 속에 질이 들어 있다. 양은 펼쳐진 공간, 즉 연장성 속에서 성립하는 것이지만, 하나의 양으로서 끊어진 것, 즉 한계를 가지는 것이므로 그런 한에서 질적인 요소를 가지지 않을 수 없다. 이처럼 모든 것은 섞여 있게 마련이며, 베르크손은 다만 그렇게 섞여 있는 것을 하나하나 분

이제 상징적 표상이 아니라면 우리 의식에게 시간은 결코 동질적 장소, 즉 계기의 항들이 서로에 대해 밖에 있는 동질적 장소라는 모습을 띠지 않을 것임이 명백해졌다. 그러나 우리가 자연스럽게 그런 상징적 표상에 이르게 되는 것은 동일한 항들의 연쇄 속에서 각 항은 우리 의식에게 이중적 측면을 가진다는 오직 그 사실에 의해서이다. 그 하나는 항상 자기자신과 동일하다는 것인데, 그것은 우리가 외부대상의 동일성을 생각하기 때문이며, 다른 하나는 특수하다spécifique는 것인데, 그것은 그 항을 더함으로써 전체의 새로운 조직화가 이루어지기 때문이다.[104] 거기서부터 우리가 질적 다수성이라 부르던 것을 수적 다수성의 형태로 공간에 펼쳐 놓고, 하나를 다른 것의 등가물이라 간주할 수 있는 가능성이 나온다. 그런데 그러한 이중적 과정이 우리에게 운동[105]이라는 형태를 띠는, 그 자체로는 인식할 수 없는[106] 외부 현상의 지각에서만큼 쉽게 이루어지는 곳은 없다. 여기서 우리는 분명 서로 동일한 항들의 연쇄를 가지게 되는 바, 그것이 항상 동일한 운동체[의 운동]이기 때문이다. 그러나 다른 한편, 현재의 위치와

석하고 있는 중이다.
104) 위에서 살펴본 양의 질적 요소와 마찬가지로, 자기동일성과 통일성(여기서는 특수성이라 했다)을 동시에 가짐으로써 의식의 사실들이 각각 구별되는 독립적 항으로 인지된다.
105) 여기서는 특히 공간운동.
106) 운동 자체는 항상 우리 인식을 벗어나는 것이다. 완전히 운동만 있다면 우리는 아무것도 인식할 수 없다. 뭐가 뭔지 분간이 가지 않기 때문이다. 운동을 운동으로서 인지하는 것도 운동의 무엇인가가 고정적인 면을 포착했기 때문이다. 비록 그것이 운동성 자체라 하더라도.

우리의 기억이 이전의 위치라 부르는 것 사이에 우리 의식이 행하는 종합은 그 상들images이 이를테면 서로서로에 스며들고 보충하며, 연속되게 한다. 따라서 지속이 동질적 장소의 형태를 띠고 시간이 공간에 투사되는 것은 특히 운동을 매개로 해서이다.[107] 그러나 운동이 없었다 하더라도, 잘 정해진 외부 현상의 모든 반복은 의식에 마찬가지의 표상방식을 암시했을 것이다. 그리하여 우리가 일련의 망치 두드리는 소리를 들을 때, 그 소리들은 순수 감각인 한에서 불가분적인 선율을 이루며, 또한 우리가 동적인 진행progrès dynamique이라 부른 것을 일으킨다. 그러나 동일한 객관적 원인이 작용하고 있다는 것을 아는 우리는 그러한 진보를 마디마디로 잘라서 그 각각을 이제는 동일한 것으로 생각한다. 그리고 그런 동일한 항들의 다수성은 공간에서의 전개에 의하지 않고는 더 이상 생각될 수 없으므로, 우리는 또한 필연적으로 실재 지속의 상징적 상(像)인 동질적 시간이라는 관념에 도달하게 된다. 한 마디로, 우리의 자아는 그 표면으로 외부세계에 접촉한다.[108] 계속되는 우리의 감각들은 비록 서로가 서로를 기반

---

107) 위에서 설명된 바와 같이 운동은 의식과 외부세계, 지속과 공간이 접하는 곳에서 성립하므로, 양자 사이의 삼투압이 가장 잘 이루어져서 양쪽 영역을 혼동하기에 가장 쉬운 현상이다.

108) 자아의 표면은 공간과 접하는 곳이며, 동질적 시간은 바로 거기서 성립한다. 한 가지 주의할 것은 여기서 베르크손이 말하는 자아의 표면은 단순히 비유적 표현이 아니라는 점이다. 우리의 자아는 이미 밖에 나가 있으며, 그 표면에서 물질 세계, 즉 외부 대상을 만지고 있다. 즉, 거기에 접해 있다. 그렇지 않고는 자아의 〈초월의 문제〉를 해결할 도리가 없다.

으로 한 것이지만[109] 그것들의 원인을 객관적으로 특징짓는 상호 외재성으로부터 뭔가를 취하고 있다. 그리고 그렇기 때문에 표면에서의 우리의 심리적 삶은 동질적 장소에서 전개되고 있으며, 그러한 표상방식은 우리에게 큰 노력을 요구하지 않는다. 그러나 그러한 표상의 상징적 성격[110]은 우리 의식의 심부로 파고들어가면 갈수록 점점 더 뚜렷해진다. 느끼고 열정을 발하며, 숙고하고, 결정하는 내적 자아는 그 상태와 변화가 은밀히 상호 침투하며 그것들을 공간에 펼쳐 놓기 위해 서로로부터 분리하자마자 심대한 변화를 겪는 어떤 힘force이다. 그러나 그처럼 더욱 깊은 자아는 표면적 자아와 오직 하나의 동일한 인격을 형성하고 있기 때문에 그들은 어쩔 수 없이 동일한 방식으로 지속하는 것처럼 보인다. 반복되는 하나의 동일한 객관적 현상을 일정하게 표상함으로써 표면의 심리적 삶이 서로서로 외재적인 부분들로 잘라지기 때문에, 그렇게 정해진 순간들moments이 이번에는 더 개인적인 personnels 의식상태들의 불가분적이며 동적인 진행 속에서 구별되는 부분들을 결정한다. 바로 그렇게 하여, 동질적 공간에서의 병치가 물질적 대상들에 확보해 주는 상호 외재성이 의식의 깊은 곳까지 울려 퍼져들어가는 것이다. 우리의 감각들은 그들을 낳은 외부 원인들처럼 그리고 감정이나 관념들은 또 그와 동시적인 감각들처럼, 조금씩 서로로부터 떨어져 나간다.[111]——지속에

---

109) 즉, 상호 침투하고 있지만.
110) 베르크손에서 〈상징적〉이란 〈실재적〉에 대립되는 말임을 다시 한 번 상기하자.
111) 지금까지의 논의는 외부세계의 상호 외재성이 우리의 감각을 상호 외재

대한 우리의 일반적 관념이 순수 의식의 영역으로의 공간의 점진적 침투에 기인한다는 것을 잘 보여주는 것은, 자아로부터 동질적 시간을 지각하는 능력을 제거하기 위해서는 자아가 표준시계로 이용하는 심리적 사실들의 보다 더 표면적인 층을 떼내는 것으로 충분하다는 사실이다.[112] 꿈이 우리를 바로 그런 조건하에 놓는다. 왜냐하면 잠은 유기적 기능들의 작동을 늦춤으로써 자아와 외부 사물들 사이의 교통의 표면을 완전히 변형시키기 때문이다.[113] 우리는 그때 지속을 더 이상 측정하는 것이 아니라, [단지] 느낀다. 지속은 양으로부터 질의 상태로 되돌아온다. 흘러간 시간의 산술적 평가가 더 이상 이루어지지 않는다. 그것은 어떤 혼동된 본능에 자리를 내주고, 그 본능은 모든 본능들처럼 터무니없는 착오를 저지를 수도 있고, 때로는 믿을 수 없을 정도로 확실

화하고, 그렇게 이루어진 감각의 상호 외재성이 그것에 대한 관념이나 그것에 의한 감정들을 또 상호 외재화하고…… 하는 방식으로 점점 의식의 심부에까지 영향을 미치는 과정을 설명하고 있다. 결론 부분에서 논의될 것처럼, 칸트 이후 베르크손 이전까지 우리 주관의 형식이 외부세계를 구성한다는 이론이 철학과 심리학의 주조를 이루었다면, 베르크손은 그것을 뒤집어 오히려 외부세계의 존재방식이 우리 자신의 심리현상을 보는 데에 영향을 미쳤다는 데에 착안한다. 그리하여 그런 외적인 영향의 껍질을 제거하고 순수한 우리의 내적 상태를 보면 그것이 순수 지속임이 드러난다.

112) 그러니까 공간성의 영향을 받은 의식의 표면층을 제거해 버리면, 다시 원래의 질적인 상태를 회복하게 되며, 그것은 공간성이 표면으로부터 침투해 들어온 것임을 반증한다는 것.
113) 베르크손에게 꿈은 〈생으로의 주의〉의 이완이다. 즉 의식이 세계와 만나는 표면에서의 긴장이 풀어지는 것이다.

하게 일을 처리할 수도 있다. [사실은] 깨어 있는 상태에서도 일상적 경험으로부터 우리는, 의식이 직접적으로 도달하는 것, 즉 아마도 동물은 지각하고 있을 지속-질durée-qualité[114]과 말하자면 물질화된matérialisé 시간을,[115] 즉 공간에서 전개됨으로써 양이 된 시간을 구별하는 법을 배우고 있음에 틀림없을 것이다. 내가 이 글을 쓰고 있는 순간, 주위의 시계가 시간을 알리는 종을 친다. 그러나 다른 데 주의를 기울이고 있던 내 귀는 종소리가 이미 여러 번 친 다음에야 그것을 알아차린다. 따라서 나는 그것을 세지 않았다. 그러나 그럼에도 불구하고 어떤 회고적 주의의 노력만으로도 나는 충분히 이미 울린 네 번의 종소리를 계산하여 내가 들은 종소리의 수에 더할 수 있다. 내 자신을 회복하면서 이제 방금 무엇이 일어났는지를 주의 깊게 자문해 보면, 나는 처음 네 번의 종소리가 내 귀를 쳤고 나의 의식을 감동시키기까지 했으나[116] 그 각각이 일으킨 감각이 병치되는 대신 서로가 서로에 녹아들어서 전체에 고유한 모습을 부여하고 그 전체를 일종의 음악적 소절로 만들었음을 알아차린다. [방금] 나는 울린 소리의 수를 회고적으로 세어보기 위해 생각 속에서 그 소절을 재구성하려고 시도했다. 상상 속에서 한 번, 두 번, 세 번, 차례로 쳤을 때, 정확히 네 번에 도달하지 않는 한, 질문을 받은 감성sensibilité[117]은

---

114) 〈지속-질durée-qualité〉은 질로서의 지속, 질적 지속을 의미한다.
115) 공간화된 시간과 같은 표현이다. MM 이전이지만 지속의 대립물로 물질을 생각하고 있음을 알 수 있다.
116) 이때 〈감동〉했다는 것은 훌륭한 예술 작품을 보았을 때처럼 감동했다는 뜻이 아니라 가볍게나마 어떤 감정적 느낌을 받았다는 뜻.
117) 여기서는 우리의 영혼 중 느낌을 느끼는 능력을 말한다.

전체적인 효과가 질적으로 다르다고 대답했다. 감성은 따라서 울린 네 번의 종소리의 연쇄를 자기 나름의 방식으로 듣긴 했으나, 더하기와는 전혀 다른 방식으로, 구별되는 항들의 병치라는 상을 전혀 개입시키지 않고 한 것이었다. 간단히 말해 울린 소리의 수는 질로서 지각되었지 양으로서 지각된 것이 아니었다. 지속은 이처럼 직접적 의식에 나타나며, 연장성으로부터 끌어낸 상징적 표상에 자리를 양보하지 않는 한, 그런 형태를 보존한다.――그러므로 결론적으로 다수성의 두 형태, 즉 지속의 매우 다른 두 평가, 즉 의식적 삶의 두 측면을 구별하자. 주의 깊은 심리학은 동질적 지속, 즉 진정한 지속의 외연적 상징 아래에서 그 이질적 순간들이 상호 침투하는 지속을 분간해 낸다. 의식의 상태들의 수적 다수성 아래에서 질적 다수성을, 잘 결정된 상태들로 이루어진 자아 아래에서 계기 succession가 융합과 유기적 조직 organization을 함축하는 자아를 분간해 낸다. 그러나 우리는 대부분 첫 번째의 것, 즉 동질적 공간에 투사된 자아의 그림자에 만족한다. 채워지지 않을 구별의 욕망[118]에 뒤틀려 의식은 실재를 상징으로 대체시키거나 또는 상징을 통해서만 실재를 본다. 이렇게 굴절되고 또 바로 그 사실 자체에 의해 재분열된 자아가 일반적으로는 사회적 삶의 요구에 그리고 특수하게는 언어의 요구에 무한히 더 잘 부응하기 때문에, 의식은 그러한 자아를 선호하고, 근본적 자아는 점점 시야로부터 잃어버린다.

변질되지 않은 의식이라면 볼지도 모를 그러한 근본적 자아를

---

[118] 사물을 하나하나 구별해서 보려는 욕망.

다시 찾기 위해서는 엄밀한 분석적 노력이 필요하며, 그에 의해 내적이며 살아 있는 심리적 사실들을, 우선 굴절되어 있으며 다음으로 동질적 공간에 응고된 그것들의 이미지로부터 떼낼 것이다. 다른 말로 하면, 우리의 지각과 감각, 감정, 관념들은 이중적 모습으로 나타난다. 하나는 명료하고 정확하지만 비인격적이다. 다른 하나는 혼동되고, 한없이 움직이며 표현할 수 없다. 그것은, 언어가 그 운동성을 고정하지 않고는 그것을 파악할 수 없으며, 공통의 영역으로 떨어지게 하지 않고는 그것을 자신의 진부한 형태로à sa forme banale[119] 포섭할 수 없기 때문이다. 우리가 다수성의 두 가지 형태, 즉 지속의 두 가지 형태를 구분하기에 이른다면, 따로따로 취해진 의식의 사실들 각각은 구별되는 다수성 속에서 생각되었느냐 혼동된 다수성 속에서 생각되었느냐에 따라, 즉 그것이 일어나는 시간-질 속에서 생각되었느냐 그것이 투사된 시간-양 속에서 생각되었느냐에 따라 다른 모습을 띠어야 할 것임은 분명하다.[120]

가령 내가 〔앞으로〕 살 도시를 처음으로 산책할 때, 나를 둘러싸고 있는 사물들은 나에게, 지속할 수밖에 없는 운명을 지닌 인상과 끊임없이 수정될 인상을 동시에 불러일으킨다.[121] 나는 매일

---

119) 언어는 누구나 공통적으로 사용하며, 순간순간마다 모두 고유하게 다른 것이 아니라 기존의 일정한 표현의 틀이 있기 때문에 그런 의미에서 〈진부하다〉고 할 수 있다.
120) 시간-질은 질적인 시간, 시간-양은 양적인 시간.
121) 의식의 모든 순간은 매순간 질적으로 다르다. 그것의 기억은 〈끊임없이 수정될〉 기억이다. 그러나 가령 길모퉁이의 어느 집이라고 의식의 지도

같은 집들을 보며, 또 그것들이 동일한 대상이라는 것을 알기에 그것들을 끊임없이 동일한 이름으로 부르고, 항상 동일한 방식으로 나에게 나타난다고 생각한다. 그러나 상당히 긴 시간이 지난 후 처음 몇 해 동안 느낀 인상을 돌이켜 보면, 그 속에서 일어난 독특하며 설명할 수 없고, 특히 표현할 길 없는 변화에 놀란다.[122] 내가 계속 지각했고 나의 정신 속에서 끊임없이 그려지던 그 대상들이 결국에는 나로부터 나의 의식적 존재의 무엇인가를 빌린 것으로 보인다. 나처럼 그것들도 살았고, 나처럼 그것들도 늙었다. 그것은 순전한 환상이 아니다. 왜냐하면 오늘의 인상이 어제의 인상과 완전히 같다면, 지각과 재인, 배움과 기억 사이에 무슨 차이가 있겠는가? 그러나 그러한 차이는 우리들 대부분의 주의를 벗어난다. 누군가가 그것을 알려주고 그제서야 스스로에게 조심스럽게 자문해 본 다음이 아니라면 거의 알아차리지 못할 것이

위에 고정된 집은 그 집에 대한 끊임없이 변하는 느낌에도 불구하고 계속 그 집으로서의 자기동일성을 지닌 채 남아 있게 된다. 그것이 〈지속할 수밖에 없는 운명을 지닌〉 기억이다.

122) 이런 현상이 가장 두드러지게 나타나는 것은 가령 어렸을 때 살던 동네를 커서 가 볼 경우이다. 그 길이, 그 집이 그렇게 좁고 작았던가 하고 놀라게 된다. 이 경우는 그 차이가 너무나 크므로 쉽사리 말로 표현되지만, 그 느낌의 차이는 사실 단지 좁다든지 작다든지 하는 말로는 다 표현되지 않는 무한히 복잡한 감정의 복합체이다. 이것이 가령 20대에(키가 다 자란 다음) 살던 곳을 40대 정도에 가보는 경우라면 훨씬 말로 표현하기가 어려워진다. 그러나 분명히 느낌의 차이는 있다. 어쨌든 이러한 현상은 그 집, 그 동네에 관한 인상이 항상 동일한 것이 아니라 변해 왔음을 말해주는 것이 분명하다.

다. 그 이유는 우리의 외적인 그리고 말하자면 사회적인 삶이 우리의 내적이며 개인적인 삶existence보다는 우리에게 더 많은 실용적인 중요성을 갖기 때문이다. 우리는 우리의 인상을 언어로 표현하기 위해 본능적으로 그것을 응고시키는 경향이 있다. 그로부터 우리는 끊임없는 생성 속에 있는 감정 자체를 그것의 영속적인 외부 대상 그리고 특히 그 대상을 표현하는 단어와 혼동한다는 사실이 유래한다. 우리 자아의 잡히지 않는fuyante 지속이 동질적 공간으로의 투영에 의해 고정되는 것과 마찬가지로, 끊임없이 변하는 우리의 인상들은 그 원인인 외부 대상의 주위를 감싸면서 그것의 정확한 윤곽과 부동성을 취한다.

자연상태에서 생각하면 우리의 단순 감각들은 좀더 적은 항상성을 나타낼 것이다. 어렸을 때는 좋아했으나 지금은 혐오스럽게 느끼는 냄새나 향기가 있다. 그럼에도 불구하고 나는 여전히 경험된 그 감각에 동일한 이름을 부여하며, 향기와 냄새는 동일하게 남아 있고 내 취향만 바뀐 것처럼 말한다. 따라서 나는 아직도 그 감각을 응고시키고 있는 것이다. 그리고 그 변동mobilité이 더 이상 무시할 수 없게 될 정도의 명백성을 획득하게 되면, 그 변동을 추출하여 그것에 별도의 이름을 부여하고, 차례가 오면 그것을 **취향**goût[123)]이라는 형태로 응고시킨다. 그러나 실제로는 동일한 감각도 다수의 취향도 없다. 왜냐하면 감각과 취향은 내가 그것을 떼내서 명명하자마자 나에게 **사물**처럼 보이나, 인간의 영혼

---

123) 〈goût〉는 일반적으로 맛을 의미하지만 여기서는 어떤 냄새에 대한 미묘한 느낌의 차이를 의미하므로, 취향이라 번역한다.

속에는 **진행**progrés 이외의 것은 거의 없기 때문이다. 모든 감각은 반복되면서 변하며, 그것이 나에게 조변석개하는 것으로 보이지 않는다면 그것은 내가 지금 그 감각을 그것의 원인인 대상을 통해서, 그것을 번역하는 단어를 통해서 보고 있기 때문이라고 말해야 한다. 감각에 대한 언어의 그런 영향은 사람들이 일반적으로 생각하는 것보다 훨씬 깊다. 언어는 우리에게 감각의 불변성을 믿게 할 뿐만 아니라, 때로는 경험된 감각의 성격에 대해서도 우리를 속인다. 그리하여 고급스런 맛으로 소문난 요리를 먹을 때, 그것에 부여된 찬사가 가득 실린 그 요리의 이름이 나의 감각과 의식 사이에 개입한다. 조금만 노력하여 주의를 기울인다면 그 반대임이 드러날 수 있는 데도 나는 그 맛이 마음에 든다고 믿을 것이다. 간단히 말해, 분명히 확정된 윤곽을 가진 단어, 즉 인류의 인상들에서 안정되고 공통적이며, 따라서 비개성적인 것을 저장해 놓은 **난폭한**brutal 단어는 개인적 의식의 섬세하고도 사라지기 쉬운 인상들을 말살해 버리거나 또는 적어도 덮어 버린다. 대등한 무기로 싸우기 위해서는 그런 인상들이 정확한 단어들로 표현되어야 할 것이다. 그러나 그러한 단어들은 형성되기가 무섭게 그것들을 낳은 감각에 대항하는 쪽으로 총구를 되돌릴 것이며, 감각이 불안정하다는 것을 증언하기 위해 발명되었음에도 불구하고 그 감각에 그들 자신의 안정성을 강요할 것이다.

직접적 의식의 그러한 말살이 감정의 현상들에서만큼 충격적인 곳은 없다. 격렬한 사랑이나 깊은 우울증이 우리의 영혼을 침입한다. 그것은 수천의 다양한 요소들이 명확한 윤곽도 없이, 서로에 대해 외화하려는 경향은 조금도 없이, 상호 융합하고 상호 침투한 것이다. 그러한 대가를 치르고 그 감정들의 독창성이 이루어진 것이다. 우리가 그 혼동의 덩어리 속에서 수적 다수성을 분간해 낼 때, 그것들은 이미 왜곡된다. 우리가 그것들을 서로로부터 고립된 것으로서 동질적 장소―그것을 이제 시간이라 부르든 공간이라 부르든 원하는 대로이다―에 펼쳐 놓는다면, 그것이 도대체 무엇이 될 것인가? 방금 그들이 자리잡고 있던 곳으로부터 그들 각각은 정의할 수 없는 색채를 빌려왔다. 그들은 이제 탈색되어 이름을 받아들일 만반의 태세가 되어 있다. 감정 자체는 살아 있고 발전하며, 따라서 끊임없이 변하는 존재이다. 그렇지 않다면 그것이 우리를 점차적으로 어떤 결정으로 향하게 한다는 것을 이해할 수 없을 것이다. 즉 우리의 결정은 즉각적으로 이루어졌어야 할 것이다. 그러나 감정이 살아 있는 것은 감정의 발전이 이루어지는 지속이, 그 지속의 순간들 서로가 스며드는 지속이기 때문이다. 그런데 우리는 그 순간들을 서로로부터 분리시키면서, 즉 시간을 공간에 펼쳐 놓으면서 그 감정들의 생기와 색채를 잃게 한 것이다. 우리는 따라서 〔우리 자신이 아니라〕 우리 자신의 그림자를 대면하고 있는 것이다. 우리는 우리의 감정을 분석한다고 믿었으나, 사실은 죽은 상태들의 병치로 그것을 대체한 것이었다. 그 상태들은 말로 번역될 수 있으며, 그 각각이 주어진 어떤 경우에 사회 전체가 느끼는 인상들의 공통적 요소, 따라서 비인격적 잔여물을 이루는 것이다. 바로 그렇기 때문에 우리는 그 상태들에 대해 추리하고 그것에 우리의 단순한 논리를 적용하는 것이다. 우리가 그 상태들을 서로로부터 고립시켰다는 오직 그 사실만으로도 그것들을 유genres로 세우는 것이며, 그렇게 함으로써 우리는 그것들을 미래의 연역에 봉사하도록 준비한 것이다. 이제 어떤 과감한 소설가가 우리의 상투적인 자아의 교묘하게 짜인 직물을 찢고 그러한 외견적 논리 아래에서 근본적인 부조리를 보여주고, 단순한 상태들의 그와 같은 병치 아래에서, 명명하는 순간 이미 존재하기를 멈추어 버렸던 수만의 다양한 인상들의 한없는 침투를 보여주면, 우리는 그에게 우리 자신을 우리 자신보다 더 잘 아는 사람이라고 칭찬한다. 그러나 사실은 그렇지 않다. 그가 우리의 감정을 동질적 시간 속에 펼쳐 놓고, 그 요소들을 말로 표현한다는 사실 자체에 의해, 그 역시 그의 차례가 되어 우리에게 그 감정의 그림자만을 제시하고 있을 뿐이다. 단, 그는 우리로 하여금 그 그림자를 투사한 대상의 특별하면서도 비논리적인 본성을 의심케 하도록 그것을 배치했다. 표현된 요소들의 본질 자체를 이루는 그런 모순, 그런 상호 침투의 뭔가를 외적으로 표현함으로써 우리를 반성으로 초대했다. 그에 의해 고무되어 우리는 잠시 우리와 우리 의식 사이에 개입시킨 막을 걷어 제쳤다. 그는 우리를 우리 자신 앞에 다시 세운 것[뿐]이다.

언어의 틀을 부수면서 우리의 관념 자체를 자연적인 상태에서 그리고 우리의 의식이 공간의 강박으로부터 벗어나서 보는 것처럼 파악한다면 [그와] 동일한 종류의 놀라움을 경험할 것이다. 관념을 구성하는 요소들을 분해하는 것은 추상에 이르는 것으로서, 너무나 편리하여 일상적 생활에서 그리고 철학적 토론에서조차 그것 없이 지낼 수 없다. 그러나 분해된 요소들이 바로 구체적 관념을 짜는 데 들어가는 것이라고 생각할 때, 실재적 항들의 침투를 그 상징들의 병치로 대체하면서 공간으로 지속을 재구성한다고 주장할 때, 우리는 불가피하게 연상주의의 오류에 빠진다.[124] 이 점은 다음 장에서[125] 자세한 검토의 대상이 될 것이므로 중언부언하지 않겠다. 〔다만〕 우리가 어떤 문제들에 대해 한쪽 편을 들 때 가지는 무반성적 열정은, 우리의 지성도 자신의 본능을 가진다는 것을 족히 증명한다고 말하는 것으로 충분하기를 바란다. 그리고 우리의 모든 관념들에 공통되는 충동élan, 즉 그들의 상호 침투[126]에 의해서가 아니라면, 어떻게 그러한 본능을 표상할 것인가? 우리가 가장 애착을 갖는 의견은 표현하기가 가장 어려운 의견이며, 우리가 그것들을 정당화하는 이유 자체가 우리로 하여금 그 의견을 취하도록 결정케 한 이유일 경우는 드물다.[127] 어떤 의미에서 우리는 그 의견을 이유도 없이 채택하는데, 왜냐하면 우리 눈에 그것이 가치를 가지게 된 것은 그 의견의 색조 nuance가 우리의 모든 관념들의 공통적 색상coloration에 부응하기 때문이며, 처음부터 우리가 거기에서 뭔가 우리의 일부를

---

124) 연상주의의 근본적 오류는 심리적 사실을 하나하나 따로 떨어진 요소들의 총합이라 생각하는 것이다.
125) 199쪽 이하.
126) 우리의 모든 관념이 녹아들어가 상호 침투한 데서 나오는 전체적 색채, 또는 거기서부터 나오는 어떤 행동 방식.
127) 우리가 어떤 의견을 취하게 된 진정한 이유는, 애착을 가진 것일수록 더욱더 우리 자아의 깊은 곳으로부터 나온 것이므로, 그만큼 더 객관화하기 어렵고, 따라서 말로 표현하기 어렵다. 우리의 내부로 들어가면 갈수록 사물들은 엉켜서 불가분적으로 되기 때문이다. 그것을 정당화하기 위해 말로 표현하는 이유들은 대부분 표면적인 것에 불과하기 때문에, 간혹 〈정곡을 찌를〉 수는 있지만, 진정한 이유와 일치할 경우가 드물다.

보았기 때문이다. 그렇기 때문에 우리의 정신 속에서는 그 의견이, 그것을 말로 표현하기 위해 거기로부터 나오게 하자마자 다시 취하게 될 진부한 형태를 띠지는 않는다. 그리고 그것이 다른 정신들에게 동일한 이름을 가지더라도 결코 같은 것이 아니다. 진실을 말하자면, 그런 의견들 각각은 유기체 속에서의 세포와 같은 방식으로 산다. 자아의 상태 전체에 대해서 일어나는 모든 변화는 그 세포 자체에도 영향을 미친다. 그러나 세포가 유기체의 어느 정해진 지점을 점하는 반면, 진정으로 우리 것인 관념은 우리의 자아 전체를 채운다. 게다가 우리의 모든 관념들이 그처럼 의식상태들의 덩어리로 합체해 들어가기에는 거리가 있다. 많은 것이 연못 물 위에 뜬 낙엽처럼 표면을 떠다닌다. 이 말이 의미하는 것은, 우리의 정신이 그 관념들을 생각할 때, 그 관념들이 마치 자신의 밖에 있는 것처럼 그것들을 항상 일종의 부동성 immobilité 속에서 다시 대면한다는 것이다. 그 중에는 우리가 완성된 것[128]으로서 받아들이며 우리 속에 머물지만 결코 우리의 실체substance[129] 속에 동화되지 않는[130] 관념들이나 또는 우리가 소홀히 여겨 버림받아 말라버린 관념들이 있다. 자아의 깊은 층들로부터 멀어짐에 따라, 우리의 의식상태들이 점점 더 수적 다수성의 형태를 취하고 동질적 공간 속에 펼쳐지는 경향을 갖는다면, 그것은 바로 그런 의식상태들이 점점 더 타성적인 본성과 점

---

128) 즉, 이미 이루어진 것, 따라서 되고 있는 중의 것이 아니라 굳어진 것, 변하지 않는 것.
129) 여기서 〈실체〉란 우리 존재의 기저, 의식의 심층부를 뜻한다.
130) 녹아들지 않는.

점 더 비인격적인 형태를 취하기 때문이다. 따라서 우리 관념들 중에 우리에게 가장 적게 속하는 것만이 말에 의해 충분히 표현될 수 있다고 해서 놀라서는 안 된다. 우리가 살펴볼 것처럼[131] 오직 그러한 관념들에만 연상이론이 적용된다. 서로에 대해 밖에 있기 때문에 그 관념들은 그들 사이에 그들 각각의 내밀한 본성은 전혀 들어가지 않는 관계, 분류될 수 있는 관계를 맺는다. 따라서 사람들은 그것들이 인접성에 의해 또는 어떤 논리적 이유에 의해 연합된다고 말할 것이다. 그러나 자아와 외부 사물들 사이의 접촉면 아래를 파고 유기적이며 살아 있는 지성intelligence[132]의 심층으로 뚫고 들어가면, 일단 분해된 뒤에는 논리적으로 모순되는 항들의 형태로 서로를 배제할 것으로 보이는 수많은 관념들의 포개짐superposition 또는 내적인 융합fusion intime을 보게 될 것이다. 두 개의 상이 서로 겹쳐서 사실은 한 인물임에도 불구하고 우리에게는 동시에 다른 두 인물로 나타나는 매우 기괴한 꿈은 미약하나마 깨어 있는 상태에서의 우리 개념들의 상호 침투에 대한 관념을 제공할 것이다. 외부세계와 단절되어 있는 꿈꾸는 자의 상상력은 지적인 삶의 가장 깊은 영역에서 관념들에 대해 끊임없이 이어지는 작업travail을, 단순한 상들을 이용하여 재생산하고, 나름의 방식으로 풍자parodie한다.[133]

---

131) 210쪽 이하. 특히 213쪽.
132) 여기서의 지성은 아직 EC에서처럼 분석하고 나누는 것을 전문으로 하는 지성이 아니다. 직관력과 감성에 맞닿아 있는 지성이다. 그러나 사실 EC에서도 진정한 지성은 직관을 배제하지 않는다.
133) 우리 내부의 관념들은 상호 침투하고 엉킨다. 그것은 모든 논리적 모순에도 불구하고 그러하다. 우리의 존재 방식 자체가 무의 극복, 즉 모순

내적인 사실들의 더 깊은 연구로 우리가 처음에 언명한 원리, 즉 의식의 삶은 그것을 직접적으로 보느냐 공간을 통해 굴절되게 보느냐에 따라 이중적 모습으로 나타난다는 원리가 이와 같이 입증되었고, 또 〔앞으로도〕 이와 같이 밝혀질 것이다.——그 자체로 생각했을 때, 깊은 의식의 상태들은 양과는 아무런 관계가 없다. 그것들은 순수한 질이다. 그것들이 하나인지 여럿인지도 말할 수 없고, 심지어 그것들을 곧바로 변질시키지 않고서는 그런 관점에서 고찰할 수조차 없는 방식으로 서로 섞여 있다. 그것들에 의해 만들어지는 지속은 이처럼 그 순간들이 수적인 다수를 이루지 않는 지속이다. 서로를 잠식하고 empiètent 있다고 말함으로써 그 순간들을 특징짓는 것 역시 그것들을 구별하는 것일 것이다. 우리들 각각이 순수하게 개인적인 삶을 산다면, 즉 사회도 언어도 없다면 우리의 의식은 내적인 상태들의 연쇄를 그렇게 구별되지 않은 형태로 파악할 것인가? 아마 완전히 그렇지는 않을 것이다. 왜냐하면 우리는 대상들이 서로로부터 명료하게 구별되는 동질적 공간의 관념을 보존할 것이며, 의식의 눈길에 맨 처음 부딪힌 일종의 흐리멍덩한 상태들을 그와 같은 장소에 도열시켜서 더 단순한 항들로 분해하는 것은 너무나 편리하기 때문이다. 그러나

　　의 극복이다. 정신병리학자 샤르꼬Charcot는 어떤 사실이 있을 수 없는 모순임을 주장하는 제자들에게 자주 〈ça n'empêche pas d'exister(그래도 있는 걸 어쩔 거야)!〉라고 말했다고 한다. 우리의 〈지적인 삶의 가장 깊은 영역〉에서는 관념들이 끊임없이 뒤엉키고, 상호침투하고, 재배치되며, 그러한 〈작업〉을 꿈은 나름의 방식으로 풍자적으로나마 어떤 상의 형태로 보여준다.

동질적 공간의 직관은 이미 사회적 삶으로의 도정(道程)이기도 하다는 것에 분명히 주의하자. 동물은 아마도 우리처럼 자신의 감각 이외에 자신과 분명히 구별되는 외부세계―모든 의식적 존재에 공통적 특성일―를 표상하지 않을 것이다. 우리로 하여금 그러한 사물들의 외재성과 장소의 동질성을 명료하게 생각케 한 경향 tendance은 우리로 하여금 함께 살게 하고 말하게 한 그 경향과 동일한 것이다.[134] 그러나 사회 생활의 조건을 더 완전하게 실현함에 따라, 또 우리의 의식상태들을 안에서부터 밖으로 꺼내온 흐름이 더욱 강조됨에 따라, 그 상태들은 점차적으로 대상 또는 사물로 변형된다. 그것들은 서로로부터 분리될 뿐만 아니라, 우리로부터도 분리된다. 그때 우리는 그것들의 상을 응고시킨 동질적 공간 속에서가 아니면 그리고 그것들에게 자신의 진부한 색채를 빌려준 단어를 통해서가 아니면, 더 이상 그것들을 보지 않는다. 이렇게 하여 처음의 자아를 뒤덮는 제2의 자아가 형성된다. 그것은 그 존재 existence가 구별되는 순간들로 이루어지며 그 상태들이 서로서로 떨어지고, 말로 쉽게 표현되는 자아이다. 그리고 우리가 여기서 인격을 둘로 나누고 거기에 우리가 앞서 배제한 수적 다수성을 다른 형태로 도입했다고 비난하지 않기를 바란다. 구별되는 상태들을 보는 자아와, 그후 주의를 더욱 고정시킴으로써 그 상태들이 마치 한참동안 손 위에 떨어져 있는 눈의 결정체들처럼 서로 녹아드는 것을 볼 자아는 같은 자아이다.[135] 그

---

134) 그러니까 베르크손은 여기서 공간성과 사회성(언어성)의 등근원성, 즉 그 원천의 동일함과 깊이의 동등성을 인정하고 있다.
135) 〈구별되는 상태들을 보는 자아〉는 공간성에 지배되는 자아, 즉 방금 말

리고 사실을 말하자면, 언어의 편리함을 위해, 질서가 지배하는 곳에 혼동을 다시 불러오지 않는 것에 그리고 이를테면 비인격적인 상태들의 그런 교묘한 배열―그것에 의해 〈제국 속의 제국〉을 만드는 것[136]을 멈추게 했다―을 절대 흐트러뜨리지 않는 것에 자아의 모든 이로움이 있다. 분명히 구별되는 순간들, 즉 명료하게 특징지어진 상태들을 가진 내적인 삶은 사회 생활의 요구에 더 잘 부응할 것이다. 심지어는 일단 일어난 사실들에 관한 연구로 제한하고 그것의 형성 방식을 무시한다는 조건에서라면, 피상적 심리학이라도 오류에 빠지지 않고 그런 삶을 묘사할 수 있을 것이며, 또 거기에 만족할 수 있을 것이다.[137]──그러나 그런 심리학이 정학에서 동학으로 옮겨가면서, 이루어지고 있는 사실들

한 제2의 자아이며, 그 상태들이 〈서로 녹아드는 것을 볼 자아〉는 그 공간성을 떨어버리고 다시 심층부의 상호 침투하는 본연의 모습으로 돌아간 자아이다. 이 자아는 공간화되기 이전의 자아와 결국은 같은 것이지만, 적어도 그 강조점은 다르다. 즉, 그리로 다시 돌아가기 위해서는 〈주의를 더욱 집중해야〉 하고, 그때 〈한참동안 손 위에 떨어져 있는 눈의 결정체들처럼〉 구별되는 상태들이 서로 녹아들게 된다는 또 다른 과정이 개입된다. 그러나 결과적으로 그 양자는 같은 것이며, 그 양자와 표층의 자아는 또 동일한 자아의 두 층이다.

136) 〈제국 속의 제국〉은 스피노자가 자연 속에서의 인간, 특히 마치 자연의 일부가 아니라는 듯이 그것과는 다른 것으로 간주되는 인간을 표현하기 위해 사용한 말이다(*Ethica*, 제3장 총론). 여기서는 표층의 자아 속의 진정한 자아를 구별하는 것을 의미한다.

137) 〈Même, une psychologie superficielle pourra se contenter de la décrire sans tomber pour cela dans l'erreur〉라는 원문과 약간 다르게 번역된 듯 보이지만, 이것이 원문이 함축하는 정확한 의미이다.

에 대해서도 이루어진 사실들에 대한 것과 같은 방식으로 추론한다고 주장한다면, 구체적이고 살아 있는 자아를 서로서로 구별되어 동질적 공간에 병치되는 항들의 연합처럼 말한다면, 그런 심리학은 자신 앞에 극복할 수 없는 난관들이 버티고 있는 것을 볼 것이다. 그리고 그런 난관들은 그것을 해결하기 위해 더 큰 노력을 전개할수록 그만큼 더 많아질 것이다. 왜냐하면 그 모든 노력들은 시간을 공간 속에 펼쳐 놓고 계기를 동시성의 한가운데에 위치시킨 근본 가정의 부조리를 점점 더 잘 드러나게 할 뿐이기 때문이다.──우리는 곧 인과성의 문제, 자유의 문제, 한 마디로 인격의 문제에 내재하는 모순들이 〔그것과〕 다른 원천을 가지는 것이 아니며, 그것을 제거하기 위해서는 실재적 자아, 즉 구체적 자아에 의해 그 상징적 표상을 대체하는 것으로 충분하다는 것을 볼 것이다.

제3장

의식상태들의 조직화에 관하여 :
자유

 자유의 문제가 왜 기계론mécanisme[1]과 역동론dynamisme[2]이라는 자연에 관한 두 개의 대립되는 체계에 싸움을 붙였는가를 이해하기는 어렵지 않다. 역동론은 의식이 제공한 의지의 활동activité[3]이라는 관념으로부터 출발하여, 그 관념을 조금씩 비움

---

[1] 앞으로 베르크손 자신이 잘 정리하겠지만, 기계론은 대체로 물질의 역학적·기계적 운동에 의해 자연 전체를 설명하려는 이론을 말한다. 고대의 원자론자들로부터 라메트리의 유물론 그리고 뉴턴 물리학에 기반을 둔 근대 물리학 일반이 여기에 속한다고 할 수 있다.
[2] 역시 앞으로 베르크손 자신이 잘 정리하겠지만, 역동론은 물질의 타성적 운동이 아니라 정신이나 생명이 가진 활동력이 자연의 기본적 원동력이라고 생각하는 이론 일반을 가리킨다. 베르크손은 특히 라이프니츠의 단자론을 염두에 두고 있는 것으로 보인다.
[3] 〈activité〉는 일반적으로 활동, 활동성을 의미하지만, 여기서는 특히 그러한 활동의 능동성을 함께 생각해야 한다.

으로써 타성inertie을 표상하는 데에 이른다. 그것은 따라서 어렵 잖게 한쪽으로는 자유로운 힘force 그리고 다른 쪽으로는 법칙에 지배되는 물질이라는 개념을 갖게 된다. 그러나 기계론은 반대의 진로를 따른다. 기계론은 그것이 종합하는[4] 물질들이 필연적인 법칙에 지배된다고 가정하고, 비록 점점 더 많아지고 점점 더 예견하기 곤란하며, 외견상 점점 더 우연적으로 보이는 결합에 이를지라도, 처음에 스스로를 가두고 들어간 필연의 좁은 원에서 나오지 않는다. —— 자연에 관한 그 두 견해를 천착해 보면, 여기에 법칙과 법칙이 지배하는 사실 사이의 관계에 관한 상당히 다른 두 개의 가정이 내포되어 있음을 알 수 있다. 역동론자는, 시선을 더 높이 올림에 따라, 법칙의 속박을 더욱 벗어나는 사실들을 볼 수 있다고 믿는다. 그는 따라서 사실을 절대적 실재로 세우고, 법칙을 그런 실재에 대한 다소간 상징적인 표현으로 생각한다. 반대로 기계론은 개별적 사실의 한가운데에서 일정한 수의 법칙들을 찾아내며, 개별적 사실은 말하자면 그 법칙들의 교차점을 이룬다. 그런 가정에서는 법칙이 근본적 실재가 될 것이다. —— 이제 왜 한쪽은 사실에, 다른 쪽은 법칙에 더 우월한 실재성을 부여하는지를 탐구한다면, 우리는 역동론과 기계론이 단순성simplicité이라는 말을 매우 다른 두 가지 의미로 취하고 있음을 발견할 것이라고 생각한다. 후자의 이론에게 단순한 것은 그 결과가 예견되고 심지어 계산되기까지 하는 모든 원리이다. 그리하여 정의 자체에 의해, 타성의 개념이 자유의 개념보다 더

---

4) 즉, 물질들을 서로 연결하여 그들 사이의 관계를 생각하는.

단순하고 동질적인 것이 이질적인 것보다 더 단순하며, 추상적인 것이 구체적인 것보다 더 단순하게 된다. 그러나 역동론은 개념들 사이에 가장 편리한 질서를 확립하려 하기보다는 그 개념들의 실재적 연관관계를 다시 발견하려고 시도한다. 왜냐하면 단순한 관념이라고 주장되는 것—기계론이 원초적 primitive이라 생각하는 것—이 자주 그것으로부터 파생된 것으로 보이는 더 풍부한 여러 개념들의 접합에 의해 얻어졌고, 〔다만〕 두 빛의 간섭으로부터 어두움이 나오듯이 그 접합 자체에서 그런 여러 개념들이 서로 중화되었던 것이기 때문이다. 그런 새로운 관점에서 생각하면, 반론의 여지없이 자발성 spontanéité의 관념이 타성의 관념보다 더 단순한데, 후자는 전자에 의해서가 아니면 이해될 수도 정의될 수도 없는 반면, 전자는 자기 충족적이기 때문이다.[5] 아닌게 아니라 우리들 각각은 실재이든 환상이든 자유로운 자발성에 대해서는 직접적인 느낌을 가지지만, 그러한 표상에 타성의 관념은 조그만큼도 들어가지 않는다. 반면, 물질의 타성을 정의하기 위해 사람들은 물질이 스스로 움직일 수도 스스로 멈출 수도 없으며, 어떠한 힘이 개입하지 않는 한 모든 물체는 정지나 운동을 계속한다고 말할 것이다.[6] 그러므로 두 경우 모두가 필연적으로 의

---

5) 다음 주 6) 참조.
6) 〈스스로 움직일 수도 스스로 멈출 수도 없〉다는 것은 이미 자발성을 전제하고 그것이 없다는 것이며, 〈어떠한 힘이 개입하지 않는 한 모든 물체는 정지나 운동을 계속한다〉고 할 때의 그 〈힘〉은 우선 자발적 힘이다. 따라서 타성을 정의하려면 우선 자발적인, 즉 능동적인 힘을 먼저 도입해야 한다.

존하는 것은 능동성activité의 관념이다. 이상의 다양한 고찰들에 의해 우리는 왜 구체와 추상, 단순과 복잡, 사실과 법칙의 관계를 이해하는 방식에 따라 인간의 능동성에 대한 두 개의 반대되는 견해에 선험적으로[7] 도달하는지를 이해할 수 있다.[8]

그러나 후천적으로는 한편은 물리적인, 다른 한편은 심리적인 특정 사실들이 자유에 대항하는 것으로서 인용된다. 사람들은 우리의 행동이 우리의 감정, 관념 그리고 이전의 모든 의식상태들의 연쇄로부터 필연적으로 나왔다고 주장하거나, 때로는 자유를 물질의 근본 특성, 특히 힘의 보존의 원칙[9]과 양립할 수 없는 것으로 비난한다. 거기서부터 보편적 필연성에 대한 외견상 다른 두 종류의 결정론, 즉 두 경험적 증명이 나온다. 우리는 그 두 형

---

[7] 그런 견해에 도달하기 위해서는 경험의 사실을 기다릴 필요 없이 각자가 선호하는 대로 택할 수 있기 때문에.

[8] 이 단락에 대한 완벽한 분석은 박홍규, 「베르그송에 있어서의 근원적 자유」(《철학연구》, 10, 1975, 41-57쪽, 혹은 『희랍철학논고』, 민음사, 1995, 178-201쪽)를 보라.

[9] 이 장에서는 〈에너지 보존의 법칙〉을 가리키는 말이 여러 가지로 쓰이고 있다. 이 법칙을 가리키는 가장 일반적 프랑스 어 표현은 〈principe de la conservation de l'énergie〉이지만, 베르크손은 이외에도 〈principe de la conservation de la force〉 〈théorème de la conservation de la force〉 〈loi de la conservation de l'énergie〉 〈loi de la conservation de la force〉 등이라 부르면서, 〈principe〉와 〈théorème〉 〈loi〉, 그리고 〈énergie〉와 〈force〉를 교환가능한 것으로 사용한다. 특히 〈principe〉 〈théorème〉 〈loi〉를 혼동하여 쓰는 것은 이 법칙의 지위에 대한 그의 의문을 반영한 것으로 보인다. 또 〈énergie〉와 〈force〉의 혼동도 이 법칙에서 의미하는 힘의 성질의 애매함이 은연중에 표현된 것으로 보인다.

태 중 두번째 것은 첫번째로 환원되고 모든 결정론은, 물리적인 결정론까지, 심리적 가설을 내포함을 보일 것이다. 다음으로 심리적 결정론 자체와 그것에 대해 이루어지는 반박들은 의식상태들의 다수성 그리고 특히 지속에 대한 부정확한 견해를 기반으로 한다는 것을 확립할 것이다. 그리하여 전 장(章)에서 전개된 원리들의 빛 아래에서, 다른 어떠한 힘의 활동에도 비교될 수 없는 활동력activité을 가진 자아가 나타나는 것을 볼 것이다.

가장 최근 형태의 물리적 결정론은 물질의 역학 이론, 또는 오히려 운동 이론에 긴밀하게 연관되어 있다. 사람들은 우주를 물질의 덩어리로 표상하며, 상상력은 그것을 분자와 원자로 분해한다. 〔그들에 의하면〕 그런 입자들은 때로는 진동vivratoires, 때로는 평행이동translation 등 갖가지 성질의 운동을 쉼 없이 수행하며, 물리적 현상과 화학 반응들 그리고 열, 소리, 전기, 아마도 인력까지 우리의 감각이 지각하는 물질의 성질들은 객관적으로 그런 기본적 운동들로 환원된다.[10] 〔그들은〕 유기체의 합성에 들어가는 물질도 동일한 법칙에 따르므로, 가령 신경계에서도 서로를 움직이고 끌어당기며 밀치는 분자들과 원자들 이외의 다른 아무 것도 발견되지 않을 것이라고 한다. 그런데 유기물이든 무기물이든 모든 물체가 그와 같이 요소를 이루는 부분들 사이에서 서로 작용·반작용한다면, 주어진 어떤 순간의 뇌의 분자상태는 신경

---

[10] 여러 항들의 배열이 좀 헷갈리게 되어 있는데 열, 소리, 전기, 인력은 감각이 지각하는 물질의 성질들이며, 이 성질들과 물리적 현상, 화학 반응이 기본적 운동들로 환원된다는 것이다..

계가 주변의 물질로부터 받은 충격에 의해 변경될 것이 명백하다. 그 결과, 우리 안에서 계속적으로 일어나는 감각, 감정, 관념들은, 이전에 신경물질의 원자들을 움직였던 운동과 밖으로부터 받은 충격의 결합으로 얻은 기계적 결과물들이라고 정의할 수 있을 것이다. 그러나 그 반대현상도 일어날 수 있다. 신경계를 무대로 벌어지는 분자운동은 그들 사이에, 또는 다른 것들과 결합하여 자주 주변세계에 대한 우리 유기체의 반응을 결과물로 내놓을 것이다. 즉, 거기서부터 반사운동도 나오고, 또 이른바 자유롭고 의지적인 행동도 나올 것이다. 게다가 에너지 보존의 원칙은 깨질 수 없다고 가정되었기 때문에, 다른 원자들이 그것에 대해 행하는 기계적 작용들의 합에 의해 그 위치가 결정되지 않는 원자는 신경계 내에도 광막한 우주 속에도 없다. 그리고 수학자가 주어진 순간에서의 인간 유기체의 원자와 분자들의 위치와 그것에 영향을 미칠 수 있는 우주의 모든 원자들의 위치와 운동을 안다면, 천문학적 현상을 예견하듯이 빈틈없는 정확성을 가지고 그 유기체가 속한 사람의 과거, 현재, 미래의 행동을 계산해 낸다고 한다.[11]

일반적으로는 생리적 현상 그리고 특수하게는 신경계 현상에 대한 그런 견해가 힘의 보존 법칙으로부터 상당히 자연스럽게 흘러나온다는 것을 인정하는 데 우리는 아무런 이의를 달지 않을 것이다. 아닌게 아니라 물질의 원자론은 가설의 상태로 남아 있고, 물리적 사실들에 대한 순수 운동론적 설명은 원자론과 연대

---

11) (원주) 그 문제에 관해서는 Lange, 『유물론의 역사 *Histoire du matérialisme*』(불역), 제2권, 제2부를 보라.

함으로써 얻는 것보다 잃는 것이 더 많다. 그리하여 기체의 흐름에 대한 히른Hirn의 최근 실험[12]은 열(熱)에서 분자운동과는 또 다른 것을 보게 한다. 오귀스뜨 꽁뜨가 이미 상당히 경멸적으로 취급했던,[13] 빛을 전달하는 에테르의 구성에 관련된 가설들은 행성의 운동에 대해 확인된 규칙성[14] 그리고 특히 빛의 분해현상[15]과 거의 양립 가능해 보이지 않는다.[16] 원자들의 탄성에 관한 문제는 윌리엄 톰슨William Thomson의 번득이는 가설들[17] 이후에도 극복할 수 없는 난점들을 야기하고 있다. 마지막으로 원자 자체의 존재보다 더 문제가 많은 것은 없다. 그것에 보태야 했던 점

---

12) (원주) Hirn, 『기체의 흐름과 충격의 법칙에 관한 실험적, 분석적 연구 *Recherches expérimentales et analytiques sur les lois de l'écoulement et du choc des gaz*』, Paris, 1886. 특히 160-171쪽과 199-203쪽을 보라.
13) (원주) 『실증철학 강의*Cours de philosophie positive*』, 제2권, 32번째 강의. (역주) (I)에서는 33번째 강의라 되어 있는데, 32번째 강의의 서두에 이 문제에 관한 언급이 약간 있고, 33번째 강의에서 본격적으로 다룸.
14) (원주) Hirn, 『열의 역학적 이론*Théorie mécanique de la chaleur*』, Paris, 1868, 제2권, 267쪽.
15) (원주) Stallo, 『물질과 현대 물리학*La matière et la physique moderne*』, Paris, 1884, 69쪽.
16) 〈행성의 운동에 관련된 규칙성〉이란 빛이 에테르를 통과한다면 행성이 멀어질 때와 가까워질 때 그 파장이 달라야 함에도 불구하고 동일하다는 것. 따라서 에테르설로는 설명할 수 없는 현상이다. 〈빛의 분해현상〉은 빛이 에테르를 통과한다면 다른 매질의 경우와 마찬가지로 각 색깔의 다른 파장이 다른 굴절각으로 굴절되어야 한다는 것인데, 사실은 그렇지 않다. 따라서 그것 역시 에테르설에 대한 반증이 된다.
17) 원자에 대한 톰슨의 가설에 대해서는 아래의 255쪽을 보라. 또 MM의 225쪽에서도 같은 논의가 있다.

점 더 많은 수의 속성들에 의해 판단하건대, 우리는 원자에서 실재하는 사물이 아니라 기계적 설명의 구체화된 matérialisé 잔여물을 보는 데로 상당히 기울어지게 된다. 그럼에도 불구하고, 생리적 사실들이 선행하는 사실들에 의해 필연적으로 결정된다는 것은, 물질의 궁극 요소의 본성에 관한 모든 가설들을 제외하더라도 에너지 보존의 정리 théorème를 모든 생명체로 확장한다는 사실만으로도 인정된다는 데에 주목해야 한다. 왜냐하면 그 정리의 보편성을 인정한다는 것은, 근본적으로 우주를 이루고 있는 질점들이 오직, 그 질점들 자체로부터 나오고 그 세기가 거리에만 종속하는 인력과 척력에만 복종한다는 것을 가정하는 것이기 때문이다. 거기서부터, 주어진 한 순간에서의 그 질점들—그들의 본성이 무엇이건 간에—의 상대적 위치는 그 이전 순간에 있던 위치와의 관계에 따라 엄밀하게 결정된다는 결과가 나올 것이다. 그러므로 잠시 이 마지막 가설에 자리잡아 보자. 우리는 먼저 그 가설로부터 우리의 의식상태가 서로를 절대적으로 결정한다는 것이 따라 나오지 않는다는 것을 보이고, 다음으로 에너지 보존의 원칙이 지닌 보편성 자체가 어떤 심리적 가설의 덕택이 아니라면 인정될 수 없을 것임을 보여주려고 한다.

사실, 뇌수질의 각 원자의 위치, 방향, 속도가 지속의 매순간 결정되어 있다고 가정한다 하더라도, 거기서부터 우리의 심리적 삶이 동일한 필연성 fatalité에 복종하리란 것은 어떠한 방식으로도 따라 나오지 않을 것이다. 왜냐하면 뇌의 주어진 한 상태에 엄밀하게 결정된 한 심리적 상태가 대응한다는 것을 먼저 증명해야 할 것이며, 그 증명은 아직 해야 할 것으로 남아 있기 때문이다.

사람들은 흔히 그것을 요청할 생각을 하지 않는데, 그 이유는 고막의 일정한 진동, 청신경의 일정한 떨림이 일정한 음계의 소리를 내며 물리적·심리적 두 연쇄의 평행성parallélisme이 수적으로 상당히 많은 경우에 확인되었음을 알기 때문이다. 그리고 또한 우리는 주어진 조건하에서 우리가 원하는 어떤 음을 듣거나 어떤 색을 보는 데에 자유롭다는 주장을 아무도 한 적이 없다.[18] 그런 종류의 감각들은 다른 많은 심리적 상태들과 마찬가지로, 명백하게 어떤 결정적 조건들에 연결되어 있으며, 바로 그렇기 때문에 그 감각들 아래에서 우리의 추상적 역학이 지배하는 운동 체계를 상상하거나 또는 재발견할 수 있었다. 간단히 말해, 기계적으로 설명하는 데 성공한 모든 곳에서 사람들은 생리적·심리적인 두 연쇄 사이의 거의 엄밀한 평행성에 주목했으며, 그런 종류의 설명은 확실히 두 연쇄가 평행하는 요소들을 나타내는 곳에서만 만날 것이기 때문에 거기에 놀라서는 안 될 것이다. 그러나 그런 평행성을 그 연쇄들 자체에 전체적으로 확장하는 것은 자유의 문제를 선험적으로 결정해 버리는 것이다. 그것은 분명 허용된 것일지도 모르며,[19] 가장 위대한 사상가들도 그렇게 하는 것을 전혀 망설이지 않았다. 그러나 또한 우리가 앞서 언명한 것처럼, 그들이 의식의 상태들과 연장성이라는 양상mode[20]의 엄밀한 대

---

18) 이 책이 씌일 당시에는 그랬을 것이다. 그러나 오늘날에는 특히 음의 선별적 청취 현상은 널리 알려져 있다.
19) 〈Cela est permis, assurément〉은 직역하면 〈그것은 분명히 허용된 것이다〉라는 뜻이지만, 〈assurément〉의 뉘앙스가 〈그것은 분명 허용된 것일지도 모르지만〉 정도의 약한 부정을 담고 있다.
20) 곧이어 나올 〈사유의 양상〉과 〈연장의 양상〉이라는 표현에서 알 수 있듯

응을 인정하는 것은 물리적 차원ordre[21)]의 이유 때문이 아니다. 라이프니츠는 그것을 예정 조화에 귀속시켰으나,[22)] 원인이 결과를 산출하듯이 운동이 지각을 낳을 수 있다는 것은 어떠한 경우에도 인정하지 않았다. 스피노자는 사유의 양상과 연장의 양상이 대응한다고 말했지만,[23)] 그들이 서로 영향을 주는 것은 결코 아니었다. 즉, 그것들은 동일한 영원의 진리를 두 개의 다른 언어로 전개한다는 것이다. 그러나 우리 시대에 벌어지는 것과 같은 물리적 결정론의 사유가 동일한 명확성과 동일한 기하학적 엄밀성을 제공하기에는 거리가 멀다. 사람들은 두뇌에서 이루어지는 분자운동을 표상하면서, 어떻게 그런지는 모르지만 의식이 때로는 거기서부터 나오기도 하고, 인광phosphorescence과 같은 방식으로 그것의 흔적을 비추기도 한다고 말한다. 그렇지 않으면 또 배우가 음이 울리지 않는 건반을 두드리는 동안 무대 뒤에서 연주하는 보이지 않는 음악가를 떠올리기도 할 것이다. 즉, 선율이 배우의 율동적인 동작에 겹치듯이, 의식이 미지의 영역으로부터 와서 분자의 진동에 포개진다는 것이다. 그러나 어떤 이미지를

이, ⟨mode⟩는 스피노자를 의식하고 쓴 말이다. 물론 연장성은 스피노자에게 ⟨양상⟩이 아니라 ⟨속성attribut⟩이지만, 여기서는 하여간 실체가 아니라는 넓은 의미에서 양상과 속성을 구태여 구별하지 않고 쓴 것으로 보인다. 그렇지 않고 일반적 프랑스 어로 ⟨mode⟩는 (연장성이라는) ⟨존재방식⟩ 정도의 의미이다.

21) ⟨ordre⟩는 정확히 ⟨질서⟩가 맞는 번역이지만, 우리말로 어색해서 차원으로 번역한다.

22) *Discours de la Métaphisique*, XV; *Principes de la nature et de la grâce*, III 등.

23) *Ethica*, II, 13.

끌어들이든 간에, 심리적 사실이 분자운동에 의해 필연적으로 결정된다는 것을 증명하고 있지도 않고, [앞으로도] 결코 증명하지 못할 것이다. 왜냐하면 한 운동에서 다른 운동의 근거는 발견되겠지만, 의식상태의 근거는 발견되지 않을 것이기 때문이다. 오직 실험만이 의식상태가 분자운동에 동반된다는 것을 확립할 수 있을 것이다. 그런데 두 항 사이의 일정한 연관이 실험적으로 입증된 것은 매우 한정된 경우에만 그리고 모두가 인정하는 바대로 의지와는 거의 독립적인 사실들에 대해서일 뿐이다. 그러나 왜 물리적 결정론이 그러한 연관을 가능한 모든 경우로 확장하는지를 이해하기는 쉽다.

사실 의식은 대부분의 우리 행동이 동기에 의해 설명된다는 것을 알려준다. 다른 한편, 상식은 자유의지를 믿기 때문에 여기서 결정은 필연성을 의미하는 것으로 보이지 않는다. 그러나 결정론자는 조금 후 우리가 자세히 비판할 지속과 인과성의 개념에 속아서 의식의 사실들의 상호 결정을 절대적인 것으로 생각한다.[24]

---

24) 좀 복잡하지만 연상주의적 결정론이 형성되는 과정을 세 가지로 설명하고 있다. 첫째, 우리의 행동에는 대부분 동기가 있다. 따라서 의식의 사실들도 다 이유가 있게 마련이라고 생각한다. 둘째, 우리의 자유의지가 어떤 결정에 이르는 경우와 같이 그 동기는 동기이기는 하지만 반드시 필연적일 필요는 없다고 생각한다. 셋째, 그러나 또한 잘못된 지속과 인과성 개념에 속아 의식의 사실들의 상호 결정을 절대적이라고 생각하게 된다. 그리하여 의식의 사실들은 모두 이유가 있고 그것은 바로 의식상태들의 상호 결정에 의해 절대적으로 이루어지지만 그 결정이 필연적일 필요는 없다는 연상주의적 결정론이 생긴다. 둘째와 셋째는 상충되는 것으로 생각될지 모르지만, 한편으로는 절대적 결정성을 생각하면서도 동

이렇게 하여 연상주의적 결정론이라는 하나의 가설이 탄생했으며, 그 가설에 의지하여 의식의 증언을 끌어댈 터이지만, 그것은 아직 과학적 엄밀성을 주장할 수 없는 가설이다. 그런 말하자면 대략적인approximatif 결정론,[25] 즉 질의 결정론[26]이 자연현상들을 지배하는 것과 동일한 기계론에 의지하려고 시도하는 것은 자연스러운 일이다. 기계론은 그런 결정론에 자신의 기하학적 성격을 빌려주며, 이러한 조작에 의해 심리적 결정론은 더욱 엄밀해지고 물리적 기계론은 보편적이 됨으로써, 모두가 함께 이득을 얻게 된다. 시의 적절한heureuse 상황이 그러한 접근을 부추긴다. 가장 단순한 심리적 사실들이 제 발로 찾아와 분명히 확정된 물리적 현상들에 자리잡으며,[27] 대부분의 감각들은 어떤 분자운동에 연결되어 있는 것으로 보인다. 의식상태들은 그것이 일어나는 상황에 의해 필연적으로 결정된다는 것을 심리적 차원의 이유 때문에 이미 받아들인 사람에게는 그처럼 시작에 불과한 실험적 증명만으로도 매우 충분하다. 이제 그는 더 이상 망설이지 않고, 의식이라는 무대에서 공연되는 연극이 유기질의 분자와 원자들이 실연하는 몇몇 장면들의 항상 축자적이며 충실한 번역이라 생

시에 그 결정의 자유로움을 인정케 하므로 더욱 완벽하게 의식 속에서 일어나는 일을 설명하고 있는 것으로 느끼게 한다. 지속과 인과성 개념에 대한 비판은 248쪽 이하 참조.

25) 엄밀한 결정론이 아니므로.
26) 자연과학에서와 같은 엄밀한 양의 결정론이 아닌, 질적인 요소가 많이 남아 있는 결정론.
27) 가령 감각. 외부세계의 일정한 변화에 감각도 대응하여 변하는 것으로 생각된다.

각한다. 이렇게 하여 도달하는 물리적 결정론은, 자신을 스스로 입증하려 하고, 자연과학에 호소함으로써 자기자신의 윤곽을 고정하려 하는 심리적 결정론 이외의 다른 것이 아니다.

그럼에도 불구하고, 힘의 보존의 원칙을 엄밀하게 적용한 후에도 남는 자유의 부분은 상당히 제한적임을 인정해야 할 것이다. 그 법칙이 우리 생각의 흐름에 필연적으로 영향을 끼치지 않는다 하더라도, 적어도 우리의 운동[28]을 결정할 것이기 때문이다. 우리의 내적 삶은 어느 정도까지는 아직도 분명 우리에게 달려 있을 것이나, 외부에 위치한 관찰자에게는 우리의 활동과 절대적 자동운동automatisme을 구별하게 해주는 것은 아무것도 없을 것이다. 따라서 에너지 보존의 법칙을 자연의 모든 물체로 확장하는 것이 그 자체로 어떤 심리적 이론을 내포하는 것은 아닌지, 선험적으로 인간의 자유에 관해 어떠한 선입견도 갖지 않을 과학자가 과연 그 법칙을 보편적 법칙으로 세우려고 생각할지를 자문해 보는 것이 중요하다.

자연과학사에서 에너지 보존의 원칙이 수행하는 역할을 과장해서는 안 될 것이다. 현재의 형태에서 그것은 특정한 과학의 진보의 특정한 국면을 표시한다. 그러나 그것이 그 진보를 이끈 것은 아니며, 그것을 모든 과학적 탐구의 필수불가결한 전제로 만드는 것은 잘못이다.[29] 물론 주어진 양에 대해 이루어지는 모든

---

28) 외적, 객관적 운동, 즉 신체적 운동.
29) EC(242쪽 이하)에서도 베르크손은 에너지 보존의 법칙에 대해서는 유보적인 입장을 취한다. 반면, 열역학 제2법칙은 형이상학적으로 중요한 법

수학적 조작은 그것을 어떤 방식으로 분해하든 그 조작의 〔전〕 과정을 통한 그 양의 불변성permanence을 내포한다. 다른 말로 하면, 주어진 것은 주어진 것이고 주어지지 않은 것은 주어지지 않은 것이며, 동일한 항들에 대해 이루어진 합계는 어떠한 질서에서건 동일한 결과를 낳을 것이다. 과학은 영원히 그러한 법칙에 복종하는 것으로 남아 있을 것이며, 그것은 비모순의 법칙[30] 이외의 다른 것이 아니다. 그러나 그와 같은 법칙은 주어진 것으로 삼아야 할 것ce qu'on devra se donner[31]과 일정한 것으로 남을 것ce qui restera constant의 본성에 대한 어떠한 특별한 가정도 내포하고 있지 않다. 어떤 의미에서 그것은 어떤 사물quelque chose이 무rien로부터 나올 수 없을 것임을 분명히 우리에게 알려준다. 그러나 과학적으로 어떤 사물이라고 생각되어야 할 실재의 모습과 기능은 어떠한지 그리고 실증과학의 입장에서 무(無)로 생각되어서는 안 될 것은 어떤 것인지를 말해주는 것은 오직 경험이다. 간단히 말해, 정해진 순간에서의 정해진 체계의 상태를 예견하기 위해서는 필연적으로 일련의 결합을 통해 무언가가 거기서 일정한 양으로 보존되어야 한다. 그러나 그 사물의 본성에 대해 논하는 것, 특히 그것이 가능한 모든 체계들에서 발견되는지, 다른 말로 해서, 가능한 모든 체계가 우리의 계산에 들어올

칙임을 인정한다.
30) 즉, 모순율.
31) 바로 다음에 설명되는 것처럼, 〈어떤 사물이라고 생각되어야 할 실재〉나 〈무로 생각되어서는 안 될 것〉을 의미한다. 그것을 결정하는 것은 경험이다.

준비가 되어 있는지를 알려주는 것은 경험에 속한다.[32] 라이프니츠 이전의 모든 물리학자들이 데까르트처럼 우주에서의 동일한 운동량의 보존을 믿었는지는 증명되지 않았다.[33] 그들의 발견이 과연 더 적은 가치를 지녔으며 그들의 연구가 더 적은 성공을 거두었던가? 라이프니츠가 그 원칙을 운동량force vive[34] 보존의 원칙으로 대체했을 때조차, 그와 같이 공식화된 법칙을 완전히 일반적인 것이라 생각할 수 없었다. 왜냐하면 그것은 탄성 없는 두 물체의 중심충돌의 경우에 대해서는 명백한 예외를 인정했기 때문이다. 따라서 상당히 오랫동안 보편적 보존 원칙 없이 지내왔다. 현재의 형태에서 그리고 열역학 이론이 형성된 이래로, 에너지 보존의 법칙은 분명 물리-화학적 현상에 보편적으로 적용될 수 있는 것으로 보인다. 그러나 라이프니츠가 말했던 운동량, 또는 운동 에너지 그리고 나중에 거기에 결합해야 했던 위치 에너지 이외에, 더 이상 계산에 들어오지 않는다는 점에서 다른 두

---

32) 여기까지의 논의는 말은 복잡하지만 의미는 간단하다. 즉, 학문을 한다면 누구나 인정해야 할 모순율을 넘어서, 에너지 보존의 법칙까지도 보편적으로 적용할지 아닐지의 문제는 경험적으로, 즉 자료의 성질을 보아가며 정해야 할 문제라는 것이다. 다시 말해, 모순율은 보편적이지만 에너지 보존의 법칙은 선험적으로 보편적인 것은 아니라는 것, 더 솔직히 말하면, 후자의 법칙은 보편적이지 않다는 것이다. 생명현상에는 적용되지 않으므로. 그렇다면 베르크손은 왜 이렇게 조심해서 말하는가? 적어도 겉보기에는, 즉 외적 운동으로만 판단하면 생명도 그 법칙에 복종하는 것으로 보이기 때문이다.
33) 이 문제는 MM 215-217쪽에서 논의되고 있음.
34) 운동량force vive = 질량×속도^2

힘과 구별되는 어떤 새로운 종류의 에너지가 일반적으로는 생리학적 현상 그리고 특수하게는 신경 현상에 대한 연구에 의해 밝혀지지 않을 것임을 말해주는 것은 아무것도 없다. 최근에 〔그렇게들〕 주장하는 모양이지만, 그로 말미암아 자연과학이 그 정확성이나 기하학적 엄밀성에서 잃을 것은 아무것도 없다. 다만 보존적 체계가 유일하게 가능한 체계는 아니라는 것, 또는 아마도 그런 체계들이, 화학자의 원자가 입체들과 그 결합에서 하는 것과 동일한 역할을 구체적 실재의 총체에 대해 수행한다는 것[35]까지가 양해된 사항으로 남을 것이다. 가장 극단적인 기계론은 의식을 주어진 상황하에서 어떤 분자운동에 덧붙여지기 위해 나타날 수 있는 **부대현상**épiphénomène으로 간주하는 것임에 주목하자. 그러나 분자운동이 의식의 무로부터[36] 감각을 창조할 수 있다면, 이번에는 의식인들 왜 운동 에너지와 위치 에너지의 무로부터,[37] 또는 그런 에너지를 자신의 방식으로 사용하여 운동을 창조할 수 없을까? —— 게다가 에너지 보존의 법칙을 이해 가능한 방식으로 적용할 수 있는 것은 오직 움직일 수 있는 점들이 다시 처음의 위치로 되돌아오는 것이 허용되어 있는 체계[38]에 대해서만이라는 것에 주목하자. 사람들은 적어도 그런 회귀가 가능한 것

---

35) 입체들의 결합에서 여러 변화에도 불구하고 원자들은 자기 동일성을 유지하는 항으로 남는다. 그와 마찬가지로 보존법칙은 일정한 구체적 사물들의 총체에 대해 동일성을 유지하는 항으로서의 기능을 수행한다.
36) 즉, 의식이 전혀 없는 데서.
37) 즉, 그런 에너지 없이.
38) 가역적인 체계, 즉 공간적·물질적 체계.

으로 생각하며, 그런 조건에서라면 체계 전체와 그 요소를 이루는 부분들의 원상태는 아무 변화도 일어나지 않았다는 것을 받아들인다.[39] 간단히 말해, 시간은 그 체계에 대해 아무런 영향이 없다. 동일한 양의 물질과 동일한 양의 힘의 보존에 대한 인류의 막연하고도 공통적인 믿음은, 아마도 타성적 물질이 지속하지 않는 것으로 보이고[40] 또는 적어도 흘러간 시간le temps écoulé의 어떠한 흔적도 보존하지 않는다는 바로 그 사실에 기인할 것이다. 그러나 생명의 영역에서는 그렇지 않다. 여기서는 분명 지속이 원인[41]의 방식으로 작용하는 것으로 보이며, 일정한 시간이 경과한 후 사물을 제자리에 다시 가져다놓는다는 생각은 일종의 부조

---

39) 바로 다음에 나오는 〈시간은 그 체계에 대해 아무런 영향이 없다〉는 말에서도 알 수 있듯이, 아무리 다양한 변화가 일어났더라도 다시 원래 상태대로 돌이킬 수 있는 방식으로 변한 것이므로, 결국은 체계 전체와 그 부분들의 원상태에는 아무런 변화도 일어난 것이 아니다. 상대적 위치와 배치만 달라졌을 뿐, 전체적인 질량이나 운동량도 부분의 질도 변하지 않았다.

40) 이곳과 259쪽(주 148)에서는 타성적 물질이나 외부사물이 지속하지 않는 것으로 보인다고 되어 있으나 138쪽(2장 주 72)에서는 〈외부사물도 우리처럼 지속하는 것으로 보이며……〉로 되어 있다. 따라서 양쪽이 서로 모순되는 것처럼 보인다. 그러나 그것은 물질의 이중적 성격 때문이다. 물질은 우선 우리의 지속과 대립된 경향성을 가지는 것이 사실이다. 그러나 지속과 완전히 반대라면 서로 만날 이유가 없으므로 어느 정도는 그것과 공통되는 부분이 있다. 따라서 물질도 어느 정도는 지속한다. 그런 물질(외부사물)을 어느 관점에서 보느냐에 따라 때로는 지속하지 않는 것으로 때로는 지속하는 것으로 보이게 된다.

41) 즉, 능동인. 능동적으로 움직이게 하는 원인.

리를 내포하는 바, 그와 같은 이전으로의 회귀가 생명체에서는 결코 이루어진 적이 없기 때문이다. 그러나 부조리는 순전히 외양에 불과하며, [그렇게 부조리하게 보이는 것은] 생명체 안에서 수행되는 물리-화학적 변화들이 무한히 복잡하기 때문에, 도무지 그것들 모두가 동시에 다시 이루어질 어떠한 가능성도 없다는 데에 기인한다는 것을 인정해 보자. 그러나 적어도 이전으로 되돌아간다는 가설은 의식의 사실들의 영역에서는 이해할 수 없게 된다는 것에는 동의할 것이다. 감각은 그것이 계속된다는 사실만으로도 견딜 수 없게 되는 데까지 변한다. 여기서는 동일한 것이 동일한 것으로 남지 않고, 그의 모든 과거에 의해 강화되고 부풀어오른다. 간단히 말해, 역학이 의미하는 바와 같은 질점이 영원한 현재 속에 머무는 것이라면, 과거는 의식적 존재자에게는 확실히 실재이며, 아마 생명체에게도 그럴 것이다.[42] 흘러간 시간은 보존적이라 가정된 체계에 대해서는 얻음도 잃음도 아닌 반면,[43] 아마도 생명체에게는 그리고 의식적 존재자에게는 논란의 여지 없이 얻음gain이다.[44] 조건이 이러하다면, 시간의 작용에 복종하

---

42) 역학의 질점은 다시 이전 상태로 돌아갈 수 있으므로 과거가 별 의미가 없고 영원히 현재만이 문제인 것이라면, 의식적 존재에게 그리고 아마도 생명체 일반에게는 과거가 쌓여 어떤 다른 상태를 만드므로(가만히 있어도 지루해진다) 분명히 의미가 있는, 즉 어떤 영향을 끼치는 실재이다.

43) 전체가 보존되므로 시간이 흘러도 변한 것이 없고, 따라서 얻은 것도 잃은 것도 없다.

44) 베르크손은 분명히 잃음이 아니라 얻음이라 하고 있다. 이것은 과거가 사라지는 것이 아니라 쌓이는 것이며, 거기에 더하여 자꾸 새로운 것이 덧붙여진다는 철학에 기초를 둔 것이다. 이것이 바로 MM에 나오는 기억

고 지속을 저장하기 때문에 바로 그 사실 자체에 의해 에너지 보존의 법칙을 벗어나는[45] 의식의 힘이나 자유의지의 가설에 유리한 쪽으로 추정할 것을 주장할 수는 없을까?

사실을 말하자면, 역학의 그 추상적 원리[46]를 보편적 법칙으로 세우게 된 것은 과학에 기반을 주어야 할 필요성 때문이 아니라, 오히려 심리적 차원의 오류 때문이다. 우리는 우리 스스로를 직접적으로 관찰하는 데에는 전혀 익숙하지 않고, 외부세계에서 빌려온 형식들formes을 통해 우리 자신을 보기 때문에, 끝내는 실재 지속, 즉 의식이 산 지속이, 아무것도 변화시키지 않으면서 타성적 원자 속으로 흘러들어가는 지속[47]과 같다고 믿어 버리고 만다. 거기서부터 일단 시간이 흐른 후에도 사물을 원래 위치에 다시 갖다놓고, 동일한 사람들에게 다시 작용하는 동일한 동기들을 가정하며, 그 원인들이 또한 동일한 결과를 낳을 것이라고 결론

의 본질이다. 시간이 갈수록 생명체는 자꾸 늙어간다는 의미에서 잃는 것이라 할 수는 없을까? 있다. 그러나 그것은 삶을 어느 쪽에서 바라보느냐에 달린 일종의 부분적 관점이며, 여기서와 같은 생명에 대한 전면적, 형이상학적 정의는 아니다. 여기서의 얻음에 대립되는 잃음이 성립하려면, 세상 전체가 뒤집혀서 지금의 물질이 생명이 되고 생명이 물질이 되어 모든 것이 기억되어 있고 그 기억을 어떻게 해서든 없애는 데에서 존재의 의의를 찾는 말하자면 〈반생명〉이 간신히 살아가는(!), 즉 죽어 가는 세상이 되어야 한다.

45) 드디어 여기서 베르크손은 생명이 에너지 보존의 법칙을 벗어나는 것임을 토로한다.
46) 즉, 에너지 보존의 법칙.
47) 즉, 공간화된 시간, 진정한 시간이 아닌 시간.

짓는 데에서 불합리함을 보지 못한다는 사실이 나온다. 우리는 조금 후에[48] 그러한 가설이 이해할 수 없는 것임을 보여주려고 한다. 당장은 일단 그러한 길로 들어서면, 숙명적으로 에너지 보존의 원칙을 보편적 법칙으로 세우는 데에 이른다는 것을 확인하는 것으로 그치자. 그것은 바로 주의 깊게 고찰함으로써 우리에게 드러날 외부세계와 내부세계 사이의 근본적 차이를 제거해 버렸기 때문이다. 즉 진정한 지속과 외견상의 지속을 동일시했던 것이다. 그렇게 되면 이제, 심지어 우리의 시간까지 포함하여 도대체 시간을, 얻음과 잃음의 원인으로, 구체적 실재로, 나름의 방식의 힘으로 생각하는 것에 부조리가 생기게 될 것이다. 그리하여 자유에 관한 모든 가설을 제거하면, 심리적 사실들이 확인해 주기를 기다리는 동안 에너지 보존의 법칙은 물리적 현상들〔만〕을 지배한다고 말하는 것으로 그쳐야 할 터인데도, 사람들은 그 명제를 무한히 넘어서고, 형이상학적 편견의 영향으로 심리적 사실들이 틀렸다고 하지 않는 한, 힘의 보존의 원칙이 현상들 전체에 적용될 것이라고 앞서 나간다. 따라서 고유한 의미에서의 과학은 여기서 아무 관련이 없다. 우리는 지금 우리 눈에는 아주 다른 지속의 두 개념을 자의적으로 동일시하는 것assimilation을 지켜보고 있는 것이다. 간단히 말해서, 이른바 물리적 결정론은 근본적으로 심리적 결정론으로 환원되며,[49] 우리가 처음에 언명한 것처

---

48) 248쪽 이하.
49) 물리적 결정론은 에너지 보존의 법칙이 보편적이라는 것, 즉 그것이 심리적 영역에까지 적용된다고 보는 것에서 성립하는데, 그런 주장이 성립하게 된 동기는 심리적 차원의 오류에 기인한다. 우선 일상의 경험에서

럼50) 문제는 [이제] 바로 이 주장을 검토하는 일이다.

 가장 명확하고 가장 최근 형태에서의 심리적 결정론은 정신에 대한 연상주의적 견해를 내포한다. 사람들은 현재의 의식상태를 이전 상태들에 의해 필연적으로 나온 것이라 표상하지만, 거기에는 가령 합성운동과 그 결과를 연결시키는 것과 같은 기하학적 필연성은 전혀 없다는 것을 분명히 느낀다. 왜냐하면 이어지는 의식상태들 사이에는 질적 차이가 존재하여 그들 중 하나를 그에 앞선 것으로부터 선험적으로 연역하는 것을 항상 실패하게 만들기 때문이다. 사람들은 그때 경험에 호소하여 한 심리적 상태에

생리적 상태와 심리적 상태의 평행성과 외부 상황과 내적 상태의 평행성에 주목하고(그러나 그러한 평행성이 입증된 것은 극히 일부분의 사실에 국한된다), 거기에 우리의 심리상태가 일정한 동기에 의해 결정된다는 것 그리고 그것이 모종의 필연성을 가진다는 것에 힘입어 연상주의적 결정론, 즉 일종의 심리적 결정론을 형성한 후, 에너지 보존의 법칙에 기반을 둔 기계적 결정론과 손잡음으로써 자신의 엄밀성을 높이고 싶어했고, 그것은 쉽게 이루어졌다. 그렇게 탄생한 것이 물리적 결정론이다. 그러나 그것은 우리의 내부도 외부사물의 형식을 통해 보려는 습관에 기인한 것이자 물리적 세계에만 적용되는 에너지 보존의 법칙을 부당하게 심리상태로까지 확장한 것이며, 그런 오류가 생기게 된 근본 이유는 진정한 지속과 외견상의 지속, 즉 공간화된 지속을 〈자의적으로 동일시〉했기 때문이다. 그것은 가역적인 물리적 세계와 비가역적인 생명의 세계의 차이를 부당하게 무시한, 심리적 차원의 비과학적 오류 추론이다. 결국 물리적 결정론은 해소되고 심리적 결정론만이 그 핵심으로 남으며, 그것은 이제부터 다루어질 것이다.

50) 183쪽.

서 다음 상태로의 이행은, 후자가 이를테면 전자의 부름에 복종하는 것으로서 항상 어떤 단순한 이유로 설명된다는 것을 증명할 것을 요구한다. 그리고 사실 경험은 그것을 증명한다. 그리고 우리로 말하자면 의식이 지나가는 모든 새로운 상태와 현재 상태 사이에 어떤 관계가 존재한다는 것을 어렵잖게 받아들일 것이다. 그러나 이행을 설명하는 그 관계가 그 이행의 원인인가?[51]

여기서 개인적 관찰을 보고하는 것을 허락하기 바란다. 잠시 동안 끊어졌던 대화를 다시 시작하면서 우리와 우리의 대화자는 어떤 새로운 대상을 동시에 생각하고 있음을 알아차린 적이 있다.——그것은 대화가 멈추었던 그 생각의 자연스러운 발전을 각자가 나름대로 따랐기 때문이라고 사람들은 말할 것이다. 동일한 연상의 고리가 이쪽과 저쪽에서 형성되었던 것이다.——우리는 상당히 많은 수의 경우에 대해 그런 해석을 채택하는 데 망설이지 않을 것이다. 그러나 세밀히 탐문해 본 후 기대치 않은 결과에 이르렀다. 두 대화자가 새로운 대화의 주제를 이전 것에 관련시키는 것은 분명하다. 그들은 심지어 매개 관념들까지 지시할 것이다. 그러나 흥미로운 일은 그들이 그 새로운 공통의 생각을 관련시키는 곳이 항상 이전 대화의 동일한 지점은 아니며, 두 매개적 연상의 고리들은 근본적으로 다를 수 있으리라는 것이다. 거기서부터 어떤 결론을 내릴 것인가? 공통의 생각이 미지의 원인—아마도 어떤 신체적 영향—으로부터 파생된 것이며, 그것의 출현을 정당화하기 위해 그 새로운 생각이 이전 것들의 연쇄를

---

[51] 바로 다음 문단의 끝에서 말하고 있는 것처럼, 사실은 원인이 아니라 결과이다.

불러일으켰다는 것이 아니라면. 그 연쇄는 그 생각을 설명하고, 그 생각의 원인인 것처럼 보이지만, [사실은] 결과가 아닌가?

한 피험자가 최면상태에서 받은 암시를 지시된 시간에 수행할 때, 그가 수행하는 행위는, 그에게는 자신의 이전 의식상태들의 연쇄에 의해 유발된 것이다. 그러나 그 상태들은 사실상 결과이지 원인이 아니다. 즉, 행위는 완수되어야 했고, 피험자는 또한 그것을 스스로에게 설명해야 했다. 그리고 미래의 행위야말로 일종의 인력에 의해 심적 상태들의 연속적 고리를 결정했고, 이후 그 행위는 그 고리 속에서 자연스럽게 나타나게 될 것이다. 결정론자들은 이 논거를 탈취해 갈 것이다. 왜냐하면 이것은 우리가 때로는 저항할 수 없는 방식으로 외부 의지 volonté étrangère의 영향을 받는다는 것을 증명하기 때문이다. 그러나 그것은 또한 어떻게 우리의 의지가 원하기 위해 원할 수 있는지를[52] 그리고 다음으로, 이루어진 행위가 자신이 원인이었던 이전 상태들에 의해 설명되도록 할 수 있는지를 그만큼 잘 이해하게 해 주지 않을까?

우리 자신에게 신중히 자문(自問)해 보면, 결정은 이미 내려졌음에도 동기들을 저울질하고, 심사숙고하는 일이 일어난다는 것을 알 수 있다. 거의 지각할 수 없는 내부의 목소리가 〈왜 이런 숙고를 하지? 너는 출구를 알잖아. 네가 무엇을 하려는지 잘 알고 있잖아〉 하고 속삭인다. 그러나 중요치 않다! 우리는 기계론의 원

---

[52] 나중에 설명될 것처럼 우리는 이유 없이 선택하는 경우가 많으며, 그것은 말하자면 어떤 이유 때문에 선택하는 것이 아니라 원하기 위해 원하는 것이다.

리를 보존하고, 관념 연상의 법칙들에 따르는 데 집착하는 것처럼 보인다. 의지의 갑작스러운 개입은 우리의 지성이 조짐을 알고 적법한 의결을 통해 미리 합법화하는 쿠데타와 같다. 의지가 원하기 위해 원할 때조차 어떤 결정적 이유에 복종하는 것은 아닌지, 원하기 위해 원한다는 것이 자유롭게 원하는 것일지를 자문해 볼 수 있다는 것은 사실이다. 당장은 그 점에 관해 길게 논하지 않겠다. 연상주의의 관점에 자리를 잡더라도 동기들에 의한 행위의 절대적 결정과 의식상태들 상호간의 절대적 결정을 인정하기는 어렵다는 것을 보임으로써 충분할 것이다. 그런 잘못된 외양들 밑에서 더욱 주의 깊은 심리학은 때로 원인을 앞서는 결과들과 알려진 관념 연상의 법칙을 벗어나는 심리적 이끌림 현상들을 드러낸다. ──그러나 연상주의가 자리잡은 관점은 자아와 의식상태들의 다수성에 관해 결함이 있는 견해를 내포하지는 않는지를 물어야 할 순간이 왔다.

연상주의적 결정론은 자아를 심리적 상태들의 조합으로 표상하여, 그들 중 가장 강력한 것이 지배적 영향력을 행사하고 자신과 함께 다른 것들을 이끌고 온〔다고 생각한〕다. 그런 주장은 따라서 공존하는 심리적 사실들을 서로로부터 분명하게 구별한다. 스튜어트 밀Stuart Mill은 〈범죄에 대한 반감과 그 결과에 대한 두려움이 그것을 저지르도록 부추기는 유혹보다 더 강했다면 나는 죽이지 않을 수 있었을 것이다〉[53]라고 말한다. 또 조금 뒤에

---

53) (원주) 『해밀턴의 철학*La philosophie de Hamilton*』, Cazelles역, 554쪽.

(역주) 원문은 〈J'aurais pu m'abstenir de tuer, si mon aversion pour le crime et mes craintes de ses conséquences avaient été plus faibles

는 〈선을 행하겠다는 그의 욕망과 악에 대한 반감은 그와 반대의 모든 다른 욕망과 모든 다른 반감을…… 정복하기에 충분히 강하다〉[54]고 말한다. 여기서는 이처럼 욕망, 반감, 두려움, 유혹이 구별되는 사물로 그리고 따로따로 명명하는 것을 지금 아무것도 방해하지 않는 사물로 표현되어 있다. 그것들을 겪는 자아에 그 상태들을 연결할 때조차, 이 영국 철학자는 아직도 확정적 구별을 확립하려고 애쓴다. 즉, 〈어떤 쾌락을 욕망하는 자아와 가책을 두려워하는 자아 사이에 분란이 일어난다〉[55]는 것이다. 한편 알렉산더 베인Alexandre Bain은 〈동기들의 분란〉에 한 장(章) 전체를 할애한다.[56] 그는 거기서 쾌락과 고통을 그만큼의 항들처럼, 즉 적어도 추상적으로는 고유한 존재를 부여할 수 있을 항들처럼 저울 위에 올려놓는다. 결정론의 반대자들조차 그 점에서는 매우 기꺼이 그를 따르고, 그들 역시 관념의 연상과 동기들의 분란을 논하며, 그런 철학자들 중 가장 심오한 사람의 한 명인 푸이예

---

    que la tentation qui me poussait à le comettre〉인데, 논리적으로는 〈plus faibles〉 대신에 〈plus fortes〉라 해야 한다. 그러나 인용은 정확하다. 다만 그 문맥이 여기와 다른 데서 착오가 일어났다. 원래는 〈On me dit que si je choisis de tuer, j'ai conscience que j'aurais pu choisir de m'abstenir: mais ai-je conscience que j'aurais pu m'abstenir si mon aversion pour le crime…… comettre?〉로 되어 있다(VI, 1547쪽, 주 p. 105, l. 30 참조). 우리는 문맥에 맞게 〈fables〉을 〈fortes〉로 바꾸어 번역한다.

54) (원주) 같은 책, 556쪽.
55) (원주) 같은 책, 555쪽.
56) (원주) 『감정과 의지 *The Emotions and the Will*』, 제4장.

Fouillée도 자유의 관념 자체를 다른 관념들에 대한 반대 추의 역할을 할 수 있는 동기로 삼는 것에 주저하지 않는다.[57] ──그러나 사람들은 여기서 언어가 내적 상태들의 모든 뉘앙스를 표현하게 되어 있지 않다는 것에 기인한 중대한 혼동에 노출된다.

나는 가령 창문을 열려고 몸을 일으킨다. 그런데 일어서자마자 무엇을 해야 할지를 잊어버린 것이 아닌가. 그리하여 나는 멍하니 서 있게 된다.──사람들은 말할 것이다. 그보다 간단한 것은 없다. 당신은 두 개의 관념, 즉 도달해야 할 목적과 완수해야 할 운동의 관념을 연합했고, 그 관념들 중 하나는 사라지고 오직 운동의 표상만 남아 있다고.──그러나 나는 다시 앉지 않는다. 막연하게 뭔가 해야 할 것이 남아 있음을 느낀다.[58] 내가 멍하니 서 있는 것은 따라서 아무렇게나 서 있는 것이 아니다. 완수해야 할 행위가 미리 이루어져 있는 것처럼 내가 머무는 위치에 있다. 그러므로 나는 그 위치에 머물면서 그것을 탐색하거나 또는 내적으로 느끼기만 하면 잠시 사라졌던 그 관념을 재발견할 수 있다. 따라서 윤곽이 그려진 운동과 자리잡고 있는 위치의 내적 심상image에 그 관념이 특별한 색채를 분명히 전달했어야만 하고, 도달해야 할 목적이 달랐다면 그 색채는 아마도 같은 것이 아니었을 것이다. 그럼에도 불구하고 언어는 아직도 그런 운동과 위치를 같은 방식으로 표현할 것이다. 그리고 연상주의 심리학은 동일한 운동의 관념에 이번에는 새로운 목적의 관념이 연합되었다고 말

---

57) (원주) Fouillée, 『자유와 결정론 *La liberté et le déterminisme*』.
58) 즉, 목적의 관념이 완전히 사라진 것이 아니다.

하면서 두 경우를 구별했을 것이다. 수행해야 할 운동이 공간적으로는 동일하다 하더라도, 도달해야 할 목적의 새로움 자체가 그 운동의 표상의 뉘앙스를 변경시키지 않는다는 듯이! 따라서 어떤 위치의 표상이 의식 속에서 도달해야 할 다른 목적의 심상에 연결될 수 있다고 하기보다는, 오히려 기하학적으로 동일한 위치들이 표상되는 목적에 따라 다른 형태로 주체의 의식에 주어진다고 해야 할 것이다.[59] 연상주의의 잘못은 수행해야 할 행위의 질적 요소를 먼저 제거하고 그것이 가지고 있는 기하학적이고 비개성적인 면만을 보존한 것이다. 이렇게 탈색된 그 행위의 관념에 이제 특수한 차이를 결합하여 많은 다른 것들과 구별해야 했다. 그러나 그러한 연합은 나의 정신 자체의 작품이라기보다는 나의 정신을 연구하는 연상주의 철학자의 작품이다.

나는 장미의 향기를 맡는다. 그러면 곧 어린 시절의 막연한 추억들이 기억에 다시 떠오른다. 사실을 말하자면, 그 추억들은 장미의 향기에 의해 환기된 것이 전혀 아니다. 나는 그 향기 자체에서 추억을 맡는 것이다. 향기는 나에게 그 모든 것이다. 다른 사람들은 그것을 다르게 느낄 것이다. —— 그것은 항상 동일한 향기이지만 다른 관념들에 연합된 것이라고 당신은 말할 것이다. —— 나는 분명 당신이 그렇게 표현하기를 바란다. 그러나 장미가 우리들 각각에게 주는 다양한 인상들로부터 그것이 가진 개

---

59) 즉, 목적과 운동이라는 두 개의 관념이 합쳐진 것이 아니라, 처음부터 운동 자체에 그 목적이 녹아 들어가 있다. 그것은 각각의 행위마다 다른 색채로 나타난다. 연상주의의 잘못은 그 고유한 색채를 지워 버리고 공통적으로 표상될 수 있는 것만 추출해 낸다는 데 있다.

인적인 면을 먼저 제거했다는 것을 잊지 말아야 한다. 당신은 거기서 객관적인 면, 즉 장미의 향기에서 공통적인 영역에 속한 것 그리고 요점을 말하자면 공간에 속한 것만을 보존했을 뿐이다. 게다가 오직 그런 조건에서만 장미와 그 향기에 이름을 줄 수 있었다. 그렇게 되니까 우리의 개인적 인상들을 서로로부터 구별하기 위해서는 장미의 향기라는 일반적인 관념에 특수한 성격들을 덧붙여야만 했다. 그리고 당신은 이제 우리의 다양한 인상들, 우리의 개인적 인상들은 장미의 향기에 다른 추억들을 연합한 결과라고 말한다. 그러나 당신이 말하는 연합은 거의 당신에게만 존재할 뿐이며 그리고 그것은 설명의 절차로서이다. 많은 언어들에 공통적인 어떤 알파벳 문자들을 병치시켜서 어떤 특정한 언어에 고유한 특징적 음을 그럭저럭 모방하는 것도 바로 그렇게 한 것이다. 그러나 그 문자들 중 어떤 것도 그 음 자체를 구성하는 데는 기여하지 못했다.[60]

이렇게 하여 우리는 위에서 병치의 다수성과 융합fusion과 상호 침투의 다수성 사이에 확립한 구별로 다시 돌아왔다. 이런 감정, 저런 관념은 무수한 의식의 사실들을 포함한다. 그러나 다수성은, 어떤 이들이 지속이라 부르지만 사실은 공간인 동질적 장소에서의 일종의 전개에 의해서만 나타날 것이다. 우리는 그때 서로에 대해 밖에 있는 항들을 볼 것이며, 그 항들은 더 이상 의

---

60) 가령 우리말의 모음 〈ㅢ〉를 표기하기 위해 〈oeu〉 또는 〈oi〉 등 그 밖의 어떤 문자를 조합해도 미국사람들은 결코 우리 발음으로 읽지 못할 것이다. 다만 한국말 발음을 아는 사람이 그렇게 쓰면 그런 발음을 표기한 것으로 인지할 뿐이다.

식의 사실들 자체가 아니라 그것들의 상징, 또는 더 정확히 말하자면 그것들을 표현하는 말이다. 우리가 증명했던 것처럼, 공간과 같이 동질적 장소를 생각하는 능력과 일반적 관념에 의해 사유하는 능력 사이에는 내적인 상호 연관corrélation이 있다. 의식의 상태들을 이해하고 분석하려고 시도하자마자, 그 고도의 개인적인 상태는 서로에 대해 밖에 있으며, 각각이 유의 관념을 불러일으키고 말로 표현되는 비개성적인 요소들로 해체될 것이다. 그러나 우리의 이성이 공간의 관념과 상징을 창조하는 능력을 무기로 갖추고 있어서 전체로부터 그런 다수의 요소들을 끌어내는 것이기 때문에, 그것으로부터 그 요소들이 거기에 포함되어 있다는 결론은 나오지 않는다. 왜냐하면 전체 가운데에 있을 때, 그것들은 어떠한 공간도 점하지 않았으며 상징으로 표현되려고 하지도 않았기 때문이다. 그것들은 상호 침투했으며, 서로 속에 녹아들었다. 따라서 연상주의가 정신 속에서 일어나는 구체적인 현상을 철학이 그것에 대해 부여하는 인위적 재구성으로 끊임없이 대체하고, 그리하여 사실의 설명과 사실 자체를 혼동하는 것은 잘못이다. 특히 영혼의 더 깊고 더 포괄적인 상태들을 고려함에 따라 그것을 더욱 분명히 알아차리게 될 것이다.

  자아는 사실 그 표면으로 외부세계에 접촉한다.[61] 그 표면은 사물의 자국empreinte을 보존하고 있기 때문에, 자아는 병렬된 것으로 지각한 항들을 인접성contiguïté에 의해 연상할 것이다. 연상주의 이론이 적합한 것은 그런 종류의 연결, 즉 완전히 단순하

---

61) 160쪽 주 108) 참조. 단, 여기서는 의식적 자아의 표면만이 문제된다.

고 말하자면 비개성적인 감각들의 연결들에 대해서이다. 그러나 그런 표면의 아래를 파고들어감에 따라, 즉 자아가 다시 자기자신이 됨에 따라, 의식의 상태들 또한 병치되기를 멈추고 상호 침투하며, 전체가 융합되어, 각각이 다른 모든 것들의 색채로 물든다. 이처럼 우리들 각자는 사랑하고 미워하는 나름의 방식이 있으며, 그러한 미움과 그러한 사랑은 인격personnalité 전체를 반영한다. 그러나 언어는 모든 사람들에 대해 동일한 말로 그런 상태를 지시한다. 따라서 그것은 사랑, 증오 그리고 영혼을 흔드는 수천의 감정들의 객관적이고 비개성적인 면만을 고정할 수 있을 뿐이다. 소설가는 다수의 세부들을 병렬함으로써 감정과 관념들에 그들의 원시적이고 살아 있는 개성individualité을 되돌려 주려고 애쓰는데, 우리는 그 감정과 관념들을 공공의 영역—언어가 그처럼 그것들을 내려가게 했던[62] — 으로부터 끌어내는 힘에 의해 그의 재능을 판단한다. 그러나 한 운동체의 두 위치 사이에 점들을 무수히 끼워 넣어도 지나간 공간을 결코 메울 수 없는 것과 마찬가지로, 우리가 말한다는 사실만으로도, 우리가 관념들을 서로 연계시키며 그 관념들이 상호 침투하지 않고 병치된다는 사실만으로도, 우리는 우리의 영혼이 느끼는 것을 완전히 번역하는 데 실패한다.[63] 즉, 사유는 언어와 통약 불가능한incommen-

---

[62] 앞에서는 자아의 표면과 그 표면 밑을 파고들어간다는 표현을 씀으로써 표면이 위에 있는 것처럼 논의되었지만, 여기서는 감정과 관념들의 진정한 개성을 없애 버렸다는 점에서 그 차원을 아래로 낮춘 것으로 표현하고 있다. 표현상 약간 오해의 소지가 있지만, 의미는 명확하다.

[63] 즉, 말은 점 또는 정지체이며, 영혼의 느낌 자체는 연속체 또는 운동체

surable 것으로 남는다.

영혼이 마치 그것에 작용하는 그만큼의 힘들에 의해서인 것처럼 공감이나 반감, 미움 등에 의해 결정된다는 것을 보여주는 심리학은 따라서 언어에 속은 조야한 심리학이다. 충분한 깊이에 도달하기만 하면, 그런 감정들은 각각 영혼 전체를 대표하는 바 영혼의 모든 내용이 그들 각각에 반영되어 있다는 의미에서 그러하다. 영혼이 그런 감정들 중 무엇이든 어느 하나의 영향으로 결정된다고 말하는 것은 따라서 영혼이 스스로를 결정한다는 것을 인정하는 것이다. 연상주의자는 자아를 의식의 사실들, 즉 감각, 감정, 관념의 집합체로 환원한다. 그러나 그가 그런 다양한 상태들에서 그들의 이름이 표현하는 것 이상의 그 무엇도 보지 못한다면, 즉 거기서 비개성적 측면만을 붙잡는다면 그것들을 무한히 병치시킬 수는 있을지언정 자아의 유령, 즉 공간에 투사된 자아의 그림자 이외의 다른 것은 얻지 못할 것이다. 반대로 그런 심리적 상태들을 그것들이 특정한 개인에게서 취하는 특별한 색채 그리고 그것들 각각에게 다른 모든 것들의 반영 reflet으로부터 오는 특별한 색채와 함께 포착한다면, 개인을 재구성하기 위해 여러 의식의 사실들을 연합할 필요가 전혀 없다. 즉 그것을 선택할 수만 있다면 그 개인 전체가 그것들 중 오직 하나에 들어 있다. 그리고 그 내적 상태의 외적 표현이 바로 사람들이 자유로운 행위라 부르는 것일 것이다. 오직 자아만이 그것의 저자 auteur이며,

---

(또는 운동 자체)이다. 점들의 집합으로 연속적 선분을 재구성할 수 없고 정지체들의 집합으로 운동을 재구성할 수 없듯이, 정지체들, 즉 말들의 집합으로 운동 자체, 즉 영혼의 상태 자체를 재구성할 수 없다.

그것이 자아 전체이기 때문이다. 그런 의미에서 자유는 정신론spiritualisme이 가끔 그것에 부여하는 절대적 성격caractère absolu을 나타내지 않으며, 정도차를 받아들인다. —— 왜냐하면 의식의 모든 상태들이 연못의 물에 빗방울이 섞이듯이 그들의 동류에 섞여 들어가는 것이 아니기 때문이다. 자아는 동질적 공간을 지각하는 한에서 어떤 표면을 나타내며, 그 표면에서 독립적 개체군végétations들이 형성되고 떠다닐 수 있기 때문이다. 최면상태에서 받은 암시는 그처럼 의식의 사실들의 덩어리에 통합되지 않으나, 어떤 고유의 생명성을 부여받아 시간이 울리면 인격 자체를 대신할 것이다. 어떤 우연적 상황에 의해 일어난 격렬한 분노나 유기체의 어두운 심층부로부터 갑자기 의식의 표면으로 솟아오르는 유전적 결함[64]은 거의 최면의 암시처럼 작용할 것이다. 그런 독립적 항들 옆에서는 더욱 복잡한 연쇄들이 발견될 것이다. 그것의 요소들은 분명 서로 침투하지만 그것은 그 자체로 결코 완전하게 자아의 치밀한compact 덩어리 속으로 융합되기에 이르지는 못한다. 제대로 이해되지 못한 교육, 즉 판단보다는 기억에 호소하는 교육으로부터 온 관념이나 감정들의 총체가 그러하다. 여기서 바로 근본적 자아moi fondmental의 한가운데에 그것을 부단히continuellement 침범하는 어떤 기생적 자아moi parasite[65]가 형성된다. 많은 사람들이 그와 같이 살며, 진정한 자유를 알지도 못하고 죽는다.[66] 그러나 그러한 암시는 자아 전체가

---

64) 가령 간질병의 발작.
65) 이것은 하이데거의 〈das Man〉을 생각나게 한다.
66) 즉, 진정으로 자기가 원하는 것이 무엇인지도 모르고 주위에서 주입한

그것을 동화한다면 설득으로 [바뀌게] 될 것이다.[67] 열정은, 갑작스러운 것이라 할지라도, 알세스트의 분개indignation[68]에서처럼 개인의 전 역사가 거기에 반영되어 있다면, 더 이상 동일한 숙명적fatal[69] 성격을 나타내지 않을 것이다. 그리고 가장 권위적인 교육이라도 단지 영혼 전체에 스며들 수 있는 관념과 감정들을 전달한다면, 우리 자유의 아무것도 삭제하지 않을 것이다.[70] 그도 그럴 것이 자유로운 결정이 나오는 것은 영혼 전체에서이기 때문이다. 행위는 그것이 연결된 동적인 연쇄가 근본적 자아와 더욱 같아지려는 경향을 가질수록 그만큼 더 자유로워질 것이다.[71]

생각이나 관습에 따라 산다.

67) 주위에서 일러준 것이므로 암시가 되지만, 자기가 진심으로 그것을 받아들인다면 그는 거기에 설득된 것이다. 그때 그 암시는 자기의 일부가 된다.

68) 알세스트(=알케스티스)는 남편 아드메토스가 운명적으로 죽게 되어 있던 날에 그를 대신해 죽음으로써 남편을 살린다. 아드메토스에게는 늙은 부모들이 있었는데 그들마저도 주저하던 것을 알세스트는 감수한다. 여기서 〈알세스트의 분개〉란 나이가 들어 곧 죽을 것임에도 아들을 위해 희생하지 못하는 시부모의 망설임에 대한 분노와 자신의 목숨을 내놓을 정도로 강한 남편에 대한 사랑이 뒤엉킨 흥분상태를 의미한다.

69) 숙명이란 자기 자신이 아니라 외부적인 요인에 의해 지배받는 것이다. 그것은 자유가 아니라 필연이다.

70) 교육은 자아의 내부에 있는 것을 끌어내어 주는 것이다. 그런 의미에서 그것은 자아의 발현을 돕는 것이며, 피교육자를 더 자유롭게 한다. 반면, 훈련은 자아가 바라는 목적 이외의 목적에 봉사하게 하기 위한 것이며, 근본적으로 노예적이다.

71) 이 문단은 의식의 표면, 중간, 심부를 단계적으로 살피면서 자유의 여러 단계를 고찰하고 있다. 베르크손은 자유를 옹호하지만 분명 절대적이면

이렇게 이해하면, 자유로운 행위는 드물다. 자기자신을 관찰하고 자기가 하는 것에 대해 따지는 습관을 아주 많이 가진 사람들에게조차도 그렇다. 우리는 대부분의 경우 공간을 통해 굴절되게 자신을 보고, 우리의 의식상태들은 말로 응고되며, 우리의 구체적 자아, 우리의 살아 있는 자아는, 명료하게 그려지고 서로로부터 분리되며 따라서 고정된 심리적 사실들의 외부 껍질로 덮여 있음이 [앞에서] 밝혀졌다. 우리는 [또] 언어의 편의와 사회 관계의 용이함을 위해 그 껍질을 뚫지 않는 데에 그리고 그것이 덮고 있는 대상[72]의 형태를 그 껍질이 정확히 그리고 있다는 것을 인정하는 데에 우리의 모든 이익이 있다고도 덧붙였다. 이제 우리는 우리의 일상적 행동이 무한히 유동적인 우리의 감정 자체보다는 분명 그 감정이 고착되어 있는 불변의 상들로부터 영감을 받는다고 말할 것이다. 아침에, 내가 습관적으로 일어나는 시간[의 종]이 울릴 때, 나는 그런 인상을 플라톤의 표현을 따르자면 〈ξὺν ὅλῃ τῇ ψυχῇ(전 영혼으로)〉[73] 받아들인다. 나는 그 인상을, 나를 둘러싸고 있는 인상들의 혼돈된 덩어리로 녹아들도록 놓아둘 수도 있을 것이며, 그때 그것은 아마도 나를 행동하도록 결정하지는 않을 것이다. 그러나 대부분의 경우 그런 인상은 대야물에 떨어진 돌처럼 나의 의식 전체를 뒤흔들기보다는 표면에서 말하자면 응고된 한 관념, 즉 일어나서 나의 일상사에 종사해야 한다는 관념을 흔드는 데에 멈춘다. 그런 인상과 그런 관념은

서도 무차별적 자유를 주장하고 있는 것이 아니다.
72) 고유한 내적 심리상태.
73) 『국가론』, 518c8.

끝내 서로 이어진다. 따라서 나의 인격이 거기에 관심을 두지 않아도 행위는 인상을 따른다. 즉, 나는 여기서 의식이 있는 자동기계이며, 내가 그러한 것은 거기에 모든 이익이 있기 때문이다. 우리의 일상적 행동들 대부분은 그와 같이 이루어지며, 어떤 감각들, 어떤 감정들, 어떤 관념들이 기억 속에서 응고된 덕분에 외부로부터의 인상들이 의식적이며 심지어는 지적인 것이라 할지라도 많은 측면에서 반사적 행동과 닮은 운동을 우리에게 일으킨다는 것을 알 수 있을 것이다. 연상주의 이론이 적용되는 것은 그와 같이 매우 많으나 대부분 무의미한 행동들에 대해서이다. 그것들은 결합하여 우리의 자유로운 행위의 기저substrat를 이루며, 유기체의 기능이 우리의 의식적 삶 전체에 대해 하는 것과 동일한 역할을 그런 활동에 대해 수행한다.[74] 게다가 우리는 자주 더 중대한 상황에서도 자유를 포기하며, 우리의 인격 전체가 말하자면 진동해야 할 때, 타성에 의해서건 무기력에 의해서건, 그와 같은 국지적 과정만이 일어나도록 내버려둔다는 것을 결정론에 대해 인정할 것이다.[75] 우리의 가장 친한 친구들이 한결같이 우리의 어떤 중요한 행동에 대해 충고했을 때, 그들이 그토록 집요하게 표현한 감정들이 우리 자아의 표면에 와서 놓이고, 거기서 우리가

---

74) 우리의 의식적 삶 전체가 유기체의 자동적인 기능 위에 떠 있듯이, 우리의 의식적 삶 속에서도 그런 거의 자동적 행위들 위에 진정으로 자유로운 행위가 떠 있다.
75) 그러니까 우리의 행위가 무조건 다 자유롭다는 것이 아니라, 오히려 대부분의 경우는 거의 기계적으로 행위하는 것이며, 그런 범위에서는 결정론이 옳다는 것이다.

방금 말한 관념들과 같은 방식으로 응고된다. 그 감정들은 점점 우리의 개인적 감정들을 덮는 두꺼운 껍질을 형성할 것이며, 우리는 자유롭게 행동했다고 믿을 것이나, 얼마 후 거기에 대해 반성해 보고 나서야 비로소 우리는 우리의 잘못[76]을 인정하게 될 것이다. 그러나 또한 행위가 이루어지려는 순간, 반란이 일어나는 일도 드물지 않다.

그것은 표면으로 올라오는 하부의 자아이다. 그것은 외부의 껍질이, 감당 못할 충동력에 떠밀려 터져 버리는 것이다. 따라서 자아의 심층부에서 그리고 매우 논리 정연하게 병치된 그 논거의 하부에서, 아마도 무의식적은 아니겠지만 우리가 누르고 싶어하지 않았던 감정과 관념들의 들끓음, 그리고 바로 그렇기 때문에 그것들의 증가하는 긴장도 [또한] 진행되고 있었던 것이다. 그것을 잘 반성해 보면, 즉 우리의 기억을 조심스레 모아보면, 우리 스스로 그 관념들을 형성했고 우리 스스로 그 감정들을 살았으나, 그런 관념과 감정을 원하는 것에 대한 어떤 설명할 수 없는 혐오에 의해, 그것들이 표면에 떠오를 때마다 우리가 그것들을 우리 존재의 어두운 심층으로 밀어냈음을 알 수 있다.[77] 그리고

---

76) 자유롭게 행동했다고 믿은 잘못. 또는 친구의 충고를 진정으로 내가 원하는 것이라 믿은 잘못. 많은 친구들이 한 충고는 우리 자아를 덮는 껍질을 형성하고 따라서 대부분의 경우 우리는 그 충고에 따라 행동하게 된다. 그러나 나중에 그것이 내가 진정으로 원하는 것이 아님을 깨닫게 될 때도 있고, 또는 행동하려는 순간 충고를 깨고 내가 원하는 대로 방향을 돌릴 때도 있다.

77) 거의 프로이트의 무의식과 그 억압을 생각하게 하는 이 구절은 그러나 프로이트가 세상에 알려지기 전에 씌인 것이다. 그렇기 때문에 바로 앞

그렇기 때문에 우리는 헛되이 우리의 갑작스러운 결정의 변경을 그에 앞선 외견적 상황에 의해 설명하려고 시도한다. 우리는 우리가 어떤 이유로 결심하게 되었는가를 알고 싶어하나, 아무 이유도 없이, 아마도 심지어는 모든 이유에도 불구하고 결심하게 되었다는 것을 발견한다. 그러나 어떤 경우에는 바로 그것이 가장 좋은 이유이다. 왜냐하면 그때 이루어진 행동은 더 이상 표면적이고 거의 우리 밖에 있으며, 구별되고 표현하기 쉬운 이런저런 관념을 표현하는 것이 아니기 때문이다. 즉, 그것은 가장 내밀한 우리의 감정과 사유, 열망 전체에, 우리의 모든 과거 경험의 등가물인 삶에 대한 그 특유의 사고방식 conception에, 간단히 말해 행복과 명예에 대한 우리의 개성적 관념에 대응한다. 따라서 인간은 이유 없이 선택할 수 있다는 것을 증명하기 위하여, 통상적 ordinaires이며 심지어 생명과 무관한 상황에서 예를 찾으려 하는 것은 잘못이다. 그런 무의미한 행동들이 어떤 결정적 동기에 연결되어 있음은 어렵잖게 증명될 것이다. 엄숙한 상황에서,[78]

에서 무의식적인 것이 아니라고 말하고 있다. 베르크손에게 무의식은 의식과 단절된 것이 아니라 연결되어 있다. 의식의 심부로 들어가면 모든 것이 하나로 뭉쳐 뭐가 뭔지 모르게 〈서로 녹아든다〉. 그런 상태가 베르크손에게는 무의식이다. 그러나 이러한 생각은 프로이트의 생각과 대치되는 것이 아니라 오히려 프로이트적 무의식에 기반을 제공한다. MM에서와 같은 기억이론이 없으면 프로이트의 무의식도 불가능하기 때문이다. 다만, 그의 무의식의 억압구조는 베르크손이 모르던 것이지만, 그것은 베르크손의 입장에서도 충분히 인정할 수 있는 것이다. 그 증거가 바로 이 구절이다.

78) 결정적이고 중대한 상황에서.

우리[79]에 대해 다른 사람들에게 그리고 특히 우리 자신에게 줄 의견이 문제일 때,[80] 우리는 동기라 부르기로 합의한 것[이 있음]에도 불구하고 선택한다. 그렇게 손으로 만질 수 있는 어떠한 이유도 없다는 것은 우리가 더 깊이 자유로운 만큼 더 충격적이다.

그러나 결정론은 중대한 감정들이나 영혼의 깊은 상태들을 [여러] 힘들로[81] 정립하기를 삼갈 때조차, 아무튼 그것들을 서로서로 구별하며 그리하여 자아에 대한 기계론적 견해에 도달한다. 결정론은 자아가 두 개의 감정 사이를 망설이며 여기서 저기로 갔다가 결국 그 중 하나를 선택하는 것을 보여줄 것이다. 자아와 그것을 흔드는 감정들은 그와 같이, 조작의 전 과정에 자기 동일적인 것으로 남아 있는 분명히 정해진 사물과 동일시되어 있다. 그러나 항상 동일한 자아가 숙고하며 그것을 흔드는 두 개의 대립되는 감정들 또한 변하지 않는다면, 더구나 결정론이 내세우는 인과율에 따라야 한다면 도대체 어떻게 자아가 결정을 내릴 수 있겠는가? 진실은, 첫번째 감정을 느꼈다는 것만으로도 두번째 감정이 올 때는 자아가 이미 조금은 바뀌었다는 것이다. 숙고의 모든 순간에 자아는 바뀌며 따라서 그 자아는 또한 그를 흔드는 두 감정을 바꾼다. 그리하여 상호 침투하고 서로를 보강하며 자연스러운 진행에 의해 자유로운 행위에 도달할 상태들의 동적인 연쇄가 형성된다. 그러나 결정론자는 막연히 상징적 표상이 필요

---

79) 진정한 자기.
80) 내가 진정으로 원하는 것이 무엇인지, 내가 진짜로 누구인지를 밝혀야 할 때.
81) 독립적 존재로서 서로 밀고 당기는 힘들로.

하다는 것〔생각〕에 복종하여, 자아 자체와 함께 자아를 나누는 대립되는 감정들을 말로 지시할 것이다. 그것들을 잘 정해진 단어의 형태로 결정체화함으로써, 그는 미리 모든 종류의 살아 있는 활동성을 우선 인격으로부터 다음에는 그를 감동시키는 감정들로부터 제거한다. 그렇게 되면, 그는 한편으로는 항상 자기자신과 동일한 자아를, 다른 한편으로는 그 자아를 놓고 다투는, 마찬가지로 불변적인 반대의 감정들을 보게 될 것이다. 승리는 필연적으로 더 강한 것에 머물 것이다. 그러나 미리 스스로에게 선고한 그 기계론은 상징적 표상이라는 것 이외의 다른 가치를 가지지 않는다. 그것은 내적인 역동론을 사실로 제시하는 주의 깊은 의식의 증언에 대항하여 버틸 수는 없을 것이다.[82]

간단히 말해, 우리의 행위가 우리의 인격 전체로부터 나올 때, 전자가 후자를 표현할 때, 전자와 후자가 작품과 예술가 사이에서 때로 발견되는 그런 정의할 수 없는 유사성 ressemblence을 가질 때, 우리는 자유롭다. 우리는 그때 우리 성격 caractère의 전능한 영향력에 항복한 것이라고 둘러대 봐야 소용없다. 우리의 성격 역시 우리이다. 사람들은 인격을 두 부분으로 나누어, 느끼거나 사유하는 자아와 행동하는 자아를 추상의 노력에 의해 하나하나〔따로〕 생각하는 것을 즐겨했던 바, 두 자아 중 하나가 다른 것을 눌렀다고 결론짓는 것에는 어떤 유치함이 있다 할 것이다.[83]

---

82) 기계론과 역동론 중에서 베르크손은 결국 역동론에 손을 들어주고 있다. 물론 그의 역동론을 다른 역동론자와 같다고 할 수는 없다. 〈지속의 역동론〉이라고나 할까.
83) 이 문장은 우리말로는 조금 어색한데, 하려는 말은 결국 자아를 둘로 나

130 우리가 우리의 성격을 바꾸는 데에 자유로운지를 묻는 자에게도 같은 비난이 가해질 것이다. 아닌게 아니라, 우리의 성격은 날마다 알아차릴 수 없을 만큼 변하며, 그런 새로운 획득이 도래하여 우리의 자아에 접목은 되지만 그 속에 녹아들지는 않는다면 우리의 자유는 고통받을 것이다. 그러나 그러한 녹아듦이 일어나자마자, 우리의 성격에 일어난 변화는 분명 우리의 변화이며, 우리는 그것을 우리 것으로 삼았다고 해야 할 것이다.[84] 한 마디로, 나로부터 그리고 오직 나로부터 나온 모든 행위를 자유롭다고 부르는 데에 합의한다면, 우리 인격의 표지를 지닌 행위는 진정으로 자유로운 것이다. 왜냐하면 오직 우리의 자아만이 그것의 아버지임을 주장할 것이기 때문이다. 취해진 결정의 어떤 성격 속에서만, 한 마디로 자유로운 행위 속에서만 자유를 찾는다는 데에 합의한다면, 자유〔옹호〕론은 이처럼 입증되어 버릴 것이다. 그러나 결정론자는 그런 입장이 자신을 벗어난다는 것을 잘 느끼고 있기 때문에 과거나 미래로 피난한다. 때로는 사유에 의해 이전의 시기

누는 습관에 편승하여 한쪽이 다른 쪽을 이겼다고 말하는 것은 자아에 대한 손쉽고 근거 없는 구별을 기초로 한 추상에 불과하기 때문에 유치하다는 것.

84) 우리의 성격 속에는 분명히 외부로부터 흘러들어온 부분이 있지만, 아니 그것이 대부분일지도 모르지만, 그것이 일단 우리 인격 속에 녹아들어서 우리를 형성하는 한, 그것 또한 우리라고 해야 한다는 것. 물론 여기에 어디서부터 어디까지가 녹아든 것이고, 어디서부터 어디까지가 단지 접목된 것인지를 구별하는 매우 어려운 문제가 남지만, 기준은 결국 중대한 결정에서 택하는 쪽이라고 해야 할 것이다. 그러니까 이것은 정도차의 문제이다.

로 옮겨가서, 바로 그 순간에서의 미래의 행위의 필연적 결정을 긍정하며,[85] 때로는 이루어진 행동을 미리 가정하고 그것이 달리 이루어질 수는 없었다고 주장한다.[86] 결정론의 적대자들도 그런 새로운 마당으로 그를 따라가서 할 수 있을 것들에 대한 예견[87]과 선택했을 수도 있는 어떤 다른 편에 대한 기억[88]을 자유로운 행위의 정의에 도입하는 데—아마 어떤 위험이 없지는 않을 것이다—에 망설이지 않는다. 따라서 그런 새로운 관점에 자리잡고 완전히 순수한 의식이 과거나 미래의 행동에 대해 알려주는 것을 외적인 영향과 언어의 선입견을 제거하고 살펴봄이 적절하다. 우리는 그렇게 함으로써 다른 관점에서 그리고 그것이 지속에 대한 어떤 견해에 명시적으로 관계되는 한에서 결정론의 근본적 잘못과 그 적대자들의 착각을 포착할 것이다.

스튜어트 밀은 〈자유의지를 의식한다는 것은 선택이 이루어지기 이전에 다르게 선택할 수도 있었다는 것을 의식함을 의미한다〉[89]고 말한다. 사실 자유옹호론자들은 분명히 그러한 방식으로 자유를 이해한다. 그리고 그들은, 우리가 어느 한 행동을 자유롭게 행할 때 다른 행동도 마찬가지로 가능했음을 주장한다. 그 점에 대해 그들은 의식의 증언을 내세우는데, 의식은 행위 자체

---

85) 과거로 간 경우.
86) 미래로 간 경우.
87) 미래로 간 경우.
88) 과거로 간 경우.
89) (원주)『해밀턴의 철학 *Phil. de Hamilton*』, 551쪽.

이외에 반대쪽을 선택할 수 있는 권능을 파악하게 해준다는 것이다. 반대로, 결정론은 어떤 전건(前件)들이 결정되면, 오직 하나의 결과적 행동만이 가능했다고 주장한다. 즉, 스튜어트 밀의 계속되는 진술에 따르면 〈우리가 한 것과는 다르게 행동할 수도 있었으리라고 가정할 때, 우리는 항상 전건에서의 차이를 가정한다. 우리가 몰랐던 무언가를 알았던 척, 우리가 알았던 무언가를 몰랐던 척 등등으로 거짓 시늉한다〉[90]는 것이 [자유론자들에 대한 결정론자들의 비판]이다. 이 영국 철학자는 자신의 원칙에 충실하여, 있을 수도 있었던 것이 아니라 있는 것에 대하여 알려주는 것이 의식의 역할이라고 지적한다.[91] ──이 점에 관해서는 당분간 더 깊이 논하지 않을 것이며, 어떤 의미에서 자아는 스스로를 결정적 원인으로 생각하는지를 알아내는 문제도 보류한다. 그러나 그런 심리적 차원의 문제 옆에, 결정론자와 그들의 반대자들이 반대 방향에서 선험적으로 해결해버리는 오히려 형이상학적 본성의 다른 문제가 있다. 전자의 논거는 사실 주어진 전건에 가능한 오직 하나의 행위가 대응한다는 것을 내포한다. 자유의지 지지론자들은 반대로 동일한 [전건의] 연쇄가 동일하게 가능한 여러 다른 행위에 이를 수 있다고 가정한다. 이러한 반대되는 두 개

---

90) (원주) 같은 책, 554쪽.
91) 스튜어트 밀의 인용이 약간 애매하게 되어 있는데, 인용문은 밀이 생각한, 자유론자에 대한 결정론자들의 비판이다. 그러니까 결정론자들이 보기에는 자유론자들이 다르게 행동할 수도 있었다고 주장할 때, 알았던 것을 몰랐던 척, 몰랐던 것을 알았던 척한다는 것이다. 그래서 자유론자인 밀은 의식은 현재를 알 뿐이라고 재반박한다.

의 행동 또는 의지의 동등한 가능성의 문제를 우리는 먼저 살펴볼 것이다. 그렇게 함으로써 우리는 아마도 의지가 선택에 이르게 되는 작업opération의 본성에 관한 어떤 실마리를 얻을 것이다.

나는 가능한 두 개의 행동 X와 Y 사이에서 망설인다. 나는 차례로 한쪽에서 다른 쪽으로 옮겨간다. 그것은 내가 일련의 상태들을 지나가며, 그 상태들이 내가 X쪽으로 더 기우는지 그 반대쪽으로 더 기우는지에 따라 두 개의 집단으로 나뉠 수 있음을 의미한다. 심지어는 오직 그러한 대립된 〔기울어지는〕 성향만이 실재적 존재성을 가지며, X와 Y는 지속의 이어지는 순간들에서의 내 인격의 다른 두 경향을 말하자면 그들의 도착점에서 표현하는 두 상징이다. 어쨌든 X와 Y가 그 경향들 자체를 지시한다고 해보자. 우리의 새로운 지시가 구체적 실재에 대해 더 충실한 상을 제공할까? 우리가 위에서 말한 것처럼 자아는 반대되는 두 상태를 지나감에 따라 살찌고 풍부해지며, 변한다는 것에 주목해야 한다. 그렇지 않다면 도대체 어떻게 결정에 이르겠는가? 그러니까 바로 두 개의 반대되는 상태는 없고 다수의 계속되는 다른 상태들〔만〕이 있는데, 그 가운데에서 내가 상상의 노력에 의해 대립되는 두 방향을 끌어내는 것이다. 이제, 불변의 기호 X와 Y는 그러한 경향이나 상태들 자체가 아니라—그것들은 끊임없이 변하니까—, 우리의 상상력이 무엇보다도 언어의 편의를 위해 그 경향이나 상태들에 부여한 다른 두 방향을 지시한다는 것에 동의한다면, 우리는 더욱더 실재에 접근하게 될 것이다. 게다가 그것들

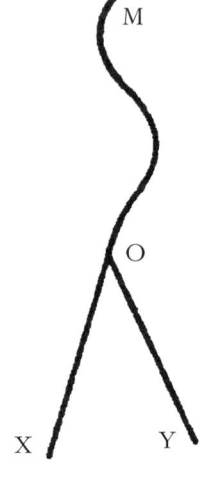

은 상징적 표상이며, 실제로는 두 경향도 두 방향조차도 없고, 살아 있는 자아만이 있는 바, 그 자아는 자유로운 행동이 지나치게 익은 과일처럼 떨어질 때까지 망설임 자체의 효과에 의해 발전된다는 것은 합의된 사항으로 남을 것이다.

그러나 그러한 의지적 활동 activité volontaire이라는 견해는 상식을 충족시키지 못했다. 왜냐하면 본질적으로 기계론자인 상식은 뚜렷한 구별, 즉 분명히 정의된 말이나 공간에서의 다른 위치에 의해 표현되는 구별을 좋아하기 때문이다. 상식이 표상하는 것은 따라서 의식상태들의 연쇄 MO를 지난 후, 점 O에 도달하여 동등하게 열려 있는 두 방향 OX와 OY를 대면하고 있는 것으로 스스로를 생각하는 자아이다. 그리하여 그 방향들은 사물[92]이 된다. 즉 의식의 대로(大路)에 이어지는 것으로서 어느 쪽이든 무차별적으로

---

[92] 위에 나오는 그림에서 볼 수 있는 것처럼 두 방향이 움직이지 않고 고정적으로 존재하는 두 개의 길로서 사물화되어 있다. 베르크손에게 〈사물〉은 그렇게 고정적이고 불변하는 정지체이며, 그것은 진정한 실재인 운동에서 우리(생명체)가 끊어낸 추상물이다. 그 점에서 베르크손은 사물주의chosisme에 대한 최초이자, 가장 강력한 반대자이다. 그것은 실체주의, 본질주의, 정지체 중심 철학 일반에 대한 비판을 내포하며, 일정 부분 오늘날 포스트-모더니즘의 선구자이기도 하다. 그러나 그는 포스트-모더니즘처럼 동일성을 완전히 제거하는 데까지 가지는 않는다. 그것이 그의 균형 감각이다.

들어설 수 있으나, 그것은 오직 자아에만 달려 있는 진짜 길이 된다. 간단히 말해, 우리가 오직 추상에 의해서만 대립되는 두 방향을 구별해 낸 자아의 연속적이고 살아 있는 활동이, 우리의 선택을 기다리는 무관심하고 죽은 사물로 변형된 그 방향들 자체로 대체된다. 그러나 그때에는 분명 자아의 활동성을 어딘가로 옮겨 놓아야 한다. 그것은 점 O에 놓일 것이다. 〔그리하여〕 사람들은 O에 도달한 자아가, 가야 할 양쪽 길 앞에서 망설이고 숙고하다 결국 그들 중 하나를 선택한다고 말한다. 의식의 활동의 이중적 방향을 그 연속적 발전의 모든 국면에서 표상하는 것이 고통스러우므로 그 두 방향을 따로 그리고 자아의 활동 역시 따로 결정체로 만들었던 것이다. 그리하여 응고된 것처럼 움직이지 않는 두 편 사이에서 망설이는 무차별적으로 활동하는[93] 자아를 얻게 된다. 그런데 OX를 선택한다면, 그렇다고 해서 OY가 존속하지 않는 것은 아닐 것이다. 〔또〕 OY로 결정해도, 길 OX는 자아가 가던 길을 되돌아와서 자신을 이용할 때를 기다리면서 열린 채 남아 있을 것이다. 사람들이 자유로운 행위에 대해 말하면서 반대의 행동도 마찬가지로 가능했다고 말하는 것은 그런 의미에서일 것이다. 그리고 비록 종이 위에 기하학적 도형을 그리지 않는다 하더라도, 자유로운 행위에서 여러 연속적 국면들, 즉 대립되는 동기들의 표상과 망설임, 선택 등을 구별하자마자 본의 아니게 거의 무의식적으로 그런 도형을 생각하게 된다―그렇게 함으로써

---

93) 〈indifféremment actif〉는 활동성(선택) 자체가 완전히 제거된 것은 아니기 때문에 활동적이긴 하지만, 그 선택이 어느 쪽이라도 상관없는 것처럼 이루어진다는 점에서 무차별적이라는 것을 표현한 말이다.

기하학적 상징주의를 일종의 언어적인 결정화cristallisation 아래에 숨기면서. 그런데 자유에 대한 그런 진정으로 기계론적인 개념이 자연스러운 논리에 의해 가장 완강한 결정론에 도달한다는 것을 알아차리기는 쉽다.

그도 그럴 것이, 우리가 추상에 의해 대립되는 두 경향을 구별해 내는 자아의 살아 있는 활동은 X나 Y에 도달하는 것으로 끝난다. 그런데 점 O에 자아의 이중적 활동성activité을 위치시키는 것이 합의되었기 때문에, 그런 활동성을 그것이 도달하고 그것과 합체되는 행위로부터 떼낼 이유가 없다. 그리고 경험이 X로 결정했음을 보여준다면, 점 O에 위치시켜야 할 것은 무차별적 활동성이 아니라, 외관상의 망설임에도 불구하고 분명히 OX의 방향으로 미리 향한 활동성이다. 반대로 관찰의 결과 Y를 선택했음이 밝혀진다면, 그것은 우리가 점 O에 위치시킨 활동성이 첫번째 방향으로의 어떤 흔들림에도 불구하고 두번째 방향을 선호했기 때문이다. 점 O에 도달한 자아가 X와 Y 사이를 아무 차별 없이 선택한다고 선언하는 것은 기하학적 상징주의를 중도에서 멈추는 것이며, 우리가 두 개의 다른 방향을 구별해 내지만 거기에 더하여 X나 Y에 도달하기까지 한 연속적 활동성의 오직 [앞쪽의] 한 부분만을 점 O에서 결정체로 만드는 것이다.[94] 그렇다면 왜 이

---

94) 자아가 X와 Y 사이를 아무 차별 없이 선택한다고 선언하는 것이 〈기하학적 상징주의를 중도에서 멈추는 것〉인 이유는, 우리가 두 개의 다른 방향을 구별해 낸다는 것과 결국은 X나 Y 둘 중 하나에 도달한다는 두 가지 과정 중에 앞의 과정, 즉 다른 두 방향을 구별한다는 것만을 그림에 나타내고 뒤쪽 과정, 즉 결국은 X나 Y 중 어느 한쪽을 선택했다는 것은 나타

최후의 사실도 다른 둘[95]과 마찬가지로 고려해서는 안 되는가? 왜 우리가 방금 그린 상징적 도형에서 이 최후의 사실에도 또한 그것의 위치를 할당해서는 안 되는가? 점 O에 도달한 자아가 이미 한 방향으로 결정했다면, 다른 길은 열려 있어야 소용 없다. 그 길은 취할 수가 없을 것이다. 이루어진 행위의 우연성의 기초를 놓는다고 주장하던 바로 그 거친 상징주의는 자연스러운 확장에 의해 그것의 절대적 필연성을 확립하는 데에 이른다.[96]

간단히 말해, 자유의 지지자들과 반대자들은 두 점 X와 Y 사이의 일종의 기계적 진동을 행위에 앞세운다는 점에서 일치한다. 내가 X를 선택하면 전자는 내게 〈당신은 망설이고 숙고했으므로 Y도 가능했다〉고 말할 것이며, 후자는 〈당신은 X를 선택했으므로 그렇게 한 어떤 이유가 있었을 것이며, 사람들이 Y도 마찬가지로 가능했다고 말할 때에는 그 이유를 잊고 있고, 문제의 조건들 중 하나[97]를 옆에 제쳐두고 있다〉고 대답할 것이다.——이제 그 두

내지 않은 것이기 때문이다. 이것까지 나타낸다면 X나 Y의 어느 한쪽만 그리거나, 어느 한쪽은 실선 다른 쪽은 점선으로 그려야 할 것이다. 그렇게 되면 결정론이 옳은 것이 된다. 그럼에도 불구하고 위의 그림을 고집한다면 그것은 점 O에서의 망설임만을 표현한 것에 불과하며, 결국 어느 한쪽을 택하는 데까지 나아간 전체 과정에 대한 그림이 아니라, 〈연속적 활동성의 오직 한 부분만을 점 O에서 결정체로 만든 것〉이 된다.

95) 최후의 사실은 결국 어느 한쪽을 택했다는 사실이며, 〈다른 둘〉은 이쪽 저쪽 두 방향으로 망설였다는 사실을 의미한다.
96) 이쪽 저쪽 아무데나 갈 수 있었다는 행위의 우연성, 즉 자유를 확립하려고 그려진 도형이, 사실은 어느 한쪽으로 갈 수밖에 없었다는 결정론의 절대적 필연성을 증명해 주는 그림이 되어 버린다는 것.
97) 즉, 결국은 어느 한쪽을 택했다는 사실.

대립된 해법의 아래를 파보면, 다음과 같은 공통의 요청을 발견할 것이다. 즉, 이쪽도 저쪽도 행동 X가 이루어진 이후에 자리를 잡고 나의 의지적 활동의 과정을 점 O에서 나뉘는 길 MO에 의해 표상하며, [이때] 선 OX와 OY는 X가 종착점인 연속적 활동 가운데에서 추상에 의해 구별된 두 방향을 상징한다는 것이다. 그러나 결정론자들은 그들이 아는 모든 것을 고려하며 길 MOX가 통과되었다는 것을 확인하는 반면, 그들의 반대자들은 그들이 도형을 그릴 때 쓴 소여들 중 하나를 모르는 척하고, [둘이] 결합하여 자아의 활동의 진전을 나타내야 할 선 OX와 OY를 그린 후 자아를 점 O로 다시 오게 해서 새로운 명령이 있을 때까지 거기서 왔다갔다하게 한다.

진정 우리의 심리적 활동을 공간에 복제해 놓은 [것에 불과한] 이 도형은 사실 순전히 상징적이며, 그런 것으로서 숙고가 완성되고 결정이 내려졌다는 가정에 자리잡았을 때에만 그릴 수 있다는 것을 잊어서는 안 된다. 그것을 미리 그려봐야 소용없을 것이다. 당신은 그때 스스로를 종착점에 도달했고 상상에 의해 최후의 행위를 참관한 것으로 가정할 것이기 때문이다. 간단히 말해, 그 도형은 이루어지고 있는 행동이 아니라 이루어진 행동을 보여주고 있다.[98] 그러므로 길 MO를 통과했고 X로 결정한 자아가 Y를 선택할 수 있었는지 또는 없었는지를 나에게 묻지 말라. 나는 그 질문은 의미가 없다고 대답할 것이다. 왜냐하면 선 MO도, 점

---

[98] 이 문장은 자유에 관한 모든 논의를 한 마디로 요약한 문장이라 할 수 있다. 자유의 문제가 발생한 것은 결국 현재 이루어지고 있는 행위가 아니라 이루어지고 난 후의 행위를 표상하는 습관 때문이다.

O도, 길 OX도, 방향 OY도 없기 때문이다. 그와 같은 질문을 하는 것은 시간을 공간에 의해, 계기를 동시성에 의해 충분히 표현할 수 있는 가능성을 인정하는 것이기 때문이다. 그것은 그려진 도형에 더 이상 단지 상징만이 아니라 상image[99])의 가치를 부여하는 것이며, 그 도형 위에서 심리적 활동의 과정을 지도 위의 군대의 행군처럼 따라갈 수 있으리라 믿는 것이다.[100]) 사람들은 자아의 숙고를 그 모든 국면에서 그리고 이루어진 행동에 이르기까지 참관했다. 그러고 나서는 연쇄의 항들을 다시 반복하면서 계기succession를 동시성의 형태로 보며, 시간을 공간에 투사하고, 의식적이든 무의식적이든 그러한 기하학적 도형 위에서 추론한다. 그러나 그 도형은 **진행**이 아니라 **사물**을 표현한다. 그것은 움직이지 않는다는 점l'inertie에서, 숙고délibération 전체에 대한 그리고 취해진 마지막 결정에 대한 말하자면 응고된 기억에 일치한다. 그것이 어떻게 구체적 운동, 즉 숙고가 행위에 이르는 동적인 과정에 대해 조금의 징표라도 제공할 수 있겠는가? 하지만 일단 도형이 그려지면, 사람들은 상상에 의해 과거로 거슬러올라가며, 우리의 심리적 활동이 정확히 도형에 의해 그려진 길을 따르기를 원한다. 그리하여 우리가 위에서 지적했던 착각으로 다시 떨어진다. 즉, 한 사실을 기계론적으로 설명하고 나서는 그 설명

---

99) 베르크손에게 〈상image〉은 단순한 비유나 상징이 아니라 사태 자체를 머금고 그것을 반영하는 것이다.
100) 군대의 행군은 실제로 군대가 공간 이동하는 것이므로 지도 위에서 충분히 따라 갈 수 있다. 그러나 심리적 상태는 지도처럼 단번에 전체가 펼쳐져 있는 것이 아니며, 공간적으로 표상할 수 없다.

에 의해 사실 자체를 대체한다. 따라서 사람들은 처음부터 풀 수 없는 난문들, 즉 두 부분이 동등하게 가능하다면 어떻게 선택에 이르렀는가? 둘 중 하나만이 가능했다면, 왜 사람들은 스스로를 자유롭다고 믿는가? 등의 난문에 부딪치게 된다.——그리고 그 이중의 물음은 항상 다음의 물음으로 되돌아간다는 것을 보지 못한다: 시간은 공간적인가?

내가 눈으로 지도 위에 그려진 길을 따라 갈 때, 그 길을 거슬러 올라가 보거나 군데군데 나뉘는지를 살펴보는 것을 방해하는 것은 아무것도 없다. 그러나 시간은 다시 지나갈 수 있는 선이 아니다. 아닌게 아니라 일단 흐르고 난 다음이라면 우리는 그것의 계기적 순간들을 서로의 밖에 있는 것으로 표상하고 그리하여 공간을 통과하는 선을 생각할 권리를 가진다. 그러나 그 선은 흐르고 있는 시간이 아니라 흘러간 시간을 상징한다는 것은 합의된 사항으로 남을 것이다. 그것이 자유의지의 지지자와 반대자가 마찬가지로 잊고 있는 것이다—전자는 일어난 것과 다르게 행동할 가능성을 인정할 때가 그러하며, 후자는 그것을 부정할 때가 그러하다. 전자는 다음과 같이 추론한다: 〈길은 아직 그려지지 않았다. 그러므로 그는 어떤 방향이든 취할 수 있다〉. 사람들은 거기에 대답할 것이다. 〈당신은 일단 행동이 완수된 후에야 길에 대해 이야기할 수 있다는 것을 잊고 있다. 그러나 그것은 그때 [이미] 그려진 것일 것이다.〉——후자는 말한다, 〈길은 그와 같이 그려졌다. 그러므로 가능한 그의 방향이란 아무 방향이나 다 되는 것이 아니라 바로 이 방향 자체이다〉라고. 거기에 사람들은 대답할 것이다. 〈길이 그려지기 이전에는 가능한 방향도 불가능한 방향도 없었다. 아직 길이 문제가 될 수 없었다는 매우 단순한 이유로〉라고.——당신도 모르는 사이에 그런 생각에 사로잡혀 있겠지만, 그러한 거친 상징주의를 제거해 보라. 결정론자의 논지는 다음과 같은 유치한 형태를 띨 것이다. 즉, 〈행위는 일단 수행되었으면 수행된 것이다〉. 그리고 그 반대자들의 대답은 이러하다: 〈행위는 수행되기 전에는 아직 수행된 것이 아니다〉. 다른 말로 하면, 이 논의는 자유의 문제를 아직 건드리지도 않은 채 끝나 버린 것이다. 그리고 그것은 쉽게 이해되는데, 왜냐하면 자유는 행위 자체의 어떤 뉘앙스나 질에서 찾아야 하며, 그 행위와 그것 아닌 것,[101] 또는 그것일 수 있었던 것[102]과의 관계에서 찾아서는 안 되기 때문이다. 모든 불분명한 점은 이쪽이나 저쪽이나 숙고를 공간에서 왔다갔다 하는 형태로 표상하는 데에서 오는데, [사실] 숙고는 자아와 그 동기들 자체가 진정으로 살아 있는 존재자들처럼 계속적 생성 속에 있는 동적 진행에서 성립한다. 직접적으로 확인함constatation[103]에 있어서 틀릴 수가 없는 자아는 스스로를 자유롭다고 느끼며 그렇다고 선언한다. 그러나 그가 자신의 자유를 설명하려고 시도하자마자, 공간을 통한 굴절에 의해서가 아니

---

101) 결정론의 경우. 오직 이 행위이며 다른 것은 아니라고 주장한다는 점에서, 그 행위와 다른 것과의 관계에서 자유의 문제를 풀려는 것이다.
102) 자유론의 경우. 다른 행위도 똑같이 가능했다고 주장한다는 점에서.
103) 사실을 직접 보고 인정하는 것. 의식이 스스로의 상태를 직접적으로 보고 그렇다고 인정하는 것은 틀릴 수가 없다. 가령 내가 아파서 아프다고 하는데 의사가 당신은 아무 이상이 없으니 아픔을 느낄 수 없다고 주장할 수는 없다. 실제로 병이 있건 없건 아프다는 것을 느끼는 그 자체는 하나의 사실이다. 마찬가지로 자유의 느낌 자체도 하나의 사실이다.

라면 더 이상 자기자신을 볼 수가 없게 된다. 거기서부터 공간을 통한 굴절의 상징주의가 나온다. 거기서부터 자유의지론을 증명하는 데에도, 이해하게 하는 데에도, 논박하는 데에도 마찬가지로 부적절한 기계론적 성질의 상징주의가 나온다.

그러나 결정론은 스스로를 졌다고 생각하지 않을 것이며, 다음과 같은 새로운 형태로 문제를 제기할 것이다. 〈이루어진 행위는 한쪽으로 치워놓고 단지 이루어질 행위들만을 고려하자. 바로 오늘부터 모든 미래의 선행조건들을 아는 어떤 고등의 지성이 그것들로부터 나올 결정을 절대적 확실성을 가지고 예견할 수 있을 것인지를 알아내는 것이 문제이다.〉——우리는 문제를 그러한 용어로 제기하는 데에 기꺼이 동의한다. 그렇게 함으로써 우리의 생각을 더욱 엄밀하게 정형화할 수 있는 기회가 제공될 것이다. 그러나 우리는 우선 선행조건들을 아는 것이 어떤 개연적인 결론을 정형화할 수 있게 해준다고 말하는 사람들과 조금의 오차도 없이 예견할 수 있다고 말하는 사람들을 구별해야 할 것이다. 어떤 친구가 어떤 상황에서 어떤 방식으로 행동할 개연성이 매우 크다고 말하는 것은 우리 친구의 미래의 행위를 예견하는 것이라기보다는, 그의 현재의 성격caractère에 대해, 즉 단연코 그의 과거에 대해 판단을 내리는 것이다. 우리의 감정과 관념들, 한 마디로 우리의 성격이 끊임없이 변한다 하더라도, 급작스러운 변화가 관찰되는 경우는 드물다. 아는 사람에 대해 어떤 행위는 그의 성질에 충분히 적합한 것으로 보이고, 어떤 다른 행위는 절대적으로 그의 성질에 반한다고 말할 수 없는 경우는 더욱 드물다. 모든 철학자들이 그 점에는 동의할 것이다. 왜냐하면 어떤 주어진 행위와 아는 사람의 현재 성격 사이에 일치와 불일치의 관계를 확립하는 것은 미래를 현재에 연결시키는 것이 아니기 때문이다. 그러나 결정론자는 훨씬 더 멀리 나아간다. 그리하여 우리의 결정의 우연성은 우리가 결코 문제의 모든 조건들을 알지 못한다는 데에 기인하며, 더 많은 수의 조건들이 제공됨에 따라 우리의 예견의 개연성은 증가할 것이고, 어떤 예외도 없이 모든 선행조건들을 전부 완전히 안다면 한치의 어긋남도 없이 참인 예견이 이루어질 것이라고 주장한다. 따라서 그런 가설이 [이제] 검토되어야 할 문제이다.

생각을 고정시키기 위해, 중대한 상황에서 외관상 자유로운 결정을 내리도록 되어 있는 한 인물을 상상하자. 우리는 그를 삐에르라 부를 것이다. 문제는, 삐에르와 동시대에 사는, 또는 원한다면 여러 세기 전에 살았던 뽈이라는 한 철학자가, 삐에르가 행동하는 **모든** 조건들을 알았다면, 삐에르가 했던 선택을 확실하게 예견할 수 있었을까를 알아보는 것이다.

주어진 한 순간에서의 어떤 사람의 상태를 표상하는 방식에는 여러 가지가 있다. 우리는 가령 소설을 읽을 때, 그런 표상을 하려고 시도한다. 그러나 저자가 아무리 정성을 들여 주인공의 감정을 그리고 심지어 그 역사를 재구성하기까지 한다 하더라도, 예견된 것이건 아니건 [그 소설의] 종말은 우리가 그 인물에 대해 가지고 있던 관념에 무엇인가를 덧붙일 것이며, 따라서 우리는 그 인물을 불완전하게만 알 뿐이다. 사실을 말하자면, 우리 영혼의 깊은 상태들, 즉 자유로운 행위로 번역되는 상태들은 우리 과거 역사 전체를 표현하고 요약한다. 삐에르가 행동하는 모든 조건들을 뿔이 안다면, 그것은 아마도 삐에르의 생의 어떠한 세부도 놓치지 않고, 상상력에 의해 그러한 역사를 재구성하고 심지어 다시 살기까지 하기 때문일 것이다. 그러나 여기서 해야 할 중요한 구별이 있다. 내가 나 자신의 어떤 심리적 상태를 지나갈 때, 나는 정확히 그 상태의 강도와 다른 것들과의 관계에서의 그것의 중요성을 안다. 내가 측정하거나 비교하기 때문이 아니라, 가령 깊은 감정의 강도는 그 감정 자체와 다른 것이 아니기 때문이다. 반대로, 내가 당신에게 그런 심리상태를 보고하려 한다면, 수학적 성질의 어떤 정확한 기호에 의해서가 아니라면 당신에게 그것의 강도를 이해시킬 수 없을 것이다. 그것의 중요성을 측정하고 그것을 앞선 것과 뒤따라오는 것에 비교하며, 최후의 행위에서 그것에 돌아가는 몫을 결정해야 할 것이다. 그리고 최후의 행위가 그것에 의해 설명될지 그것 없이 설명될지에 따라, 그것이 더 강하다거나 덜 강하다거나, 더 중요하다거나 덜 중요하다고 선언할 것이다. 반대로 그러한 내적인 상태를 지각했던 나의 의식에서는 그런 종류의 비교가 전혀 필요하지 않았다. 강도는 내 의식에게 상태 자체의 표현 불가능한 질로 나타났다.[104] 다른

---

104) 이런 논의의 배후에는 베르크손의 형이상학이 숨겨져 있다. 그것은 운동이 진정한 존재이며, 분석과 추상은 그 진정한 존재의 일부분 내지 일정한 측면을 추출해 낸 것에 불과하다는 철학이다. 다시 말해, 운동으로부터 여러 정지체를 끊어 낼 수는 있지만, 정지체를 아무리 모아도 운동 자체는 재구성되지 않는다는 것이다. 우리의 내적 심리상태는 진정한 운동의 상태이며 그것에 대한 분석의 결과물들을 아무리 열거해도 심리상태 자체는 재구성될 수 없다는 것이다. 그러므로 우리의 의식 상황을

말로 하면, 심적 상태의 강도가 의식에 주어졌던 것은 대수학의 지수exposant와 같은 방식으로 그 상태에 따라 붙어서 그것의 멱(冪, puissance)을 결정할 어떤 특수한 기호로서가 아니다.[105] 우리는 위에서[106] 강도가 오히려 그 상태의 어떤 뉘앙스, 즉 고유한 색조를 표현하며, 가령 감정에 관한 것이라면 그것의 강도는 느껴진다는 [바로 그] 사실에서 성립함을 보였다. 이제부터는 다른 사람의 의식상태를 동화하는 두 가지 방식을 구별해야 할 것이다. 하나는 동적인 것으로서 그 상태들을 스스로 체험하는 것에서 성립할 것이다. 다른 하나는 정적인 것으로서, 그것에 의하면 그 상태들의 의식 자체가 그것들의 상image, 또는 오히려 그것들의 지적인 상징, 즉 그것들에 대한 관념으로 대체될 것이다.[107] 그러면 그것들은 재생되는reproduire 것이 아니라 상상될 것이다. 단, 이 마지막의 경우 심적 상태들의 상에 그것들의 강도의 표시indication를 달아야 할 것이다. 왜냐하면 그것들은 더 이

> 모두 안다는 것은 그 운동 속으로 직접 들어가기 전에는 불가능하며, 무한대의 자료를 가지고도 그것을 〈상상해〉 낼 수 없다. 그리고 그 운동 속으로 직접 들어간다는 것은 바로 그 사람이 되는 것이며, 외부에 아무리 전지전능한 신이 있다 하더라도 그 사람 밖에서 그 사람 자체가 될 수는 없고, 자신의 〈전지전능함〉과 신성을 벗고 바로 그 사람이 되는 수밖에 없으며, 그때 그는 더 이상 그 사람에 〈대해〉 〈모든 것〉을 아는 사람이 아니라 바로 그 사람이다.

105) 10^2에서 2가 지수이며 지수는 몇 제곱인지(멱)를 표현한다.
106) 제1장 전체에서.
107) 여기서의 동적인 것과 정적인 것의 구별은 바로 앞 주 104)에서의 우리의 설명을 정당화한다. 상, 상징, 관념은 모두 진정한 운동으로부터 추상된 정지체들이다.

상 그것들이 이루어지는 인물에 작용하지 않고, 인물은 더 이상 그것들을 느끼면서 그 힘을 체험할 기회를 가지지 않기 때문이다. 그러나 그러한 표시 자체는 반드시 양적인 성격을 가질 것이다. 가령 어떤 감정이 다른 감정보다 강하다든지, 그것을 더욱 많이 고려해야 한다든지, 그것이 더 큰 역할을 했다든지 하는 것을 확인해 줄 것이다. 그리고 문제가 되는 인물의 궁극적 역사와 그런 다수의 상태나 성향들이 다다른 행위를 미리 알지 못한다면 어떻게 그런 것들을 알 수가 있겠는가? 이제부터 뽈이 삐에르의 역사의 어떠한 순간에서건 그의 상태를 충분히 표상하기 위해서는 다음 둘 중 하나여야 할 것이다. 등장 인물을 어디로 끌고 갈지 아는 소설가와 비슷하게 뽈이 삐에르의 최후의 행위를 알고, 그리하여 삐에르가 지나가려는 연속적 상태들의 상에 그의 역사 전체와의 관계에서 그 상태들의 가치에 관해 표시를 달거나, 아니면 뽈 스스로가 그 다양한 상태들을 더 이상 상상 속에서en imagination가 아니라 실제로en réalité 지나가기를 감수하거나이다. 이 두 가정 중 첫번째 것은 배제되어야 한다. 왜냐하면 문제는 바로 선행조건들만 주어졌을 때 뽈이 최후의 행위를 예견할 수 있을지를 아는 것이기 때문이다.[108] 따라서 우리는 이제 뽈에 대해 하고 있던 생각을 깊이 수정할 수밖에 없게 되지 않았는가. 뽈은 우리가 앞서 생각했던 것처럼 시선이 미래에 잠겨 있는 구경꾼이 아니라, 미리 삐에르의 역할을 하고 있는 배우이다. 그리

---

108) 첫번째 가정은 이미 최후의 행위를 안다고 가정할 때만 가능한 것이기 때문에 선행조건만이 주어졌을 때 결과적 행위를 예견할 수 있느냐 없느냐는 지금 다루고 있는 문제와 어긋나는 가정이다.

고 당신은 그 역할의 어떠한 세부도 지나칠 수 없다는 것에 주목하라. 왜냐하면 가장 평범한 사건들도 역사 속에서 저마다 중요성을 가지고 있으며, 중요성을 전혀 가지지 않는다고 가정하더라도, 오직 최후의 행위와의 관계에서만 그것들이 무의미하다고 판단할 수 있을 것인데, 가정에 의해 그것은 주어져 있지 않기 때문이다. 당신에게는 또한 그 다양한 의식상태들을 단축하여—단 일초라도—뽈이 삐에르에 앞서 그 상태들을 지나가게 할 권리도 없다. 왜냐하면 가령 동일한 감정의 효과는 지속의 모든 순간에서 보태지고 강화되며, 그런 효과들의 합이 단번에 경험될 수 있으려면 전체적으로 취해진 그 감정의 중요성이 최후의 행위와의 관계에서 알려져야 할 것인데, 바로 그 최후의 행위야말로 어둠에 묻혀 있기 때문이다. 그러나 삐에르와 뽈이 동일한 감정을 동일한 순서로 체험했다면, 즉 그들의 두 영혼이 동일한 역사를 가진다면, 어떻게 그 둘을 서로로부터 구별할 것인가? 그 영혼이 머무는 육체에 의해서일까? 그렇다면 그 영혼들의 역사의 어떠한 순간에도 동일한 육체를 떠올리지 않을 것이기 때문에 그 육체들은 그 장소에 있어서 끊임없이 다를 것이다. 그 영혼들이 지속 속에서 차지하는 위치에 의해서일까? 그렇다면 그 영혼들은 더 이상 동일한 사건에 참여하는 것이 아닐 것이다. 그런데 가정에 의해 그것들은 동일한 경험을 가지는 것으로서 동일한 과거와 동일한 현재를 가진다.——이제 당신은 당신의 입장을 결정해야 한다. 즉, 삐에르와 뽈은 오직 하나의 동일한 사람이며, 당신이 그를 행동할 때는 삐에르라 부르고, 그 역사를 재반복할 때에는 뽈이라 부르는 것이다. 일단 알고 나면 삐에르의 미래 행동을 예견하게 해줄 수 있을 조건들의 합을 점점 더 보충해감에 따라, 당신은 그 인물의 실존existence에 더 가까이 접근할 것이며, 가장 미세한 세부에까지 그 존재를 다시 사는 경향을 더욱 보일 것이고, 그리하여 행동이 이루어지고 있을 때에는 더 이상 예견하는 것이 아니라 단지 행동하는 것만이 문제인 바로 그 순간에 도달할 것이다.[109] 여기서도 역시 의지 자체로부터 나오는 어떤 행위를 재구성하려는 모든 시도는 이루어진 사실을 순수히 그리고 단순히 확인하는 데로 당신을 인도할 것이다.

따라서 선행조건들의 완전한 전체가 주어진다면 행위는 예견될 수 있는가, 없는가와 같은 물음은 의미가 없다. 왜냐하면 그 선행조건들을 자기 것으로 만드는assimiler 데는 두 가지 방식, 즉 하나는 동적이고 다른 하나는 정적인 방식이 있기 때문이다. 첫번째 경우, 감지할 수 없는 전이를 통해 문제가 되는 인물과 합치하고, 동일한 상태들의 연쇄를 지나며 그리하여 행동이 이루어지는 바로 그 순간으로 되돌아오게 될 것이다. 따라서 더 이상 행위를 예견하는 것이 문제가 될 수 없을 것이다. 두번째의 경우, 상태들을 표시하는 한편으로 그들의 중요성에 대한 양적 평가를 등장시킨다는 사실만으로 최후의 행위를 전제하는 것이다. 여기서도 역시, 어떤 사람들[110]은 행위가 이루어지려는 순간에는 행위가 아직 이루어지지 않았다는 것을, 다른 사람들[111]은 행위는 일

---

[109] 결국 선행조건을 모두 다 안다는 것은 바로 그 사람이 되는 것이고, 그 때에는 더 이상 예견이 문제되지 않는다.
[110] 자유지지자들.
[111] 결정론자들.

단 이루어졌으면 결단코 이루어진 것임을 단순히 확인하는 데로 인도된다. 자유의 문제는 앞에서와 마찬가지로 이 논의에서도 건드려지지도 않은 채 끝나 버린다.

이러한 이중의 논의를 더욱 깊이 파고들어가 보면, 그 뿌리 자체에서 반성적 의식의 근본적인 두 가지 착각을 발견할 것이다. 첫번째 착각은 강도 속에서 심리적 상태들의 수학적 속성만을 보며, 이 시론의 첫머리에서 말한 것처럼 특별한 질, 즉 다양한 상태들의 고유한 색조를 보지 않는다는 데에서 성립한다. 두번째 착각은 구체적 실재, 즉 의식이 지각하는 동적 진행 progrès을, 종착점에 도달한 그 진행의 물질적 상징, 즉 선행조건들의 합계에 연결되는 완성된 사실의 물질적 상징으로 대체하는 데에서 성립한다.[112] 아닌게 아니라 최후의 행동이 일단 성취되면 나는 모든 선행 조건들에 그 고유한 가치를 부여하고, 그 다양한 요소들로 결합된 놀이 jeu[113]를 힘의 대립이나 합성의 형태로 표상할 수 있다. 그러나 선행조건들이 그것들의 가치와 함께 알려질 때, 최후의 행위를 예견할 수 있을지를 묻는 것은 악순환을 범하는 것이다. 그것은 선행조건들의 가치와 함께 최후의 행동 — 그것의 예견이 문제인데 — 이 [이미] 주어진다는 것을 잊는 것이며, 완성

---

112) 첫번째 착각은 질과 양을 혼동하는 것이며, 두번째 착각은 운동과 정지를 혼동하는 것이다. 〈선행조건들의 합계에 연결되는 완성된 사실〉이란 선행조건들(그 역시 정지체들)을 모두 모은 것으로 얻어지는 이미 일어나고 끝난 사실이라는 뜻으로, 그것의 물질적 상징이 앞에서 나온 λ형 그림이나 조금 뒤에 나올 지렁이형 그림이다.
113) 즉 움직임, 운동, 율동.

된 행위opération를 표현하는 상징적 상이 녹음기에서처럼 그 행위 자체에 의해 그것이 진행되는 도중에 그려진다고 잘못 가정하는 것이다.[114]

게다가 그 두 착각은 그것들대로 세번째 착각을 내포하고 있으며, 행위가 예견될 수 있는지 없는지를 아는 문제는 항상 〈시간은 공간적인가?〉 하는 문제로 되돌아간다는 것을 보게 될 것이다.[115] 당신은 삐에르의

영혼 속에서 계기(繼起)하는 의식의 상태들을 이념적 공간espace idéal에 병치하는 것으로 시작했고, 그 인물의 삶을 운동체 M에 의해 공간에 그려지는 궤적 MOXY의 형태로 볼 것이다. 그러고는 사유에 의해 그 곡선의 OXY 부분을 지우고, MO를 알면 운동체가 점 O로부터 그리는 곡선 OX를 미리 결정할 수 있었을지를 자문한다. 그것은 근본적으로, 삐에르의 선임자이며 삐에르가 행동할 조건들을 상상으로 표상할 책임을 졌던 철학자 뽈을 개입시켰을 때 당신이 묻고 있던 물음이다. 당신은 그렇게 하여 그 조건들을 물질화하고 있었다matérializiez.[116] 당신은 다가올

---

114) EC에 나오는 영사기처럼 녹음기는 소리의 정지체들을 물질적으로 남겨두는 것이며, 그것을 재생하려면 거기에 운동을 가해야 한다. 즉 녹음기를 돌려야 한다.

115) 양과 질, 정지와 운동의 혼동은 공간과 시간의 혼동으로부터 온다는 것이다. 그러나 이 세 혼동 중 어느 것이 더 근원적인가를 말하기는 어렵다. 등근원적이라 해야 할 것이다. 이 문장으로 보아 베르크손은 세번째의 것이 가장 근원적인 것이라 생각하고 있는 것 같다.

116) 조건들을 바로 다음 문장에 나오듯 들판의 길처럼, 또는 위에 나오는 도

시간을 들판에 이미 그려져 있어서 지나간 적도, 도대체 지나갈 필요도 없이 산꼭대기에서 바라볼 수 있는 길로 만들었다. 그러나 당신은 오래지 않아 곡선의 부분 MO 위의 점들의 위치가 서로와의 관계에서뿐 아니라 선 MOXY 전체의 점들과의 관계에서도 알려지지 않는 한 단지 MO 부분을 아는 것만으로는 불충분하다는 것을 알아차렸다. 〔그러나〕 그것은 문제가 되고 있는 바로 그 요소들―〔지금〕 그것을 결정하는 것이 문제이다―이 미리 주어지는 것과 마찬가지이다. 그때 당신은 당신의 가정을 수정한 것이다.[117] 당신은 시간이 보여지는 것이 아니라 살아질 것을 요구한다는 사실을 이해했다. 당신은 거기서부터, 선 MO에 대한 당신의 앎이 충분한 소여가 되지 못했다면, 그것은 MO뿐만 아니라 곡선 전체를 그리는 점 M과 혼융되고 그렇게 함으로써 그 점의 운동을 채택하는 대신에, 그 선을 밖에서부터 바라보았기 때문이라고 결론지었다. 당신은 따라서 뽈을 데려와서 삐에르와 일치시켰고, 가정에 의해 삐에르가 선 MOXY를 그리기 때문에 자연히 뽈이 공간에 그리는 것도 그 선이다. 그러나 이렇게 하여 당신은 더 이상 뽈이 삐에르의 행위를 예견했다는 것을 증명할 수 없으며, 다만 뽈이 삐에르가 되었기 때문에 삐에르는 그가 한 것처럼 행동했다는 것을 확인할 수 있을 뿐이다. 당신이 그 다음에 주의하지 않고 첫번째 가정[118]으로 되돌아오는 것은 사실이다. 그

형의 선처럼 물질적으로 생각했다.
117) 즉, 처음에는 MO만 알면 그 다음을 예견할 수 있느냐는 문제를 설정해 놓고는 이제 와서 전체 MOXY가 주어진 것처럼 생각하면(전체와 M의 관계를 알아야 하니까) 가정을 바꾸는 것이 된다.
118) 즉 뽈이 삐에르의 모든 선행조건을 미리 안다는 가정. 그것은 운동과 정

려지고 있는 선 MOXY를 그려진 선 MOXY와, 즉 시간을 공간과 끊임없이 혼동하기 때문이다. 원인에 대한 필요에 의해[119] 뽈을 뻬에르와 동일시한 후, 당신은 뽈에게 이전의 관측직poste d'observation[120]을 다시 취하게 하며, 그때 그는 완전한 선 MOXY를 보게 되는데, 그것이 놀랍지 않은 것은 그가 방금[121] 그것을 보충했기 때문이다.[122]

그러한 혼동을 자연스럽고 심지어 불가피하게 만드는 것은, 과학이 미래의 예견에 대해 이론(異論)의 여지가 없는 예들을 제공하는 것으로 보이기 때문이다. 사람들은 별들의 합(合, conjonc-

---

지, 즉 지금 진행 중인 것과 지나간 것 사이의 차이를 혼동하기 때문에 성립한 가정이다.
119) 뽈은 뻬에르의 모든 행동의 원인을 알 수 있는 사람으로서 도입되었고, 그것은 바로 〈원인에 대한 필요에 의해〉서 도입된 것이다.
120) 뻬에르를 떠나 길 전체를 한눈에 보는 역할.
121) 관측직을 다시 취할 때.
122) 이상의 좀 복잡한 논의는 〈전건을 모두 알 때 어떤 사람의 행위를 예견할 수 있느냐〉는 형태로 문제를 제기했을 때 사람들이 속으로 생각하고 있는 것이 무엇인지를 베르크손이 나름대로 재구성한 것이다. 그러한 문제제기 방식도 결국 현재 진행 중인 운동과 운동이 다 끝난 정지 상태, 즉 시간과 공간을 구별하지 못했기 때문에 생긴 것임을 보여주고 있다. 한 사람의 결정에 대한 모든 여건을 안다는 것은 바로 그 사람이 되는 것인데, 어떤 때는 바로 그 사람이 되는 것처럼 생각했다가 어떤 때는 그 사람을 떠난 관찰자인 것처럼 생각했다가 등으로 오락가락하며, 후자의 경우는 결국 의식의 여정을 문자 그대로 어떤 길처럼 물질화하는 잘못을 범한다는 것이다.

tion),^123) 일식과 월식 그리고 대단히 많은 수의 천문학적 현상들을 미리 결정하지 않는가? 인간의 지성은 그렇다면 다가올 지속에 대해 원하는 크기만큼의 분량portion을 현순간에서 포괄하는 것이 아닌가?——우리는 그것을 쉽게 인정한다. 그러나 그런 종류의 예견은 의지적 행위의 예견과는 조그만큼의 유사성도 없다. 심지어는 우리가 곧 볼 것처럼, 천문학적 현상의 예언을 가능하게 하는 바로 그 동일한 이유가 자유로운 활동성으로부터 나오는 사실을 미리 결정하는 것을 금지한다. 물질계의 미래는 의식적 존재의 미래와 동시적임에도 불구하고 그것과 아무런 유사점도 없기 때문이다.[124]

---

123) 〈conjonction〉은 일반적으로 지구의 한 지점에서 보았을 때 두 행성이 일직선상에 놓이는 현상을 말한다. 절대적으로는 태양과 달이 황도의 동일한 지점에 놓일 때를 의미한다. 그러나 우리말 〈합(合)〉은 태양과 행성이 황경을 같이 한 것을 의미하며 외합과 내합이 있다. 그 반대의 현상, 즉 지구를 사이에 두고 태양과 행성이 반대에 위치하는 것을 충(衝)이라 한다.

124) 이 문제는 앞으로 두 가지 방식으로 해명되는데, 그 둘은 근본적으로 같은 것이다. 첫째는 바로 다음에 나오는 것과 같이, 물질계에서 미래를 예측할 수 있는 것은 불변적인 의식의 시간을 기반으로 해서만 가능하며 따라서 물질계에서 미래를 예측하게 해주는 동일한 이유가 의식적 시간의 단축을 금지한다는 것이다(245-246쪽 참조). 둘째는, 외부 현상들 사이에 수학적 내속 관계를 상정하려면, 물리적 시간과 의식적 시간을 완전히 분리시켜야 하고, 그것은 곧 의식적 시간이 지배하는 인간에게는 자유를 더욱 강화시킬 수밖에 없다는 것이다(260-261, 266-270쪽 참조). 그 둘은 결국 물질계에 엄밀한 인과관계를 적용할수록 그것과 의식계는 구별해야 하므로, 의식에게는 물질의 필연적 인과성과 다른 자유를 인정할 수밖에 없다는 것을 주장하는 점에서는 마찬가지이

그런 중대한 차이를 손에 넣기 위해, 잠시 데까르트의 악령보다 더욱더 강한 악령이 우주의 모든 운동들에게 두 배 더 빨리 움직이라고 명령했다고 가정하자. 천문학적 현상, 또는 적어도 그것을 예견하게 해주는 방정식에는 아무것도 변하지 않을 것이다. 왜냐하면 그 방정식에서 기호 t 는 지속을 가리키는 것이 아니라 두 지속 사이의 관계, 어떤 수의 시간 단위들, 또는 최후의 분석에 의하면 어떤 수의 동시성들을 가리킨다. 그러한 동시성들, 즉 그러한 일치[125]들은 계속해서 동일한 수로 일어날 것이다. 오직 그것들을 나누는 간격만이 감소될 것이나 그 간격들은 계산에 전혀 들어가지 않는다. 그런데 그 간격들이 바로 체험된vécue 지속, 의식이 지각하는 지속이다. 그렇기 때문에 일출과 일몰 사이의 우리의 지속이 더 적어졌다면, 의식은 매우 빨리 하루의 감소를 우리에게 알려줄 것이다. 모르긴 몰라도 의식은 그런 감소를 측정하지는 않을 것이며, 심지어는 아마 그것을 곧바로 양적 변화의 측면에서 알려주지도 않을 것이다. 그러나 의식은 이런 형태이건 저런 형태이건 존재의 통상적 불어남enrichissement에서의 감소,[126] 일출과 일몰 사이에 익숙하게 이루어지는 진행에서의

다. 그것이 바로 〈천문학적 현상의 예언을 가능하게 하는 바로 그 동일한 이유가 자유로운 활동성으로부터 나오는 사실을 미리 결정하는 것을 금지〉하는 이유이다.

125) 가령 어떤 물리적 사건과 시계바늘의 일치, 즉 동시성.

126) 시간이 지남에 따라 의식은 조금 더 살았고, 또 조금 더 살았고…… 하는 식의 어떤 불어남의 느낌을 가지게 되는데, 우주가 빨리 움직이게 되면 그것이 감소되는 것을, 즉 시간이 더 빨리 지나가는 것을 느낄 것이다.

변화를 인정할 것이다.

그런데 천문학자가 가령 월식을 예언할 때에는 우리가 악령에게 부여했던 능력을 자기 나름의 방식으로 사용하기만 하면 된다. 그는 시간에게 열 배, 백 배, 천 배 더 빨리 가라고 명령하며, 그에게 그럴 권리가 있는 것은, 그렇게 함으로써 의식적 간격의 성질만을 바꿀 뿐이고 그 간격은 가정에 의해 계산에 들어가지 않기 때문이다. 그렇기 때문에 그는 몇 초의 심리적 지속 안에 천문학적 시간의 여러 해, 심지어 여러 세기가 담기게 할 수 있을 것이다. 그런 것이 천문학자가 천체의 궤도를 미리 그리거나 그것을 방정식으로 표현할 때 행하는 조작이다. 진실을 말하자면, 그는 그 천체와 주어진 다른 천체 사이에 일련의 위치관계, 일련의 동시성과 일치, 일련의 수적 관계를 확립하는 것에 그친다. 고유한 의미에서의 지속으로 말하자면, 그것은 계산 밖에 머물며, 그런 연속적인 동시성들을 참관할 수 있을 뿐만 아니라 그 간격을 살 수도 있는 의식만이 그것을 지각할 것이다. 그런 의식에 대해 사람들은 심지어 별똥별의 연속적 위치들이 불의 선(火線)의 형태로 그려지는 것을 볼 때 바로 우리 자신에게도 일어나는 것처럼, 천체의 궤도 전체를 단 하나의 통찰로 감싸안기에 충분할 정도로 느리고 게으른 삶을 살 수 있다고 생각한다.[127] 그런 의식

---

127) 별똥별은 너무나 빠르기 때문에 우리 의식에게는 그 전체 운동이 단 하나의 불의 선으로 단번에 파악된다. 그와 마찬가지로 우리 의식이 충분히 느리기만 하다면 몇 세기에 걸친 천체의 운동도 단 하나의 궤적으로 파악될 것이다. 오랜 세월에 걸친 천체의 운동을 단축하여 단 몇 초 안에 파악하는 것은 천체 운동을 그대로 놓아 둔 채로 생각하면 우리의 지

은 그때 천문학자들이 상상적으로 자리잡는 것과 동일한 조건들에 실제로 처할 것이다. 천문학자들이 미래에서 보는 것을 현재에서 볼 것이다. 진실을 말하자면, 천문학자가 어떤 미래의 현상을 예견한다면, 그것은 그 현상을 어느 정도까지는 현재의 현상으로 만들거나 또는 적어도 그것과 우리를 나누는 간격을 엄청나게 줄인다는 조건하에서이다. 간단히 말해, 천문학에서 말하는 시간은 수이며, 그 수의 단위들의 본성이 계산에서 특정하게 명시될 수는 없을 것이다.[128] 따라서 동일한 가정이 조작의 전(全) 연쇄로 확장되고 그리하여 공간에서의 연속적인 위치관계가 보존되기만 한다면, 그 단위들은 원하는 만큼 작은 것으로 가정될 수 있다. 그때 사람들은 예견하고 싶은 현상을 상상 속에서 참관할 것이며, 정확히 공간의 어떤 점에서 얼마의 시간 단위 후에 그 현상이 일어난다는 것을 알게 될 것이다. 사건을 다시 미래로 밀어내고, 사실은 〔현재에서〕 본 것임에도 불구하고 예견한 것이라고 말하기 위해서는, 그 다음에 그 단위들에게 그들의 심리적 본성을 회복시키는 것[129]으로 충분하다.

천문학자가 과학에는 아무런 이득도 제공하지 않기 때문에 마음대로 처분할 수 있는 그러한 시간의 단위들[130]은 체험된 지속

속의 진행을 충분히 느리게 하여 그 오랜 천체 운동이 단번에 지나간 것처럼 파악하는 것과 같다.
128) 단위는 단위로서의 기능을 할 뿐, 그것의 크기나 간격 자체는 계산 속에 명시될 수 없다.
129) 즉, 단축했던 시간을 우리가 사는 것과 같은 원래의 시간으로 되돌리는 것.
130) 즉, 본래적 지속의 시간 단위들.

durée vécue을 이루는 것으로서, 바로 심리학자가 관심을 갖는 것이다. 왜냐하면 심리학은 더 이상 양끝이 아니라 간격 자체에 관계하기 때문이다. 분명히 순수 의식은 시간을 지속의 단위들의 합이라는 형태로 보지는 않는다. 그 자체로 놓아두었을 때, 그것에는 시간을 잴 어떠한 수단도 심지어 이유도 없다. 그러나 가령 두 배 적은 일수(日數)를 지속한 감정은 순수 의식에게 더 이상 동일한 감정이 아닐 것이다. 그런 의식상태[131]에게는 그것을 풍부하게 하고 그 성질을 바꾸기 위해 들어오는 수많은 인상들이 결여될 것이다. 우리가 그 감정에 어떤 이름을 부과할 때, 즉 우리가 그것을 사물로 취급할 때, 우리는 그 지속을 가령 반으로 그리고 우리 역사의 나머지 전체의 지속 또한 반으로 줄일 수 있다고 믿는 것은 사실이다.[132] 그것은 항상 작게 축척(縮尺)된 동일한 존재인 것처럼 보인다. 그러나 우리는 그때, 의식상태들이 진행이지 사물이 아니라는 것, 우리가 그 각각을 단 하나의 단어로 지시한다면 그것은 언어의 편의를 위해서라는 것, 그것들은 살아 있고 살아 있기 때문에 끊임없이 변한다는 것, 따라서 그것을 어떤 인상만큼 빈약하게 만들고 그럼으로써 그 성질을 변화시키지 않고는 어떤 순간도 잘라낼 수 없다는 것을 잊고 있는 것이다. 나는 사람들이 한 행성의 궤도를 단번에 또는 매우 짧은 시간에 본다는 것을 잘 이해한다. 왜냐하면 그 연속적 위치들 또는 그 운동의 결과들만이 중요하지, 그것들을 나누는 동일한 간격의 지속은

---

131) 즉, 두 배 적은 일수 동안을 지속한 감정 상태.
132) 반으로 줄인다는 것은 어디까지나 예를 들어 그렇다는 것이다. 반의 반, 반의 반의 반 등으로 마음대로 줄일 수 있다. 어떤 의식의 상태를 하나

중요하지 않기 때문이다. 그러나 어떤 감정에 관련된 것일 때에는 그것이 느껴졌다는 것 이외의 어떤 정확한 결과란 없다. 그리고 그 결과를 충분히 평가하기 위해서는 감정 자체의 모든 국면들을 지나고 동일한 지속을 차지했어야 할 것이다. 그 감정이 결국 공간에서의 행성의 위치에 비견될 수 있는, 일정한 성질의 몇몇 행태들démarches로 번역된다 하더라도, 그런 행위의 인식은 역사 전체에 대한 그 감정의 영향을 평가하는 데에 거의 도움을 주지 않을 것이다. 그런데 알아야 할 것은 [바로] 그러한 영향이다. 사실상 모든 예견prévision은 [현재의] 봄vision이며, 그것은 천문학적 예견에서 일어나는 것처럼 그 부분들 사이의 비율rapports을 유지하면서 미래 시간의 간격을 점점 줄일 때 이루어진다. 그러나 시간의 간격을 줄인다는 것은 거기서 이어지는 의식상태들을 비우거나 빈약하게 하는 것이 아니고 무엇이란 말인가? 그리고 그처럼 지속의 단위에 대해 천문학적 기간을 마음대로 변화시킬 수 있는 것은, 오직 심리적 연쇄를 불변의 기반으로 간주함에 의해서이기 때문에, 천문학적 기간을 줄여서 볼 수 있는 가능성 자체는 그런 심리적 연쇄를 같은 방식으로 변경시킬 수 없다는 불가능성을 내포하지 않는가?[133]

의 이름으로 불러 버리면, 그것으로 고착되어 그것이 며칠간 계속되건, 아니건 아무런 상관이 없어진다. 또는 단지 〈그런 상태가 일정 기간 계속되었다〉는 한 마디로 모두 요약될 수 있다. 그러나 실제로 그 감정 자체를 느끼려면 정확히 그 기간을 다시 살아야 한다.

133) 위의 주 124) 참조. 천문학적 시간이 지속의 시간을 줄여서 현재에서 미래를 계산할 수 있는 것도, 결국 지속의 시간 자체는 변할 수 없다는 데

따라서 미래의 행동이 예견될 수 있는지를 물을 때, 사람들은 무의식적으로, 자연과학에서 문제되며 수로 환원되는 시간을 실재 지속과 동일시한다. 실재 지속의 양은 외양적인 것일 뿐 진정으로는 질이며 그것을 채우는 사실들의 성질을 변화시키지 않고는 단 한 순간도 줄일 수 없다. 수많은 경우 우리는 실재 지속에 대해 천문학적 시간에 대해서와 마찬가지의 조작을 가할 수 있는 권리를 가진다는 것이 그러한 동일시를 용이하게 한다. 이처럼 우리가 과거, 즉 일련의 이루어진 사실들을 재기억할 때 우리는 항상 그것을 축약하지만, 그럼에도 불구하고 관심을 끄는 사건의 성질이 바뀌지는 않는다. 그것은 우리가 그것을 이미 알고 있기 때문이며, 심리적 사실이 그 존재 자체를 이루는 **진행**의 끝에 다다르면 단번에 표상될 수 있는 사물이 되기 때문이다.[134)] 그러므

근거를 둔 것이다. 그렇지 않다면, 가령 몇 년 후에 일식이 일어난다는 예견 자체가 틀려 버릴 것이다. 지속의 시간이 변경되어 버리면 예견된 시간에 일식이 일어나지 않고 더 빠르거나 더 늦어질 것이기 때문이다.

134) 베르크손의 이 논의는 오해의 소지가 매우 많아, 쟈네 Pierre Janet나 메를로-뽕띠와 같은 후대 철학자들의 비판의 대상이 된다. 과거는 한 번 기억되면 그 자체로 굳어 있는 것이 아니라 재구성 작용에 의해 계속 변한다는 것이 그들의 반론의 주된 내용이다. 그러나 이 말을 문자 그대로만 받아들여서는 안 된다. 바로 5줄 뒤에 〈다가올 의식적 사실을 결정하는 것이 문제일 때, 그것이 깊은 사실이기만 하다면, 선행조건들을 더 이상 사물의 형태로 정적인 상태에서 생각할 것이 아니라, 동적인 상태에서 진행으로 생각해야 한다〉고 밝히고 있을 뿐 아니라, 의식의 상태는 새로운 것이 덧붙여짐에 따라 그 전체가 변하는 것이라고 누누이 강조하고 있으며, EC에 나오는 〈만화경〉 이론에 따르면 그것이 더욱 확장되어 그때그때의 행동의 방향에 따라 우주 전체가 완전히 뒤집힌다고

로 여기서 우리는 행성이 지나가려면 여러 해가 걸리는 궤도를 단번에 파악하며 포괄할 때의 천문학자가 취하는 것과 같은 입장에 있다. 사실, 천문학적 예견과 동일시해야 할 것은 분명 과거의 의식적 사실의 기억이지 다가올 의식적 사실의 예기적 인식이 아니다. 그러나 다가올 의식적 사실을 결정하는 것이 문제일 때, 그것이 깊은 사실이기만 하다면, 선행조건들을 더 이상 사물의 형태로 정적인 상태에서 생각할 것이 아니라, 동적인 상태에서 진행으로 생각해야 한다. 왜냐하면 오직 그 선행조건들의 영향만이 문제인데 그것들의 지속이야말로 그 영향 자체이기 때문이다. 그렇기 때문에 그 조각들을 미리 표상하기 위해 다가올 지속을 축약하는 것은 문제가 될 수 없을 것이다. 지속이 전개되는 것에 발맞추어 그 지속을 살 수밖에 없다. 간단히 말해, 깊은 심리적 사실들의 영역에서는 미리 보는 것과 보는 것 그리고 행동하는 것 사이에는 어떠한 차이도 감지되지 않는다.

결정론자가 취할 입장은 [이제] 하나 이외에는 더 이상 거의 남지 않을 것이다. 그는 이 시간부터 다가올 어떤 행위나 의식의 상태를 예견할 가능성을 끌어대는 것은 단념할 것이나, 모든 행위

한다. 재구성에도 불구하고 과거가 모조리 기억되어 그 자체로 남는다는 것 또한 분명히 진실인 측면이 있는데, 그렇지 않다면 프로이트의 이론이나 현대의 심리학, 인류학 등이 모두 성립될 수 없으며, 실존철학에서 말하는 현존재의 〈현사실성 Faktizität〉도 불가능하다. 어쨌든 이 말만 놓고 보면 분명히 오해의 소지가 있으며, 베르크손에서 과거 이론은 앞으로도 더 밝혀져야 할 부분이다.

는 그 심리적 선행조건들에 의해 결정된다는 것, 또는 달리 말하면 의식의 사실들은 자연현상들처럼 법칙에 복종한다는 것을 주장할 것이다. 그런 논변은 근본적으로 모든 상징적 표상, 따라서 모든 예견에 저항하는 현상들에 직면하는 것을 본능적으로 두려워함으로써, 구체적 심리 사실들의 세부로 들어가지 않는 데에서 성립한다. 그때 사람들은 그러한 현상들의 고유한 본성은 어둠 속에 놓아두고, 현상이라는 자격으로 인과 법칙에 복종하는 것으로 남는다고 주장한다. 그런데 그 법칙이 원하는 바는 모든 현상이 조건에 의해 결정되거나, 또는 다른 말로 하면 동일한 원인은 동일한 결과를 낳는다는 것이다. 따라서 행위가 그 심적 선행조건에 불가분적으로 연결되어 있거나 아니면 인과율이 이해불능의 예외를 감수해야 할 것이다.

결정론적 논증의 이 마지막 형태는 앞에서 살펴본 모든 논변들과 생각만큼 다르지 않다. 동일한 내적 원인이 동일한 결과를 낳는다고 말하는 것은 동일한 원인이 의식의 극장에 여러 번 다시 나타날 수 있음을 가정하는 것이다. 그런데 지속에 대한 우리의 견해가 노리는 것은, 깊은 심리적 사실들의 근본적인 이질성과 그리고 그것들은 한 역사의 다른 두 순간을 이루기 때문에 그들 중 둘이 완전히 닮을 수 없음을 주장하는 것 이외의 다른 것이 아니다. 외부 대상은 흘러간 시간의 표지를 달고 있지 않으며 따라서 순간들의 다양성에도 불구하고 물리학자는 동일한 기본 조건들을 다시 대면할 수 있는 반면, 지속은 그것의 흔적을 보존하는 의식에 실재하는 것이며 그리고 동일한 순간이 두 번 [다시] 나타나지 않기 때문에 여기서는 동일한 조건을 논할 수가 없다. 영혼의 어떠한 두 깊은 상태가 닮지 않았다 하더라도 분석이 그 다른 상태들 속에서 서로 비교될 수 있는 안정적 요소들을 분간해 낼 것이라고 둘러대 봐야 소용 없다. 그것은 심리적 요소들이란 깊은 것이기만 하면 아무리 단순한 것일지라도 개성personnalité과 고유한 삶을 가진다는 사실을 잊은 것이다. 그것들은 끊임없이 생성변화하며, 동일한 감정은 반복된다는 사실만으로도 새로운 감정이 된다. 심지어 그것이 동일한 외부 원인에 대응하거나 유사한 기호에 의해 밖으로 번역된다는 것을 제외하면 우리는 그것의 옛 이름을 보존할 어떠한 이유도 없다. 따라서 사람들이 주장하는 두 상태의 유사성으로부터 동일한 원인이 동일한 결과를 낳는다는 것을 연역한다면 진정으로 선결문제 요구〔의 오류〕를 범하게 될 것이다. 간단히 말해 인과관계가 내적 사실들의 세계에 아직 존재한다 하더라도, 그것은 어떤 방식으로도 우리가 자연에서 인과성이라 부르는 것을 닮을 수가 없다. 물리학자에게는 동일한 원인이 항상 동일한 결과를 낳는다. 외관상의 유사성에 의해 헷갈리는 것을 허락하지 않는 심리학자에게 깊은 내적 원인은 단 한 번의 결과를 낳을 뿐, 결코 그런 결과를 또다시 일으키지는 않을 것이다. 그리고 이제 그런 결과가 원인과 불가분적으로 연결되어 있었다고 주장한다면, 그런 주장은 다음 둘 중 하나를 의미할 것이다. 선행조건들이 주어졌다면 미래의 행위를 예견할 수 있었을 것이라는 의미이거나, 행동이 일단 이루어지면 주어진 조건에서 다른 모든 행위는 불가능하게 보인다는 의미이다. 그런데 우리는 그 두 주장이 동일하게 의미가 없으며 그것들 역시 지속에 대한 나쁜 견해를 내포하고 있음을 보았다.

그럼에도 불구하고, 결정성과 인과성이라는 두 말의 의미를 우리의 관점에서 밝히기 위해서일 뿐이라 하더라도, 이 마지막 형태의 결정론의 논거에 〔잠시〕머무는 것은 무용한 것으로 보이지 않는다. 천문학적 현상의 방식으로 미래의 행위를 예견하는 것도, 행위가 일단 이루어지면 주어진 조건에서는 모든 다른 행위가 불가능하다고 주장하는 것도 문제가 되지 않는다고 말해 주어도 아무 소용이 없다. 〔또〕〈동일한 원인이 동일한 결과를 낳는다〉는 형태로도 보편적 결정의 원리가 의식의 사실들의 내적 세계에서는 모든 종류의 의미를 잃는다고 덧붙여도 소용 없다. 결정론자는 아마도 우리 논거의 그 세 가지[135] 점 각각을 개별적으로 인정할 것이며, 심리 세계에서 결정성이라는 말에 그 세 의미 중 어떤 것도 적용될 수 없음도 받아들일 것이고, 모르긴 몰라도 제4의 의미를 발견하는 데에 실패하기까지 할 것이다. 그러나 그럼에도 불구하고 그는 행위가 그 선행조건에 불가분적으로 연결되어 있음을 멈추지 않고 반복할 것이다. 그러므로 우리는 여기서 너무나 깊은 착각과 너무나 집요한 편견에 대면하고 있어서 인과율이라는 그들의 원리 자체를 공격하지 않으면 그 착각과 편견을 눌러 이길 수 없을 것이다. 원인의 개념을 분석하면서 우리는 그것이 포함하고 있는 애매성을 보일 것이며, 굳이 자유를 정의하

---

135) 바로 위에 나온 세 가지. (1) 미래의 행위를 예견하는 것은 의미가 없다는 것, (2) 주어진 조건에서는 모든 다른 행위가 불가능하다는 것도 의미가 없다는 것, (3) 〈동일한 원인이 동일한 결과를 낳는다〉는 형태의 보편적 결정의 원리가 의식의 세계에서는 의미가 없다는 것.

지 않고도 우리가 지금까지 자유에 대해 생각하고 있던 순전히 부정적인 관념을 아마도 넘어설 것이다.

우리는 물리적 현상들을 지각하며, 그 현상들은 법칙에 지배된다. 이것의 의미는 (1) 이전에 지각된 현상 a, b, c, d는 동일한 형태로 다시 일어난다는 것과, (2) 조건 a, b, c, d에 그리고 오직 그 조건에만 뒤따라 나타났던 어떤 현상 P는 동일한 조건이 주어지자마자 어김없이 다시 일어나리라는 것이다. 경험론자들이 주장하듯 인과율이 그 이상의 아무것도 말하지 않는다면, 그 철학자들에게 그들의 원리가 경험으로부터 왔다고 쉽게 동의할 것이다. 그러나 그 원리는 더 이상 우리의 자유에 반하는 아무것도 증명하지 못할 것이다. 왜냐하면 경험이 우리에게 그런 규칙성을 확인하게 하는 곳이면 어디서나,[136] 일정한 선행조건들이 일정한 결과를 일으킬 것임은 합의된 사항으로 남겠지만, 문제는 바로 의식의 영역에서 그런 규칙성이 발견되는지를 아는 것이며, 모든 자유의 문제가 거기에 있기 때문이다. 우리는 잠시 당신에게 인과율은 과거에 관찰된 제일적(齊一的, uniformes)이며 무조건적인 계기들successions만을 요약한다는 것에 동의할 것이다.[137] 그때

---

[136] 〈곳이면 어디서나〉가 강조되어 있는 것은 오직 그러한 조건이 만족되었을 때에만 그러하다는 것을 표현하기 위해서이다.

[137] 인과율이 〈과거에 관찰된 제일적이며 무조건적인 계기들successions만을 요약한다는 것〉은 우선 인과율이 과거의 〈계기〉들, 즉 과거의 연속적 사건들을 하나로 모아 원리로 표현(요약)한다는 것이며, 이때 〈제일적〉이란 여기저기 불규칙적인 것이 아니라 어디서나 동일하게 해당한다는 뜻이고, 〈무조건적〉이란 그것이 해당하는 곳이면 어디서나 보편적으로 조건 없이 통한다는 뜻이다. 그러니까 여기서의 무조건성은 문자 그대

그것들을 예견하는 데에 실패한 결과 아직 규칙적 계기들을 분간해 내지 못했던 깊은 의식의 사실들에 당신은 무슨 권리로 그 인과율을 적용하는가? 당신에 의하면 관찰된 사실들에 관한 결정론이 그 원리 자체의 유일한 기초인데, 어떻게 그런 원리를 기초로 내적 사실들의 결정론을 확립할 것인가?[138] 진실을 말하자면, 경험론자들이 인간의 자유에 대항하여 인과율에 효력을 발하게 할 때, 그들은 원인이라는 말을 새로운 의미로 특히 상식이 받아들이는 의미로 취한다.

사실, 두 현상의 규칙적 계기(繼起)를 긍정한다는 것은 첫번째 것이 주어지면 벌써 나중 것이 보인다는 것을 인정하는 것이다. 그러나 두 표상의 그와 같이 완전히 주관적인 연결이 상식에게는 충분치 않다. 상식으로서는 두번째 현상의 관념이 첫번째 것의 관념에 이미 내포되어 있다면, 두번째 현상 자체는 이런 형태로든 저런 형태로든 첫번째 현상 가운데에 객관적으로 존재해야 하는 것으로 여긴다. 그리고 상식이 그런 결론에 도달해야 했던 것은, 현상들 사이의 객관적 연결과 관념들 사이의 주관적 결합의 정확한 구별은 이미 상당히 높은 정도의 철학적 소양을 가정하기 때문이다. 따라서 사람들은 느끼지 못하는 사이에 첫번째 것에서

로 완전히 조건이 없는 것이 아니라 인과율이 해당되는 곳이면 어디서나 그렇다는 의미로 이해되어야 한다.
[138] 바로 위의 문장에도 나왔듯이 의식의 내적 사실들에 관해서는 아직 예견에 실패하여 규칙적 계기들을 분간해 내지 못하고 있는 곳이며, 따라서 아직 인과성이 관찰되지 않는 곳이므로, 관찰된 사실에 기초를 둔 인과율을 거기에 적용할 수 없다.

두번째의 것으로 넘어갈 것이며 인과관계를 현재 조건들 안에 다가올 현상이, 말하자면 미리 이루어져 있는 것préformation으로 표상한다. 그런데 그렇게 미리 이루어져 있다는 것은 두 가지 매우 다른 의미에서 이해될 수 있으며, 애매함이 시작되는 곳은 바로 여기이다.

사실 수학적인 것이 그런 종류의 미리 이루어짐의 상image을 제공한다. 한 도면에 원주를 그리는 바로 그 운동이 그 도형의 모든 속성을 낳는다. 그런 의미에서 그것을 연역할 수학자에게는 지속 속에서 전개될 수밖에 없다 할지라도, 불특정 수의 정리들이 이미 정의 가운데에 존재한다. 사실 우리는 여기서 순수한 양의 영역에 있으며, 기하학적 특성은 등식égalité의 형태로 표현될 수 있으므로, 도형의 근본적 특성을 표현하는 첫번째 방정식은 그것에 잠재적으로 모두 포함되어 있는 무수한 새로운 방정식으로 변형될 수 있다. 반대로 감각에 의해 지각되는 연이은 현상들은 양뿐만 아니라 질에 의해서 구별되어 그 결과 우선 서로에 대해 등가적équivalants이라 선언하기에는 약간의 어려움이 있을 것이다. 그러나 우리의 감각이 그것들을 지각한다는 바로 그런 이유에서 그것들의 질적인 차이를 그것들이 우리에게 주는 인상으로 돌리고, 우리 감각의 이질성의 배후에 동질적인 물리적 세계를 가정하는 것을 방해하는 것은 아무것도 없다. 간단히 말하자면, 사람들은 물질로부터 우리의 감각이 거기에 입히는 구체적 질들, 즉 색깔, 열, 저항, 무게까지를 벗겨내고, 결국 동질적 연장성, 즉 물체 없는 공간을 대면하게 될 것이다. 이제 공간에서 도형을 잘라내고, 수학적으로 공식화된 법칙에 따라 그것들을 움직이게 하고, 물질의 외양적 성질들을 그 기하학적 도형의 형태와 위치 그리고 운동에 의해 설명하는 것 이외에 취할 입장은 더 이상 거의 남지 않을 것이다. 그런데 위치는 고정된 크기의 체계에 의해 주어져 있고, 운동은 법칙에 의해, 즉 가변적 크기 사이의 일정한 관계에 의해 표현되어 있으나, 형태는 하나의 상이고 아무리 묽고 투명하다고 가정하더라도 우리의 상상력이 그것에 대해 말하자면 시각적 지각을 가지는 한, 그것은 계속해서 물질의 구체적이며 따라서 환원될 수 없는 질을 이룬다. 따라서 그런 상을 백지로 만들고 그 도형을 낳는 운동의 추상적 방정식으로 그것을 대체해야 할 것이다. 그렇다면 하나가 다른 것 속에 뒤엉키고, 그 엉킴 자체에 의해 객관화되는 산술적 관계, 구체적이고 볼 수 있으며, 만질 수 있는 실재를 오직 그들의 복잡성의 결과로 산출하는 그런 산술적 관계를 떠올릴 것인가?[139]——그것은 현재 가운데에 미래가 현실적으로 미리 이루어졌다는 의미로 이해된 인과율로부터 결론을 도출한 것에 불과하다. 아마 윌리엄 톰슨 경을 제외하면 우리 시대의 과학자들은 추상을 그렇게까지 멀리 밀고 나간 것 같지 않다.[140] 이 재주 많고 깊이 있는 물리학자는 공간을 동질적이고 압축할 수 없는 유체fluide로 가득 차 있다고 보고 거기서 소용돌이들tourvillons이 움직이고 그럼으로써 물질

---

139) 문장이 좀 복잡하지만, 결국 물질의 질적인 면, 특히 형태를 산술적 관계의 복잡성으로 환원하려는 시도를 말한다. 그런 산술적 관계는 복잡하므로 서로 엉키고, 엉킴으로써 질적인 것으로 객관화된다. 바로 다음에 나오는 톰슨의 이론이 바로 그런 생각의 예이다.

140) Thomson, "On vortex atoms", *Proc. of the Roy. Soc. of Edimb.*, 1867.

의 특성들을 낳는다고 가정한다. 그런 소용돌이들은 물체를 구성하는 요소들이다. 그리하여 원자는 운동이 되고, 물리적 현상들은 압축할 수 없는 유체 가운데에서 이루어지는 규칙적 운동들로 환원된다. 그런데 그 유체는 완벽한 동질성을 가지며 그 부분들 사이에는 그것들을 나누는 빈 간격도 그것들을 구별하게 해주는 어떠한 차이도 존재하지 않는다는 것에 주의하기만 한다면, 당신은 그 유체 가운데에서 이루어지는 모든 운동이, 운동 이전과 이후 그리고 도중에 전체적으로는 아무것도 변하고 있지 않고 〔또〕 아무것도 변하지 않았으므로, 사실상 절대적 부동성과 동일하다는 것을 볼 것이다. 여기서 말하는 운동은 따라서 일어나는 운동이 아니라 사람들이 생각하는 운동이다.[141] 그것은 관계들 사이의 관계이다.[142] 사람들은 아마 잘 이해하지도 않고 운동이 의식의 사실이고, 공간에는 동시성만이 있다는 것을 받아들이며 그리하여 우리 지속의 어떠한 순간에 대해서나 동시성의 관계를 계산할 수단을 제공한다. 그 어디서도 기계론을 이 체계에서보다 더 멀리 밀고 나간 적은 없다. 여기서는 물질의 궁극 요소들의 형태 자체가 운동으로 환원되었기 때문이다. 그러나 이미 데까르트의 물리학만 해도 유사한 의미로 해석될 수 있을 것이다. 왜냐하면, 데까르트가 원한 것처럼 물질이 동질적 연장성으로 환원된다면,[143]

---

[141] 전체적으로 아무것도 변하지 않았다는 것은 시간이 전혀 흐르지 않았거나 적어도 아무런 영향을 미치지 않았다는 것이며, 그러한 운동은 시간 속에서 실재로 일어난 운동이 아니라 추상적으로 사유된 운동이다.

[142] 관계항이 없고, 그 자체 관계들로 이루어진 관계이다. 베르크손도 나중에 이러한 운동의 운동 이론을 전개한다(PM, 「변화의 지각」 참조).

[143] *Méditations*, V.

그 연장성의 부분들의 운동은 그것을 지배하는 추상적 법칙에 의해서나 가변적 크기 사이의 대수 방정식에 의해 생각될 수는 있지만, 상(像)이라는 구체적 형태로 표상되지는 않을 것이기 때문이다. 그리고 기계적 설명의 진보에 의해 인과성에 대한 견해가 더 발전하고 따라서 원자에게서 그 감각적 특성들의 무게가 더 가벼워질수록, 자연현상의 구체적 존재는 더욱 그와 같이 대수적 연기(煙氣)로 사라지는 경향을 띠게 된다는 것이 어렵잖게 증명될 것이다.

이렇게 이해하면, 인과성의 관계는 마치 곡선이 그 점근선a-symptote에 접근하듯이 무한히 동일성의 관계에 접근한다는 의미에서 필연적 관계이다. 동일률은 우리 의식의 절대적 법칙이며, 생각되는 그 순간에 생각된 것은 생각된 것임을 인정하는 것이다. 그 원리를 절대적 필연으로 만드는 것은 그것이 미래를 현재에 연결하는 것이 아니라 오직 현재를 현재에 연결한다는 사실이다. 그것은 의식이 자신의 역할에 충실하여 영혼의 명백한 현재 상태를 확인하는 데에 그치는 한, 자신 속에서 스스로에 대해 느끼는 흔들리지 않는 자신감의 표현이다. 그러나 인과율이 미래를 현재에 연결시키는 것인 한, 결코 필연적 원리의 형태를 띠지 못할 것이다. 왜냐하면 실재 시간의 계기적 순간들은 서로서로에 대해 유대적이지 않으며, 어떠한 논리적 노력도 있었던 것이 있을 것이라거나 있음을 계속할 것이라는 것 그리고 동일한 선행조건들은 항상 동일한 결과를 불러올 것임을 증명하는 데까지 이르지는 않을 것이기 때문이다. 데까르트는 그것을 너무나 잘 이해했기 때문에 물리적 세계의 규칙성과 그 결과의 계속성을 끊임없이 갱신하는 섭리의 은총으로 돌렸다. 즉, 그는 그 지속 전체가 현재 순간 위에 서 있는 우주에 적용될 수 있을 일종의 순간적 물리학을 구축했다.[144] 그리고 스피노자는 우리에게 시간 속에서의 계기succession의 형태를 취하는 일련의 현상들이 절대 속에서는 신적인 통일성의 등가물이기를 원했다. 그리하여 그는 한편으로는 현상들 사이의 외견상의 인과성 관계가 절대 속에서의 동일성 관계로 환원되고, 다른 한편으로는 사물의 무한한 지속 전체가 영원이라는 유일한 순간 위에 지탱해 있다고 가정했다.[145] 간단히 말해 데까르트의 물리학이든, 스피노자의 형이상학이든, 우리 시대의 과학 이론이든 그것들을 천착해 보면, 어디서나 동일하게 원인과 결과 사이에 논리적 필연의 관계를 확립하려고 전념하고 있음을 발견할 것이며, 그런 전념은 계기의 관계를 내재의 관계rapport d'inhérence[146]로 변형시키고, 지속의 작용을 소멸시키며, 외견상의 인과성을 근본적인 동일성으로 대체하려는 경향으로 번역된다는 것을 알 수 있다.

그런데 필연적 연결이라는 의미로 이해된 인과성 개념의 발전이 자연에 대한 스피노자적이거나 데까르트적인 견해로 이끌고

---

144) *Méditations*, VI. 데까르트는 오직 현재의 순간만이 확실한 것이고 그것이 다음 순간으로 계속 이어진다는 논리적 필연성은 없으므로 그런 〈계속성〉과 물리적 법칙의 규칙성을 신의 섭리로 돌렸다. 그의 물리학은 따라서 일종의 순간적 물리학이었으며, 그것은 시간 전체가 순간에 의해 보장되는, 즉 〈지속 전체가 현재 순간 위에 서 있는〉 물리학이었다.
145) *Ethica*, I, XVI-XVII.
146) 즉, 원인 속에 결과가 들어 있는 관계. 그것은 원인과 결과의 등가성, 즉 동일성을 의미한다.

간다면, 역으로 계기하는 현상들 사이에 확립된 모든 필연적 결정의 관계는 이질적 현상들 배후에서 사람들이 어렴풋한 형태로 어떤 수학적 기계론을 본다는 것으로부터 유래되어야 한다.[147] 우리는 상식이 물질에 대한 운동이론théorie cinétique de la matière[148]을 직관하고 있다고 주장하는 것이 아니며, 혹 스피노자식의 기계론에 대한 직관을 주장하는 것은 더더욱 아니다. 그러나 결과가 원인에 더 필연적으로 연결되어 있는 것처럼 보일수록, 수학적 결론들을 원리 속에 넣듯이 결과를 원인 자체에 넣으려 하고 그리하여 지속의 작용을 제거하려는 경향을 더 많이 나타낸다는 것을 볼 수 있다. 동일한 외부 조건의 영향하에서도 오늘의 내가 어제 행동한 것처럼 행동하지 않는다는 것은, 전혀 놀랄 일이 아니다. 나는 변하고 지속하기 때문이다. 그러나 우리 지각 밖에서 생각된 사물은 우리에게 지속하는 것처럼 보이지 않는다.[149] 우리가 그 관념을 천착하면 할수록, 동일한 원인이 어제 낳은 것과 동일한 결과를 오늘도 낳지 않으리라고 가정하는 것은 부조리하게 보인다. 사실 사물이 우리처럼 지속하지 않는다 하더라도, 그럼에도 불구하고 그 속에는 현상들이 모두 한꺼번에 전개되지 않고 계기하는 것처럼 보이게 하는 어떤 이해할 수 없는 이유가

---

147) 인과관계를 필연성으로 보려는 경향에서 데까르트나 스피노자의 자연관이 나왔다면, 반대로 필연적 결정론 자체는 상식의 자연관, 즉 이질적 현상 배후에서 수학적 기계론을 보려는 자연관에서 유래한다는 것.
148) 물질을 운동으로 설명하는 이론. 위에서 나온 톰슨과 같은 이론.
149) 즉 우리 내부상태처럼 질적으로 변하는 것으로 보이지 않는다는 것. 외부 사물의 지속 여부에 대해서는 위의 주 40) 참조.

있음을 우리는 분명히 느끼고 있다. 그렇기 때문에, 우리가 수학적 기계론의 관념을 분명하게 간파하지 않거나 섬세한 형이상학이 와서 그 점에 대한 충분히 합법적인 걱정을 덜어주지 않는 한,[150] 인과성 개념은 동일성 개념에 무한히 접근함에도 불구하고 결코 그것과 일치한다고는 보이지 않는다.[151] 그럼에도 불구하고, 우리가 지속을 의식의 더욱 주관적인 형태로 간주함에 따라, 현상들 서로에 의한 필연적 결정에 대한 믿음이 견고하게 된다는 것도 역시 분명하다. 다른 말로 하면, 우리가 인과관계를 필연적 결정의 관계로 세우려는 경향을 보일수록, 그것에 의해 우리는 더욱더 사물이 지속하지 않는다는 것을 긍정하게 된다. 그것은 곧 인과율이 견고해질수록 더욱더 심리적 연쇄를 물리적 연쇄와 나누는 차이가 강조된다는 것과 마찬가지이다.[152] 거기서부터 결국, 이 의견이 아무리 역설적으로 보일지라도, 외부 현상들 사이

---

150) 즉, 수학적 기계론이 확실히 사실로서 파악되지 않는 한 그리고 인과성과 동일성은 다르다는 필자의 〈충분히 합법적인 걱정〉을 깨고 그 양자가 같음을 보여주지 않는 한.

151) 물리적 세계가 아무리 엄격한 인과율에 지배된다 하더라도 그것이 한꺼번에 전개되지 않는다는 것은 어느 정도 지속하고 있다는 것을 보여주는 것이며, 그것은 물리적 세계에서도 완벽한 동일률이 적용되는 것이 아니라 이질적 요소가 있다는 것을 의미하고, 따라서 물리 세계의 인과성은 완벽한 동일성과는 다를 수밖에 없다는 것을 어렴풋이나마 느낄 수 있다.

152) 바로 위의 주에서 지적한 대로 물리적 세계에도 어느 정도의 이질성이 있지만, 그것을 뚫고 완벽한 인과율을 세우려 할수록 지속을 점점 배제해야 하고, 따라서 물리적 세계와 심리적 세계는 점점 더 분명히 구별되어야 한다.

에 수학적 내속 관계를 상정하는 것은 자연적인 또는 적어도 그럴 듯한 결과로서 인간의 자유에 관한 믿음을 유발할 것이라는 결론이 나온다.[153] 그러나 이 마지막 결론은 당분간 우리의 관심사가 되지 않을 것이다. 우리는 여기서 단지 인과성이라는 말의 첫번째 의미[154]를 결정하려고 시도하였으며, 현재에서 미래가 미리 이루어져 있다는 것은, 그렇게 보이지는 않지만 상식에 상당히 친숙한 지속에 관한 어떤 견해 덕분에 수학적 형태로 쉽게 개념화된다는 것을 보여준 것이라고 생각한다.

그러나 다른 종류의 미리 이루어짐 préformation이 있는데, 그것은 직접적 의식이 그 상을 제공하기 때문에 우리의 정신에 보다 더 친숙하다. 아닌게 아니라, 우리는 계속되는 의식의 상태들을 지나는데, 나중 것이 이전 것에 전혀 포함되어 있지 않음에도 불구하고 우리는 그때 어렴풋이나마 그 나중 것의 관념을 표상하고 있었다. 게다가 그런 관념의 실현은 확실한 것이 아니라 단지 가능한 것으로 보였을 뿐이다. 그러나 관념과 행동 사이에는 거의 느낄 수 없는 매개자들이 와서 자리잡았으며, 그 전체는 우리에게 노력감 sentiment de l'effort이라 불리는 어떤 독자적인 형태를 취한다.[155] 그리고 관념으로부터 노력으로, 노력으로부터 행

---

153) 위의 주 124) 참조. 외부 현상들 사이의 수학적 필연적 인과관계를 형성할수록, 외부 현상으로부터 의식의 지속적 성격을 떼내야 하고, 그것은 결국 우리 의식의 세계는 인과적 결정론과는 전혀 다른 세계임을 더 강하게 인정할 수밖에 없음을 의미한다.
154) 수학의 원리에 그 결과들이 포함되어 있는 것과 같은 방식으로 원인 속에 결과가 미리 이루어져 있다는 의미.
155) 관념이 행동으로 전환될 때 그 중간단계를 〈노력감〉이라 부르고 있다.

159 동으로의 진행은 너무도 연속적이어서, 어디서 관념과 노력이 끝나고 어디서 행동이 시작되는지를 말할 수 없을 정도이다. 사람들은 따라서 어떤 의미에서는 여기서도 아직 미래가 현재 속에 미리 형성되어 있음을 말할 수 있다고 생각한다. 그러나 그러한 미리 형성됨은 매우 불완전하다는 것을 덧붙여야 할 것이다. 왜냐하면 사람들이 현재의 관념으로 가지는 그 미래의 행동은 실현된 것으로서가 아니라 실현될 수 있다고 생각된 것이며, 그것을 실현하기 위해 필요한 노력의 초벌그림이 그려져 있을 때라 하더라도 아직 멈출 시간이 있다는 것을 분명히 느끼기 때문이다. 따라서 인과관계를 그런 두번째 형태로 생각하기로 정하면, 결과는 더 이상 원인 속에서 주어지지 않을 것이기 때문에 원인과 결과 사이에는 더 이상 필연적 결정의 관계가 없음을 선험적으로 주장할 수 있다. 결과는 원인 속에 순수 가능의 상태로만 그리고 대응하는 행위가 아마도 따르지 않을 수도 있을 막연한 표상으로서 거주할 것이다. 그러나 필연보다 변덕이 적지 않게 중요한 역할을 하는 일관성 없는 자연의 관념을 어린아이나 원시인들이 받아들이는 용이함을 생각하면, 그런 어림잡기approximaton가 상식에게는 충분하다는 데에 놀라지 않을 것이다. 그리고 그런 인과성의 표상은 어떠한 추상의 노력도 요구하지 않고, 단지 외부세계와 내부세계 사이, 객관적 현상의 계기succession와 의식의 사실들의 계기 사이의 어떤 유사성만을 내포하기 때문에 일반적 지

그것은 생각을 생각으로만 가지고 있는 것이 아니라 행동으로 표출하려 할 때 나타나는 어떤 힘들다는 느낌을 말한다.

성에게는 더욱 접근하기 좋을 것이다.

사실을 말하자면, 원인과 결과의 관계에 대한 이런 두번째 견해[156]는 표상의 필요[157]에 곧바로 응답한다는 점에서 첫번째 것보다 더욱 자연스럽다. 그도 그럴 것이 현상 B를 규칙적으로 그것에 앞서는 현상 A의 바로 한가운데에서 찾는다면, 그것은 두 상(像)을 결합하는 습관에 의해 끝내는 우리가 현상 B의 관념을 현상 A의 관념에 포함되어 있는 것으로 받아들이게 되기 때문이라고 말하지 않았던가? 그런 객관화를 끝까지 밀고 나가서, 현상 A 자체를, 현상 B가 막연한 표상의 형태로 포함되어 있을 어떤 심적 상태로 만드는 것은 자연스럽다.[158] 그럼으로써 우리는 두 현상의 객관적 연결을, 그 관념을 우리에게 암시했던 주관적 결합과 유사하다고 가정하는 데에 그친다. 사물의 질은 그리하여 진정으로 우리 자아의 상태와 상당히 유사한 상태들이 될 것이며 공간을 통해 퍼져 있고, 정확히 의식적 의지를 부여받지 않았지만 내적인 추진력, 즉 노력 덕분에 한 상태에서 다른 상태로 지나

---

156) 의식의 흐름을 따라 갈 때에 관찰되는 바와 같이, 〈결과가 원인 속에 순수 가능의 상태로만 그리고 대응하는 행위가 따르지 않을 수도 있는 막연한 표상으로서 거주〉하는 인과관계의 의미.
157) 그것을 생각으로 떠올리려는 욕구. 〈표상의 필요에 곧바로 응답한다〉는 것은 곧 쉽게 표상된다는 것.
158) 첫번째 의미에서의 인과성 개념이 두 현상을 결합하는 우리의 습관으로부터 형성된 것이라면, 이제 그러한 내적 습관의 외적 투사, 즉 〈객관화〉를 더욱 밀고 나가서 아예 외적 세계가 내적 의식의 방식으로 진행된다고 보는 것은 자연스럽다는 것. 이때 앞의 현상은 뒤의 현상을 〈막연한 표상의 형태로〉 포함하게 된다.

가는 막연한 인격성이 물질계에 부여될 것이다. 그러한 것이 고대의 물활론hylozoïsme으로, 그것은 물질에 기껏 진정한 의식의 상태를 부여해 놓고도 그 연장성을 보존하였고, 연장성을 따라 물질의 질들을 펼쳐 놓는 동시에 그 질들을 내적인, 즉 단순한[159] 상태로 취급한 겁 많고, 심지어 모순적인 가설이었다. 그런 모순을 없애고 질, 즉 외부 현상의 계기를 우리 자신의 관념의 계기로 이해한다면, 그 질을 단순한 상태, 즉 지각으로 그리고 그것을 지탱하는 물질을 우리 영혼과 유사한 비연장적인 단자로 만들어야 한다는 것을 보이는 일은 라이프니츠에게 예약되어 있었다.[160] 이제부터 우리 자신의 심리적 상태들이 그렇지 않은 것과 마찬가지로, 물질의 계기하는 상태들이 밖으로부터 지각될 수는 없을 것이다. 어떻게 그런 내적인 상태들이 서로를 표상할 수 있을지를 설명하기 위해 예정 조화의 가설을 도입해야 할 것이다. 이처럼 인과성의 관계에 대한 두번째 견해와 함께 라이프니츠에 이르게 되는데, 그것은 마치 첫번째 견해와 함께 스피노자에 이른 것과 같다. 그리고 이 경우와 저 경우에서 우리는 상식의 겁 많고 막연한 두 관념을 극단으로 몰고 가거나 더욱 정확하게 공식으로 세운 것 뿐이다.

그런데 그런 두번째 방식으로 이해된 인과성의 관계가 원인에 의한 결과의 결정성을 가져오지 않는다는 것은 명백하다. 역사[161] 자체가 그것을 믿게 한다. 인과성에 대한 그런 견해를 최초로

---

159) 연장성을 가지지 않았다는 의미에서 단순하다.

160) *Monadologie*, 14-22.

161) 철학사.

전개한 고대의 물활론이 원인과 결과의 규칙적 연속을 정말 〈하늘에서 떨어진 동아줄deus ex machina〉에 의해 설명했던 것을 본다. 그것은 때로는 사물 위를 맴도는, 사물에 대해 외적인 필연성이었으며, 때로는 우리의 행동을 지휘하는 것과 상당히 닮은 규칙에 따라 안내되는 내적 〈이성〉이었다.[162] 라이프니츠의 단자의 지각도 그 이상으로 서로를 필연적이게 만들지는 않았다. 신이 미리 그 질서를 맞추어야 했다. 왜냐하면 라이프니츠의 결정론도 단자에 대한 견해로부터가 아니라, 그가 우주를 오직 단자들로만 구성했다는 것으로부터 오기 때문이다.[163] 그 실체들 서로에 대한 모든 기계적 영향을 부인한 후, 그럼에도 불구하고 어떻게 그 상태들이 대응하는지를 설명해야 했다. 거기서부터 예정조화를 인정해야 할 필연성에 그 기원을 둔 결정론이 나왔으며, 그것은 인과성 관계에 대한 역동적인 견해에 기원을 둔 것은 전혀 아니었다. 그러나 역사는 한쪽으로 제쳐두자. 힘이라는 추상적 관념은 결정되지 않은 노력의 관념, 즉 아직 행동에 도달하지 않았으며 행동이 아직 관념의 상태로만 존재하는 노력의 관념임을 의식은 증언한다. 다른 말로 하면, 인과성 관계에 대한 역동적

---

162) 외적 필연성은 가령 헤라클레이토스의 로고스 같은 것이며, 〈이성〉은 가령 아낙사고라스의 이성 같은 것.

163) 바로 다음 문장에서 나오는 것처럼 단자 자체가 다른 단자에 대한 필연적 인과관계를 포함하고 있었던 것이 아니며, 단자들 상호간의 기계적 영향이 부인되었고, 그럼에도 불구하고 어떻게 그것들이 서로 대응하는지를 설명해야 할 필요가 있었기 때문에, 즉 우주가 전부 단자로만 구성되었는데 어떻게 그들 상호간에 대응하는지를 설명해야 했기 때문에, 예정조화설이 나온 것이다.

견해는 사물에 우리의 것과 완전히 유사한 지속—그 지속이 어떠한 성질의 것이든—을 부여한다. 원인과 결과를 이렇게 표상하는 것은, 미래가 우리 자신의 의식에서도 그렇지 않은 것처럼 외부세계에서도 현재와 유대되어 있지 않음을 가정하는 것이다.

그런 이중의 분석으로부터, 인과율은 지속에 대한 두 가지 모순된 견해, 즉 현재 가운데에서 미래가 미리 형성되어 있다는 것에 대한 동일하게 양립 불가능한 두 상을 포함하고 있다는 결과가 나온다. 때로는 물리적이건 심리적이건 모든 현상들을 동일한 방식으로 지속하는 것으로, 따라서 우리의 방식으로 지속하는 것으로 표상한다. 그때 미래는 관념의 형태로만 현재에 존재할 것이며, 현재로부터 미래로의 이행은 생각된 관념이 항상 실현되기에 이르는 것은 아닌 노력의 모습을 띨 것이다.[164] 때로는 반대로 지속을 고유한 의식상태들의 형태로 만들 것이다. 사물은 그때 더 이상 우리처럼 지속하지 않고, 사물에 대해서는 현재에서 미래가 수학적으로 미리 존재함이 인정될 것이다.[165] 특히 개별적으로 취해졌을 때 그 가설들 각각은 인간의 자유를 보전한다 sauvegarde. 왜냐하면 첫번째 가설[166]은 자연현상에까지 우연성을 넣는 데에 이를 것이며, 두번째 가설[167]은 물리적 현상의 필연

---

164) 두번째 인과성 개념에 의할 때.
165) 첫번째 인과성 개념에 의할 때.
166) 두번째 인과성 개념에 따른 가설, 즉 사물이 우리와 같은 방식으로 지속한다는 가설.
167) 첫번째 인과성 개념에 따른 가설. 즉, 사물은 수학과 같은 필연성을 가지나, 의식세계와는 전혀 다르다는 가설.

적 결정성을 사물이 우리처럼 지속하지 않는다는 것에 할당함으로써 바로 지속하는 자아를 자유로운 힘으로 만들도록 하기 때문이다. 그렇기 때문에 인과성에 대한 모든 분명하고도 스스로와 합치하는 견해는 자연스러운 결론으로서 인간의 자유의 관념으로 인도한다. [그러나] 불행하게도 인과율을 동시에 두 가지 의미로 취하는 습관이 형성되었다. 하나는 우리 상상력에 더욱 아첨하고, 다른 하나는 수학적 추론을 유리하게 하기 때문이다. 사람들은 때로는 물리적 현상의 규칙적 계기|succession와 하나가 다른 것으로 되는 일종의 내적 노력을 생각하고, 때로는 그 현상들의 절대적 규칙성에 정신을 고정하고 규칙성의 관념으로부터 첫 번째 방식으로 이해된, 지속을 배제하는 수학적 필연성의 관념으로 알아차리지 못할 정도[의 단계]들을 거쳐 이행한다. 그리고 그 두 상을 서로에 의해 완화시키고 과학적 관심에 더 몰두하느냐 덜 하느냐에 따라 이것 또는 저것을 지배적이게 만드는 데에 아무런 불편도 느끼지 않는다. 그러나 인과율을 그런 애매한 형태로 의식상태들의 연속에 적용하는 것은 스스로에게 마음의 즐거움[168]을 만들어 주는 것이지만, 또한 그럴 듯한 이유도 없이 풀 수 없는 난제들을 만드는 것이다. 사실상 필연적 결정성의 관념을 배제하는 힘의 관념[169]이, 자연에서 인과율을 사용한 결과 자체에 의해, 필연의 관념에 말하자면 섞여 들어가는 습관을 형성했다. 한편에서, 우리는 의식의 증언에 의해서만 힘을 의식하며, 의식

---

168) 자기 마음에 드는 대로 생각하는 것이므로 스스로는 즐겁다.
169) 힘이라는 관념 자체가 이미 순수 수학적인 관념이 아니라 모종의 질을 인정하는 것이다.

은 다가올 행위의 절대적 결정성을 인정하지 않을 뿐만 아니라 이해조차 하지 않는다. 그러므로 그것이 바로 경험이 우리에게 알려주는 모든 것이며, 우리가 경험으로 만족한다면 우리는 스스로를 자유롭다고 느끼고, 옳건 그르건 힘을 자유로운 자발성으로 지각한다고 말할 것이다. 그러나 다른 한편, 그런 힘의 관념이 자연으로 이전되어 필연의 관념과 나란히 걸어감으로써 그러한 여정으로부터 타락되어 돌아온다. 필연의 관념에 젖어서 돌아오는 것이다. 그리고 우리가 외부세계에서 힘으로 하여금 하게 한 역할의 조명하에서, 우리는 힘을, 그로부터 나올 결과를 필연적인 방식으로 결정하는 어떤 것으로 파악한다. 여기서도 역시 의식의 착각은, 자아를 직접적으로 생각하는 것이 아니라, 외부 지각에 물든 어떤 형식들을 통한 일종의 굴절에 의해 생각한다는 데에서 온다. 그 형식은 의식이 외부 지각에 빌려주었으나 외부 지각은 그것을 말하자면 물들이지 않고는 되돌려주지 않았던 것이다. 〔거기서〕 힘의 관념과 필연적 결정의 관념 사이의 타협 같은 것이 이루어졌다. 두 외부 현상의 서로에 의한 완전히 기계적인 결정이 이제 우리 눈에는 우리의 힘과 그것으로부터 나오는 행위의 동적인 관계와 동일한 형태를 띤다. 그러나 반대로 인간의 행동은 그것을 일으킨 힘으로부터 기계적으로 따라서 필연적으로 나오기 때문에, 이 마지막 관계는 수학적 파생의 모습을 띤다. 그 두 상이한, 거의 반대되는 관념의 융합이 상식에 이점을 제공한다는 것은 의심할 여지가 없다. 왜냐하면 그것은 한편으로는 우리 자신의 존재existence의 두 순간 사이에 존재하는 관계와, 다른 한편으로는 외부세계의 계기적 순간들 사이를 연결하는 관계를 동일한 방식으로 표상하고 동일한 단어로 지시하게 해주기 때문이다. 우리의 가장 깊은 의식상태들이 수적인 다수성을 배제한다 하더라도, 그럼에도 불구하고 우리는 그것들을 서로에 대해 외적인 부분들로 분해한다는 것과, 구체적 지속의 요소들이 상호 침투한다면 연장성으로 표현되는 지속은 공간에 흩어져 있는 물체들과 같이 구별되는 순간들을 나타낸다는 것을 우리는 보았다. 〔그렇다면〕 우리가 이를테면 객관화된 우리 삶existence의 순간들 사이에 객관적인 인과관계와 유사한 관계를 확립하고, 자유로운 노력이라는 동적 관념과 필연적 결정성이라는 수학적 개념 사이에서 또한 삼투압 현상과 비교될 수 있는 교환이 이루어진다는 것이 놀라운 일인가?[170]

그러나 그 두 관념의 분리는 자연과학에서는 기정 사실이다. 물리학자는 힘forces에 대해 말하고 작용의 방식을 내적 노력과 유사하게 표상하기조차 하지만, 그런 가설을 과학적 설명에는 결

---

170) 좀 복잡하지만, 이 문단에서 하려는 말은 결국 이렇다. 인과성의 두 개념을 정합적으로 밀고 나가면 모두 자유를 긍정하는 데로 갈 수밖에 없는데, 그것들을 애매하게 섞음으로써, 우리의 내적 의식에도 필연적 인과성을 도입하기에 이르렀다. 어떻게 그러한 섞임이 이루어졌는가? 우선 두번째 인과성 개념에서는 우리의 내적 상태의 성격을 외부 사태에 적용함으로써 우리의 상상력을 만족시키고, 첫번째 인과성 개념은 수학적 엄밀함을 갖게 하므로 그 또한 우리를 흡족케 한다. 그리하여 본래는 순수히 질적인 상태인 힘의 관념을 물리적 세계에 적용하고, 그것은 또 거기서부터 필연성의 관념에 물듦으로써 힘도 필연성을 띤 것으로 이해하게 된다. 그러한 필연적 힘의 관념을 이번에는 우리 자신의 내적 상태에 투사하게 되고 결국 우리는 우리의 내적 상태도 필연성에 지배되는 것으로 생각하게 된다는 것이다.

코 개입시키지 않을 것이다. 패러데이Faraday와 같이 연장적인 원자를 역동적인 점으로 대체하는 사람들조차 힘의 중심과 힘의 선(力線)을 활동이나 노력으로 생각된 힘 자체에는 개의치 않고 수학적으로 취급할 것이다. 그러므로 여기서 외적인 인과성 관계는 순전히 수학적이며, 심리적 힘과 거기서부터 나오는 행위의 관계와는 아무런 유사성도 가지지 않는다는 것은 합의된 사항이다.

다음을 덧붙일 순간이 왔다. 즉, 내적인 인과성의 관계는 순수하게 동적이며, 서로를 조건짓는 두 외적인 현상의 관계와는 아무런 유사성이 없다. 왜냐하면 두 외적 현상은 동질적 공간에서 다시 일어날 수 있는 것이므로 법칙의 구성에 들어갈 것이지만, 반면에 깊은 심적 사실들은 의식에 [오직] 한 번 나타나며 결코 더 이상 나타나지 않을 것이기 때문이다. 심리 현상에 대한 주의 깊은 분석이 우선 우리를 그러한 결론에 도달하게 했다. 인과성과 지속의 개념에 대한 연구도, 그 자체로 생각했을 때, 그것을 확인하게 해줄 뿐이었다.

우리는 이제 자유에 관한 우리의 견해를 공식화할 수 있다.

자유란 구체적 자아와 그것이 수행하는 행위의 관계를 일컫는 말이다. 우리가 자유롭다는 바로 그 이유 때문에 그 관계는 정의될 수 없는 것이다. 왜냐하면 사물은 분석되지만 진행은 분석되지 않으며, 연장성이 분해되지 지속이 분해되지는 않기 때문이다. 혹은 그럼에도 불구하고 분석하기를 고집할 때, 사람들은 무의식적으로 진행을 사물로, 지속을 연장성으로 변형시킨다. 구체적 시간을 분해한다고 주장하는 것만으로도 그것의 순간들을 동질적 공간에 펼쳐 놓는 것이다. 이루어지고 있는 사실 대신에 이루어진 사실을 놓고, 자아의 활동을 말하자면 고정시키는 것으로부터 시작했기 때문에 자발성이 타성으로, 자유가 필연으로 해소되어 버리는 것을 본다.——그것이 자유에 관한 모든 정의가 결정론의 손을 들어주는 이유이다.[171]

자유로운 행위를 일단 이루어진 행위에 대해 그것이 그렇지 않을 수도 있었다고 말함으로써 정의할 것인가? 그러나 그런 주장—그 반대의 주장과 마찬가지로—은 구체적 지속과 그 공간적 상징 사이의 절대적 등가성을 내포한다. 그리고 그런 등가성을 인정하자마자, 방금 선언한 공식의 전개 자체에 의해 가장 완강한 결정론에 도달한다.

자유로운 행위를 〈모든 조건을 미리 알았을 때라도 예견할 수 없는 행위〉라고 정의할 것인가? 그러나 주어진 모든 조건을 생각한다는 것은 구체적 지속에서 행위가 이루어지는 바로 그 순간에 자리잡는 것이다. 그렇지 않다면 그때는 심적 지속의 재료가 미리 상징적으로 표상된다는 것을 인정하는 것이며, 그것은 우리가 말했듯 시간을 동질적 장소로 취급하고, 지속과 상징의 절대적 등가성을 새로운 형태로 인정하는 것과 마찬가지이다. 그러므로 자유에 대한 이런 두번째 정의를 천착해도 역시 결정론에 도달할 것이다.

---

171) 자유는 앞에서 〈구체적 자아와 그것이 수행하는 행위의 관계〉라 정의되었지만, 그 관계 자체는 정의될 수 없으므로 결국 자유는 정의될 수 없는 것이라 정의되었다. 그것은 마치 운동이 정의될 수 없는 것과 마찬가지이다.

마지막으로 자유로운 행위를 그 원인에 의해 필연적으로 결정된 것은 아니라고 말함으로써 정의할 것인가? 그러나 그 말이 모든 종류의 의미를 잃거나, 아니면 그것은 동일한 내적 원인이 항상 동일한 결과를 야기하지는 않는다는 의미로 이해되어야 한다. 따라서 그것은 자유로운 행위의 심적 선행조건들은 다시 일어날 수 있고, 자유는 순간들이 모이는 지속 속에서 펼쳐지며 시간은 공간과 같이 동질적 장소임을 인정하는 것이다. 그것 자체에 의해 지속과 그 공간적 상징 사이의 등가성의 관념에 도달할 것이다. 그리고 자유에 대해 내릴 정의를 쥐어짬으로써 거기서부터 다시 한 번 결정론을 나오게 할 것이다.

요약하면, 자유에 관한 모든 해명의 요구는 생각지도 않게 다음과 같은 물음으로 환원된다. 즉, 〈시간은 공간에 의해 충분히 표상될 수 있는가?〉——거기에 우리는 대답한다. 흘러간 시간에 관한 것이라면 그렇지만, 흐르고 있는 시간을 말하는 것이라면 그렇지 않다고. 그런데 자유로운 행위는 흐르고 있는 시간에서 일어나지, 흘러간 시간에서는 일어나지 않는다. 따라서 자유는 하나의 사실이며, 사람들이 인정하는 사실들 중에 이보다 더 명확한 것은 없다. 문제의 모든 난점들과 문제 자체는 지속에서 연장성과 동일한 속성을 찾으며, 계기를 동시성으로 해석하고, 자유의 관념을, 그것을 번역할 수 없는 것이 분명한 언어에 의해 번역한다는 것으로부터 탄생한다.

결론

 이상을 요약하기 위해 나중에 다시 살펴볼[1] 칸트의 용어와 그의 이론까지도 우선 한쪽에 접어두고, 상식의 관점에 자리잡아 보자. 현재의 심리학은 특히 우리가 우리 자신의 구조constitution로부터 빌려온 어떤 형식들을 통해 사물을 본다는 것을 확립하는 데에 전념하는 것처럼 보인다고 말할 수 있다. 그러한 경향은 칸트 이후 점점 더 강화되었다. 이 독일 철학자가 공간으로부터 시간을, 강도의 성격을 띤 것으로부터 연장적인 것을 그리고 오늘날 우리가 말하듯 외부지각으로부터 의식을 분리해 낸 반면, 경험주의 학파는 분석을 더 멀리 밀고 나가서 강도의 성격을 띤 것에 의해 외연적인 것을, 지속에 의해 공간을, 내적 상태들에 의해 외재성을 재구성하려고 시도한다.──게다가 물리학은 그 점에

---

1) 283쪽 이하.

대해 심리학의 작업을 보완하러 나타난다. 물리학은, 현상을 예견하고 싶으면 현상이 의식에 일으킨 인상을 백지화하고 감각을 실재 자체가 아니라 실재에 대한 기호로 취급해야 한다는 것을 보여준다.

우리는 문제를 역으로 제기하여 우리가 직접적으로 파악한다고 믿는 자아 자체의 가장 명백한 상태들이 대부분의 경우 외부세계에서 빌려온 어떤 형식들을 통해—외부세계는 우리가 빌려준 것을 그와 같은 형식으로 되돌려줄 것이다—파악되는 것은 아닌가를 물을 여지가 있는 것으로 보였다. 일이 그렇게 진행된다는 것은 선험적으로 상당히 그럴 듯해 보인다. 왜냐하면 질료가 끼워 맞춰지는 것으로서의 사람들이 말하는 형식이 완전히 정신으로부터 오는 것이라면, 그것이 대상에 일정하게 적용되면서 대상에 곧 물들지 않기는 어려워 보이기 때문이다. 그때 그런 형식을 우리 자신의 인식에 사용함으로써, 자아를 위치시키는 틀, 즉 결국은 외부세계의 반사상(反射像, reflet)을 자아의 색조 자체로 간주하는 위험을 감수하는 것이다. 그러나 더 나아가 사물에 적용될 수 있는 형식이 완전히 우리의 작품일 수 없고, 물질과 정신의 타협으로부터 나온 것임에 틀림없으며, 우리가 물질에 많은 것을 준다면 우리도 틀림없이 그것으로부터 무언가를 받고 있으며, 그리하여 외부세계로의 산책 후에 우리 자신을 다시 찾으려 시도할 때 우리는 더 이상 놀고 있는 손이 없다고 주장할 수 있다.

그런데 물리적 현상들 서로간의 진정한 관계를 결정하기 위해 우리의 지각하고 사유하는 방식 가운데서 명백하게 그 현상들에 거슬리는 것을 제거해 버리는 것과 마찬가지로, 자아를 그 본래적 순수성에서 사색하기 위해서 심리학은 외부세계의 표지를 눈에 띄게 달고 있는 어떤 형식들을 배제하거나 수정해야 할 것이다.――그러한 형식은 어떤 것들인가? 서로로부터 고립되고 그만큼의 구별되는 단위로 생각되는 심리상태는 더 강하거나 덜 강한 것으로 보인다. 다음으로 그 다수성에서 보았을 때, 그 상태들은 시간 속에서 흐르며 지속을 이룬다. 마지막으로, 그들 사이의 관계에서 그리고 어떤 단위가 그 다수성을 통해 보존되는 한에서, 그것들은 서로를 결정하는 것으로 보인다.――강도, 지속, 의지적 결정,[2] 바로 이 세 관념이야말로 감각세계의 침입에 그리고 요약해서 말하자면 공간 관념의 강박에 빚지고 있는 모든 것을 털어 버림으로써 순화해야 할 것들이다.

우선 그 관념들 중 첫번째 것을 생각하면서,[3] 우리는 심적 사실들이 그 자체로 순수한 질 또는 질적 다수성이며, 다른 한편으로 공간에 위치한 그 심적 사실들의 원인은 양이라는 것을 발견했다. 그런 질이 양의 기호signes가 되고, 질의 배후에서 양을 느끼는 한, 우리는 그것을 강도라 부른다. 어떤 단순한 상태의 강도는 따라서 양이 아니라 양의 질적 기호이다. 당신은 그것의 원천을 의식의 사실인 순수 질과 필연적으로 공간인 순수 양 사이의 타협에서 발견할 것이다. 그런데 외부 사물을 연구할 때, 당신은 그러한 타협을 조금의 숙고도 하지 않고 포기해 버린다. 왜냐하면 당신은 그때 힘 자체―힘이 있다고 가정할 때―를 한쪽에 남겨

---

2) 각각 순서대로 1장, 2장, 3장의 탐구 대상이었다.
3) 이하 제1장의 요약.

두고, 연장적이고 측정할 수 있는 결과만을 생각하기 때문이다. 어째서 당신은 그런 사생아적 개념을 의식의 사실을 분석할 차례가 되었을 때에도 [계속] 보존하는 것일까? 크기가 당신의 밖에서 결코 강도의 성격을 띠지 않는다면 강도도 당신의 안에서 결코 크기가 아니다. 그것을 이해하지 못했기 때문에 철학자들은 두 종류의 양, 즉 하나는 외연적이고 다른 하나는 강도의 성격을 띤 양을 구별해야 했고, 그것들 서로가 공통적으로 무엇을 가지고 있는 것인지 그리고 어떻게 그토록 다른 사물들에 대해 〈증가한다〉거나 〈감소한다〉는 동일한 단어를 사용할 수 있는지를 설명하는 데에 결코 성공하지 못했다. 그것 자체에 의해, 그 말들은 정신물리학의 과장(誇張)에 책임이 있다. 왜냐하면 비유에 의한 것이 아닌 방식으로 감각에 증가하는 능력을 인정하자마자, 우리는 곧 얼마나 증가했는지를 구할 수 있게 되기 때문이다. 그리고 의식이 강도의 성격을 띤 양을 측정하지 않는다는 데에서, 과학이 거기에 간접적으로 도달할 수 없다는 것이 따라 나오지는 않는다―그 양이 크기이기만 하다면. 따라서 가능한 정신물리학적 공식formule이 있거나, 단순한 심적 상태의 강도는 순수한 질이거나 둘 중 하나이다.[4]

다음으로 다수성의 개념으로 옮겨가면서,[5] 우리는 수의 구성이 우선 동질적 장소의 직관, 즉 서로로부터 구별되는 항들이 도열할 수 있는 공간을 요청하며, 다음으로 그 단위들이 동적으로 보

---

4) 그러나 강도는 양이 아니기 때문에 결국 정신물리학적 공식은 성립하지 않는다.
5) 이하 제2장의 요약.

태져서 우리가 질적인 다수성이라 부르는 것을 형성하게 되는 침투와 재조직의 과정을 요청하는 것을 보았다. 단위들이 서로 더해지는 것은 그러한 유기적 발전 덕분이지만, 그것들이 구별된 채로 남아 있는 것은 공간에 존재하기 때문이다. 따라서 수, 즉 구별되는 다수성은 그 역시 타협의 결과이다. 그런데 물질적 대상을 그 자체로 생각할 때, 우리는 그것들을 침투할 수 없고 나눌 수 있는 것, 즉 서로로부터 무한히 구별되는 것으로 간주하기 때문에 그러한 타협을 포기한다.[6] 따라서 우리가 우리 자신을 탐구할 때에도 그러한 타협을 포기해야 할 것이다.[7] 그것을 하지 않았기 때문에 연상주의자들은 때로 조야한 오류에 빠져 들고, 구별되는 의식의 사실들을 서로 더함으로써 심적 상태를 재구성하려고 시도하며, 자아 자체를 자아의 상징으로 대체한다.

이러한 예비적인 고찰이 이 책의 중심 과제인 지속의 관념과 의지적 결정의 분석에 착수하게 해주었다.

우리 속의 지속이란 무엇인가? 수와는 유사성이 없는 질적 다수성이요, 유기적 발전이지만 증가하는 양은 아닌 것이요, 그 속에 구별되는 질이 없는 순수 이질성이다. 간단히 말해, 내적 지속의 순간들은 서로의 밖에 있지 않다.

우리 밖에는 지속 중의 무엇이 존재하는가? 오직 현재만 또는 원한다면 동시성만이 있다. 물론 외부 사물들도 변화하지만, 그

---

[6] 물질적 대상을 완전히 구별되는 것으로 생각하기 때문에 유기적 결합과의 타협은 포기한 것이다.
[7] 즉, 순수한 상호 침투로만 생각해야지 구별된다고 생각해서는 안 된다.

것들의 순간들은 그것을 기억하는 의식에 대해서만 이어진다. 우리는 주어진 한순간에 우리의 밖에서 동시적 위치들의 총체를 관찰하며, 이전의 동시성으로부터는 아무것도 남지 않는다. 지속을 공간 속에 놓는다는 것은 진정한 모순을 범하면서 계기를 동시성의 바로 한가운데에 위치시키는 것이다. 따라서 외부 사물이 지속한다고 말하기보다는, 오히려 우리가 우리 지속의 계기하는 매 순간 그 사물들을 생각할 때, 그것들이 변했다고 인정하지 않을 수 없는 어떤 표현할 수 없는 이유가 그 사물들 속에 있다고 해야 한다.[8] 게다가 그런 변화는 계기—이 말을 새로운 의미로 사용하지 않는 한— 를 내포하지 않는다.[9] 그 점에 대해 우리는 과학과 상식이 일치함을 확인했다.

이처럼 의식 속에서 우리는 구별되지 않으면서 계기하는 상태들을 발견했으며, 공간에서는 하나가 나타날 때 다른 것은 더 이상 없다는 의미에서 계기하지는 않으면서 구별되는 동시성을 발

---

[8] 위에서도 나왔고 바로 다음에도 나오는 것처럼, 사물에는 계기 없는 상호 외재성이, 우리 안에는 상호 외재성 없는 계기가 있다. 그러나 우리 속의 계기가 단번에 펼쳐지는 것이 아니라 어떤 이어짐이듯이, 사물의 외재성도 뿔뿔이 흩어지는 것이 아니라 어느 정도 연속성을 가진다. 이 이어짐과 연속성이 바로 시간과 공간의 공통부분이며 바로 거기서 시공이 만난다. 이러한 공통부분이 없으면 시공은 서로 만나지 않고 따로따로 놀 수밖에 없다. 그러한 시공의 공통성을 베르크손은 〈표현할 수 없는 이유〉라고 말하고 있다. 이러한 부분은 사실 철학자의 비밀처럼 너무나 추상적이고 사변적인 부분이기 때문에 베르크손은 그것을 드러내어 표현하기보다는 언급을 회피한다.

[9] 그런 변화는 그 자체 공간 위에서 전개되는 변화이기 때문에 본래적 의미에서의 계기를 포함하지 않는다.

견했다.──우리 밖에서는 계기 없는 상호 외재성이, 우리 안에서는 상호 외재성 없는 계기가 발견된다.

여기에도 또한 타협이 개입한다. 외부세계를 이루며 서로로부터 구별될지라도 오직 우리에 대해서만 계기하는 그런 동시성들에게, 우리는 그 자체로서 계기한다는 것을 인정한다. 거기서부터 우리가 지속하듯이 사물도 지속하게 하고 시간을 공간에 넣는다는 생각이 나온다. 그러나 우리의 의식이 그와 같이 계기를 외부 사물에 도입한다면, 역으로 사물 자체는 우리의 내적 지속의 계기하는 순간들을 서로에 대해 밖에 있도록 한다. 하나가 일어날 때 다른 하나는 존재하기를 멈춘다는 의미에서 절대적으로 구분되는 물리적 현상들의 동시성은, 계기가 상호 침투를 내포하는 내적인 삶을 또한 구별되고 서로의 밖에 있는 파편들로 잘라낸다. 마치 시계의 추가 태엽의 동적이고도 나누어지지 않는 긴장을 구별되는 조각들로 조각내고 길이로 전개하듯이 말이다. 이처럼 문자 그대로 삼투압 현상에 의해, 동시성인 한에 있어서는 공간이며 계기인 한에 있어서는 지속인, 측정될 수 있는 시간이라는 혼합된 관념, 즉 동시성 속의 계기라는 근본에서 모순된 관념을 형성한다.

과학이 외부세계에 대한 심화된 연구를 시도할 때, 과학은 연장성과 지속이라는 그 두 요소를 분리한다. 우리는 과학이 지속으로부터 동시성만을, 운동 자체로부터 운동체의 위치, 즉 부동성만을 간직한다는 것을 증명했다고 믿는다. 분리는 여기서 매우 명료하게 그리고 공간에 유리한 쪽으로 수행된다.

따라서 내적인 현상을 연구할 때라면 여전히 그런 분리를 행하면서 [이번에는] 지속 쪽에 유리하게 해야 할 것이다. 그러한 내적 현상은 완성된 상태의 내적 현상이 아님은 물론이려니와, 추론적 지성이 이해를 위해 그것을 분리해 내 동질적 공간에 전개시킨 뒤의 현상도 아니고, 형성 도중에 있는 내적 현상이며, 상호 침투에 의해 자유로운 인격의 계속적 발전을 이루는 한에서의 내적 현상이다. 그와 같이 원천적 순수성으로 되돌려진 지속은 완전히 질적인 다수성, 즉 서로 속에 녹아드는 요소들의 절대적 이질성으로 나타날 것이다.

그런데[10] 그렇게 필요한 분리를 수행하는 것을 무시했기 때문에 어떤 이들은 자유를 부정하기에 이르고, 다른 이들은 자유를 정의하고[11] 그 자체로 원하지 않으면서도 역시 자유를 부정하기에 이른다. 왜냐하면 사람들은 조건들의 총체가 주어지면 행위가 예견될 수 있는지 없는지를 묻는데, 그것을 긍정하든 부정하든, 조건들의 총체가 주어지는 것으로 생각될 수 있음을 인정하는 것이기 때문이다. 우리가 보여준 것처럼, 그것은 지속을 동질적인 사물로, 강도를 크기로 다루는 것과 마찬가지이다. 또는 행위는 조건에 의해 **결정된다고** 말할 터인데, 그것은 인과성이라는 말의 이중적 의미를 가지고 노는 일이라는 것과, 그리하여 지속에 서로 배제되는 두 형태를 동시에 빌려준다는 것[12]을 알아차리지 못하고 있는 것이다. 또는 마지막으로 에너지 보존의 원리를 끌어

---

10) 이하 제3장의 요약.
11) 제3장의 마지막 부분에 나오는 자유 정의의 불가능성 참조.
12) 필연적 인과성과 필연적이지는 않지만 관념이 행동으로 된다는 의미에서의 인과성, 이 두 인과성 개념은 상호 배제적이다.

다 댈 것이다. 그 원리가, 서로 등가인 외부세계의 순간들과 살아 있는 동시에 의식적인 존재의 서로를 살찌우는 순간들에 동일하게 적용될 수 있는지를 묻지도 않고. 한 마디로 자유를 어떠한 방식으로 생각하든, 그것을 부정하는 것은 시간을 공간과 동일시한다는 조건하에서만이며, 그것을 정의하는 것은 공간에 시간을 충분히 표상할 것을 요구한다는 조건하에서만이며, 이런 의미에서건 저런 의미에서건 그것에 대해 논의하는 것은 미리 계기와 동시성을 혼동한다는 조건하에서만이다. 따라서 모든 결정론은 경험에 의해 논박될 것이나, 모든 자유에 대한 정의는 결정론이 옳다고 할 것이다.

그렇다면 자연과학이 외부세계에 대해 그토록 자연스럽게 행하는 지속과 연장성의 분리가, 내적 상태에 관한 것일 때에는 왜 그토록 노력을 요구하고 그토록 혐오를 일으키는가를 탐구하면서, 우리는 재빨리 그 이유를 알아차렸다. 과학은 그 주요한 목적이 예견하고 측정하는 것이다. 그런데 물리적 현상은 지속하지 않는다고 가정한다는 조건하에서만 예견되며, 측정되는 것은 공간뿐이다. 따라서 여기서는 질과 양, 진정한 지속과 순수 연장성 사이의 단절은 저절로 이루어진다. 그러나 우리 의식의 상태들에 관한 것일 때, 그것들이 외부 사물의 상호 외재성에 참여하게 되는 그 환상을 유지하는 것이 우리에게는 전적으로 이롭다. 왜냐하면 그런 구별 그리고 동시에 그런 고체화solidification는 그것들의 불안정성에도 불구하고 안정된 이름을, 상호 침투에도 불구하고 구별되는 이름을 줄 수 있게 해주기 때문이다. 그런 구별과 고체화는 그것들을 객관화하고, 말하자면 사회적 삶의 흐름에 들어가게 해 준다.

따라서 결국 서로 다른 두 개의 자아가 있게 될 것이다. 그 중 하나는 다른 것의 외적 투사, 즉 그것의 공간적인 그리고 말하자면 사회적인 표상과 같을 것이다. 우리는 어떤 깊은 반성 réflexion approfondie에 의해 다른 자아에 도달할 것이다. 그런 반성은 우리의 내적인 상태들을 끊임없이 형성 도중에 있는 살아있는 존재자로서, 즉 서로를 침투하고 측정에 저항하며 그 지속 속에서의 계기가 동질적 공간에서의 병치와는 아무런 공통점이 없는 상태로서 파악하게 한다. 그러나 우리가 그처럼 우리 자신을 다시 잡는 순간은 드물며, 그렇기 때문에 우리가 자유로운 때는 드물다. 대부분의 경우 우리는 우리에 대해 외적으로 살고 있으며, 우리 자아에 대해 그것의 탈색된 유령만을, 순수 지속이 동질적 공간에 투사하는 그림자만을 볼 뿐이다. 따라서 우리의 삶은 시간보다는 공간 속에서 전개된다. 우리는 우리를 향해서라기보다는 외부세계를 향해 산다. 우리는 사유하기보다는 말한다. 우리는 스스로 행동하기보다는 〈작용받는다〉. 자유롭게 행동한다는 것은 스스로에 대한 소유를 되찾는 것이며 순수한 지속에 다시 자리잡는 것이다.[13]

---

13) 이상 이 책 전체에 대한 요약을 마치고, 다음에는 마지막으로 이 책의 입장과 칸트의 철학을 대결시켜서 이 책의 역사적 의의를 밝힌다. 아리스토텔레스는 항상 책의 앞머리에서 다루는 대상에 대한 이전의 학설들을 먼저 고찰하고, 거기서 버릴 것은 버리고 취할 것은 취하면서 자신의 철학을 내놓는 반면, 베르크손은 항상 책의 마지막에서 그때까지 개진한 자신의 철학의 입장에 서서 이전의 철학에 대한 평가와 자리매김을 한다. 이것은 단지 서술방식의 차이만이 아니라, 철학의 차이에서 유래한

칸트의 잘못은 시간을 동질적 장소로 간주한 것이었다. 그는 실재 지속이 서로 내적인 순간들로 이루어졌으며, 지속이 동질적 전체라는 형태를 띨 때 그것은 지속이 공간에서 표현되었기 때문이라는 사실에 주목한 것으로 보이지 않는다. 따라서 그가 공간과 시간 사이에 확립한 구별 자체는 근본을 파헤쳐 보면 시간을 공간과 그리고 자아의 상징적 표상을 자아 자체와 혼동한 것으로 귀착된다. 그는 심리적 사실들이 서로서로 병치되고 구별되는 장소는 필연적으로 공간이지 지속이 아님을 잊고 의식은 그런 사실들을 병치에 의하지 않고는 달리 볼 수 없는 것으로 판단했다. 그로 인해, 동일한 물리적 현상이 공간에서 다시 일어나듯이, 동일한 상태가 의식의 심부에서도 다시 일어날 수 있다고 믿기에 이르렀다. 그것은 적어도 인과의 관계에 대해 외부세계에서와 동일한 의미와 역할을 내부세계에도 부여했을 때 그가 암묵적으로 인정했던 것이다. 그때부터 자유는 이해할 수 없는 사실이 되었다. 그리고 그럼에도 불구하고 그는, 자신이 그 범위를 줄이려고 애썼던 내적 지각apperception[14])에 대한 한없는, 그러나 무의식적

다. 베르크손과 같은 〈이루어지는 중에 있는se faisant〉의 철학은 먼저 새로운 것이 나오고 나서야 과거에 대한 회고와 평가가 비로소 이루어질 수 있는 것이지만, 아리스토텔레스와 같은 안정적이며 체계적인 철학은 전체 구도에서의 자신의 위치가 확립되어야 전체와의 관계를 참조하면서 세부의 기술이 가능하다. 물론 베르크손에서도 책을 저술하는 한, 이미 전체의 구도와 체계가 잡혀 있어야 하겠지만, 그 강조점과 서술방식은 엄연히 달라지는 것이다.

14) 이때의 〈apperception〉은 칸트의 〈초월적 통각 transzendentale

인 신뢰를 바탕으로 확고부동하게 자유를 믿었다. 그래서 그는 자유를 실체noumènes의 높이로까지 끌어올렸다. 그리고 지속을 공간과 혼동했기 때문에, 사실은 공간과는 낯선, 자유롭고 실재하는 자아를 동일하게 지속의 밖에 있고 따라서 우리의 인식능력이 접근할 수 없는 자아로 만들었다.[15] 그러나 우리가 매우 자주 우리 자신의 인격 밖에서, 지속보다는 공간 속에서 살고 행동한다 하더라도 그리고 그에 의해 동일한 결과를 동일한 원인에 결부시키는 인과율의 대상이 된다 하더라도, 우리는 반면 항상 순수한 지속에 다시 자리잡을 수 있다는 것이 진실이다. 그 지속의 순간들은 서로의 안에 있고 서로에 대해 이질적이며, 지속 속에서 한 원인은 그 자체가 결코 다시 일어나지 않을 것이기 때문에 그 결과를 다시 일으킬 수 없을 것이다.

우리는 순수한 지속과 그 상징의 그런 혼동 속에 칸트주의의 힘과 약점이 동시에 거주한다고 생각한다. 칸트는 한쪽으로는 물자체를, 다른 쪽으로는 물자체가 그것을 통해 굴절되는 동질적 시간과 공간을 상상한다. 그리하여 한쪽에서는 의식이 파악하는 현상적 자아가, 다른 쪽에서는 외부대상들이 탄생할 것이다. 시간과 공간은 따라서 우리 속에도 우리 밖에도 있지 않을 것이며,

---

Apperzeption)과는 관계가 없고, 다만 스스로를 내적으로 본다는 뜻이다. 칸트가 그 범위를 줄이려고 했다는 것은, 베르크손의 눈에는 무한히 확대될 수 있는 그러한 내적 지각을 몇 개의 〈범주〉나 일정한 인식형식으로 한정시키려 했음을 말한다. 그럼에도 불구하고 그는 그 〈내적 지각〉에 커다란 신뢰를 보냈기 때문에 자유를 믿었다는 것이다.

15) 가령 초월적 통각은 잡으려 해도, 잡으려 해도, 자꾸 뒤로 물러나는 의식 밖의 어떤 점 같다.

안과 밖이라는 구별 자체가 시간과 공간의 작품이 될 것이다.[16] 이러한 이론은 우리의 경험적 사유에 굳건한 기반을 주고, 현상인 한에서의 현상은 완전히 알려질 수 있음을 보장해 주는 이점을 가지고 있다. 심지어 우리는 그러한 현상을 절대로서 세울 수 있을 것이며, 의무를 드러내 주는 실천이성이, 보이지는 않지만 현전하는 것으로서의 물자체가 존재한다는 것을 알려주기 위해 플라톤적 상기의 방식으로 개입하지 않았다면, 이해할 수 없는 물자체에 호소할 필요가 없었을 수도 있다. 그 모든 이론을 지배하는 것은 인식의 질료와 형식, 동질적인 것과 이질적인 것 사이의 매우 명료한 구별이며, 시간 역시 그것을 채우는 것과 무관한 장소로 간주되지 않았다면 모르긴 몰라도 그러한 핵심적 구별이 결코 이루어지지 않았을 것이다.[17]

그러나 직접적 의식이 보는 바와 같은 시간이 공간과 같은 동질적 장소라면, 과학은 그것에 대해 공간에 대한 것과 같은 세력을 가질 것이다. 그런데 우리는 지속으로서의 지속과 운동으로서의 운동이, 시간으로부터 동시성만을, 운동 자체로부터 부동성만을 취하는 수학적 인식으로부터 벗어난다는 것을 증명하려고 시

---

16) 이것은 사실 칸트에 대한 강력한 비판이다. 안과 밖 자체가 시공에 의해 결정되는 것이라면 시공은 우리 안에 있는가, 밖에 있는가?

17) 시간이 인식 형식이라면 그것은 이미 그 속에 질료가 채워질 수 있는 장소로 생각된 것이다. 그렇기 때문에 그것은 형식이며 동질적인 것이고, 경험의 재료는 질료이면서 이질적이라는 구별이 가능했다. 그러니까 시간 역시 공간과 마찬가지로 동질적 장소로 생각되지 않았다면, 형식과 내용이라는 확연한 구별도 없었을 것이라는 것(시간이 형식으로 생각될 수 없기 때문에).

도했다. 그것은 칸트주의자와 심지어 그 적대자들조차 알아채지 못한 것 같다. 즉 그들이 주장하는 현상적 세계는 과학에 의해 이루어진 것으로서, 그 속에는 동시성, 즉 공간으로 번역될 수 없는 모든 관계는 과학적으로 알려질 수 없다는 것이다.[18]

두번째로, 사람들이 동질적이라고 가정한 지속 속에서는 동일한 상태들이 다시 나타날 수 있을 것이고, 인과성은 필연적 결정을 내포할 것이며 그리하여 모든 자유는 이해할 수 없는 것이 될 것이다. 『순수이성비판』이 도달한 것도 분명 그러한 결론이다. 그러나 거기서부터 실재 지속이 이질적이라는 결론을 이끌어 내는 대신—이 두번째 난점을 밝혔다면 첫번째 것도 주의를 끌었을 것이다—에, 칸트는 자유를 시간 밖에 위치시키고 그가 그 전체를 오성에 넘겨준 현상계와 우리에게 입장을 금지시킨 물자체의 세계 사이에 넘을 수 없는 장벽을 세우는 쪽을 택했다.

그러나 아마도 그러한 구별은 지나치게 선명하며, 그런 장벽은 생각하는 것보다 더 넘기가 쉬울지도 모르겠다. 왜냐하면 주의 깊은 의식이 파악한 실재 지속의 순간들이 혹시 상호 병치되기보다는 상호 침투한다면 그리고 그 속에서는 필연적 결정의 관념이 모든 종류의 의미를 잃는 이질성을 그 순간들이 서로에 대해 형성한다면, 그때에는 의식에 의해 파악된 자아는 자유로운 원인일 것이고, 우리는 우리 자신을 절대적으로 알게 될 것이며, 그리고 다른 한편, 바로 그러한 절대가 끊임없이 현상[19]들에 섞여들고 거

---

18) 따라서 그들은 공간적인 것만을 생각했지 진정한 시간이 무엇인지를 보지 못했다.
19) 내적 현상.

기에 배어듦으로써 그것들 속으로 침투하기 때문에, 그 현상들은 사람들이 주장하는 것처럼 수학적 추론이 접근할 수 있는 것이 아닐 것이다.

그래서 우리는 동질적 공간을 가정했으며, 칸트와 함께 그런 공간과 그것을 채우는 질료를 구별했다. 그와 함께 우리는 동질적 공간이 우리 감성의 형식임을 인정했으며, 그 말로 우리가 의미하고자 하는 것은 다른 지성들, 가령 동물의 지성도 대상들을 보지만 그것을 서로로부터나 자신으로부터 그처럼 명료하게 구별하지는 않는다는 사실이다.[20] 동질적 공간에 대한 그러한 직관은 인간에 고유한 직관으로서, 우리의 개념들을 서로에 대해 밖에 있도록 해주고, 사물의 객관성을 드러내 주며, 그리하여 그 이중의 작용에 의해, 한편으로는 언어를 용이하게 하고, 다른 한편

---

20) 여기서 베르크손은 마치 공간이 우리의 〈감성 형식〉이라는 칸트의 생각을 받아들이는 것처럼 말하고 있지만, 바로 뒤이어 〈그 말로 우리가 의미하고자 하는 것은 다른 지성들, 가령 동물의 지성도 대상들을 보지만 그것을 서로로부터나 자신으로부터 그처럼 명료하게 구별하지는 않는다는 사실〉이라고 그 뜻을 설명하고 있다. 즉 인간만이 동질적 공간을 사유할 능력을 가지고 있으며 그것에 따라 대상세계를 본다는 것이다. 그러나 그러한 동질적 공간은 인간의 순수 창작물이 아니라, 외부의 질적 공간으로부터 추상한 것이다. 다시 말해, 추상력 자체는 순수히 인간에 속하는 것이지만, 공간성 자체는 외부로부터 빌려온 것이다. 이 점을 혼동하면 베르크손을 마치 칸트와 같은 구성주의자로 오해하게 된다. 결론의 첫부분에서 언급된 바, 〈사물에 적용될 수 있는 형식이 완전히 우리의 작품일 수 없고, 물질과 정신의 타협으로부터 나온 것임에 틀림없으며, 우리가 물질에 많은 것을 준다면 우리도 틀림없이 그것으로부터 무언가를 받고 있으며……〉 등의 논의를 잊지 말아야 한다.

으로는 우리로부터 분명히 구별되는 외부세계를 모든 지성이 공감하는 지각 속에 나타냄으로써, 사회적 삶을 예고하고 준비하게 한다.

그러한 동질적 공간을 대면하는 자리에 우리는 주의 깊은 의식이 파악하는 자아를 놓았다. 그것은 살아 있는 자아로서 그것의 구별되지 않는 동시에 불안정한 상태들은 성질을 바꾸지 않고는 분해될 수 없으며, 공통의 영역에 떨어지지 않고는 고정되거나 표현될 수도 없다. 그토록 분명하게 외부 대상들을 구별하고 그 대상들을 그토록 쉽게 상징에 의해 표상하는 자아에게 그 고유한 존재의 한가운데에 동일한 구별을 도입하고, 그 심적 상태들의 내적인 침투, 즉 그것들의 완전히 질적인 다수성을, 구별되며 병치되고, 말에 의해 표현되는 항들의 수적인 다수성으로 대체하려는 유혹이 컸을 것임은 분명하지 않은가? 우리는 그때, 그 순간들이 상호 침투하는 이질적 지속 대신에 그 순간들이 공간에 도열하는 동질적 시간을 가지게 될 것이다. 각각이 그 종류에 있어 유일한, 계기하는 국면들이 언어와 통약될 수 없는incommen-surable 내적인 삶 대신에, 인위적으로 재구성할 수 있는 자아와, 알파벳 문자들이 단어를 형성할 때처럼 모이고 흩어질 수 있는 단순한 심적 상태들을 얻게 될 것이다. 그리고 거기서 그것은 단지 상징적 표상의 한 방식에 불과한 것이 아닐 것이다. 왜냐하면 직접적 직관과 추론적 사유는 구체적 실재에서는 하나이며, 이전에 우리의 행위를 설명한 바로 그 동일한 기제mécanisme가 끝내는 우리의 행위를 지배할 것이기 때문이다. 우리의 심적 상태들은 그때 서로로부터 떨어져서 응고될 것이며, 그렇게 해서 결정체로 된 관념들과 외부 운동들 사이에 안정적 연상이 형성될 것이다. 그리고 우리의 의식은 조금씩, 신경물질이 반사행동을 획득하는 과정을 모방하고, 그러면서 자동성automatisme이 자유를 뒤덮을 것이다.[21] 바로 그 순간에 한쪽에서는 연상주의자와 결정론자가, 다른 쪽에서는 칸트주의자가 출현한다. 그들은 우리의 의식적 삶에 대해 그것의 가장 공통적인 측면만을 생각하므로, 물리적 현상들과 같은 방식으로 시간 속에서 다시 일어날 수 있고 원한다면 자연의 현상과 같은 의미에서 인과적 결정의 법칙이 적용될 수 있는 분명히 나누어진 상태들을 본다. 다른 한편, 그런 심적 상태들이 병치되는 장소는 서로에 대해 외재적인 부분들을 제공하고 거기서는 동일한 사실들이 다시 일어날 수 있을 것으로 보이기 때문에, 그들은 시간을 동질적 장소로 만들고 공간으로 취급하는 데 망설이지 않는다. 이제부터 지속과 연장성, 계기와 동시성 사이의 모든 차이는 붕괴되고, 남는 것은 자유를 금지하거나[22] 또는 도덕적 신중성에 의해 자유를 존중한다면, 그

---

21) (원주) 르누비에가 이미 반사운동과 비교될 수 있는 의지적 행위에 대해 말한 적이 있는데, 그는 자유를 위기의 순간에만 국한했다. 그러나 그는 우리의 자유로운 활동 과정이 말하자면 우리가 모르는 사이에 지속의 모든 순간에 의식의 어두운 심부에서 계속되며, 지속의 감정 자체가 거기에서 오고, 우리의 자아가 진전하는 그런 이질적이며 구별되지 않는 지속 없이는 정신적 위기도 없을 것임을 알아차리지 못한 것으로 보인다. 따라서 주어진 한 자유로운 행동에 대한 연구는 비록 심오하다 하더라도 자유의 문제를 해결할 수는 없을 것이다. 이질적 의식상태들의 연쇄 전체를 생각해야 한다. 다른 말로 하면, 문제의 열쇠를 찾았어야 할 곳은 지속 관념의 주의 깊은 분석 속에서이다.

22) 결정론자들.

것을 많은 경의와 더불어 우리의 의식이 그 신비한 문턱을 넘지 않는 물자체의 비시간적 영역으로 다시 이끌고 가는 것뿐[23] 더 이상 아무것도 남지 않는다. 그러나 우리가 생각하기에는 제3의 길을 취할 수 있을 것이다. 그것은 우리가 어떤 중대한 결정을 위해 선택했던 우리 삶existence의 순간들, 즉 한 민족에게 그 역사의 사라진 국면들이 다시 돌아오지 않듯이 다시 일어나지 않을, 그 종류에 있어 유일한 순간들로 사유를 통해 되돌아가는 것일 것이다. 그런 과거의 상태들이 말로 충분히 표현될 수도 더 단순한 상태들의 병치에 의해 인위적으로 재구성될 수도 없다면, 그것은 그 상태들이 동적인 통일성과 완전히 질적인 다수성 속에서 우리의 실재하며 구체적인 지속, 이질적 지속, 살아 있는 지속의 국면들을 표현하기 때문이라는 것을 볼 것이다. 우리의 행동이 자유롭게 보였다면, 그것은 그 행동과 그것이 나온 상태의 관계가 어떤 법칙에 의해 표현될 수 없을 것—그런 심적 상태는 그 종류에 있어 유일한 것이고 더 이상 결코 다시 일어나지 않아야 할 것이므로—이기 때문임을 볼 것이다. 마지막으로 필연적 결정이라는 관념 자체가 여기서는 모든 의미를 잃어버리고, 행위를 그것이 수행되기 전에 예견하는 것도, 일단 이루어진 다음에 반대의 행동의 가능성을 추론하는 것도 문제가 될 수 없음을 볼 것이다. 왜냐하면 모든 조건이 주어진다는 것은 구체적 지속에서는 행위의 순간 자체에 자리잡는 것이며, 더 이상 그것을 예견하는 것이 아니기 때문이다. 그러나 우리는 또한 어떠한 착각의 결과로 혹자

---

23) 칸트의 경우.

는 자유를 부정해야 하고 혹자는 그것을 정의내려야 한다고 믿는지를 이해할 것이다. 그것은 알아차리지 못할 정도로 조금씩, 그 요소들이 상호 침투하는 구체적 지속으로부터 그 순간들이 상호 병치되는 상징적 지속으로, 따라서 자유로운 활동으로부터 의식적 자동성으로 이행하기 때문이다. 또 우리가 우리 자신 속으로 들어가기를 원할 때마다 우리는 자유롭게 된다 할지라도, 그것을 원하는 일이 드물게 일어나기 때문이다. 마지막으로 행동이 자유롭게 이루어지는 경우조차도 그 조건들을 더 이상 순수 지속 속에서가 아니라 공간 속에서 서로에 대해 외적으로 펼쳐 놓지 않고는 그것에 대해 추론할 수 없기 때문이다. 따라서 자유의 문제는 오해로부터 탄생했다. 현대인에게 자유의 문제는 엘레아 학파의 궤변이 고대인에게 그랬던 것과 마찬가지의 것이었으며, 그 궤변 자체와 같이 계기와 동시성, 지속과 연장성, 질과 양을 혼동한 착각에 그 기원을 두고 있다.

해제
베르크손의 생애와 철학, 그리고 『시론』

I. 베르크손의 생애

앙리 베르크손은 폴란드계 유대인인 아버지 미카엘(미셸) 베르크손과 아일랜드계 유대인이며 영국인인 어머니 캐서린 레빈슨 사이의 4남 3녀 중 둘째 아이이자, 장남으로 빠리에서 태어났다.

앙리의 증조할아버지는 폴란드의 은행가이자 왕납 피혁 공장을 경영하던 대부호로, 폴란드계 유대인들의 해방에 중요한 역할을 한 요세프 야쿠보비츠Joseph Jakubowicz이다. 그는 폴란드가 프로이센에 점령당했을 때, 프로이센 행정부의 강요로 존넨베르크Sonnenberg로 개명하였다. 그의 아들, 즉 앙리의 할아버지 베르(Ber 또는 Berek) 존넨베르크도 상당한 재산가로서 폴란드계 유대인 사회에서는 큰 영향력을 가진 사람이었다. 그가 세상을 떠나자, 그의 네 아들들은 〈Berksohn〉이라는 성을 쓰기로 하였는데, 그것은 이디시 어로 〈Berek's Sohn〉, 즉 〈Berek의 아들〉이라는 뜻이며, 처음에는 〈Berksohn〉으로 썼다가 나중에 〈Bergson〉으로 바꾼 것이다. 그런데 할아버지의 이름 〈Ber〉는 곰을 의미한다. 그러니까 〈Bergson〉이라는 성은 일반적으로 생각하듯이 〈Berg〉와 〈son〉의 합성어로서 〈산의 아들〉이라는 뜻이 아니라, 굳이 의미를 부여하자면 〈곰의 아들〉이라는 뜻이며, 유대인들에게 곰은 〈저항하는 자〉라는 상징성을 갖는다고 한다. 그러나 〈Bergson〉은 사실 증조할아버지의 성인 〈Son〔nen〕berg〉의 앞뒤를 바꾼 것에 불과하다.[1]

베르의 사망 후 모든 아들들에게 아버지가 누리던 특권이 주어지지는 않은 것이 이유가 된 듯(당시 대부분의 폴란드 유대인들은 복장이나 거주 이전의 자유를 제한받았다), 네 명의 아들 가운데 미카엘과 자콥은 폴란드를 떠나 서유럽에서 정착을 시도하였다. 자콥은 독일에 정착하여 그의 아들(조셉)은 의사가 되었고 미카엘, 즉 앙리의 아버지는 유럽 이곳 저곳을 옮겨다녔다. 그는 폴란드에 있을 때 이미 쇼팽의 제자로서 피아노를 배웠으며, 이후로도 피아노 연주가와 작곡가로서 성공의 길을 모색하며 유럽을 떠돌아다녔다. 1856년 38세 때 빠리에서 유대계 영국인 캐서린 레빈슨(당시 26세)과 결혼했으며, 3년 후 앙리를 낳았다. 미카엘은 앙리가 4살 때 제네바 음악원의 교수가 되고 곧 원장이 되었으나 그것도 잠시, 4년 뒤에는 그 자리에서 물러나 다시 빠리로 돌아왔고, 다시 2년 뒤에는 앙리만 남겨두고 다른 가족들과 함께 런던으로 이주한다. 이후 반은퇴 상태에서 이런저런 개인교습으로 생계를

---

[1] Phillip Soulez 외, *Bergson*, Flammarion, 1997, 25-27쪽.

유지하다가 생을 마감한다. 앙리 베르크손의 아버지는 그러니까 재능은 상당히 있었으나 크게 성공하지는 못한 피아니스트이자 작곡자였다. 앙리는 나중에 아버지를 회고하며 〈나의 아버지는 매우 뛰어난 작곡자이며 피아니스트였다. 그의 잘못은 명성을 경멸했던 것밖에 없다〉고 말한다.

앙리의 어머니에 대해서는 별로 알려진 바가 없다. 11세 이후 가족과 떨어져 살던 앙리는 거의 매주 어머니에게 편지를 썼고, 방학 때는 영국으로 가서 가족과 함께 지냈다. 베르크손의 저술에 등장하는 어머니에 대한 묘사는 아기에 대한 어머니의 기쁨을 논하는 부분(ES, 23쪽)처럼 가슴 깊은 곳으로부터 우러나오는 따뜻함을 느끼게 해줄 뿐만 아니라, 그의 궁극적인 낙관주의의 원천이 바로 어머니가 아닐까 하는 생각까지 들게 한다. 그는 나중에 〈나의 어머니는 높은 지성과 가장 고양된 의미에서의 종교적 영혼을 가진 여성이었으며, 그 선함과 헌신과 평온함은 거의 성스럽다고 말하고 싶을 정도였고, 그녀를 아는 모든 사람들을 감탄케 했다〉고 술회한다. 벌이가 시원치 않은 남편과 7남매를 키우는 헌신적 여인의 모습이 눈에 보이는 듯하다. 어쨌든 영국인을 어머니로 둔 베르크손의 영어 실력은 남달랐고, 그것은 스펜서, 버클리, 제임스 등의 영어권 철학자들에 대한 관심과 무관하지 않다. 또 제1차 세계대전 때 미국에서의 〈임무〉를 수행할 수 있었던 것도 그것을 기반으로 한 것이었다. 베르크손이 아버지로부터 섬세하고 풍부한 음악성을, 인자하고 헌신적인 어머니로부터 종교적 심성과 영국적 사고방식을 물려받았다는 것은 좀 진부하지만 충분히 그럴 듯한 이야기이다.

빠리에서 태어난 베르크손은 앞에서 말한 바와 같이 4살 때 제네바 음악원 교수가 된 아버지를 따라 스위스로 이주하게 되었는데, 그의 가족은 공교롭게도 제네바의 〈철학자가(街)Boulevard des philosophes〉에 살았다. 아버지의 실직으로 7살 때 다시 빠리(154, Bd. Magenta)로 돌아온 베르크손은 9살에는 국비 장학생으로 보나빠르뜨 고등학교[2]에 입학했고, 제네바에 있을 때 이미 그의 총명함을 알아본 제네바의 대랍비 베르트하이머Joseph Wertheimer의 주선으로 슈프링어 기숙사Institut Springer의 장학생으로 입사하게 되었다. 앞에서 말했듯이 11세부터는 영국으로 이주한 가족과 떨어져 홀로 빠리에서 기숙사 생활을 해야 했던 그는 항상 〈더 이상 예절바를 수 없는〉 소년이었다. 꽁도르세 고교 시절에는 우등생의 전형과 같은 학생이어서 교내에서 〈가장 우수한〉(당시 교장의 표현) 학생이었음은 물론이고, 전국 학력경시대회Concours général에서 수학, 라틴 어 작문, 프랑스 어 작문, 영어에서 1위, 기하학에서 2위, 그리스 어 작문과 역사에서 4위를 차지했다. 특히 고등학교 마지막 학력경시대회의 〈교차하는 양 평면에 접하는 구의 용적을 구하라〉는 문제에 대한 그의 해법은 너무나 완벽하고 아름다워서 수학 전문지에 게재될 정도였으며, 그의 스승인 데보브는 『빠스깔과 현대 기하학자들에 대한 연구』(1878)라는 자신의 저서에 빠스깔의 이른바 〈세 개의 원〉의 문제에 대한 베르크손의 해법을 소개할 만큼 수학에 뛰어난 재능을

---

[2] 이름은 고등학교lycée이지만 당시에는 학제가 달라서 중·고등학교 과정을 다 포함했다. 보나빠르뜨 고등학교는 후에 꽁도르세 고등학교가 되었다가 퐁딴느 고등학교로, 그리고 다시 꽁도르세 고등학교로 됨.

보였다. 그리하여 그가 프랑스 지적 엘리트들의 집합소인 빠리 고등사범학교ENS의 철학과에 입학했을 때(19세), 데보브는 〈너는 수학자가 될 수 있었는데도 철학자밖에 될 수 없겠구나!〉라고 한탄했다고 전해진다. 베르크손이 〈집에서 따로 공부할 필요가 없고 칠판 앞에서 풀기만 하면 되는〉 수학을 버리고 철학을 택하게 된 것은, 고등학교 때 라셜리에Jules Lachelier의 『귀납의 기초에 관하여Du fondement de l' induction』를 읽은 것이 계기가 되었을 가능성이 매우 크다. 그는 그것을 〈열광에 차서avec enthousiasme〉 읽고 철학에도 뭔가 〈심각한sérieux〉 것이 있을 수 있음을 깨달았다고 한다. 사실 베르크손의 저술 중 다른 사람에게 헌정된 유일한 책이자 그의 실질적인 데뷔작인 우리의 『시론』이 바로 다름 아닌 라셜리에에게 바친 것이다.

베르크손은 고등사범학교에 3위로 입학했으며, 이때 수석은 후일 프랑스 사회주의를 이끈 쟝 조레스Jean Jaurès였다. 둘 사이에는 재미있는 일화가 전해지는데, 어떤 교수가 두 학생에게 한 명은 망실된 키케로의 한 변론을 재구성하게 하고, 다른 한 명에게는 그것을 반박하게 하면서 벌어진 일이다. 조레스가 일어나 그의 유창한 언술로 온갖 미사여구와 비유와 이미지를 섞은 웅변을 토하며 키케로를 대신해 변론했을 때, 장내는 열광의 도가니가 되었다. 이때 반론자가 일어나 아무런 웅변적 음률도 없이 차분히 상대방의 주장을 하나하나 격파해 나갔는데, 그 타격점이 너무나 정확하고 그 표현의 선택이 너무나 섬세하며 폐부를 찌르는 것이어서 키케로의 대변자가 세운 대건축물이 한꺼번에 와르르 무너져 내려 아무것도 남지 않게 되었다. 장내에는 정적이 감돌

앇으나, 내심으로는 모두 그 논리의 힘과 사유의 섬세함을 경탄하고 있었다……. 이 반론자가 바로 베르크손이다. 그가 아카데미 프랑세즈에 들어갈 때의 환영사에서 르네 두믹René Doumic이 전해준 이 이야기는 두 위대한 인물의 개성을 한눈에 보여준다. 이러한 일화에도 불구하고 둘의 친분은 계속되었으며, 베르크손은 나중에까지도 조레스의 웅변과 관대함에 칭찬을 아끼지 않았다. 같은 동기생인 뒤르켐Émile Durkheim에 대한 상당히 냉담한 평가에 비하면 그것은 분명 다른 태도이다. 고등사범학교 시절의 베르크손은 언제나처럼 예의발랐으나 그러한 태도가 약간 여성적으로 비쳐질 수 있는 데다가 영어를 잘했으므로 동기생들은 그를 〈Miss〉라 불렀다. 이 〈Miss〉는 아닌게 아니라 이때 이미 스펜서의 애독자였다.

고등사범에 입학할 때 10년간 공교육에 종사하겠다고 서약한 베르크손은 성년이 되던 1880년 11월 5일, 빠리 5구 구청에서 프랑스를 모국으로 선택한다고 선언하고 정식으로 프랑스 국적을 취득한다. 이것은 프랑스에서 태어난 사람은 성년이 되면 선택에 따라 프랑스 국민이 된다는 당시의 법에 따른 것으로, 귀화와는 전혀 다르다.

고등사범을 졸업하면서 그는 철학 교수 자격시험agrégation에 2위로 합격한다(22세). 조레스는 3위였는데, 베르크손과 조레스를 두고 결정을 내리지 못한 심사위원들이 다른 사람(Lesbazeilles)을 1위로 올렸다는 이야기도 전해진다.[3] 이후 베르크손은 앙제

---

[3] 레바제이으의 사적 노트를 본 적이 있는 쟝 기똥J. Guitton에 따르면 그는 상당히 성숙한 정신의 소유자였다고 한다(*Vocation de Bergson*, 64쪽). 그러

고등학교에서 2년, 끌레르몽-페랑 고등학교에서 5년간 철학 교수로 근무한다. 베르크손의 강의는 학생들에게 받아쓰기를 시키듯이 완벽한 문장을 천천히 또박또박 말하는 식으로 진행되었는데, 써온 것을 읽는 것이 아니고 머릿속에 있는 것을 그 자리에서 말하는 것이었으므로 학생들은 마치 머릿속에서 이루어지는 사유를 소리로 듣는 것 같기도 하고, 혹은 즉흥곡을 듣는 기분이었다고도 한다. 어쨌든 강의는 문장 전체를 충분히 받아쓸 수 있는 속도로 진행되었으므로, 특히 끌레르몽-페랑 고등학교와 나중에 앙리 4세 고등학교에서 한 강의 등이 학생들의 강의 노트 형식으로 남아 있어, 최근에 모두 출판되었다.

이 시기에 베르크손은 슐리James Sully의 『감각과 정신의 착각들 Les Illusions des sens et de l'esprit』(Baillière et Cie)을 번역하고, 『루크레티우스 초록 Extraits de Lucrèce』(Delagrave)이라는 학습용 소책자를 출판하는데(24세), 이 책자는 그 당시 그의 고전어 실력이 어느 정도였는지를 보여주는 수준급 해설서이다. 이때 벌써 최면술에 관심을 가지고 1886년에는 최초의 논문인 「최면상태에서의 무의식적 위장에 관하여」라는 최면술에 관한 논문을 발표한다. 그러나 이 시절의 가장 중요한 일은 역시 지속의 발견과 그의 박사 학위논문이자 첫번째 주저인 『시론』의 완성이다.

29세 때에는 파리로 올라와 첫해에는 루이-르-그랑 고등학교와 앙리 4세 고등학교의 보충교수professeur suppléant, 다음 해에는 롤랭 고등학교 교수 그리고 그 다음 해에는 앙리 4세 고등학

므로 레바제이으가 실제로 우수했기 때문에 1위를 했을 가능성도 크다. 그는 바로 그해 방학에 요절했기 때문에 유명해질 시간이 없었을 뿐이다.

교 교수가 되어 이후 약 8년간 재직한다. 그러면서 30세가 되던 1889년 말에는 「시론」을 주논문으로, 「아리스토텔레스의 공간론」을 부논문으로 하여 박사학위를 취득하고, 같은 해에 주논문인 『시론』이 출판된다. 재미있는 것은 시론의 완성과 발표 시기이다. 베르크손이 뒤 보스Du Bos에게 밝힌 바에 따르면, 적어도 제2장과 제3장은 1884년에서 1886년 사이에 완성되었고, 그 후 제3장을 수정하고 제1장을 썼는데 그 기간을 어림잡아 1년으로 친다면 1887년에는 완성된 셈이고, 아무리 늦게 잡아도 머리말을 쓴 1888년 2월이라고 봐야 한다. 어쨌든 책이 출판된 것은 1889년 후반이므로 『시론』은 완성된 지 약 2년 후에야 발표된 셈이다. 베르크손은 사실 그의 모든 저술을 완성된 후 적어도 2년 이상 묵혀두었다가, 다시 보아 출판해도 무난하다고 판단될 때에만 발표한다는 원칙을 끝까지 지켰다.

33세가 되던 1892년 평생의 반려자인 루이즈 뇌뷔르제Louise Neuburger(당시 19세)와 결혼했고, 일년 뒤에는 외동딸 쟌느가 태어났다. 쟌느는 선천적 농아였으나, 부르델의 제자로서 상당한 재능을 보인 조각가로 성장하였다. 철학자로서 비교적 순탄한 길을 걸은 베르크손의 생애에 거의 유일하게 불행한 사건이 있다면 바로 딸의 장애였을 것이다. 부인은 베르크손이 연구에만 전념할 수 있도록 평생을 성심껏 보필하였는데, 마르셀 프루스트는 그녀의 사촌 여동생의 아들로서 베르크손과의 결혼식에 꼬마 들러리를 섰다.

37세가 되던 1896년에 두번째 주저인 『물질과 기억』을 발표함으로써 철학계를 놀라게 하고, 이때부터 철학자로서의 그의 명성은 확고해진다. 그러나 1894년과 1898년 두 번에 걸쳐 소르본느에 지원했으나 모두 실패하고, 1898년에 고등사범학교 전임강사 maître de conférence로 임명된다. 베르크손은 이미 그 전 해부터 와병중인 샤를르 르벡Charles Lebêque을 대신하여 꼴레즈-드-프랑스에서도 강의하고 있었는데, 41세 되는 해인 1900년 르벡이 죽자 그의 자리인 그리스-라틴 철학 담당 교수로 임명되고, 1904년부터는 가브리엘 따르드G. Tarde가 맡고 있던 현대철학 담당으로 자리를 옮긴다. 베르크손은 1921년까지 20여 년 동안 꼴레즈-드-프랑스의 교수로 재직하지만, 그가 직접 강의한 것은 1914년까지이고, 그 이후에는 르 롸E. Le Roy가 대신 강의하게 하였다. 꼴레즈-드-프랑스는 소르본느와 길 하나를 사이에 두고 나란히 서 있는 프랑수아 1세 때 세워진 학교로서, 각 분야의 최정상급 학자들이 초빙되어 강의를 하고 누구나 와서 들을 수 있지만, 시험을 보지도 학위를 주지도 않는, 프랑스만의 독특한 학교이다. 그러므로 베르크손이 소르본느에 실패하고 꼴레즈-드-프랑스의 교수가 되었다는 것은 그가 고유한 의미에서의 제자를 가질 수 없었다는 것을 의미한다. 사실 베르크손의 철학 자체가 제자들을 모아 학파를 이루는 철학과는 전혀 다를 뿐 아니라 오히려 거기에 반대되는 철학이지만(학파를 형성한다는 것은 일정한 관점에서 문제를 본다는 것이고, 그것은 사태의 어느 한 면만을 강조하는 편협과 고착을 가져오며, 각자의 자유로운 영혼의 활동을 방해한다), 그럼에도 불구하고 그가 소르본느에 갔더라면 이후 프랑스 철학의 판도는 상당히 달라졌으리라는 것은 충분히 짐작할 수 있다. 어쨌든 일반 시민들을 상대로 한 그의 강의에 사람들이 구름처럼 몰려드는 바람에 그 앞의 다른 강의 시간부터 자리를 맡으려는 사람들로 만원을 이루었고, 심지어는 창문에 매달려서 듣는 사람도 있어서 그 장면을 찍은 사진이 아직도 남아 있다. 한 가지 주의할 만한 점은 그가 그리스-라틴 철학 담당 교수였다는 사실이다. 물론 그는 현대철학 교수 자리를 더 원했고, 자리가 비자 곧 그리로 옮겼지만, 이미 고등학교 때부터 보여준 고전어 실력과 『루크레티우스 초록』의 출간 그리고 박사학위 부논문인 「아리스토텔레스 공간론」 등으로 미루어 보건대, 고전철학에 대한 그의 조예는 의심할 여지가 없다. 실제로 꼴레즈-드-프랑스에서 플로티노스의 『에네아드』 강독을 들은 브레이에Bréhier에 따르면, 플로티노스를 완전히 꿰뚫고 있어서 설명이 물 흐르는 것처럼 막힘이 없었다고 한다. 박홍규 선생이 지적했듯이, 고전에 대한 지식이 없었다면 그의 철학은 완전히 달라졌을 것이다.

1900년 꼴레즈-드-프랑스 교수가 된 이후 베르크손의 이력은 〈승승장구〉라는 말이 어색치 않다. 같은 해에 『웃음』을 출판하고, 1901년에는 정치-정신과학 학술원 회원으로 선출되었으며, 1902년에는 레지옹 도뇌르의 5등훈장(기사, chevalier)에 서품되고, 이후 4등(장교, officier, 1907), 3등(지휘관, commandeur, 1919), 2등(대장교, grand officier, 1923) 훈장을 거쳐 1등 대십자장(Grand Croix, 1930)에까지 이르렀으며, 1907년 『창조적 진화』가 발표되었을 때에는 문자 그대로 세계적인 철학자로 명성을 떨치게 되었다. 그리하여 1911년에는 영국의 옥스퍼드 대학에, 1913년에는 미국의 컬럼비아 대학에 초청되어 대대적인 환영을 받는다. 그리고 전쟁이 나던 해인 1914년에는 아카데미 프랑세즈의 회원으로 선출된다(취임은 1918년). 결국 어릴 때부터 온갖 상을 휩쓸던 그 〈버릇〉을 어른이 되어서도 그대로 이어간 셈이라고나 할까. 그러한 삶에 대한 평가는 엇갈릴 수 있겠지만, 하여간 그것은 프랑스 사회가 길러낸 지적 엘리트의 한 전형을 보여준다는 점에서 매우 흥미로운 것이며, 1928년 노벨 문학상을 수상했을 때, 그 전형의 비단 치마에 꽃이 더해진다. 그 사이에 일어난 단 하나 베르크손 쪽에서도 상당히 섭섭했을 일은 『웃음』을 제외한 그의 저술들이 로마 교황청의 금서목록에 들어간 일이다. 그러나 이상하게도 이 사건에 대한 베르크손의 반응은 어떠한 기록이나 증언에도 보이지 않는다. 아마 주위 사람들도 그 일을 언급하기를 꺼렸고 베르크손 자신도 침묵으로 일관한 것 같다. 다만 나중에 『도덕과 종교의 두 원천』에서 표현된 가톨릭에 대한 공감이 그 문제에 대한 간접적 답변이 될 것이다.

1914년 제1차 세계대전이 발발하자, 〈닳는 힘과 닳지 않는 힘〉이라는 전쟁 격문을 발표하여 〈후자가 전자를 죽일 것 ceci tuera cela〉이라고 선언하며, 같은 해 말 정치-정신과학 학술원 원장의 자격으로 전쟁에 대한 장문의 연설을 한다. 1916년에는 스페인의 여론을 프랑스 쪽으로 돌리기 위해 다른 학술원 회원들과 함께 스페인에 파견되어 여러 대학에서 강연하고, 1917년에는 처음의 망설임에도 불구하고 미국에 파견되어 학자 출신의 대통령 윌슨을 설득하여 재정적 지원과 함께 가능하다면 미국을 직접 참전케 하려고 노력했고, 결국 성공한다. 이때 베르크손은 윌슨을 직접 설득하는 한편, 윌슨의 전쟁 고문관인 하우스 대령과 내무장관 레인 Frankline Lane을 통해 프랑스의 입장을 전달하고 전쟁의 의미를 설명한다. 레인은 나중에 베르크손에게 〈대통령의 결정에서 당신이 차지하는 부분은 당신이 생각하는 것보다 훨씬 컸습니다〉라고 말한다.

전쟁이 끝나고 아카데미 프랑세즈에 정식으로 취임한 베르크손은 1919년 논문집 『정신의 힘』을 내고, 1921년에는 꼴레즈-드-프랑스에서 완전히 은퇴하여(후임은 르 롸) 연구에 몰두하려고 하였다. 그러나 1921년, 전쟁 중에 수행한 그의 역할의 연장선상에서 아인슈타인, 뀌리 부인 등 세계적인 석학들이 참여하는 국제연맹 산하 지적협력 국제위원회(CICI) 의장을 맡지 않을 수 없었다. 이 기구는 오늘날 유네스코(UNESCO)의 전신이다.

어렸을 때 수두에 걸린 것말고는 거의 아픈 적이 없던 베르크손은 66세가 되던 1925년부터 류머티즘으로 거동이 불편하게 되었다. 그리하여 같은 해 CICI 의장직을 물러나 다시 조용한 철학자의 삶으로 돌아온다. 그로부터 7년 후인 1932년, 73세의 나이로 마지막 주저인 『도덕과 종교의 두 원천』을 발표한다. 『창조적 진화』 이후 25년만에 나온 이 책이 어느 날 갑자기 서점의 창가에 진열되었을 때, 사람들은 이 노철학자의 작품이 지닌 젊음에 놀라워했다.

그 다음 해에 논문집 『사유와 원동자』를 낸 뒤에는 조용한 말년을 보내고 있었으나, 제2차 세계대전이 발발하고 독일군이 빠리를 점령하자 일단 빠리를 떠나 지방으로 피신하였다가 1940년 11월 다시 빠리로 돌아온다. 이때 석탄 배급량이 매우 적어서 추운 겨울을 보내다 1941년 1월 3일 폐렴으로 세상을 떠난다. 죽기 직전 아마도 앙리 4세 고등학교나 꼴레즈-드-프랑스에서의 강의를 떠올린 듯 옆에 있던 사람도 들을 수 있을 만큼 또렷한 목소리로 〈여러분, 다섯 시입니다. 강의는 끝났습니다(Messieurs, il est cinq heure. Le cours est terminé)〉라 말하고 나서 숨을 거두었다고 한다. 발레리의 말대로 〈전쟁만 아니었다면 국장이었을〉 그의 장례식은 눈발이 날리는 빠리 근교의 가르슈Garches 묘지에서 조촐하게 치루어졌다(81세). 평생을 단 하루도 쉴 날이 없었다던 그는 〈태어나서 일하고 죽었다〉는 철학자로서는 최고의 수식어가 아깝지 않은 생을 살았다. 1967년 프랑스 정부는 팡떼옹의 한 기둥에 그를 기념하는 비문을 새겼다.

베르크손의 죽음 직후 그가 과연 가톨릭으로 개종했느냐의 문제가 논쟁거리로 된 적이 있었으나, 개종하지 않았다는 쪽이 옳은 것으로 판명되었다. 그의 유언장에는 다음과 같이 씌어 있었다.

나는 반성하면 할수록 점점 더 가톨릭에 가까이 가게 되었고, 거기서 나는 유대주의의 완벽한 완성을 본다. 만약 몇 해 전부터 반유대주의의 거대한 물결이 세계로 퍼져 나가는 것(애석하게도 많은 부분 도덕감을 완전히 상실한 몇몇 유대인들의 잘못에 의해)을 보지 않았다면 나는 개종했을 것이다(비현실의 가정법-필자주). 나는 장차 박해받을 사람들과 함께 하기를 원했다. 그러나 나는 빠리 교구 추기경이 허락한다면 내 장례식에 가톨릭 신부가 와서 기도해 주기를 바란다. 허락하지 않으면 랍비에게 부탁해야 할 것이나, 그에게도 그리고 아무에게도 가톨릭에 대한 나의 정신적 귀의adhésion morale와 내가 가톨릭 신부의 기도를 우선적으로 원했다는 것을 숨겨서는 안 된다.

그리고 그가 죽은 후 실제로 가톨릭 신부가 와서 기도해 주었다. 그러나 그것은 그가 죽은 후였고, 그는 세례를 받지도 않았으며 장례식도 종교적 절차에 따른 것이 아니었다(장 발 J. Wahl의 증언). 유언장에서의 〈나는 개종했을 것이다〉는 분명히 비현실의 가정법으로 되어 있고 그것은 결국 개종하지 않았음을 의미한다. 이 문제는 그의 부인이 무니에 E. Mounier에게 보낸 편지(*La Gasette de Lausanne*에 발표됨)에서 남편이 가톨릭에 비록 〈정신적으로 귀의〉했으나 결코 개종이라는 문턱을 넘어서지도, 서려고 하지도 않았다는 것을 확실히 밝힘으로써 종지부를 찍었다. 단, 여러 종교 중에 베르크손이 가톨릭에 가장 많이 동감했다는 것은 의심할 여지가 없다.

베르크손의 생애를 이야기하면서 다음과 같은 그의 말을 생각하지 않을 수 없다. 〈나는 사람들에게 내 생애가 아니라 내 작업에만 관심을 두라고 항상 요구해 왔다. 한 철학자의 삶은 그의 이론을 이해하는 데 아무런 빛도 던져주지 않으며, 대중과는 아무 상관도 없다는 것을 변함없이 주장해 왔다. 나는 그런 선전을 혐오하며, 내 작업의 출판이 그런 선전을 끌어들일 수밖에 없는 것이었다면 출판한 것을 영원히 후회했을 것이다.〉 어떠한 허영도 거부하고, 훌륭한 철학자가 되기 위해서는 단 한 권의 책도 쓸 필요가 없다(소크라테스를 생각하라)는 그의 생각을 몰라서가 아니라, 그의 정신을 그대로 따르기에는 우리의 호기심이 너무나 컸다. 우리는 그가 어떻게 살았는지, 무엇을 좋아했는지, 어떻게 공부했는지 등 모든 것이 궁금한 것이다. 이것이 정신을 흐트러뜨리는 호사취미에 불과할지라도, 우리 나름대로 그를 이해하고 사랑할 수 있는 방식이 될 수 있지 않을까? 그의 정신을 잊지만 않는다면……

베르크손이 살아 있는 동안 출판된 책은 총 8권이다. 그 가운데 『시론』『물질과 기억』『창조적 진화』『도덕과 종교의 두 원천』이 그의 4대 주저로 꼽히며, 『정신의 힘』과 『사유와 원동자』는 이미 발표한 논문들을 모은 논문집이고, 『웃음』은 희극과 웃음의 본질을 밝힌 소품이다. 나머지 하나 『지속과 동시성』은 상대성 이론에서의 시간의 의미를 지속의 입장에서 해명하려는 시도였으나, 이 책은 그가 상대성 이론을 잘못 이해했을 수도 있다는 우려 때문에 르 롸에게 〈버리자laissez tomber〉고 함으로써 주요 저술에는 포함되지 않게 되었다. 결국 앞의 7권이 베르크손이 유언장에서 〈나는 세상에 내놓기를 원한 모든 것을 출판했음을 선언한다〉고 했을 때의 그 〈출판한〉 책에 해당하는 것으로, 1959년 탄생 100주년 기념판으로 나온 한 권짜리 『작품집 Oeuvres』에 실린 것도 그 7권만이다. 베르크손은 앞에서 언급한 유언장에서 그 이외의 모든 글, 즉 편지나 강의록, 유고 등의 출판을 금지하고, 심지어 이를 어긴 자에게는 소송을 해서라도 그것을 막으라고 유언장 집행인들에게 당부한다. 그러니까 위의 7권만이 베르크손이 책임지고 세상에 발언한 내용이며, 베르크손의 철학인지 아닌지를 판단할 기준도 오직 거기에만 있다고 할 것이다. 글에 대한 그의 이러한 엄격함은 무슨 멋을 부리려는 허영이 아니라, 사실에 바탕을 두고 확실한 것 이외에는 한 마디도 하지 않겠다는 그의 철학자체의 엄밀함으로부터 오는 것이다. 그러나 무엇이든지 그의 글이라면 좀더 읽고 싶어하는 독자들의 목마름은 유언장이 지켜지도록 내버려두지 않았다. 그가 세상을 떠난 지 한참(30년) 후에 앙드레 로비네A. Robinet의 주도로 『지속과 동시성』을 포함하여 박사학위 부논문인 「아리스토텔레스의 공간론」, 발표되었으나 논문집에는 실리지 않은 글들 그리고 여러 편지들을 모아 『잡문집 Mélanges』을 내게 되었다. 특기할 만한 일은 『잡문집』에 포함되지 않은 편지들이 그후에도 간간이 여기저기서 발견되었는데, 최근에 한국의 유지석 박사가 나중에 발견되어 이미 발표된 것뿐만 아니라 새로운 편지도 상당수(총 434편) 발견하여 분석함으로써 릴Lille 대학에서 박사학위를 받았다는 사실이다. 이 편지들은 어떤 형태로든 『잡문집』에 다시 들어가야 할 것이다. 1990년부터는 그의 강의를 받아쓴 노트들이 앙리 위드H. Hude의 편집으로 『강의록 Cours』이라는 제목으로 출판되었으며 최근에 제4권을 마지막으로 완간되었다.

II. 베르크손의 철학

베르크손의 철학을 한 마디로 요약하면 〈지속durée의 철학〉이라고 할 수 있다. 자유, 심신문제, 우주론, 윤리학으로 그때 그때 대상을 달리하며 전개되는 그의 철학 전반에 걸쳐 시종일관 유지되는 근본 기저이자 동력이 바로 지속이며, 가령 회프딩Höffding이 그의 철학의 중심 개념을 직관intuition으로 파악하고 그것을 공격했을 때, 회퍼딩에게 보낸 서신에서 자신의 철학의 핵심은 지속이며 직관은 나중에 다듬어진 것임을 직접 밝힌 데에서도 그 점은 분명하게 나타난다. 우리의 『시론』은 지속을 방금 발견한 베르크손이 그것을 처음으로 널리 공표하고 설명하는 자리였다는 점에서 베르크손 철학의 출발점이자 그를 이해하는 데 가장 기본이 되는 작품이다. 이 책의 자세한 내용은 조금 후에 다룰 것이므로, 여기서는 우선 지속의 대체적인 의미와 형이상학적 의의를 살펴보자.

지속이란 한 마디로 말하면 진정한 운동 그 자체이다. 외부의 물질계를 자르고 재단하여 자신에게 필요한 도구를 만들어 살아가게 되어 있는 존재자인 인간(homo faber)의 관심은 물질계와 그 존재 방식으로 향해 있으며, 진정한 운동 자체에는 관심을 가지지도, 또 가질 필요도 없다. 그에게 중요한 것은 다 녹아서 마실 수 있게 된 설탕물이지 설탕이 녹기까지 걸리는 시간 그 자체가 아니다. 그런 시간은 짧아져 주는 것이, 즉 없어져 주는 것이 좋다. 야구공이 날아올 때, 그 공이 어떤 속도로 어떤 궤적으로 날아와서 내가 그것을 잡을 수 있을 것인가 아닌가 중요하지 밤하늘을 수놓으며 말로 표현할 수 없는 경쾌함으로 다가오는 공의 움직임 자체는 중요하지 않다. 귀여운 얼굴, 터질 듯한 몸뚱이로 내 앞에서 생글생글 웃고 있는 이 토실토실한 아기가 중요하지 이 아이가 생기기까지의 운동 그 자체는 중요하지 않다. 아니 그런 것은 도대체 보이지가 않는다. 다시 말해 우리에게 중요한 것은 결과물이지 그 과정이 아니다. 결과물은 항상 〈물(物)〉로서, 즉 하나의 실체로서 우리 앞에 펼쳐져 있다. 즉, 공간을 점한다. 심지어 정신의 산물조차, 가령 이 글조차 지면을 차지하면서 여기 이렇게 줄줄이 검은 활자로 인쇄되어 있어야 우리는 그 존재를 인정한다. 아무리 위대한 사상도 말로 표현되거나 글로 씌어야 하는 것이다. 그러나 돌이켜 보면 이 검은 활자는 내 손이 자판을 두드려 찍어낸 것에 불과하며, 내 손을 그렇게 움직이게 한 것은 말해야 할 일정한 내용을 지닌 내 정신이다. 이 활자들이 표현하는 것은 내 마음 속에 있는 것의 극히 일부분일 뿐이며, 내가 아무리 정확한 말을 써서 내 마음 속에 있는 것을 전달하려 해도 결코 완벽하게는 할 수 없다. 시쳇말로 내 마음을 까뒤집어 보여 줄 수가 없는 것이다. 왜 그런가? 보이지 않기 때문에, 우리는 그런 것을 볼 수 있는 눈이 없기 때문이다. 보이지 않는 것은 없는 것일까? 그렇지 않다. 우리 눈에 보이는 이 활자는 사실은 보이지 않는 것의 풍부함을 극히 불완전하게 그리고 있을 뿐인 그림자에 불과하며, 정작 중요한 것은 보이지는 않지만 그 그림자를 실제로 산출한 정신이고, 그림자는 그 정신에서 추출된 것이거나 그것의 산물일 뿐이다. 바로 그 정신에 해당하는 것, 무한히 풍부하여 그때 그때 자신의 극히 일부분만을 공간 위에 펼쳐 보일 뿐인 것, 공간으로 향해 있는 우리의 감각이나 지성에는 보이지도 포착되지도 않는 것, 그러나 단지 추상물이 아닌 진정으로 실재하는 것, 그것이 진정한 운동 그 자체이다.

지성은 그 풍부한 실재로부터 자기에게 필요한 것만을 추상해 내고 그것을 자신에게 편리하게 공간 속에 배치한다. 그 추상물은 사물의 표면에서 추출해 낸 것이며 오직 그것에만 관계한다. 표면에 만족하지 못할 때에는 사물을 쪼개보기도 하지만 그때에도 보이는 것은 쪼개진 표면일 뿐이다. 결국 각 추출물은 하나의 〈사물〉로서 실체화한다. 지성의 그러한 습관은 너무나 철두철미하여 그의 눈앞에서 전개되는 운동(공간 운동)조차도 운동 자체는 사상하고 그것의 공간적인 측면, 즉 죽어 있는 공간적 궤적만을 보며, 거기서도 또 운동체를 추상해 내 자기동일성을 유지하는 하나의 〈사물〉인 운동체가 죽은 공간의 궤적을 따라 운동하는 것으로 본다. 그러나 정작 실재하는 것은 운동 자체이며, 운동체와 운동의 궤적은 지성의 표피적 추출물일 뿐이다. 운동과 그 궤적을 혼동하는 성향의 대표적인 예가 제논의 역설인데, 아킬레스가 그보다 몇 발짝 앞에서 출발한 거북을 따라잡지 못한다는 것은 아킬레스와 거북의 운동 자체가 아닌, 그 운동의 궤적을 운동이라 생각하고 그 궤적처럼 운동 자체도 무수히 나누어질 수 있다고 착각했기 때문에 생긴 혼동이다. 상호 병치적이며 동질적이어서 무한히 분할할 수 있는 공간과는 다르게 운동 자체는 상호 침투적이며 이질적이어서 분할할 수가 없다. 그 불가분의 움직임으로 무한히 분할 가능한 공간을 단번에 뛰어넘을 수 있는 그것이 바로 운동이다.

이러한 운동 그 자체, 즉 지속을 발견한 베르크손은 이제 모든 것을 진정한 존재인 〈지속의 상하 sub species durationis〉에서 볼 것을 권한다. 그리하여 『시론』은 자유의 문제를, 『물질과 기억』은 심신관계를, 『창조적 진화』는 우주와 생명을, 『도덕과 종교의 두 원천』은 행동의 문제를 지속으로부터 해결하려는 시도들이다. 그 결과 전통적 형이상학은 완전히 뒤집힌다. 본질에서 기능으로, 형상에서 지속으로, 공간에서 시간으로, 닫힌 우주에서 열린 우주로, 형태에서 유전으로, 성년 중심에서 연속성의 담지자인 씨앗 중심으로, 도덕률에서 상황으로, 무감동에서 참여로…… 그 변혁은 너무도 근본적인 것이라서 일일이 열거하기도 힘들 정도이다. 그것은 서양철학사가 겪은 가장 큰 지각변동이었다.

사실 운동을 지속으로 파악하는 것 자체가 전통 형이상학을 완전히 뒤집은 것이었다. 전통 형이상학에서 진정한 존재는 운동이 가능한 한 다 빠진 영원한 정지체였다. 진정한 존재ontōs on는 존재 아닌 것, 즉 무적인 것이 모두 빠져야 하는데, 생성과 변화와 운동은 완전히 존재인 것도 아니고 완전히 무도 아닌 그 중간에서 성립하는 것이므로 그런 것들도 다 빠져야 진짜 존재를 얻을 수 있고, 그렇게 하여 확보되는 진정한 존재는 영원 불변의 정지체로서(운동이 다 빠졌으므로) 타자의 어떠한 간섭도 없이 무간섭, 무감동의 상태에서 존속하게 된다(플라톤의 형상을 생각하라). 즉 정지야말로 참된 존재이며 거기에 운동이 들어가면 갈수록 점점 더 무에 가까운 것이 된다. 다시 말해 정지가 운동보다 더 많은 것을 포함한다는 것이 전통 형이상학의 핵심 직관이었다. 그러나 베르크손에 와서는 운동이야말로 진정한 실재이며, 정지는 운동으로부터 끊어낸 추출물에 불과하므로, 운동이 정지보다 더 많은 것을 포함하는 것으로 완전히 뒤집힌다.

앞서의 그 활자와 그것이 표현하는 정신의 예로 다시 되돌아가 보자. 소크라테스가 〈영혼의 돌봄epimeleia tēs psychēs〉을 이야기할 때부터 전통 형이상학도 영혼의 중요성을 인식하고 있었다. 플라톤도 분명 문자화된 글은 죽은 것이며, 그보다는 직접적인 말이 더 생생한 것이고, 그 말은 또 영혼을 모방한 것일 뿐이라는 사실을 그 누구보다도 잘 깨닫고 있었기 때문에, 이왕 글을 쓰더라도 좀더 생기 있는 대화체로 그의 사상을 표현했다는 것은 잘 알려진 사실이다. 플라톤은 그러나 문자에 대한 영혼의 우위를 직관했음에도 불구하고, 개개의 사물이 가지는 불변의 정지성이라는 지성의 근본 메커니즘에서 벗어날 수 없었다. 그리하여 각 사물은 각자의 독립성을 가지면서 서로 구별되어 한꺼번에 텅 빈 공간 속에 공존하게 되고, 영혼은 기껏해야 무규정자를 그렇게 구별되는 규정의 상태로 끌어올리는 중간자의 역할밖에 하지 못한다. 그러나 베르크손에 오면 사태는 역전된다. 각각의 정지체는 영혼의 운동이 추출하는 것으로서, 영혼의 기능에 종속되고, 각 정지체가 공존하는 공간도 기능에 종속된다. 공간과 정지체가 아니라 기능의 운동이 독립변수가 된다. 한 마디로 〈정지가 존재〉가 아니라 〈운동이 존재〉라는 철학으로 옮겨온 것이다.

〈운동이 존재〉라는 것은 〈존재는 운동〉이라는 말과 다르다. 가령 헤라클레이토스가 〈만물은 흐른다〉고 할 때, 그것은 이 세상의 모든 사물은 시시각각으로 변하여 하나도 고정적인 것은 없고 누구도 같은 강물에 두 번 들어갈 수가 없다는 뜻이며, 〈존재는 운동〉이라는 말은 바로 그와 같은 것을 의미한다. 모든 것이 변한다면 모든 것이 변한다는 그 사실만은 변하지 말아야 하고, 따라서 그와 같은 주장은 자기 파괴적임을 간파한 플라톤은 이미 존재는 운동과 정지로 이루어진다고 선언한 바 있지만, 어쨌든 베르크손의 〈운동이 존재〉라는 철학은 그와 같은 것이 아니다. 그의 운동은 위에서 밝힌 바와 같이 바로 지속인데, 지속한다는 것은 자기동일성을 잃지 않는다는 말이다. 어떤 것이 운동하여 자기동일성을 잃고 변해 버렸으면 그것은 더 이상 지속하는 것이 아니다. 그러므로 지속이란 운동하면서도 동시에 자기자신임을 잃지 않는 운동을 말한다. 사실 모든 운동은 항상 필연적으로 타자화하는 과정을 수반한다. 운동을 했는데 변하지 않았다는 것은 운동을 하지 않았다는 말과 같기 때문이다. 그러나 지속은 그러한 타자화에도 불구하고 자기동일성을 잃지 않는 운동이다. 어떻게 이와 같은 것이 가능한가? 논리적으로는 불가능한 것 같지만 사실은 모든 운동이 어느 정도는 지속적이다. 설탕이 물에 녹기를 기다려야 하는 까닭은 설탕이 물에 들어가자마자 자신을 버리는 것이 아니라, 자기자신임을 잃지 않으려고 뜸을 들이다가 결국은 자신을 포기하고 물 속으로 녹아들어가기까지 시간이 걸리기 때문이다. 아니 그 〈뜸〉 자체가 바로 시간이다. 그러니까 물질도 어느 정도는 지속하는 것이며, 정도의 차이는 있을지언정 시간이 걸리는 것은 모두 지속하고, 모든 운동은 시간 속에서 시간이 걸려서 이루어지는 것이므로 모두 지속한다. 그러나 진정으로 지속하는 것은, 종국에 가서는 자기자신임을 잃어버리는 물질적 지속을 넘어서서 한사코 자기동일성을 버리지 않고, 운동했음에도 불구하고 계속해서 자기자신임을 유지하는 것이다. 그것은 플라톤이 〈완벽한 존재 pantelōs on〉 또는 〈능동자 poioūn〉라 부르고 베르크손이 생명 또는 순수 지속 durée pure이라 부른 것으로, 물질과 만나서 물질 속에서 자신을 구현하는 것이기는 하지만, 타자화의 필연적 법칙이 지배하는 물질을 극복하고 거기에 비결정성 indétermination을 부여하는 것이다. 이때 비결정성은 물론 문자 그대로 아무것도 결정되지 않았다는 것이지만, 그것은 이것도 저것도 아니라는 무규정성이나 이래도 저래도 좋다는 무원칙성이 아니라, 비결정성 자체의 자기동일성은 한사코 유지하는 비결정성이다. 필연의 거대한 수레바퀴에 대항하여 자신의 비결정성을 어떤 일이 있더라도 지켜낼 뿐만 아니라 가능하다면 더 큰 비결정성을 구현하려는 비결정성이다. 비결정적인 것은 비약한다. 결정적인 것은 필연의 사슬을 따라 한치의 빈틈도 없이 진행되는 것이지만, 비결정적인 것은 다음 순간에 무엇이 나올지 예측할 수 없으며 전건에 없던 것이 후건에 나타나기 때문이다. 그러나 이때에도 비약하는 자기자신의 동일성은 항상 유지하는 비약이다. 그렇기 때문에 베르크손은 그것을 〈생의 비약élan vital〉이라 부른다. 비약은 비약이지만 〈생〉이라는 자기동일성은 유지하는 비약이라는 것이다. 〈창조적 진화évolution créatrice〉라는 그의 책제목도 동일한 사태를 표현한다. 생을 종단면으로 잘라보면 매 순간 전건에 없던 것이 후건에 나타나는 새로운 것의 〈창조〉이지만, 횡단면으로 잘라보면 그 창조가 처음부터 끝까지 이어져서 자기동일성을 유지하는 〈진화〉라는 것이다. 생은 결국 끊임없이 자신임을 떠맡으면서, 이미 자신을 넘어서 있는 존재자이다. 자기자신이면서 동시에 자신을 넘어서 있다는 것은 무엇보다도 먼저 모순율에 위배된다. 그러나 바로 그러한 존재자가 실재할 뿐만 아니라, 그것이야말로 진정으로 존재한다. 모순율은 사실 물질계에서 정지체를 끊어내고 그것의 자기동일성에 기반을 두고서만 편안함을 느끼는 지성의 그리고 오직 그것만의 최고 법정이다. 진정한 운동은 매순간 모순을 극복하면서 새로운 것을 창조해 낸다.

 물론 모순율의 궁극적 원천은 생 자신이다. 모든 운동에 필연적으로 따르는 타자화의 과정을 거꾸로 거슬러 올라가서 자기자신임을 잃지 않는 생명에 비하면, 타자화에 몸을 내맡긴 물질은 매순간 순간이 유위전변의 연속이다. 생명은 기억(신체적 기억과 정신적 기억을 포함하여)이 있기 때문에 탄생으로부터 성년, 노년에 이르기까지 계속 변했음에도 불구하고 동일한 생명체이지만, 내 눈앞에 있는 이 돌은 일 초 전과 일 초 후가 전혀 다르다. 기억이 없기 때문에 자기자신임도 없는 것이다. 지금 우리가 보고 있는 이 돌은 가만히 정지해 있는 것처럼 보이지만, 사실은 그 속에서 무수한 변화가 일어나고 있고 일 초에도 몇 조(兆) 번을 진동하고 있다. 그럼에도 불구하고 우리가 이 돌을 이 돌로서 자기동일성을 유지한다고 생각하는 것은, 바로 우리 자신의 존재방식을 그 돌에 투영하여 의인화한 결과이다. 우리가 접하는 모든 사물들의 윤곽도 바로 그런 방식으로 우리가 우리의 자기동일성을 가지고 나가서 끊어낸 결과물들이다. 따라서 모든 자기동일성의 원천은 바로 우리 자신이며, 모순율도 그 궁극적 원천은 우리 자신의 기능이라고 해야 한다. 그러나 우리 자신은 그러한 모순율을 끊임없이 넘어서고 있다. 우리는 분명 우리 자신인 존재자이지만, 동시에 즉물적 자기 존재에 머물러 있는 것이 아니라 끊임없이 자신을 넘어서서 새로운 것을 창조하는 존재자인 것이다.

그런데 방금 말한 바와 같이 우리의 자기동일성을 확보해 주는 것이 바로 기억이라는 사실을 철학사에서 처음으로 밝힌 사람이 바로 베르크손이며, 그와 동시에 기억은 타자화하는 물질을 거슬러 올라가 매순간 자신의 과거를 버리지 않고 끌고 감으로써 자기동일성을 유지하게 해주는 것이므로, 원리상 모든 것이 모조리 기억되어야 한다는 이론이 확립된다. 그렇지 않으면 기억되지 않는 그만큼은 자기동일성을 잃을 것이며, 따라서 그만큼은 타자화 될 것이기 때문이다. 그렇다면 이제 뇌는 〈기억의 기관〉이 아니라, 오히려 원리상 이미 기억되어 있는 모든 것이 매순간 떠오르지 않도록 막아주는 〈망각의 기관〉이라는 이론 또한 나오지 않을 수 없다. 매순간 모든 것이 기억나면 아무것도 할 수 없으므로, 뇌가 평소에는 기억들을 누르고 있다가 그때 그때 필요한 것에만 문을 열어주는 기관이라는 것이다. 이러한 사실들을 밝힌 책이 바로 『물질과 기억』이며, 이 책에서 처음으로 기억이라는 현상이 생물 일반을 물질로부터 구별하게 해주는 원리로 부각된다. 그와 함께, 물질과 기억이 데까르트의 연장물과 사유물처럼 완전히 갈라지는 것이 아니라 지각 → 기억상souvenir image → 순수 기억으로 탈공간화하는 과정으로 이어진다는 것이 밝혀짐으로써 물질과 정신이 어떻게 만날 수 있는가가 설명된다.

한편, 정지체 중심에서 운동 중심의 철학으로 넘어왔다는 것은 불변의 본질에서 활동적 기능 중심의 철학으로 넘어왔다는 것을 의미하며, 그것은 다시 형상에서 지속으로 그리고 본질들이 펼쳐지는 공간에서 활동성이 전개되는 시간으로 넘어왔다는 것을 의미한다. 그렇게 되면 무와 대비되어 가장 완벽한 도형(원)으로서의 완결적 형태를 이루는 닫힌 우주에서, 지금 현재도 그렇지만 앞으로도 계속해서 형성될 것이므로 완결되지 않고 미래로 열려 있는 우주로 우주관 전체가 바뀌게 된다. 사실 처음에 모든 것이 주어진다는 결정론이나, 나중에 모든 것이 주어진다는 목적론이나 결국 〈모든 것이 주어져 있다tout est donné〉는 점에서는 마찬가지이며, 매순간 모든 것이 새롭게 〈이루어지는 중에 있는se faisant〉 운동 자체를 보지 못한 닫힌 철학이고, 따라서 운동 자체에 자리잡은 열린 우주론으로 대체되지 않을 수 없다. 생명도 그 기능에 따라 완결된 본질적 형태가 중심이 되는 것이 아니라, 산다는 것 자체의 연속성만이 문제이고 그 형태는 그때 그때의 상황에 따라 얼마든지 달라질 수 있는 유전적 존재, 즉 진화하는 존재로 파악되며, 따라서 완결된 형태를 갖춘 성년이 중심이 되는 것이 아니라, 삶의 연속성의 담지자인 씨앗이 중심이 되고, 성년체는 그 씨앗을 보존하는 데 필요한 〈혹〉 이상도 이하도 아니게 된다. 우주는 물질의 필연과 그것을 거슬러 올라가는 생의 비약으로 이루어지며, 생은 각 상황에 따라 마비(식물), 본능(곤충), 지성(영장류)의 방향으로 갈라져 각자의 삶의 길을 따라가고 있는 거대한 나무와 같은 것으로서, 각 방향은 나름의 생을 추구할 뿐, 목적론과 같이 하나가 다른 것에 종속되는 것이 아니다. 『창조적 진화』는 그러한 생명과 우주의 모습을 방대한 자료를 기반으로 하여 묘사한 책이다.

전통 형이상학에서는 인간의 본질이 가령 〈이성적 동물〉과 같은 방식으로 일정하게 정해져 있고, 거기에 따라 인간이 추구해야 할 삶의 방식도 이성을 발휘하는 삶이나 명상적 삶으로 정해지게 되며, 가치체계도 진, 선, 미나 이성, 용기, 절제, 정의 등과 같이 그 위계질서가 확립되게 된다. 그러나 〈지속의 철학〉에서는 그때 그때 주어진 상황에 따라 다르게 대처해야 한다는 행동방식이 있을 뿐, 정해진 본질이 없다. 따라서 정해진 도덕률도 없고 다만 각기 다른 상황만이 있을 뿐이다. 또한 자유도 타자의 간섭을 벗어나 자신의 본질을 지키는 소극적인 것이 아니라, 상황 속으로 뚫고 들어가 얼마나 많은 그리고 얼마나 깊은 행동을 하느냐의 적극적인 문제가 된다. 실존철학이 말하는 〈참여engagement〉도 그러한 문제의식의 맥락에서 나온 것이다. 이러한 관점에서의 윤리학은 더 이상 이런저런 도덕률을 찾고 그것을 정당화하는 것이 아니라, 생명 일반이 나아가는 방향을 기술하고 도덕률과 종교라는 기본적 현상의 원천을 밝힘으로써, 무엇이 진정한 행동인가를 알려주는 일이다. 그리하여 개체나 집단의 보존을 목적으로 하는 닫힌 도덕이나 종교와, 그것을 넘어서서 생명 전체가 나아가는 방향과 일치하려는 열린 도덕이나 종교를 구분하고, 열린 종교 중에서도 어떤 것이 더 행동에 가까운 것인지를 밝힌 책이 바로 『도덕과 종교의 두 원천』이다.

간략하나마 이상에서 살펴본 바와 같이 전통 형이상학을 완전히 뒤집은 베르크손의 철학은 이후 실존철학은 물론, 그에 반대했던 바슐라르와 메를로-뽕띠를 너머, 최근의 포스트-모더니즘에 이르기까지 현대 철학의 대변혁을 가능케 한 전환점이었을 뿐 아니라 현대의 생물학, 심리학, 정신분석학, 인류학의 철학적 기반을 제공한다. 감히 평가하건대 현대 프랑스 어가 수천 년 후까지도 살아 남는다면, 그것은 많은 부분 베르크손의 저작들 덕분일 것이다.

III. 『시론』의 배경

위에서 말한 바와 같이 『의식에 직접 주어진 것들에 관한 시론』은 베르크손의 박사학위 논문이자 최초의 주저이다. 이것이 씌었을 때의 상황은 그가 뒤 보스Du Bos에게 털어놓은 회고에 잘 나타나 있다. 1922년 2월 21일(22일자 일기에 기록됨) 베르크손을 방문한 뒤 보스는 끌레르몽-페랑 고등학교의 강의에서 제논의 역설을 설명하면서 지속을 발견하게 되었다는 드제이마르Desaymard의 주장이 사실인지를 물어보았다. 이에 대한 베르크손의 대답은 다음과 같았다.

일은 조금 다르게 진행되었어요. 내가 아그레가숑을 준비하던 시절 대학에는 말하자면 두 개 진영이 있었는데, 칸트가 문제를 결정적인 형태로 제기했다고 보는 쪽, 이쪽이 훨씬 더 많았고 그리고 스펜서의 진화론에 찬성하는 쪽이 있었지요. 나는 두번째 진영에 속했어요. 지금 생각해 보면 그때 내가 스펜서에 끌린 것은 그의 정신의 구체적인 성격, 철학을 항상 사실의 영역으로 끌고 가려는 욕망 때문인 것 같아요. 나는 점차적으로 하나하나 그의 모든 견해들을 버리게 되었는데, 스펜서의 진화론이 모두 허구적임을 완전히 의식하게 된 것은 한참 뒤인 『창조적 진화』에 와서의 일이에요. 내가 당신에게 말하는 시기, 즉 끌레르몽-페랑에 막 살기 시작한 1883년에서 1884년에 내 주의를 끈 것은 『제일 원리』의 첫 개념들에 관한 장들, 특히 시간 개념에 관한 장이었어요. 아시다시피 그 장들은 과학적 가치가 그리 크지 않은 장들이지요. 스펜서의 과학적 소양은 특히 역학 분야에서는 그리 높지가 않아요. 그런데 그 시절에 가장 나의 관심을 끈 것은 주로 과학적 개념들, 특히 수학과 역학의 개념들이었지요. 그래서 나는 공인된 시간 개념을 좀더 자세히 검토하기 시작했고, 어떤 쪽을 취하든 간에 극복할 수 없는 난점에 봉착한다는 것을 알아차렸어요. 시간은 사람들이 말하는 것일 수가 없고 거기에 뭔가 다른 것이 있다는 것은 보았지만, 그것이 무엇인지는 아직 분명히 보지 못했어요. 그것은 아직 매우 모호한 출발점이었어요. 어느 날 칠판 앞에서 학생들에게 엘레아의 제논의 역설을 설명하면서 어떤 방향으로 탐구해야 할지를 좀더 분명하게 보기 시작했지요. 드제이마르가 말한 것이 옳다면 옳은 부분이 바로 거기예요. 『의식에 직접 주어진 것들에 관한 시론』의 주요 부분인 2장과 자유에 관한 3장(처음에는 이 부분이 훨씬 더 많은 양이었는데)은 1884년에서 1886년 사이[4] 끌레르몽-페랑에서 씌어졌어요. 그 다음에 나는 두 가지 점을 알아차렸어요. 최초의 초안에서는 칸트를 고려하지 않았어요. 내 정신은 자발적으로는 결코 그에 의해 크게 고양되지 않았거든요. 그런데 내 스스로를 위해서나 조금이라도 읽힐 희망을 갖기 위해서는(왜냐하면 당시 대학의 눈에 그것을 빠뜨리는 것은 나의 학위 논문을 완전히 무자격으로 만들 것이기 때문에) 그쪽으로 격식을 갖추는 것이 합당했고, 그래서 그런 방향으로 제3장을 수정했어요. 다른 한편, 강도 개념의 연구가 작품의 나머지 부분이 다루고 있는 양과 질 개념 사이의 연결점이 되어 나의 견해를 훨씬 더 분명하고 이해할 수 있는 것으로 만들어 줄 것으로 보였어요. 게다가 칸트처럼 페히너와 정신물리학도 당시 유행이어서 페히너 이론을 검토하는 부분이 이해되고 납득되는 기회가 될 수도 있었어요. 논문심사 때 바로 그런 일이 일어났는데, 내가 바라던 것 이상으로 가버린 것이에요. 왜냐하니, 심사위원들은 제1장에 모든 주의를 기울였고 심지어 거기에 대해 찬사까지 보냈으나, 제2장에 대해서는 아무것도 안 보는 것이었어요. 나

---

[4] 즉 25에서 27세 사이.

에게는 오직 2장만 중요했기 때문에 화가 났어요. 시간이 촉박해서 그 2장을 다른 방식으로 발표했고(어떤 방식이었는지는 더 이상 정확히 기억나지 않아요) 내가 말하고자 하는 바를 대충은 알아듣게 한 것 같아요.

그러니까, 보시는 바와 같이 내가 출발한 것은 과학적 시간 개념이었지 절대로 심리학이 아니었어요……. 심리학에 도달한 것이지, 거기서 출발한 게 아니에요. 요약하자면 지속을 의식하기 전까지 나는 내 자신의 밖에서 살았다고 말할 수 있어요……. 내가 본래 얼마나 심리학에 관심이 없었는지를 보여주는 것은 아그레가숑에서 구술시험의 주제로 그 전설적인 모자에서 〈현재의 심리학의 가치는 무엇인가?〉 하는 문제를 뽑았을 때였어요. 나는 현재의 심리학뿐만 아니라 심리학 일반에 대해 전적으로 거부하는 입장을 취했는데, 그것은 심리학에 조예가 깊다고 생각하고 스스로 그 문제를 낸 심사위원 중의 한 사람에게는 매우 거슬리는 것이었지만 심사위원장이던 라베쏭은 만족해했지요…….

순수 지속을 살고 거기에 다시 잠기는 것이 나에게만큼 모든 사람에게도 쉽지는 않다는 것을 이해하고 받아들이는 데에 몇 해가 걸렸어요. 지속의 관념이 처음으로 나에게 도래했을 때, 장막을 걷기 위해서는 그것을 발표하는 것으로 충분하다고 확신했고, 말해 주기만 하면 다 이해하리라고 믿었죠. 그후 나는 사태는 전혀 다르다는 것을 알아차렸어요.[5]

---

5) Charles Du Bos, *Journal 1921-1923*, Corrêa, Paris, 1946, 63-65쪽. 1922년 2월 22일자 일기.

스펜서를 읽으면서 시작된 종래의 시간 개념에 대한 의문에서 출발하여 제논의 역설을 강의하면서 어떤 방향으로 나갈지 감을 잡았다는 것인데, 그것이 어느 정도까지였는지는 분명치 않다. 짐작컨대, 제논의 역설이 어떻게 가능하게 되었는지를 생각했을 것이고, 결국 제논이 생각한 운동은 진정한 운동이 아니지 않는가 하고 의심했을 법하며, 그렇다면 진정한 운동과 공간은 다르다. 그럼 진정한 운동은 무엇이란 말인가 등으로 물어갔을 것이다. 그런 방식으로 생각을 계속 진행해 가다가 결국 지속이라는 것을 발견했을 것이며, 일단 지속을 발견한 후에는 많은 심리학 서적을 읽으면서 의식의 존재방식에 대해 탐구해 갔을 것이다. 그러던 중 자연스럽게 그것을 최우선적으로 자유의 문제의 해결에 적용할 수 있으리라는 생각이 들었으며, 그쪽으로 탐구를 진행시킨 결과 아, 된다는 것을 느끼고 다음으로 직접 집필해 본다 등등의 과정을 거쳤을 것이다. 물론 이것은 순전히 추측이지만 아마 대체적 방향은 그와 비슷했을 것이다. 어쨌든 우선 2, 3장이 완성되었고, 그후 그것들을 위에서 말한 방식으로 고치고 다음에 제1장을 썼다는 것은 분명히 밝혀져 있다.

그리고 그 다음에 베르크손이 강조하는 것이 매우 중요하다. 자기는 심리학에서 출발한 것이 아니라 시간 개념으로부터 출발한 것이며 심리학에는 나중에 도달했다는 것이다. 이것은 사실 매우 흥미롭고도 중요한 증언인데, 그도 그럴 것이 얼핏 일반적으로 알려진 베르크손의 방법과는 전혀 대립된 것처럼 보이기 때문이다.

베르크손은 자료 없이 혼자서 사색하는 사변적인 철학자가 아니라 사실에 바탕을 두고 그것이 그리는 길, 즉 〈사실의 선ligne de faits〉을 따라 한 걸음, 한 걸음 나아가는 철학자이다. 그러기에 그가 어떤 문제를 다룰 때에는 자기 스스로도 어디로 갈지 모르는 채 탐구를 진행해 나간다고 그 자신이 여러 번 밝힌 바 있고, 그 가장 대표적인 예가 『물질과 기억』에서 몇 쪽에 지나지 않는 실어증에 관한 부분을 쓰기 위해 5년간 실어증에 관한 책을 읽었다는 사실이다. 그런 그가 유독 그의 가장 중심적인 직관인 지속을 발견할 때에는 분명히 그런 길을 걸은 것으로 보이지 않는다. 물론 궁극적인 지속 개념에 도달하기까지 구체적으로 어떤 경로를 거쳤는지는 확실치 않지만, 분명히 방금 말한 그의 일반적 방법과는 다른 경로를 통한 것으로 보인다.

그것은 일종의 발견이었다. 거대한 동굴을 감추고 있는 작은 틈새처럼 처음에는 작은 의심에서 출발했으나, 그것을 점점 파고들어가자 철학사 전체가 연결되어 있는 거대한 통로임이 드러난 것이다. 처음 지속을 직관했을 때, 그것은 지금까지 사람들이 운동이라고 생각한 것이 진정한 운동이 아니라는 것을 알아차린 정도였을 것이다. 그런데 운 좋게 ─분명히 말하거니와 운 좋게─ 도 점점 탐구를 진행해 갈수록 그것이 의미하는 바가 커지고, 여러 다른 대상들에도 적용될 뿐만 아니라, 나중에는 전통 형이상학 전체를 뒤집을 만한 중요한 직관으로 판명난 것이다. 그가 운이 좋았던 것은 제논의 역설로부터 출발했다는 것이었는데, 그것은 전통 형이상학도 바로 그 문제를 풀려는 노력에서 나왔을 정도로 인간의 가장 기본적인 착각을 표현한 역설이었기 때문이다. 그 역설을 깰 수 있는 길을 발견했다는 것은 바로 인간 지성의 가장 근본적인 착각을 깨는 길을 발견했다는 것을 의미하며, 따라서 인간 지성의 발현인 철학사 전체를 뒤집을 수 있는 방도도 그의 손에 쥐어졌음을 의미한다.

그런데 바로 여기가 중요하다. 그는 그 방도를 전가의 보도처럼 휘두르며 사변적으로 철학한 것이 아니라, 다시 말해 처음부터 체계를 세우고 사실을 거기에 맞추려 한 것이 아니라, 사실을 따라가면서 지속의 입장에서 그 사실들을 바라보니 희안하게도 맞아떨어졌다는 것이다. 그러니까 〈사실의 선〉을 따라 간다는 것은 멍청하게 사실을 마냥 바라보는 것이 아니라, 사실들을 따라갈 일정한 시선(가설이라 해도 좋다)을 가지고 가는 것이며, 이때 중요한 것은 사실을 시선에 맞추는 것이 아니라 시선을 사실에 맞추어야 한다는 것이다. 사실에 충실하자는 베르크손의 방법론도 결국 그러한 것을 의미하는 것이지 아무런 관점도 없다는 의미가 아니며 바로 그 관점이 지속, 즉 진정한 운동의 관점이었다는 것 이외의 다른 것이 아니다.

돌이켜 생각하면 사실 지속은 일정한 대상적 사실들로부터 얻은 것이 아니었기 때문에 철학적이며 보편적인 직관일 수가 있었다. 만약 그것이 일정한 대상적 사실들로부터 얻은 것이라면 그것은 오직 그 사실들에만 통용되는 부분적 진리로 그쳤을 것이기 때문이다. 그가 행한 〈전문성〉이라는 강연에서도 이미 밝힌 바와 같이, 인간은 항상 우선 사물의 전체를 보고 전체와의 관련하에서 비로소 세부로 들어갈 수 있다. 집을 볼 때 집 전체를 먼저 보는 것이지 벽돌부터 보는 것이 아니다. 벽돌도 마찬가지이다. 우선 벽돌 전체를 먼저 보는 것이지 그 부분을 먼저 보는 것이 아니다. 오직 부분만의 부분은 아무런 의미가 없다. 전통 형이상학의 〈일과 다〉라는 것도 바로 그러한 전체와 부분의 관계를 논리적으로 표현한 것일 뿐이다. 베르크손이 아무리 전통 형이상학을 뒤집었다 해도 형이상학자인 한, 형이상학의 기본 원리를 벗어날 수는 없다. 모든 학문적 탐구는 일단 그 대상 일반에 대한 존재론적 의미 규정이 이루어진 다음에야 비로소 그 구체적 내용에 관한 탐구가 가능하다. 생명 일반에 대한 일정한 규정이 없으면 내가 탐구하는 것이 생명현상인지 물리현상인지 알 수가 없을 것이고 따라서 생물학 자체가 불가능하다. 물론 탐구해 가면서 점점 더 세밀하고 정확한 규정이 이루어지겠지만, 일단은 대체적이나마 그것과 그것 아닌 것의 구별이 이루어져야 한다. 바로 그 점에서 지속은 전통적 존재론을 뒤집을 수 있는 근본적 직관을 제공한 것이었다.

그렇다면 지속은 순전히 〈운〉이 좋아서 발견된 우연의 소산일 뿐이라는 말인가 하고 혹 의문을 가질지 모르겠다. 어떤 의미에서는 분명히 그렇다. 그러나 우연의 산물이라는 것은 그의 업적을 깎아내리는 것이 아니라, 오히려 그의 진실의 위대함을 굳건히 해주는 징표이다. 위대한 발견치고 우연히 이루어지지 않은 것은 없다(콜럼버스마저도 인도로 가고 있었다!). 그렇게 될 수밖에 없던 것을 발견하는 것은 발견도 무엇도 아니다. 모든 과학적 발견과 철학적 탐구의 중요한 걸음걸음마다 우연이 개입한다. 아니, 그런 발견을 한 사람들의 탄생 자체가 우연이 아닌가. 오묘한 것은 그러한 우연이 아무에게나 이루어지는 것이 아니라, 기다리는 사람에게만 온다는 것이다. 그것이 베르크손에게도 왔으며,

그는 그 우연이 열어준 길을 끝까지 따라갔을 뿐 아니라, 자료에 충실하자는 최초의 생각을 철두철미하게 지키면서 그렇게 했고, 그의 업적은 바로 거기에서 성립한다.

말만 하면 사람들이 모두 그의 진실을 이해할 줄 알았는데 사실은 전혀 그렇지 않았다는 고백도 그 정황의 우연성이 그 사실성을 입증하는 아름다운 예이다. 아닌게 아니라 당장 박사 논문 심사위원들이 정작 중요한 곳은 전혀 건드리지 않고 엉뚱한 것에만 관심을 쏟았으며, 베르크손은 거기에 〈분노한다〉. 그에게 〈분노〉란 남다른 의미를 가진다. 지금 남아 있는 자료 중에 그가 분노했다는 것을 알려주는 자료는 이때말고 단 한 번 있을 뿐이다.[6] 언제나 예절바르던 베르크손은 무서울 정도로 완벽한 사람이었기 때문에 언제 어디서나 흐트러지는 법이 없었고, 더구나 분노한다는 것은 거의 있을 수 없는 일이었다. 그만큼 그의 실망은 컸다는 것을 알 수 있고, 어떤 의미에서는 젊은 학위 신청자의 혈기가 엿보이는 곳이기도 하다. 그러나 사실 지도교수인 뽈 쟈네 P. Janet와 심사위원장 와딩톤 Charles Waddington 그리고 에밀 부트루 Emile Boutroux로 이루어진 그의 심사위원들은 이해력이 조금 부족했을 뿐이지, 그렇게 심술궂지는 않았다. 논문 발표에 참석한 롤랭 고등학교의 한 제자(Isidore Lévy)에 따르면, 발표는 매우 뛰어났으며, 재치로 가득찬 대화가 오고갔다. 가령 와딩톤은 「Quid Aristoteles de loco senserit」이라는 제목의 부논문의 발표가 끝났을 때 〈이제 우리는 discedere de loco(자리를 떠나야)

---

6) 교육제도를 논하는 자리에서 누군가가 그를 인신공격했을 때.

하겠습니다〉라 말했다거나, 또 주논문이 어려웠든지 〈아, 나는 당신의 프랑스어보다 라틴어가 더 좋습니다〉 하고 선언했다는 이야기가 전해진다. 그러나 베르크손이 위의 인용에서도 밝힌 바와 같이, 쟈네는 주로 1장에 대해서만 논하면서 그곳이 가장 가치가 높다고 칭찬했고, 〈문체의 극도의 섬세함〉에 놀랐다던 부트루는 2장을 건너뛰어 주로 3장에 대해서만 논한 것은 모두 사실이며, 행위자가 이쪽저쪽을 망설이는 저울에 대한 논의가 길어지자 위원장인 와딩톤이 〈이러다가는 그놈의 저울이 재앙(fléau, 저울대도 의미함)이 되겠다〉고 말을 막았다고 한다. 사실 벤루비Benrubi와의 대화에서 베르크손 자신도 만약 논문 발표 때 지속에 관해 설명해야 했다면 정말로 큰 어려움에 봉착했으리라고 털어놓은 바 있다. 자신의 깊은 곳으로부터 나온 것일수록 항상 설명하기는 더 어렵게 마련이다. 어쨌든 그는 심사위원 만장일치의 최고 성적으로 논문 심사에 통과되었다. 이 해 심사 이전에 주논문이 출판되었으나[7] 그가 방금 실토한 바와 같이 당장은 별로 주목받지 못했고, 나중에 『물질과 기억』이 성공하고서야 본격적으로 팔리기 시작했다.

IV. 『시론』의 내용

『시론』은 모두 세 개의 장과 결론으로 이루어져 있다. 제1장은 양과 질, 연장적인 것과 비연장적인 것을 구별하는 서론이며, 제2

---

7) 논문심사가 1889년 12월 27일이었는데 1889년에 출판된 것은 당시의 관행상 출판사를 찾으면 책을 먼저 출판한 후 그것으로 심사를 했기 때문이다.

장은 공간이나 공간적 시간과 다른 지속 그 자체를 밝히는 핵심 부분이고, 제3장에서는 그 지속의 개념을 자유의 문제에 적용하여 문제 자체의 해소를 시도한다. 그 내용을 정리하면 다음과 같다.

제1장: 제1장은 〈심리상태들의 강도에 관하여〉라는 제목을 달고 있는데, 이 장이 말하고자 하는 요지는 심리상태들은 비연장적이며 각각 질적으로 달라서 그 강도를 연장적인 것과 같이 양적으로 측정할 수 없다는 것이다. 그럼에도 불구하고 사람들이 심리상태들을 잴 수 있다고 생각하는 것은 바로 질과 양을 혼동하기 때문이다. 이 장 전체는 깊은 감정들, 미적 감정, 도덕감, 근육의 힘쓰기, 주의, 격렬한 감정들, 정조적 감각들, 표상적 감각들, 정신물리학의 순으로 의식의 심리상태들을 하나씩 분석해 가면서, 의식의 각 상태가 모두 질적으로 다른 것임을 보여줌으로써 양적으로 계산할 수 없음을 밝히고, 그럼에도 불구하고 사람들이 왜 질과 양을 혼동하는지를 구명한다. 한편, 분석은 깊은 감정, 미적 감정, 도덕감과 같이 순수한 심리적 상태에서 가장 표면적인 심리상태인 근육의 힘쓰기 순으로 나아가, 그 양쪽에서 공통적인 강도의 의미를 정의한 다음, 다시 그 중간 단계를 주의, 격렬한 감정, 정조적 감각, 표상적 감각, 정신물리학의 순으로 고찰한다. 그러나 대체적인 분석의 전개는 강도를 정의하기 위해 도입된 근육의 힘쓰기를 제외하면 가장 깊은 심리상태로부터 가장 표면적인 심리상태로, 즉 순수한 의식의 상태로부터 신체나 외부 대상과 결합된 의식상태로 나아가는 점진적 방식을 취하고 있는데, 그것은 가장 덜 공간적인 것, 즉 가장 덜 양적인 것으로

부터 가장 공간과 많이 관련된 것, 즉 가장 양적인 성격이 강한 것으로 나아감으로써, 증명하기 가장 쉬운 것부터 어려운 것으로 진행하는 방식이다.

1. 우선 깊은 감정의 부분에서는 욕망, 희망, 기쁨, 슬픔 등을 분석한다.

모호한 욕망에서 깊은 열정으로의 발전을 사람들은 하나의 욕망이 우리 의식에서 점점 더 많은 자리를 차지하게 된 것처럼 생각하지만, 사실은 욕망이 깊어질수록 동일한 대상이 각 단계마다 다른 색조로 우리의 심적 상태를 물들이고, 마지막으로 깊은 열정이 되면 그 동일한 대상이 더 이상 동일한 인상을 주는 것이 아니라 그것에 의해 우리의 생 자체가 생기를 얻고 마치 어린 시절을 새롭게 맞이한 것과 같은 상태가 된다. 그 각 단계들은 그러므로 모두 질적으로 다른 상태들이며, 질적으로 다른 것들은 같이 놓고 셀 수가 없다.

기쁨이란 그 가장 낮은 단계에서는 미래로의 정향과 같은 것이며, 다음에는 그 미래가 마치 우리를 당기는 것처럼 생각과 감각이 빨라지고 우리의 행동은 더 이상 동일한 노력이 필요하지 않게 되며, 마지막에는 매순간이 너무도 새로워 마치 존재의 경이로움을 느끼는 것과 같은 상태가 된다. 슬픔은 반대로 마치 과거로의 정향과 같은 상태에서 출발하여, 미래가 닫힌 것처럼 점점 감각과 생각이 빈약해지고, 나중에는 무를 갈망하는 것처럼 짓눌려서 모든 것이 무의미한 상태가 된다. 이 모든 상태들은 모두 질적으로 다른 상태들이며 동일한 하나의 감정의 크기가 변한 것이 아니다.

2. 미적 감정에서는 우아함의 느낌과 아름다움의 느낌을 분석한다.

우아함은 우선 어떤 편안함이나 용이함이며 그것은 하나가 다른 것을 준비하는 것이므로 결국 예견 가능성으로 발전한다. 거기에 다시 율동성이나 음악성이 개입하면 우리가 마치 동작의 주인이 된 것처럼 신체적 공감이 일어나며, 신체적 공감은 정신적 공감을 암시하고 그것들이 합쳐져서 〈동적 공감sympathie mobile〉으로 발전한다.

아름다움의 느낌은 강도profondeur와 깊이élevation라는 두 가지 기준으로 설명할 수 있다. 강도의 차이는 우리를 얼마나 사로잡는가에 달려 있다. 음악, 미술, 건축 등의 모든 예술은 율동을 사용함으로써 일종의 최면처럼 암시에 의해 우리를 일상적 관심으로부터 돌려서 예술가의 내적상태에 공감하게 한다. 그것의 성공 여부에 따라 현실적 심리상태의 굳건한 조직을 뚫을까 말까 한 상태로부터, 우리의 관심을 돌리긴 했으나 그 조직이 완전히 시야에서 벗어난 것은 아닌 단계를 거쳐, 우리의 영혼을 몽땅 사로잡는 단계까지 여러 단계가 있다. 그러나 그 단계들은 양적으로 증가하는 단계들이 아니라 각각 질적으로 다른 단계들이다. 한편, 깊이의 정도는 한 미적 상태에 녹아들어가 있는 감각, 감정, 사유의 풍부함에 달려 있다. 하나의 감동은 수많은 사실들이 녹아 있는 유일무이한 어떤 상태이며, 예술가는 그렇게도 풍부하고 개인적이며 새로운 세계 속으로 우리를 단번에 끌어들인다. 그것의 풍부함에 의해 우리는 예술의 깊이를 말하며, 그러한 각

상태들은 또한 질적으로 다른 상태들이다.

3. 다음에는 도덕감으로서의 연민의 감정을 분석한다. 연민은 우선 다른 사람의 고통을 생각으로 같이 겪는 것이지만, 거기에 곧 그 고통을 덜어주려는 생각이 결합한다. 물론 그 고통을 혐오하고 그것이 혹시 나에게 닥치지 않을까 하는 두려움도 있겠지만 그것은 저급한 형태의 연민이고 진정한 연민은 오히려 그것을 욕망한다. 그러한 욕망은 낮아지려는 열망, 즉 일종의 겸손함이다. 연민의 강도는 따라서 혐오 → 두려움 → 공감 → 겸손함으로의 이행에서 성립한다.

4. 이상 외부 원인과는 거의 관계없이 순수하게 마음 속에서만 일어나는 것처럼 보이는 감정들을 분석했지만 사실 그것들도 대부분 신체적 징후를 동반한다. 분석은 이제 의식에서 곧바로 신체로 연결되는 듯한 현상, 즉 근육의 힘쓰기로 단번에 옮겨간다. 그렇게 함으로써 깊은 감정과 표면적 노력의 강도에서 공통적인 정의를 찾기 위해서이다.

근육을 움직일 때 우리는 마치 순수한 의식상태가 신체로, 즉 연장적인 것으로 퍼져 나가는 듯한 느낌을 받지만, 그것은 사실 신경의 원심력과 일치하는 것이 아니라 동원된 근육들로부터 오는 구심적 감각이다. 어쨌든 근육에 힘을 쓸 때 증가하는 듯이 보이는 강도는 힘을 쓰는 한 점에서의 노력이 증가하는 것이 아니라, 거기에 관여되는 신체의 면적이 점점 넓어지는 것이다. 가령 주먹을 점점 세게 쥘 때, 처음에는 주먹에만 국한되었던 감각이 팔에서 어깨로, 다시 다른 쪽 팔로 그리고 급기야는 몸 전체가 관여하게 된다. 따라서 그것은 한 점에서의 노력의 증가가 아니라 주변적 감각의 수가 늘어나는 것이며, 이때의 수는 가령 동원된 근육의 수와 같이 분명히 셀 수는 있지만, 감각 자체는 그러한 수가 아니라 그것들의 총체가 일으키는 각각 질적으로 다른 느낌이다.

결국 깊은 감정이나 표면적 노력이나 그 강도는 모두 질적으로 다른 진전과 증가하는 복잡성으로 정의될 수 있다. 그러나 공간적으로 사유하는 습관을 가진 의식은 감정을 하나의 단어로 지시하고 그 하나가 증가하는 것처럼 생각하며 노력도 한 점에서 그 크기가 증가하는 것처럼 생각한다.

5. 주의는 단지 정신을 돌리는 것이 아니라 신체의 운동을 동반한다. 의지에 의해 단지 지금 하려는 생각과 관계없는 것을 배제하려 할 때에는 순전히 심리적인 현상이지만, 긴장이 더해감에 따라 압박, 피로, 고통 등으로 면적을 넓혀가거나 성질을 바꾸는 근육 수축의 느낌이 된다.

6. 격렬한 감정들(격렬한 욕망, 분노, 사랑, 증오 등)은 영혼의 긴장성 노력이라고 부를 수 있는데, 그것은 어떤 한 관념에 따라 전체가 조정되는 근육 수축의 체계라는 점에서 주의의 노력과 본성상 차이가 없다. 다만 그 관념이 주의에서는 알려고 하는 반성적인 관념이며, 격렬한 감정에서는 행동하려는 비반성적 관념인 것만이 다르다. 격렬한 감정들의 강도는 거기에 수반되는 근육의 긴장 이외의 다른 것이 아니다. 가령 분노는 심장의 박동이 빨라지고 호흡이 가빠지며, 이빨을 앙다문다 등의 신체적 운동이 싸우려 한다거나 때리려 한다는 어떤 관념에 의해 조정되는 상태이다.

7. 감각은 쾌락과 고통의 감각인 정조적 감각과 표상적 감각으로 나눌 수 있다. 사람들은 감각을 외부 진동에 대응하는 내적 반향으로 보고 싶어한다. 그러나 외부 진동은 겹칠 수 있는 공간적 운동이지만 감각은 전혀 비공간적인 심리상태이므로 전혀 공통점이 없다. 외부의 운동이 쾌락이나 고통으로 번역된다면, 바로 그 사실 자체에 의해 운동으로서는 의식되지 않는다는 것을 뜻한다. 그러므로 정조적 감각은 신체에 일어났거나 나고 있는 일을 알려주기보다는, 일어나려는 일을 표현한다고 보는 것이 더 타당하다. 아무런 의식 없이 자동적으로 운동하는 수많은 유기체들에 비해 쾌락과 고통의 감각이 몇몇 특권적 존재들에서만 나타난다면, 그것은 그 존재들에게 자동적 반응이 아니라 자유로운 운동을 허용하기 위해서이다. 감각은 자유의 시작이다. 그것은 미래 행동의 선택지를 밑그림으로 그려 보여줌으로써 자유로운 행동을 가능하게 한다. 즉 쾌락과 고통의 감각은 우리 신체의 외부나 내부의, 이미 일어난 과거의 분자운동에 대한 번역이 아니라 미래로 향하는 행위의 자유로운 선택의 가능성에 의해 설명되어야 한다. 그렇게 보면 쾌락과 고통의 감정 자체에는 나타나지도 않는 내외의 분자운동 대신에, 마주친 상황을 벗어나야 할 것인가 거기에 계속 머물 것인가에 따라 어떤 것은 유쾌한 감각이 되고 어떤 것은 불쾌한 감각이 된다. 그리고 그것의 강도는 진짜 외연적인 강도가 아니라, 회피와 탐닉에 동원되는 우리 신체 부위의 범위에 따른 것으로서, 그 범위는 측정될 수 있지만 그것으로부터 받는 느낌 자체는 각각 질적으로 다른 느낌일 뿐이다.

그리하여 고통이 증가한다는 것은 더 많은 종류의 악기 소리가 들려오는 교향악에 비견될 수 있다. 고통의 크기는 바로 그 고통에 동조하는 신체 부분들의 수와 범위이다. 즉 고통이 크다는 것은, 그 고통을 벗어나기 위해 신체가 그만큼의 다양한 행동을 해야 한다는 것을 의미한다.

고통이 그것을 벗어나기 위해 행동하라는 명령이라면, 쾌락은 운동하지 못하게 사로잡힌 무기력이다. 그것의 크기는 거기에 빠져 다른 감각을 거부하는 정도에 달려 있다. 그 모든 단계는 따라서 거기에 관여된 신체의 다양한 부분들에서 오는 질적으로 다른 상태들이다.

8. 정조적 감각이 거기에 수반되는 신체적 반응 운동에 따라 강도가 평가된다면, 표상적 감각도 정도 차이는 있을지언정 항상 정조적 요소를 지니며 따라서 거기에 동원되는 신체적 반응에 의해 그 강도가 평가된다. 우선 표상적 감각이 아주 작거나 아주 큰 경우가 그러한데, 감각이 아주 작은 경우에는 그것을 붙잡으려고 〈애를 쓸〉 때 동원되는 신체적 운동에 따라, 극도로 강한 감각은 그것이 우리에게 일으키는 저항할 수 없는 자동적 반응 운동들에 따라 그 강도가 평가된다. 중간적 감각에서도 〈그 감각이 대신하는 다른 감각과 비교하거나 그것이 다시 찾아오는 집요함을 고려함으로써〉 그 감각의 크기를 평가한다. 가령 밤중의 시계소리나 외국인의 말이 더 크게 들리는 것은 다른 감각이 텅 비어있는 상태에서 그 감각만이 홀로 울리기 때문이다. 또 아무리 중간적인, 즉 평상적인 감각이라도 우리가 의식하지 못하는 신체적 반응을 수반하며, 페레가 모든 감각에 열량계로 측정할 수 있는 근육의 힘의 증가가 수반됨을 증명한 것은 그 좋은 예이다. 그러나 정조

적 감각과 달리 신체적 반응이 거의 사라진 순수한 표상적 감각에서도 강도를 평가하게 되는 것은 역시 외부 대상 때문이다. 우리 경험은 매순간 자극의 일정한 가치에 대응하는 감각의 일정한 색조를 나타낸다. 우리는 그런 질적으로 각각 다른 결과에 원인의 양적 요소를 결합한다. 그리하여 가령 오른손에 쥔 바늘로 왼손을 찌를 때, 처음의 어떤 간지럼에서 접촉으로, 다시 찔린다는 느낌에서 한 점에서의 고통으로 그리고 그 고통이 점점 퍼져 나가는 것으로, 모두 질적으로 다른 느낌을 받는다. 그럼에도 불구하고 우리는 하나의 동일한 찔림의 느낌이 커져 가는 것으로 생각하는데, 그것은 오른손의 점증하는 힘을 왼손의 감각에다 집어넣고 거기에서 감각이 일어난다고 생각했기 때문이다. 그것은 원인을 결과에 집어넣고, 질을 양으로, 강도를 크기로 해석한 것이다.

소리의 크기는 같은 크기의 소리 감각을 얻기 위해 들여야 할 노력의 크기에 의해 암시받은 것이다. 또 소리의 높낮이도 그 음을 내기 위해 동원된 신체 부위의 높낮이에 의해 결정된다. 그것을 뺀 순수한 크기와 높낮이는 모두 질적으로 다른 상태일 뿐이다.

차가움과 더움은 그 본성이 다른 감각이며, 또 더 강한 더움은 다른 더움이다. 더움을 더 강하다고 할 수 있는 것은 열원으로 가까이 가거나 몸의 더 넓은 표면이 열을 받았을 때 더 뜨거워지는 경험을 무수히 했기 때문이다. 따라서 이 역시 외부 원인의 차이를 질적으로 다른 느낌에 집어넣은 것이다.

중량 감각을 한 점에서의 증가하는 감각이라고 생각하는 것은 무게를 들기 위해 동원되는 신체의 다양한 지점에서 이루어지는 노력의 범위가 증가하는 것을 그렇게 해석했기 때문이다. 그러나 그 감각들 자체는 모두 질적으로 다르다. 또 무거운 것과 가벼운 것을 동일한 속도, 동일한 높이로 들 때, 그 양쪽의 운동은 모두 동일하나 단지 중량 감각의 크기만 다르다고 해석한다. 그러나 운동과 무게는 반성적 의식의 구별일 뿐 실제로는 그 양자가 섞인 〈무게 있는 운동〉이 있을 뿐이며, 무거운 것과 가벼운 것을 들 때의 각 운동은 질적으로 다른 운동이다.

광원의 강도가 더해지면 사실상 색깔 자체가 변한다. 그럼에도 불구하고 우리는 색깔은 동일하며 다만 밝기만 변한다고 생각한다. 가령 네 개의 촛불이 비추던 종이에 촛불이 하나씩 꺼지면, 흰색은 그대로 있고 조도만 감소한다고 생각한다. 그러나 실제로 보이는 것은 밝기의 감소가 아니라 한 층의 그림자이다. 우리가 미리 광원과 밝기에 대해 경험하지 않았다면, 그것들은 각각 다른 색조일 뿐이다. 따라서 물리학자가 조도를 잰다고 할 때 실제로 그가 재는 것은 광원의 수와 거리에 불과하며, 거기에 동원되는 감각은 실재 감각이 아니라 계산상 필요에 의해 도입되는 막연한 빛 감각 일반과 같은 〈보조미지수〉이다.

정신물리학은 물리학과는 달리 직접 빛 감각 자체를 잰다고 주장한다. 그러나 우선 델뵈프의 중간 눈금법은 사실상의 색조의 대비를 크기의 차이로 해석한 것에 불과하다. 중간색과 양쪽 색과의 대비의 차이가 과연 동일한지 그리고 한 회색 빛이 이전 단계의 빛들을 다 포함하고 있는지가 증명되지 않는 한, 그러한 해석은 비유에 불과하다. 그것은 결국 (1) 차이역이 일정하다는 것과 (2) 한 감각의 크기는 그 감각에 이르기까지의 단위 감각들의 합이라는 페히너의 정신물리학과 동일한 가정 위에 서 있다.

9. 정신물리학은 두 감각이 같은 크기라는 것과 그것들을 더한다는 것을 규정할 수 있어야 심리현상에 측정을 도입할 수 있다. 그러나 두 감각을 측정하려면 그 질적인 면을 제거해야 하고, 그 질적인 면이야말로 바로 측정하려는 것이기 때문에 결국 측정은 불가능하다. 여기서 페히너는 자극이 연속적으로 변할 때 감각은 단속적으로 변한다는 사실을 이용하여 그 최소 감각 차이를 바로 감각의 최소 단위로 삼고 그 단위들을 더할 수 있다고 생각했다. 그러나 그 최소 차이에서 〈차이〉는 먼저와 나중의 두 감각이 변했다는 것, 즉 질적으로 다르다는 것을 의미할 뿐, 하나가 다른 것을 포함하는 양적인 차이가 아니다. 델뵈프의 경우도 그 차이를 대비로 바꾼 것일 뿐 결국 질을 양화한 것이다. 그 모든 것이 질과 양, 감각과 자극을 혼동하는 상식과 관행에 의한 것일 뿐 실재는 아니다.

이상의 제1장에서는 결국 의식의 상태들이 모두 질적으로 다른 것임에도 불구하고 측정할 수 있다고 생각하는 것은, 질에 양을 집어넣거나 결과에 원인을 집어넣어 해석한 결과일 뿐임을 밝히고 있다.

제2장: 〈의식상태들의 다수성에 관하여: 지속의 관념〉이라는 제목을 달고 있는 제2장은 의식상태들의 다수성이 외부 사물의 공간적, 수적 다수성과는 다른, 상호 침투하며 서로로부터 구별되지 않고 유기적으로 조직화되는 질적 다수성임을 밝히면서 지

속이 무엇인지를 설명하고 있는 이 책의 핵심부이다.

1. 수적 다수성과 공간: 수는 단위들의 집합이지만, 그 단위들은 모두 동질적이며, 동시에 동일한 공간 위에서 장소만을 달리하며 병치되어야 한다. 수를 시간 속에서 셀 때도 하나하나 세어 갈 때마다 항상 지금까지 센 것을 공간 속에 병치시켜야 한다. 결국 수의 관념에는 항상 공간의 관념이 들어간다.

수의 단일성은 이미 다수성을 내포하는 단일성이다. 또 각 단위들의 단일성도 이미 그 단위들이 무한히 나뉠 수 있다는 관념을 내포하고 있다(그렇기 때문에 단위가 나누어져 분수가 될 수 있다). 그렇다면 그것은 곧 단위가 연장적임을 뜻한다. 수 또는 단위가 단일한 것으로 보이는 것은 우리 정신에 기인한 것이며, 그렇기 때문에 단일성은 그것을 생각하는 동안에는 없앨 수 없지만, 일단 완성된 상태에서 생각하면 객관화되어 무한 분할이 가능해진다. 결국 공간이란 정신이 수를 구성하는 질료이자, 그것을 위치시키는 장소이다.

수가 그러한 것이라면 이제 다수성에는 두 가지 종류가 있다고 해야 한다. 하나는 직접적으로 수를 형성하는 물질적 대상들의 다수성이며, 다른 하나는 수의 모습을 띨 수 없는 의식적 사실들의 다수성이다. 가령 종소리를 들을 때 그것이 주는 질적인 인상만을 받아들이는 것이 후자의 경우이며, 그것을 세는 것이 전자의 경우인데, 이때는 그것들을 동질적 장소에 놓아야 한다. 우리가 물질의 불가입성이라 생각하는 것은 사실 물질보다는 수의 속성이며, 수와 공간의 유대를 표현한다. 그에 비해 의식의 질적 다수성은 비공간적이고 상호 침투하는 것이므로 수적, 공간적인 것과 다르며, 그것이 수의 양상을 띠려면 공간이 개입되는 상징적 표상이 매개되어야만 하는데, 그때 이미 순수한 질적인 것은 어떤 변형을 겪는다. 그러므로 시간이 만약 구별하고 세는 장소라는 의미로 이해된다면 그것은 공간일 뿐이며, 그것과 순수한 지속은 전혀 다르다.

2. 공간과 동질적인 것: 텅 빈 동질적 장소를 개념화할 수 있는 것은 정신, 또는 지성의 활동에 의해서이다. 공간이 모두 질적으로 다른 것으로 보이는 동물들과는 달리, 인간은 공간을 동질적으로 파악할 수 있는 능력을 가지고 있다. 우리는 결국 이질적인 감각의 질들과 동질적인 공간이라는 서로 다른 질서의 두 실재를 아는 셈이다. 후자에 의해 우리는 구별하고 세며, 추상하고 말할 수 있게 된다.

공간이 동질적인 것이라면, 역으로 동질적인 것은 공간이 아닐까 하고 의심해 볼 수 있다. 그런데 사람들은 시간을 공간과 다르지만 공간처럼 동질적인 장소라고 생각한다. 시간이 만약 의식의 상태들이 전개되는 동질적 장소라면, 그 사실 자체에 의해 그것이 단번에 주어지며, 따라서 더 이상 계기하지 않는 것이 될 것이다. 공간 속의 사물들은 불가입적이며 상호 외재적이지만, 의식의 사실들은 상호 침투적이며 하나 속에 전체가 들어 있다. 따라서 동질적 장소로 생각된 시간은 진정한 시간이 아니라, 순수 의식의 영역에 공간 관념이 침투한 사생아적 개념이다.

3. 동질적 시간과 구체적 지속: 순수한 지속은, 우리 자아의 각 상태들이 서로로부터 구별되는 것이 아니라 한 선율의 음들처럼 서로 속에 녹아들어가 상호 침투하여 내적, 유기적으로 결합한

전체를 이룰 때를 말한다. 그때 〈동일하면서도 또한 동시에 변화하는 존재자〉인 자아의 상태들은 모두 질적으로 다른 순수 이질성이며, 부분은 이미 전체를 반영하고 전체로부터 고립되지 않는다. 그러나 공간적 사유에 사로잡힌 우리는 그 각 상태들을 서로 스며드는 것이 아니라 서로 옆에 병치시키고, 계기를 연속적인 선으로 표상한다. 그것은 하나가 온 뒤에 다음 것이 오는 계기를 단번에 주어진 것으로 생각하는 것이며, 결국 지속을 연장에 시간을 공간에 투사한 것에 불과하다.

4. 지속의 측정 가능성: 규칙적인 시계추 소리가 졸음을 일으키는 것은 마지막 소리를 들었기 때문도, 앞선 기억에 마지막 소리가 병치되었기 때문도 아니며, 그 전체가 유기적으로 결합하여 일으키는 어떤 질적 느낌 때문이다. 그러한 순수 지속의 〈질적 다수성〉 또는 〈구별되지 않는 다수성〉은 수적 다수성이나 동질적 장소 또는 측정 가능한 양과는 아무 관계가 없는 순수 이질성이며, 따라서 측정할 수 없다.

5. 운동의 측정 가능성: 그렇다면 사람들이 시계로 재는 시간은 무엇인가? 과거를 기억하는 내가 없다면 내 밖에는 매순간의 시계 바늘의 오직 한 위치밖에 없다. 반면 내 속에서는 의식적 사실들의 유기적 조직화와 상호 침투 과정이 계속되며, 그것이 진정한 지속이다. 결국 자아 속에는 상호 외재성이 없는 계기만이 있으며, 자아 밖에는 계기 없는 상호 외재성만이 있다. 시간을 잴 수 있다고 생각하는 것은 그 양자 사이에 일종의 삼투압이 일어나서 생긴 현상이다. 즉, 지속과 외부세계와의 결합에 의해, 그 외부세계의 분절이 지속에 도입되어 마치 시간이 나뉘는 것처럼

보이고, 지속의 기억이 외부세계에 도입되어 공간 속의 사건들이 보존됨으로써, 동질적 시간이라는 공간의 제4차원이 창조된다. 그러나 실제로 있는 것은 현상들이 그 속에서 나타났다 사라졌다 하는 공간과 외부세계에 접근할 수는 있으나 상호 침투적인 지속뿐이며, 그 양자를 이어주는 것이 동시성이다.

운동은 한 점에서 다른 점으로 옮아가는 것인 한 정신의 종합이자 심리적이며 불가분적인 과정이다. 공간 속에는 공간의 부분, 즉 움직이는 물체가 차지하는 위치밖에 없다. 의식이 그 이외의 것을 거기서 발견한다면, 그것은 정신이 계속적인 위치를 기억해서 종합한 것이다. 그것은 질적인 종합, 즉 선율의 통일성과 흡사한 종합이다. 바로 그러한 질적 종합이 운동의 운동성 그 자체이다. 가령 별똥별이 떨어지는 것을 볼 때, 우리 눈에 남은 잔상은 별이 지나간 공간적 궤적이며, 그 궤적을 지나간 운동 그 자체는 표현할 수 없는 어떤 불가분적인 느낌으로 감각될 뿐이다.

6. 엘레아 학파의 착각: 엘레아 학파의 역설은 운동이 지나간 공간적 궤적과 운동 그 자체를 혼동했기 때문에 생긴 것이다. 아킬레스가 지나간 공간은 무한히 나뉠 수 있지만 바로 그러한 공간을 단번에 지나가는 그의 운동은 나뉠 수 없다. 그러한 운동 그 자체를 공간과 혼동하여 공간처럼 나눌 수 있다고 생각했을 때, 제논의 역설이 생긴다.

7. 관념과 동시성: 과학은 시간에서 지속을, 운동에서 운동성을 빼고서야 그것들을 다룰 수 있다. 과학이 속도를 잰다고 할 때, 그것은 운동이 시작하는 점과 끝나는 점, 즉 두 동시성을 찍고 나서 그 사이에 지나간 공간을 재는 것이다. 따라서 그것은 양 끝점

사이의 진정한 지속 그 자체가 아니라 공간과 동시성의 수를 잴 뿐이다. 그렇기 때문에 우주의 모든 운동들이 두 배, 세 배 빨라지면, 의식은 거기에 대해 어떤 질적인 느낌을 가질 것이지만, 물리적 공식이나 거기에 들어갈 수는 수정할 필요가 없다.

8. 속도와 동시성: 수학적 방정식이 표현하는 것은 항상 완성된 사실(동시성과 위치)일 뿐, 지금 이루어지고 있는 지속과 운동 그 자체는 표현할 도리가 없다. 아무리 좁은 간격을 취더라도 수학이 자리잡는 곳은 항상 양 끝점이므로, 그 사이의 간격 그 자체에서 일어나는 지속과 운동은 항상 방정식 밖에 있다. 지속과 운동은 정신적 종합이지 사물이 아니기 때문이다.

9. 내적 다수성: 결국 공간만이 동질적이고, 공간에 위치한 사물들은 상호 병치되어 〈구별되는 다수성〉을 이루며, 모든 〈구별되는 다수성〉은 공간에서의 전개를 통해 이루어진다. 반면, 의식의 다수성은 〈질적 다수성〉이며, 수와 공간과는 관계가 없으므로 도무지 셀 수가 없다. 그것을 셀 수 있다고 생각하는 것은 상식과 언어의 혼동에 의해 〈질적 다수성〉에 양적, 공간적 요소를 개입시켰기 때문이다.

그러나 다른 한편, 〈구별되는 다수성〉이라는 관념 자체가 〈질적 다수성〉 없이는 이루어질 수 없다. 단위들을 셀 때, 그 단위들이 공간 위에 도열되는 한편 그것들 상호간에 유기적 조직화가 이루어져야 하기 때문이다. 따라서 모든 양은 이미 질적인 요소를 가진다. 상인들이 100원이 아니라 99원 99전이라고 가격을 매기는 것도 수가 주는 질적 느낌을 잘 알기 때문이다.

10. 실재 지속: 상징적 표상이 아니라면 동질적 장소라는 형태

를 띨 수 없는 자아는 동일성과 특수성이라는 이중적 특성을 가짐으로써 수적 다수성의 형태를 띠게 되고, 특히 그 양자가 결합하는 공간 운동의 도움을 받아 동질적 시간으로 이해되기에 이른다. 그것은 우리의 자아가 그 표면에서 외부세계에 접해 있고, 그 외부세계의 공간성이 자아에까지 침투되었기 때문이다. 그러나 꿈이나 일상 경험에서 우리는 질적 지속을 느끼고 있다. 의식하지 않은 상태에서 시계가 울릴 때, 정신을 차려 마음 속에서 재구성해 보면 몇 번이 울렸는지를 알아낼 수 있다. 그때 정확한 횟수가 아니면 만족되지 않는 것은 횟수에 따라 각 상태가 질적으로 다르기 때문이다. 즉, 의식하지 못한 채 들은 시계 소리도 우리에게 질적으로 조직화되어 있었던 것이다. 지속은 그처럼 직접적으로 의식에 주어진다.

11. 자아의 두 측면: 그러므로 의식적 삶의 두 측면을 구별해야 한다. 동질적 공간에 응고된 비인격적 자아의 이면에, 한없이 움직이고 서로 유기적으로 결합하여 질적으로 다르기 때문에 말로 표현할 수 없는 내적이며 살아 있는 자아가 있다. 사물에 대한 우리의 감각은 끊임없이 변하며 모든 것은 진행 중에 있고 과정 속에 있다. 그러나 우리는 그러한 변화를 사상하고 한 사물을 그에 대응하는 동일한 말로 고정시킴으로써 그것이 항상 동일하며 불변한다고 생각한다. 우리의 인상에서 안정되고 공통적이며, 따라서 비개성적인 것을 저장하는 역할을 하는 말은 순간순간 변하는 개인의 섬세하면서도 사라지기 쉬운 인상들을 덮어 버린다. 유능한 소설가는 우리의 상투적인 자아의 그물을 찢고 우리를 본래적 자아 앞에 세움으로써 그 섬세한 질적 느낌을 다시 살게 해준다.

언어의 틀을 부수면 우리의 관념들도 어떤 질적인 느낌을 가지고 있음을 알게 된다. 우리의 지성도 본능, 즉 관념들의 상호 침투로부터 나오는 충동을 가진다. 어떤 문제에 가담하게 되면 자동적으로 열정적이 되며, 우리가 가장 강력하게 고수하는 의견은 가장 설명하기 어렵다. 우리에게 어떤 의견이 가치 있게 보이는 것은 그 의견의 뉘앙스가 우리 관념 전체의 공통적 색채에 상응하며, 거기서 어느만큼 우리 자신을 보았기 때문이다. 진정으로 우리 것인 관념은 우리 전체를 채운다. 의식의 표면으로 나갈수록 그것들은 점점 더 수적 다수성의 형태를 띠고, 공간에 펼쳐지는 경향을 갖는다. 그만큼 그것은 더 말로 표현하기 좋다.

제3장: 〈의식상태들의 조직화에 관하여: 자유〉라는 제목을 달고 있는 제3장은 지속의 관점에서 자유의 문제를 해결하는 곳이다. 물리적 결정론, 심리적 결정론, 자유로운 행위, 실재 지속과 우연성, 실재 지속과 예견, 실재 지속과 인과성 등의 여섯 부분으로 나뉜다.

자유의 문제에 관해 기계론과 역동론이 선험적으로 대립한다. 후자는 사실이 실재이고 법칙은 그것의 상징적 표현이라 생각하며, 전자는 반대로 법칙이 실재이고 사실은 그것들의 교차점이라 생각한다. 그것은 결국 무엇을 단순하다고 생각하느냐에 따라 생긴 대립으로서, 기계론은 타성이 자유보다, 동질적인 것이 이질적인 것보다, 추상적인 것이 구체적인 것보다 더 단순하다고 생각하며, 역동론은 그 반대로 특히 자발성이 타성보다 더 단순하다고 생각한다. 그런데 타성은 결국 자발성이 없는 것으로밖에는 정의될 수 없으므로, 두 견해 모두 자발성 개념에 의존하고 있다고 할 수 있다.

그러나 자유에 반하여 경험적 사실들을 내세우는 견해가 있으니, 물리적 결정론과 심리적 결정론이 그것이다. 이 장의 의도는, 전자는 후자로 환원되고, 후자는 지속에 대한 부정확한 견해에 기반을 두고 있음을 밝힘으로써 그 어떤 힘과도 비교될 수 없는 활동력을 가진 자아를 드러내는 것이다.

1. 물리적 결정론: 물리적 결정론의 최근 형태는 한 유기체의 원자와 분자들의 위치와 운동을 안다면, 그 유기체의 심리상태도 예견할 수 있다는 것이다. 그것은 이전의 질점들의 상태를 알면 다음 상태도 결정된다는 것이므로 에너지 보존의 법칙을 생명체에까지 확장하는 것을 의미한다.

그러나 이 견해가 옳으려면, 뇌의 한 분자상태에 하나의 결정된 심리적 상태가 엄밀하게 대응한다는 것을 먼저 증명해야 한다. 일상 생활에서 물리적 진동과 감각의 대응을 짐작케 하는 경험이 존재하는 것도 사실이고(그러나 그것은 부분적 현상이다), 스피노자나 라이프니츠 같은 철학자도 그들의 관계를 나름대로 설명하고 있지만(그러나 그것은 선험적 독단이다), 오늘날의 물리적 결정론은 분자운동의 인광과 같은 흔적이라는 등의 비유를 갖다 댈 뿐 정작 어떻게 분자운동에서 심리상태가 나오는지를 증명하지도 설명하지도 못하고 있다. 왜냐하면 한 분자운동에서 다른 운동의 근거는 발견되겠지만 의식상태의 근거는 발견될 수 없기 때문이다. 실험으로 양자 사이의 관계가 밝혀진 것은 극히 한정된 수의, 그것도 의지와는 상관없는 영역에서 이루어진 일일 뿐이다. 그것을 전체로 확장하는 것은 기계론에 호소함으로써 스스로를 굳건히 하려는 모종의 심리적 결정론과 다른 것이 아니다.

문제는 에너지 보존의 법칙을 보편적인 법칙으로 확장할 수 있는가에 달려 있다. 에너지 보존의 법칙이 성립하려면 보존되는 무엇인가가 있어야 하고, 그 무엇은 우리의 계산 체계에 들어오는 것일 수밖에 없다. 그런데 어떤 것이 계산 체계에 들어올 것인지 그리고 가능한 모든 체계가 들어올 것인지는 우리의 경험이 판정할 수밖에 없으며 그 경험, 특히 신경현상에서 에너지 보존의 법칙의 계산 체계에는 들어오지 않았던 전혀 다른 힘을 찾아낼 수 없으리라고 단정지을 근거는 없다. 에너지 보존 체계만이 가능한 유일한 체계는 아니라는 것만 인정하면 그것에 의해 자연과학의 엄밀성이 손상받을 일도 없다. 가장 급진적인 기계론인 부대현상론에서 분자운동이 의식 없이도 감각을 형성할 수 있다면, 어째서 의식은 동력학적 에너지 없이, 또는 그것을 다른 방식으로 이용하여 운동을 창조할 수 없다는 말인가?

에너지 보존의 법칙은 각 질점들이 처음으로 되돌아갈 수 있다는 것을 전제로 한다. 그것은 처음과 나중이 같다는 것을 의미하며, 시간이 거기에 아무런 영향도 미치지 않았음을 뜻한다. 그러한 생각은 타성적 물질이 지속하지 않는 것으로 보이며 흘러간 시간이 보존되지 않는다는 사실에 기인한다. 그러나 생명현상은 비가역적이다. 물질들은 영원한 현재에만 머무르지만 의식적 존재자에게 과거는 하나의 실재이다. 시간이 지남에 따라 생명체나 의식적 존재에게는 덧붙임(과거가 자꾸 불어나니까)이 있으며, 바로 그 사실은 그들이 에너지 보존의 법칙을 벗어남을 의미한다.

에너지 보존의 법칙을 보편적 법칙으로 생각하는 것은 과학을 정립하려는 필연성이라기보다는 심리적 차원의 오류이다. 우리는 우리 자신을 직접 관찰하는 것이 아니라 밖으로부터 우회적으로 보는 습관을 가지고 있기 때문에, 우리 자신을 타성적 원자에 흐르는 아무것도 변화시키지 못하는 지속으로 생각한다. 그것은 외부세계와 내부세계의 근본적 차이를 무시하고 진정한 지속과 외견상의 지속이라는 전혀 다른 두 지속을 자의적으로 동일시한 것이다.

2. 심리적 결정론: 심리적 결정론의 가장 최근 형태는 연상심리학인데, 그것은 이전의 의식상태가 이후의 의식상태를 결정한다는 이론이다. 그러나 구체적 심리 과정은 오히려 결과가 원인일 경우가 많다. 연상심리학이 말하는 일련의 관념들의 연상은 사실 이미 어떻게 행동할 것인가를 결정한 우리가 그 행동에 부여한 사후적 이유일 뿐이다. 어쨌든 연상주의에 자리잡는다 하더라도 절대적 결정론을 주장하는 것은 아니고, 다만 자아를 심리상태들의 조합으로 생각하여 그들 중 가장 강력한 것이 지배력을 행사함으로써 다른 것들을 이끈다는 정도이다. 그런데 그러한 사고방식의 오류는 수행하려는 행위의 질적 요소는 다 빼버리고 기하학적이고 비인격적인 면만을 남긴 다음, 그것들을 구별하기 위해 그렇게 탈색된 행동의 관념에 어떤 다른 관념을 결부시킨다는 데 있다. 장미의 향기가 어린 시절의 기억을 연상시키는 것이 아니라, 우리는 기억 자체를 마시는 것이다. 객관적으로 불변하는 장미의 향기가 있고 거기에 기억이 연상된다는 것은 그것을 공간화한 것이며, 앞장에서 말한 병치의 다수성과 상호 침투의 다수성

을 혼동한 것이다. 의식의 상태는 상호 침투해 있으며 서로 속에 녹아 있다. 연상주의의 잘못은 결국 구체적 현상을 인위적 재구성물로 대체하고, 사실의 설명을 사실 자체와 혼동하는 데 있다.

3. 자유로운 행위: 각 심적 상태는 각자의 인격 전체가 반영된 것이다. 그에 반해 언어는 서로 다른 의식상태의 객관적, 비인격적인 측면만을 붙잡은 것이므로, 그것을 병치한다고 해서 구체적 상태 자체를 번역할 수는 없다. 자아를 그 전체가 녹아들어간 고유의 색채에서 파악할 때, 그러한 고유한 내적 상태의 외적 표현이 바로 자유로운 행위이다. 오직 자아만이 그것의 작가이고, 그것이 바로 자아 전체의 표현이기 때문이다.

그렇다면 자유는 절대적이라기보다는 정도차가 있다고 해야 한다. 모든 의식상태가 인격 전체에 스며들어가는 것은 아니기 때문이다. 우선 자아의 표면에는 독립적인 심리상태들이 떠다닌다. 최면이나 갑작스러운 분노, 간질의 발작 등이 그것이다. 그 다음에는 각각의 요소들이 섞이기는 하지만 자아 전체에 완전히 녹아든 것은 아닌 상태들이 있다. 잘 이해되지 못한 교육으로부터 오는 관념이나 느낌들이 그러하다. 그것들은 기생적 자아를 형성하며, 많은 사람들이 진정한 자유를 모른 채 그 속에서 살다가 죽어간다. 마지막으로 근본적 자아가 있는데, 자유로운 결정일수록 거기에 가까워진다.

이렇게 볼 때, 사실 자유로운 행위는 드물다. 우리의 일상적 행동은 끊임없이 움직이는 우리의 느낌들 자체에서 얻는다기보다는 그러한 느낌들이 붙어 있는 의식 표피의 불변의 상으로부터 얻는다. 우리의 감정, 감각, 관념들이 기억 속에 응고되어 우리 행동의 기저를 형성하며 많은 경우 우리는 자동기계처럼 행동한다. 관념 연합설이 적용되는 것은 바로 거기이며, 결정론에 동의할 수 있는 곳도 거기이다. 그러나 우리는 의식의 두꺼운 표층에 싸여 많은 경우 거기에 따르지만, 갑자기 의식의 심층으로부터 반란이 일어날 때도 있다. 그것은 하부의 자아가 표면으로 올라온 것이다. 그러한 격동을 우리는 애써 누르려 했고, 그렇기 때문에 갑작스럽게 그런 행동이 나오는 것을 설명하기 어렵다. 그것은 마치 아무 이유 없이 나온 것 같지만, 사실은 우리 인격 전체로부터 나온 것이다.

결정론은 동일한 자아가 그 역시 동일한 채로 남는 두 개의 대립되는 감정 사이를 오고가다가 어느 한 쪽을 택하는 것처럼 생각한다. 그러나 만약 그 모든 것이 동일한 채로 있다면 어떻게 어느 한쪽으로 결정을 내리겠는가? 숙고의 모든 순간 자아는 바뀌며 그 자아는 또한 그를 흔드는 두 감정을 바꾼다. 그 모든 과정들이 상호 침투하고 서로를 보강하여 자유로운 행위에 도달할 동적 연쇄를 형성하는 것이다. 혹 모든 것이 성격에 달려 있다고 말해도 소용 없다. 우리의 성격이 바로 우리이기 때문이다. 우리는 매일 조금씩 변하며 그러한 변화는 우리 자신으로 녹아들고, 그 전체가 바로 우리이다. 결국 나로부터 그리고 오직 나로부터만 나오는 모든 행동이 자유로운 것이라면, 우리 인격의 징표를 지닌 모든 행동은 분명히 자유롭다. 오직 우리의 자아만이 그것을 낳은 것이기 때문이다.

4. 실재 지속과 우연성: 한 선택자가 X와 Y 둘 사이에서 머뭇거린다고 할 때, 두 개의 반대되는 의식상태가 있는 것이 아니라

계속적이며 상이한 여러 상태들의 섞임이 있는 것이고, X나 Y는 거기서 추출해 낸 대립쌍일 뿐이다. 따라서 그것들은 자체적으로 존재하는 불변의 두 방향이나 경향을 나타내는 것이 아니라 언어의 편의상 갖다 붙인 상징에 불과하며, 존재하는 것은 오직 하나의 망설이는 자아일 뿐이고, 자유로운 행위는 거기서부터 무르익은 과일처럼 떨어지는 것이다. 사람들은 보통 그 두 방향을 어떤 사물로 취급하여 의식의 활동을 X, Y 두 방향이 나뉘는 갈림길에 갖다 놓는다. 그리하여 한편으로는 두 개의 방향을 그리고 다른 한편으로는 활동성 자체를 고정화시켜 두 개의 죽은 부분들 사이에서 망설이는 어떤 일률적인 자아를 생각한다. 그렇게 되면 일단 한쪽을 택했다 하더라도 다른 쪽 역시 계속 남아서 필요에 따라 다시 그리로 갈 수 있을 것이므로, 자유론자는 그런 의미에서 다른 쪽도 마찬가지로 가능하다고 말한다. 그러나 그것은 논리적으로 가장 단호한 결정론으로 접어드는 길을 열어 놓는다.

왜냐하면 자유론자들이 의식의 활동성을 갈림길에 놓았듯이, 그들 중 어느 하나로 갔다는 사실도 설명되어야 하기 때문이다. 즉, 양쪽 길 중 어디를 가든 아무튼 어느 한 길을 선택했다는 이유가 설명되어야 하기 때문이다. 그렇게 되면 다른 길은 열려 있으나마나 이미 선택한 바로 그 길로밖에는 갈 수 없었던 셈이 된다. 결국 의식의 우연성을 설명하려던 도식이 절대적 필연성을 확립하기에 이른다.

결국 자유론자나 결정론자나 X와 Y 사이에 일종의 기계적 진동의 성격을 가진 행동을 앞세우는 데에는 일치한다. 그들의 공통점은 이미 성취된 행동 이후에 자리잡고 우리의 의지적 활동 과정을 추상화하여 도식적으로 상징화했다는 것이다. 그것은 실현되고 있는 행동이 아니라, 실현된 행동을 다루고 있는 것이다. 그리하여 다음과 같은 두 가지 질문 사이에서 방황한다. 〈두 방향이 꼭 같았다면 어떻게 선택할 수 있었는가?〉와 〈그들 중 하나만 가능하다면 어째서 사람들은 자신이 자유롭다고 믿는 것일까?〉 사이에서. 우리의 의식상태를 X, Y라는 도식으로 나타낸다는 것은 시간을 공간으로, 계기를 동시성으로 환원할 수 있다는 것을 전제로 한다. 그런 도식을 제거하면, 결국 결정론은 〈행위가 이루어졌다면 이루어진 것이다〉라는 것을, 자유론은 〈행위가 이루어지지 않았다면 이루어지지 않은 것이다〉라는 것을 주장하는 데에 불과하다. 그것은 그러므로 자유의 문제를 건드리지도 않은 것이다.

5. 실재 지속과 예견: 문제를 〈모든 전건을 알면 후건이 도출된다〉는 형태로 정형화해 보자. 우선 전제 조건을 알면 그럴 듯한 결론을 도출해 낼 수 있다는 것과 틀림없는 예견을 한다는 것은 구별해야 한다. 잘 아는 친구가 어떤 상황에서 어떻게 행동하리라는 것을 짐작하는 것은 그의 행위를 예견하는 것이라기보다는 그의 현재의 성격, 즉 그의 과거에 대해 판단을 내리는 것이다. 그러나 어떤 사람이 평소 알고 있던 그 사람의 성격과 맞지 않는 행동을 하는 경우는 얼마든지 있다. 결정론자는 이때 그것은 모든 조건을 몰랐기 때문이고 그것을 다 알기만 하면 돌출적 행동까지도 설명할 수 있다고 주장한다. 그러나 이때 내가 내 자신의 의식을 사는 것처럼 단번에 사건의 중요성을 이해해 버리는 것과, 그것을 상징하는 기호에 의해 수학적인 계산에서처럼 서로를

비교하고 측정하는 것은 다르다. 모든 상황을 알면서 한 인간의 행동을 예견할 수 있으려면, 소설가처럼 등장인물의 종국의 행동까지 다 알고 있어서 그때 그때의 사태의 중요성을 판단하거나, 자신이 바로 그 사람이 되어 그의 삶을 직접 살거나 둘 중 하나이다. 전자는 미리 나중까지 다 아는 것이므로 가정에 의해 더 이상 예견의 문제가 될 수 없고, 따라서 배척되어야 한다. 후자는 예견하는 사람이 미리 사유에 의해 예견하는 것이 아니라, 바로 그 사람 자신이 되어야 하고, 단 일초의 단축도 없이 그 사람을 살아야 한다. 그러므로 모든 전건이 주어지면 어떤 행동을 예견할 수 있느냐 없느냐의 문제는 의미 없는 물음이다. 모든 전건이 주어지려면 바로 그 사람 자신이 되어야 하기 때문이다.

이런 논의의 밑바닥에는 반성적 의식의 착각이 깔려 있다. 첫째는 강도를 고유한 질로 보는 것이 아니라 수학적 특성으로 본다는 것이다. 둘째는 구체적 실재, 즉 의식의 동적 진행을 완성된 사실의 물질적 상징으로 대체하는 것이다. 그리고 그 두 착각은 시간과 공간의 혼동이라는 마지막 착각에 기인한다.

의식의 활동을 예견할 수 있다고 생각하는 것은 자연과학의 예견에 의해 영향받기 때문이다. 그러나 자연과학이 예견할 수 있는 것은 그것이 다루는 시간이 원하는 만큼 마음대로 단축할 수 있는 시간이고, 다시 말해 진정한 시간이 아니기 때문이다. 그러나 의식의 시간은 그것과 완전히 다른 질서이며 단 일초라도 단축하면 전체가 달라지는 지속이기 때문에 그렇게 할 수가 없다.

6. 실재 지속과 인과성: 이제 남은 것은 모든 행위가 심리적 선

행조건에 의해 결정된다는 이론, 즉 의식의 사실들이 자연현상처럼 법칙에 복종한다는 이론이다. 이러한 주장은 동일한 원인이 동일한 결과를 낳는다는 것을 함축하는데, 그것은 의식이라는 무대 위에 동일한 원인이 반복해서 나타난다는 것을 가정한다. 그러나 의식의 어떠한 순간도 같을 수 없다. 그것은 따라서 예견을 벗어나는 현상을 대면하는 두려움 때문에 구체적 심리상태의 본성을 보지 않는 데서 성립한 것이다.

물리 현상이 법칙에 종속된다는 것은 동일한 현상이 동일한 형태로 다시 일어난다는 것과 동일한 조건은 동일한 결과를 낳는다는 경험적으로 확인된 원칙을 기초로 한다. 그러나 의식의 영역에서도 그 두 원칙이 성립한다는 것은 경험적으로 증명된 바 없다. 그럼에도 불구하고 그것을 의식에 적용하는 것은 선행하는 현상 속에 결과가 어떤 방식으로든 미리 주어져 있다는 원인에 대한 상식적 관념을 받아들였기 때문이다. 그런데 미리 이루어져 있다préformation는 것은 매우 다른 두 가지 의미를 가지고 있다.

우선 정의 속에 여러 정리들이 이미 들어가 있다는 의미에서의 수학적 〈미리 이루어짐〉이 있다. 물리 현상은 질이 들어가므로 순수 양적인 것은 아니지만, 물리학은 그 중 질적인 것을 빼고 공간적 요소만을 고려함으로써 물질을 연장으로 생각하고 그 연장들 사이의 수학적 관계만을 따지는 데까르트적 관점을 취한다. 그렇게 생각했을 때 인과관계는 동일관계로 무한히 수렴하는 필연적 관계라 할 수 있다. 동일률은 현재 생각하는 것은 바로 그것 자신이라는 명백한 현재 상태에 관한 의식의 자기신뢰이며, 그것은 곧 현재와 현재의 관계이다. 그러나 인과율은 현재에 미래를 연결시키는 것이므로 필연적일 수 없다. 실재 시간의 순간들이 필연적으로 연결되어 있다는 것도, 있었던 것이 계속 있을 것이라는 것도, 동일한 조건이 동일한 결과를 가져올 것이라는 것도 논리적으로 증명할 수 없기 때문이다. 그렇기 때문에 데까르뜨나 스피노자 그리고 근대 물리학은 모두 원인과 결과 사이에 논리적 필연성을 확립하고, 지속의 작용을 파기하여 계기의 관계를 내속의 관계로, 외면적 인과관계를 근본적 동일관계로 환원하려고 노력했다. 그런데 인과관계를 필연적 결정의 관계로 만들려고 할수록 지속의 작용은 배제된다. 우리가 동일한 여건에서도 오늘과 내일 다르게 움직이는 것이 전혀 이상하지 않은 것은 바로 우리가 지속하는 존재이기 때문이다. 물리적 사물은 지속하지 않기 때문에 동일한 여건은 동일한 결과를 낳는 것으로 보이지만, 물리 현상이 한꺼번에 다 펼쳐지지 않고 계기하는 것은 그것도 어느 정도 지속하기 때문이다. 그럼에도 불구하고 인과율을 필연적 결정관계로 설정한다면, 그럴수록 사물을 지속하지 않는 것으로 만드는 것이며, 그것은 곧 사물과 우리의 차이를 강조하는 것이고, 따라서 우리의 자유를 더욱더 인정하는 것일 수밖에 없다.

그러나 다른 한편, 관념에서 어떤 노력의 느낌을 거쳐 행동으로 나아갈 때, 관념 속에 앞으로의 행동이 미리 그려져 있다는 의미에서의 〈미리 이루어짐〉이 있다. 이 경우 원인과 결과 사이에 필연적 결정성이 성립하는 것은 아니며, 결과는 순전히 가능적일 뿐이다. 그러나 이때에도 역시 모종의 인과관계는 성립한다. 그러한 인과관계를 사물들 사이에도 적용하면, 사물들의 질은 우리의 자아와 비슷한 상태가 되고 물질계에는 희미하지만 전체에 퍼져 있는 인격성을 부여하게 되며, 의식적 의지는 아니지만 어떤 내적인 추진력에 의해 한 상태에서 다른 상태로의 진행이 일어난다. 그렇게 되면 우리 의식에서와 마찬가지로 외부세계에서도 인과관계가 그렇게 필연적이지 않게 된다. 바로 그러한 이론이 고대의 물활론이며, 라이프니츠는 그것을 끝까지 밀고 나가서 물질을 내면성을 가진 비연장적인 단자로 만들었다. 사실 절대적 필연으로서의 첫번째 인과개념의 극단이 스피노자라면, 원인과 결과 사이의 단절 가능성을 인정하는 두번째 인과개념의 극단은 라이프니츠이다. 첫번째이건 두번째이건 두 인과개념 모두에서 자유는 보존된다. 첫번째 경우는 필연적 결정이 지속하지 않는 사물에만 국한되므로 지속하는 우리에게는 자유가 확보되며, 두번째 경우에는 자연에까지 우연성이 인정되기 때문이다.

그러나 불행히도 우리는 그 두 의미를 동시에 취하는 습관을 가지게 되었고, 자연과학의 압도적 영향을 받아 인과관계를 절대적 필연성의 방향으로 이해하기에 이르렀다. 의식은 절대적 필연성 같은 것을 인정하지도, 이해하지도 못함에도 불구하고, 원래 의식을 통해서만 인식되는 힘의 관념이 일단 자연에 투여된 후에는 거기에 오염되어 절대적 필연성과 혼동되어 버린다. 그리하여 두 외부 현상의 기계적 결정과 우리 행위의 동적인 관계를 동일한 것으로 생각하기에 이른다. 그것은 의식이 자기자신을 직접 보지 못하고 외부세계를 보는 눈을 통해 굴절되게 본 결과이다. 결국 수적 다수성을 배제하는 깊은 의식상태를 상호 외적인 부분들로 분해하고, 상호 침투하는 구체적 지속의 요소들을 공간에 흩어진 물체들처럼 구별되는 순간들로 나타낸 것처럼, 객관화된 우리 삶의 순간들 사이에 객관적 인과관계와 같은 관계를 확립하고, 자유로운 노력이라는 동적 관념과 필연적 결정성이라는 수학적 개념 사이에 삼투압이 일어난 결과, 우리 의식에서까지도 필연적 결정을 생각하게 된 것이다.

자유는 구체적 자아와 그가 수행하는 행동 사이의 관계이다. 우리가 자유롭다는 그 이유 때문에 그 관계는 정의될 수 없다. 왜냐하면 사물은 분석되지만 진행은 분석되지 않으며 연장성은 분해되지만 지속은 분해되지 않기 때문이다. 분석하려면 그것을 고정시켜야 하기 때문에, 바로 그 사실 자체에 의해 진행은 사물로, 지속은 연장으로 그리고 자발성은 타성으로, 자유는 필연으로 변질되어 버린다.

결국 자유에 관한 모든 해명의 요구는 〈시간은 공간에 의해 충분히 표상될 수 있는가?〉하는 물음으로 환원된다. 흘러간 시간은 그렇지만, 흐르고 있는 시간은 그렇지 않다. 그런데 자유는 흐르고 있는 시간에서 일어나는 것이지 흘러간 시간에서는 일어나지 않는다. 자유는 따라서 하나의 사실이며, 사람이 인정하는 사실 중에 더 이상 명확한 것은 없다.

결론: 결론부는 문제에 접근하는 기본 입장을 밝히면서 전체를 요약하는 부분과, 이 책의 입장에서 칸트 철학과 대결하는 부분으로 나뉜다.

당대의 심리학은 우리가 우리 자신의 형식을 통해 사물을 본다는 것을 확립하려 했다면, 이 책의 입장은 거꾸로 우리 자신을 외부세계의 형식을 통해 파악하는 것은 아닌가 하는 의심에서 출발했다. 우리가 사물에 적용하는 형식은 우리에게서만 나온 것이 아니라 우리와 사물 사이의 타협의 결과이며, 외부세계를 돈 다음 우리 자신을 다시 파악하려 할 때는 이미 외부세계의 형식에 물들어 있음이 틀림없고, 따라서 우리의 심적 상태는 그러한 외부세계의 특성, 특히 공간성을 제거했을 때에만 비로소 제대로 파악할 수 있다. 그러한 관점에서 심리상태의 강도, 지속, 의지적 결정으로부터 공간 관념을 털어 내고 그 진정한 모습을 드러내려 한 것이 지금까지의 내용이다.

칸트의 잘못은 시간을 동질적 장소로 간주한 것이다. 지속과 공간을 혼동했기 때문에 자유는 더 이상 이해할 수 없는 것이 되고, 자유롭고 실재하는 자아를, 지속 밖에 있기 때문에 우리 인식능력으로는 접근할 수 없는 것으로 만들었다. 시간과 공간이 인식형식이라면 안과 밖이라는 구별 자체가 시공의 작품일 것이므로, 시공 자체는 우리 속에도 밖에도 있지 않는 것이 되어 버릴 것이다. 시간이 질료가 들어올 형식이라는 것은 그것이 곧 공간성을 띤다는 것인데, 시간이 공간과 같은 동질적 장소라면 과학은 시간에 대해 공간에서와 같은 효력을 가질 것이다. 그러나 그렇지 않다는 것은 위에서 이미 누누이 밝힌 바이다. 또 시간이 동질적이라면 동일한 사태가 다시 일어날 수 있을 것이고 인과성은 필연적 결정이 될 것이므로 자유는 이해할 수 없는 것이 되어 버린다. 칸트는 거기서부터 지속이 공간과는 다른 이질적인 것이라고 생각하는 대신에, 자유를 시간 밖에, 즉 우리에게 입장이 금지된 물자체의 세계로 넘겨 버렸다. 의식의 상태들을 서로로부터 떨어져 응고된 결정체로 보는 순간, 연상주의자와 결정론자가 출현하여 자유를 금지하거나, 칸트주의자가 출현하여 자유를 신비의 영역으로 끌고 갈 것이다. 그러나 우리가 중요한 결정을 내리는 그 독특한 삶의 순간들의 입장에 선다면, 즉 동적인 통일성과 질적 다수성의 구체적이고도 살아 있는 지속의 입장에 선다면, 자유는 부인할 수 없는 사실이며, 그것을 부인하는 것은 시간과 공간, 계기와 동시성, 지속과 연장성, 질과 양을 혼동하는 데에서 오는 착각일 뿐이다.

자신의 철학을 한 마디로 요약해 달라는 어느 부인에게 베르크손은 상당히 조소 섞인 웃음으로 〈나는 시간이 있고, 그것은 공간적이 아니라고 이야기했습니다〉 하고 말한 적이 있다. 그것은 사실 그의 철학의 완벽한 요약인데, 위의 『시론』의 내용 중에도 가장 두드러진 특징은 시간과 공간의 이원론이다. 그것을 표로 정리하면 다음과 같다.

시간	삼투압	공간
순수지속 durée pure	공간화된(동질적) 시간 temps spacialisé (homogène)	공간 espace
실재지속 durée réelle		연장성 étendue
질 qualité		양 quantité
비연장적 inétendu		연장적 étendu
강도의 intensif		외연적 extensif
이질성 hétérogénéité		동질성 homogénéité
내재성 intériorité		외재성 extériorité
상호침투 interpénétration		병치 juxtaposition 불가입성 impénétrabilité

(유기적) 조직화 organisation 선율 mélodie		셈 compter
질적(내적, 구별되지 않는) 다수성 multiplicité qualitative(interne, indistincte)		양적(구별되는) 다수성 multiplicité quantitative (distincte)
계기 succession	동시성 simultanéité	병치 juxtaposition
운동 mouvement		정지 repos
동적 dynamique		정적 statique
과정 processus 진행 progrès		사물 chose 상태 état
진행중 se faisant, s'accomplissant		완성된 fait, accompli
운동성 mobilité	제논의 역설 paradox de Zénon	부동성 immobilité 운동의 궤적 trace du mouvement
불가분성 indivisibilité		가분성 divisibilité
자발성 spontanéité		타성 inertie
자유 liberté		필연 nécessité
예견불가능성 imprévisibilité		예견가능성 prévisibilité
정신 esprit 의식 conscience	자동운동 automatisme	물질 matière
내면적(살아있는) 자아 moi interne(vivant)	비인격적(기생적) 자아 moi impersonnel(parasite)	
구체적 concret		추상적 abstrait

베르크손의 책은 모두 그 제목부터가 종래의 철학에 일대 변혁을 가하는 획기적 성격을 띠고 있다.『의식에 직접 주어진 것들에 대한 시론』이라는 본서의 좀 긴 제목도 의식에 직접적으로 주어

지기 때문에 우리가 늘 겪으면서 그 속에서 살고 있음에도 불구하고 보지 못하고 있었던 것을 밝힘으로써 이전 철학의 허점을 극복하겠다는, 따지고 보면 상당히 도발적인 뜻이 감추어져 있다. 의식이란 우리 자신을 이루고 있는 것, 아니 바로 우리 자신 그 자체이지만, 너무도 가깝게 있기에 오히려 직접적으로 보지 못하고 항상 외부세계로부터 빌려온 형식과 틀, 특히 공간적 사유방식에 의해서 볼 수밖에 없었다는 사실을 자각하고, 그러한 공간적 사유 방식을 털어 내어 내게 직접적으로 드러나는 그대로의 의식을 파악하자는 것이 그 제목의 의미이다. 그것은 어찌 보면 현상학의 이념과 상당히 유사한데, 사실 후썰 자신이 베르크손 철학에 대한 설명을 듣고 자신의 철학과 매우 비슷하다고 감탄하였으며 또 실제로 베르크손을 열심히 읽기도 했다는 이야기가 전해진다. 그러나 현상학에서는 의식에 드러나는 것을 〈현상〉으로 생각했다는 점에서 역시 칸트의 영향하에 있다고 할 수 있으나, 베르크손에서는 그것을 의식의 직접적 소여이자 실재(實在)로서 인정한다는 점이 완전히 다르다. 전통 철학의 사유방식을 뒤집어서 객관이 아니라 주관의 형식이 우리의 인식 내용을 구성한다는 것이 칸트적 전회라면,[8] 베르크손은 그것을 다시 뒤집어 우리 주관이 외부세계를 보는 눈 자체가 외부세계의 존재방

---

8) 모든 천체가 오직 하나의 별을 따라 움직인다기보다는 그 한 별이 다른 천체를 따라 움직인다는 것이 훨씬 개연성이 높듯이, 모든 사물이 오직 인간을 중심으로 돈다기보다는 인간이 사물들을 따라 돈다는 것이 훨씬 개연성이 높다는 꾸르노의 말처럼, 칸트의 전회는 천동설에서 지동설로의 코페르니쿠스적 전회가 아니라 지동설에서 천동설로의 역코페르니쿠스적 전회였다.

식에 물들지 않을 수 없고, 따라서 주관의 형식 자체가 하늘에서 떨어진 것이 아니라 외부세계의 존재방식을 반영하고 있으며, 오히려 외부세계의 존재방식이 우리 자신(의식)을 보는 눈을 형성한다는 것이고, 따라서 그것을 걷어냈을 때 비로소 직접적으로 우리 의식에 주어지는 것을 볼 수 있다는 것이다. 이 모든 것이 칸트처럼 선험적·절대적으로 결정되는 것이 아니라 모두 정도 차를 가지고 이루어지는 것이므로 그 세부는 구체적으로 〈주어진 것〉, 즉 데이터에 따라 결정되어야 한다. 어쨌든 주관의 형식도 외부세계의 어떤 면을 반영한 것이기 때문에 완전히 〈현상〉만일 수가 없고 외부세계의 어떤 진실(물자체라 해도 좋다)을 알려주고 있는 것이며, 우리 자신도 내부로부터 직접적으로 파악되는 것이므로 전면적이지는 않을지라도 일정 부분 생명 전체로 이어지는 자신의 진실을 알려주고 있다. 이렇게 되면, 우리에게는 전혀 알려질 수 없는 물자체라는 군더더기의 이론적 가설을 세울 필요가 없고 부분적 앎은 부분적인 것으로서 나름대로의 가치를 갖는다. 다만 인간은 유한한 존재이므로 모든 것을 알 수는 없고 문자 그대로 부분적 앎을 가질 수 있을 뿐이므로 오직 그런 부분적 앎으로부터 어떻게 전면적 앎으로 가까이 접근하느냐만이 문제가 될 뿐이다. 이때 부분적 앎이란 〈현상〉처럼 전혀 실재인지 아닌지를 모르는 앎이 아니라 나름대로는 실재를 반영하고 있는 앎이므로, 그것을 잘만 따라가면 얼마든지 실재에 가 닿을 수 있다. 사실 철학(philosophia)이라는 말 자체가 인간의 유한성 때문에 전면적인 앎(sophia)을 알 수는 없지만 거기에 무한히 가까이 가려고 추구한다(philo)는 것을 의미한다. 그리고 그것은 바로 〈시론essai〉

이라는 말의 의미이기도 하다. 〈essai〉란 시도한다는 의미의 〈essayer〉 동사에서 나온 말로서 그것은 단지 어떤 밑그림을 대충 그려본다거나, 완성품은 아니지만 이런 〈시도〉도 가능하지 않겠냐고 시험삼아 해본다는 의미가 전혀 아니고, 인간으로서 할 수 있는 가장 심각한 노력을 기울여 이루어 낸 것이지만 인간의 유한성 때문에 전면적인 앎이라고는 주장할 수 없는 어떤 것, 즉 전면적 앎으로 무한히 가까이 가려고 〈시도한〉 인간으로서는 최고의 완성품을 의미한다. 그러므로 그것은 곧 철학과 같은 뜻이며, 우리의 책제목은 결국 〈모든 의식 외적인 요소들을 걷어내고 우리가 우리 자신을 보는 직접적·내적 직관에 드러나는 대로의 우리 의식에 주어지는 것들에 충실했을 때, 그것들에서 끌어낼 수 있는 가장 심각한 앎, 즉 철학〉이라는 뜻을 가진다.

그렇게 주어지는 것들 중에 가장 중요한 것이 바로 진정한 시간으로서의 지속이며, 지속의 상하에서 자유의 문제를 풀려는 것이 이 책의 내용이므로, 베르크손 자신이 직접 관여한 영어 번역의 제목은 〈시간과 자유 의지 Time and Free Will〉였다. 그것은 영어의 뉘앙스를 잘 알던 그가 프랑스 어 제목을 그대로 직역했을 때의 어색함을 의식하고 영어적인 분위기에 가장 적합하게 다시 붙인 제2의 제목이다.

베르크손 연보

베르크손 연보

1859 10월 18일 빠리(18, rue Lamartine)에서 폴란드계 유대인 작곡가인 아버지 미카엘 베르크손과 아일랜드계 유대인이자 영국인인 어머니 캐서린 레빈슨 사이의 4남 3녀 중 둘째이자 장남으로 앙리-루이 베르크손 태어남.

1863(4세) 스위스로 이주(처음에는 쟁쟁Gingin, 나중에는 제네바로: 이때의 주소는 〈Boulevard des Philosophes(철학자가)〉!).

1866(7세) 다시 빠리(154, Bd. Magenta)로 이주.

1868(9세) 보나빠르뜨 고등학교(후에 꽁도르세→퐁딴느→꽁도르세 고등학교) 7학년으로 입학. 프랑스 국비 장학생이자 유대계 슈프링어 기숙사의 장학생으로 입사.

1869(10세) 앙리만 남기고 가족 모두가 런던(Shirland Road 21)으로 이주. 이때부터 빠리에서 혼자 지냄.

1875(16세) 전국 학력경시대회 라틴어 작문 1위, 영어 1위, 우주

형상과 기하학 2위, 그리스어 작문 4위.

1876(17세) 전국 학력경시대회 불작문 1위, 수학 1위, 역사 4위.

1877(18세) 전국 학력경시대회 수학 1위. 이때 제시된 베르크손의 해법은 수학잡지(*Nouvelles annales mathématiques*, II, XVII, 1878)에 실렸으며, 그의 스승 데보브A. Desboves는 그의 책 『빠스깔과 현대 기하학자들에 대한 연구*Étude sur Pascal et les géomètres contemporains*』(Delagrave, 1878)에 빠스깔의 이른바 〈세 개의 원〉에 관한 베르크손의 해법을 소개함.

1878(19세) 고등 사범학교(ENS)에 3위로 입학. 이때 공교육에 10년 이상 복무할 것을 서약.

1880(21세) 11월 5일 빠리 5구 구청에서 프랑스를 선택한다고 선언하고 정식으로 국적을 취득. 이것은 귀화가 아니라, 프랑스에서 태어난 사람이 성인이 되었을 때 본인의 선택에 따라 국적을 취득할 수 있다는 당시의 법에 따른 것임.

1881(22세) 철학 교수 자격시험 Agrégation에 2위로 합격. 9월 20일 생-브리윅 Saint-Brieuc 고등학교 교수 Professeur로 지명되었으나 거부하고 10월 5일 앙제 Angers 고등학교 교수로 임명됨.

1882(23세) 4월 4일 앙제 여자 고등학교 문학 담당 교수 겸임. 8월 3일 앙제 고등학교 표창식에서 〈전문성 La spécialité〉 강연.

1883(24세) 슐리 James Sully의 『감각과 정신의 착각들*Les Illusions des sens et de l'esprit*』(Baillière et Cie)을 번역하고, 『루크레티우스 초록*Extraits de Lucrèce*』(Delagrave) 출판. 까르까손느

Carcassone 고등학교에 지명되었으나 거부하고, 9월 28일 끌레르몽-페랑Clermont-Ferrand 고등학교 교수로 지명됨.

1884(25세) 2월 14일 끌레르몽-페랑 대학교 강사(Chargé de cours) 겸임. 2월 18일 〈웃음Le rire〉에 대한 대중 강연.

1885(26세) 8월 15일 끌레르몽-페랑 고등학교 표창식에서 〈예절 La politesse〉 강연.

1886(27세) 9월 첫 논문 〈최면상태에서의 무의식적 위장에 대하여 De la simulation inconsciente dans l'état d'hypnotisme〉 (*Revue philosophique*) 발표.

1888(29세) 9월 11일 루이-르-그랑Louis-le-Grand 고등학교와 앙리 4세Henri IV 고등학교의 보충교수professeur suppléant로 발령받음.

1889(30세) 8월 24일 롤랭Rollin 중학교(현재의 쟉끄 드꾸르Jacques Decour 고등학교) 교수. 12월 박사학위 취득. 주논문이 『시론』이며 부논문은 「아리스토텔레스의 공간론 *Quid Aristoteles de loco senserit*」. 『시론』은 같은 해에 알깡Alcan사에서 출간됨.

1890(31세) 10월 14일 앙리 4세 고등학교 교수가 됨.

1892(33세) 1월 7일 루이즈 뇌뷔르제Louise Neuburger와 결혼. 7월 30일 앙리 4세 고등학교 표창식에서 〈예절〉 강연(1885년 강연의 수정판).

1893(34세) 3월 16일 외동딸 쟌느 탄생.

1894(35세) 소르본느 교수로 지원했으나 실패. 보르도 대학 전임강사로 지명되었으나 거부.

1895(36세) 7월 30일 전국 학력 경시대회 시상식에서 〈상식과 고전연구 Le Bon sens et les études classiques〉 강연.

1896(37세) 『물질과 기억 Matière et mémoire』(Alcan) 출판.

1897(38세) 11월 꼴레즈-드-프랑스에서 와병중인 르벡 Charles Levêque을 대신하여 강의.

1898(39세) 2월 24일 고등사범학교(ENS)의 전임강사 maître de conférence. 소르본느 교수로 두번째로 지원했으나 실패. 9월 9일 런던에서 부친 사망.

1900(41세) 5월 17일 르벡의 후임으로 꼴레즈-드-프랑스의 그리스-라틴 철학 담당 교수가 됨. 『웃음 Le Rire』(Alcan) 출간.

1901(42세) 3월 26일 심리학 일반연구소 Institut général psychologique에서 〈꿈 Le rêves〉 강연. 5월 2일 프랑스 철학회에서 〈심신 평행론 Le parallélisme psycho-physique〉 발표. 12월 14일 정치-정신과학 학술원 회원으로 선출됨.

1902(43세) 1월 논문 「지적 노력 L'effort intellectuel」(*Revue Philosophique*) 발표. 7월 22일 레지옹 도뇌르(명예 사단)의 5등 훈장(Chevalier). 7월 31일 볼떼르 Voltaire 고등학교 표창식에서 〈지성에 대하여 De l'intelligence〉 강연. 12월 14일 윌리엄 제임스의 첫 편지.

1903(44세) 1월 논문 「형이상학 입문 Introduction à la métaphysique」(*Revue de métaphysique et de morale*) 발표.

1904(45세) 2월 20일과 27일 정치-정신과학 학술원에서 〈라베송 약전(略傳) Notice sur Ravaisson〉 낭독. 9월 제네바의 세계 철학자 대회에서 〈정신 생리학적 오류 추리 le paralogisme psychophysiologique〉 발표. 11월 19일 가브리엘 따르드G. Tarde의 후임으로 꼴레즈-드-프랑스의 현대 철학 담당 교수로 자리를 옮김.

1905(46세) 5월 28일 빠리에서 윌리엄 제임스와 처음으로 만남.

1907(48세) 레지옹 도뇌르의 4등 훈장(officier). 『창조적 진화 L'évolution créatrice』(Alcan) 출판.

1908(49세) 12월 논문 「현재의 기억과 오류 재인Le souvenir du présent et la fausse reconnaissance」(*Revue philosophque*) 발표.

1911(52세) 4월 10일 볼로냐의 세계 철학자 대회Congrès de philosophie에서 〈철학적 직관l'intuition philosophique〉 발표. 영국에서 강연. 옥스퍼드 대학에서 〈변화의 지각La perception du changement〉, 버밍엄 대학에서 〈의식과 생명La conscience et la vie〉 강연. 옥스퍼드 대학에서 명예 과학박사. 〈윌리엄 제임스의 실용주의에 관하여 Sur le pragmatisme de William James〉(제임스의 『실용주의』의 불어 번역판 서문) 발표.

1912(53세) 〈신앙과 생활Foi et vie〉이라는 학회에서 논문 「영혼과 신체L'âme et le corps」 발표.

1913(54세) 미국 방문. 뉴욕의 컬럼비아 대학에서 강연. 5월 28일 미국에서 돌아오면서 런던에 들러 회장을 맡게 된 심령연구회Society for psychical research에서 〈산 자의 유령Fantômes des vivants〉 강연. 꼴레즈-드-프랑스의 베르나르 100주기 기념식에서 〈끌로드 베르나르의 철학La philosophie de Claude Bernard〉 발표.

1914(55세) 1월 10일 정치-정신과학 학술원 원장(1년 임기)에 취임. 2월 12일 아카데미 프랑세즈 회원으로 선출됨(그러나 1918년에 가서야 정식으로 취임함). 6월 1일 『웃음』을 제외한 그의 주요 저작들이 교황청의 금서목록에 들어감. 6월 16일 꼴레즈-드-프랑스의 강의를 에두아르 르 롸E. Le Roy가 대신하게 함. 다시 영국 방문. 에딘버러 대학의 기포드 Gifford 강좌에서 〈인격의 문제The problem of personality〉 강연. 12월 12일 정치-정신과학 학술원 원장의 자격으로 이 해에 발발한 제1차 세계대전에 관해 장문의 연설을 함. 전쟁 격문인 〈닳는 힘과 닳지 않는 힘La force qui s'use et celle qui ne s'use pas〉 발표.

1915(56세) 5월 15일 〈프랑스 철학La philosophie française〉 (*Revue de Paris*) 발표.

1916(57세) 4-5월 프랑스에 대한 여론을 호의적으로 만들려는 임무를 띠고 여러 학술원 회원들과 함께 사절단으로 스페인에 파견됨. 여러 대학에서 강연.

1917(58세) 2-5월 군사적, 재정적 지원을 위해 당시의 대통령 윌슨을 설득하는 임무를 띠고 미국에 파견됨.

1918(59세) 1월 24일 아카데미 프랑세즈 회원에 정식으로 취임. 전임자 에밀 올리비에Emile Ollivier의 찬양, 르네 두믹René Doumic의 답사. 6-9월 미국으로 제2차 파견.

1919(60세) 3월 레지옹 도뇌르의 3등훈장(commandeur). 11월 28일 공교육 고등 협의회Conseil supérieur de l'Instruction

publique 위원. 『정신의 힘 *L'énergie spirituelle*』(Alcan) 출판.
1920(61세) 9월 24일 옥스퍼드 대학에서 〈가능적인 것과 현실적인 것 Le possible et le réel〉 발표.
1921(62세) 12월 19일 꼴레즈-드-프랑스 교수직에서 완전히 은퇴(후임은 이미 1914년 이후 그 대신 강의하고 있던 르 롸).
1922(63세) 1월 4일 UNESCO의 전신에 해당하는 지적 협력 국제위원회(CICI, Commission internationale de coopération intellectuelle) 회원이 되고, 8월 1-6일 제네바 첫 회의에서 의장으로 선출됨. 정치-정신과학 학술원에 〈고전 연구와 교육 개혁 Les études classiques et la réforme de l'enseignement〉을 보냄. 4월 6일 프랑스 철학회에서 아인슈타인과 토론. 『지속과 동시성 *Durée et simultanéité*』(Alcan) 출판.
1923(64세) 8월 9일 레지옹 도뇌르의 2등훈장(grand officier). 8월 18일 레지옹 도뇌르의 윤리 위원회 Conseil de l'Ordre 위원.
1925(66세) 9월 9일 건강상의 이유로 지적 협력 국제위원회에서 물러남.
1928(69세) 노벨 문학상 수상.
1930(71세) 3월 29일 레지옹 도뇌르의 1등훈장(grand croix).
1932(73세) 『도덕과 종교의 두 원천 *Les deux sources de la morale et de la religion*』(Alcan) 출판.
1933(74세) 10월 9일 레지옹 도뇌르의 윤리 위원회에서 사직.
1934(75세) 『사유와 원동자 *La pensée et le mouvant*』(Alcan) 출판. 〈프랑스 철학과 프랑스 정신〉에 대해 라디오 방송.

1936(77세) 8월 〈나의 임무Mes missions〉 씀.

1940(81세) 독일 점령시 생-시르Saint-Cyr-sur-Loire에서 닥스Dax로 감. 7월 다시 생-시르로, 11월 빠리로 옴.

1941(만 81세 2개월) 1월 3일 빠리에서 폐렴으로 사망. 1월 6일 파리 교외 가르슈Garches 묘지에 묻힘.

참고문헌

베르크손에 대한 가장 완벽한 참고문헌 목록은 P.A.Y. Gunter, *Henri Bergson: A bibliography*(Rev. 2nd Ed., Bowling Green, Philosophy Documentation Center, 1986)이다. 이 책이 나오기 전까지는 1889-1952년 사이의 문헌에 대해서는 R.-M. Mossé-Bastide, *Bergson éducateur*(Paris, PUF, 1955), 1953-61년 사이에 대해서는 G. Mourélos, *Bergson et les niveaux de réalité*(Paris, PUF, 1965)의 권말 문헌목록이 주로 사용되었다. 우리는 베르크손 연구에 가장 기본적인 문헌과 『시론』에 관련된 것만을 추렸다.

1. 베르크손의 저작

Essai sur les données immédiates de la conscience, Paris, Alcan, 1889, [『시간과 자유의지』, 이문호 역, 대양서적, 1971; 『시간과 자유의지』, 정석해 역, 삼성출판사, 1978].

Matière et mémoire, Paris, Alcan, 1896, [『물질과 기억』, 홍경실 역, 교보문고, 1991].

Le rire. Essai sur la signification du comique, Paris, Alcan, 1900, [『웃음』, 김진성 역, 종로서적, 1983].

L'évolution créatrice, Paris, Alcan, 1907, [『창조적 진화』, 서정철 역, 을유

문화사, 1972].

L'énergie spirituelle, Paris, Alcan, 1919.

Durée et simultanéité. Essai sur la théorie de la relativité d'Einstein, Paris, Alcan, 1921.

Les deux sources de la morale et de la religion, Paris, Alcan, 1932. [『도덕과 종교의 두 원천』, 강영계, 삼중당, 1976; 『도덕과 종교의 두 원천』, 정한택, 심찬균 역, 박영사, 1980; 『도덕과 종교의 두 원천』, 송영진 역, 서광사, 1998].

La pensée et le mouvant, Paris, Alcan, 1934, [『사유와 운동』, 이광래 역, 문예출판사, 1993].

Oeuvres, Paris, PUF, 1959.

Mélanges, Paris, PUF, 1959.

Cours I-IV, 4 vol., Paris, PUF, 1990-2000.

이 밖에 새로 발견된 베르크손의 편지들은 유지석 박사의 학위논문 *Une contribution à la recherche de la pensée d'Henri Bergson*(Univ. de Lille III, 2000)에 정리되어 있다.

2. 베르크손 전반에 대한 연구

베르크손의 생애와 삶의 여러 태도에 관하여 알고 싶을 때 가장 기본적인 것으로 대개 다음과 같은 책들을 들 수 있는데, 이 중 Soulez와 Mossé-Bastide의 책이 가장 중요하고 자세하다. Chevalier의 책은 매우 재미있으나 부정확할 수 있으므로 조심해서 읽어야 한다.

Bardy, J., *Bergson Professeur,* Paris, Harmattan, 1998.

Béguin, A. & Pierre Thévenaz, *Henri Bergson.* Essais et témoignages inédits, Neuchâtel, La Baconnière, 1941.

Benrubi, I., *Souvenirs sur Henri Bergson,* Delachaux & Niestlé, Neuchatel & Paris, 1941.

Chevalier, Jacques, *Entretiens avec Bergson,* Paris, Plon, 1959.

Guitton, Jean, *La vocation de Bergson,* Paris, Gallimard, 1960.

Maire, Gilbert, *Bergson mon maître,* Paris, Ed. Bernard Grasset, 1935.

Mossé-Bastide, R. -M., *Bergson éducateur,* Paris, PUF, 1955.

Soulez, Philippe et F. Worms, *Bergson,* Paris, Flammarion, 1997.

Soulez, P., *Bergson politique,* Paris, PUF, 1989.

한국어로 된 베르크손 전반에 대한 연구서는 다음이 전부이다. 이 중 박홍규의 책은 그리스 철학에 대한 이야기가 섞여 있어서 상당히 어려우나 세계 최고 수준의 매우 심오한 대화록이다.

박홍규, 『형이상학 강의 1』, 민음사, 1995.
강영계, 『베르그송의 삶의 철학』, 제일출판사, 1982.
김진성, 『베르그송 연구』, 문학과지성사, 1985.
김형효, 『베르그송의 철학』, 민음사, 1991.
송영진(편역), 『베르그송의 생명과 정신의 형이상학』, 서광사, 2001.
들뢰즈(김재인 역), 『베르그송주의』, 문학과지성사, 1996.
콜라코프스키(고승규 역), 『베르그송』, 지성의 샘, 1994.

작고 간편한 개설서들

Barthélemy-Madaule, M., *Bergson,* Paris, PUF, 1968.

Barlow, M., *Henri Bergson,* Paris, Ed. unversitaires, 1966.

Cresson, A., *Bergson, sa vie, son oeuvre, sa philosophie*, Paris, PUF, 1941.

Meyer, F., *Bergson*, Paris, Bordas, 1985.

Robinet, A., *Bergson et les métamorphoses de la durée*, Paris, Seghers, 1965.

Vieillard-Baron, J.-L., *Bergson*, Paris, PUF, 1991.

Vieillard-Baron, J.-L., *Bergson et bergsonisme*, Paris, Armand Colin, 1999.

Worms, F., *Le vocabulaire de Bergson*, Paris, Ellipses, 2000.

베르크손 전반에 대한 주요 연구서들

Adolphe, Lydie, *La philosophie religieuse de Bergson*, Paris, PUF, 1946.

Adolphe, Lydie, *La dialectique des images chez Bergson*, Paris, PUF, 1951.

Adolphe, Lydie, *L'univers bergsonien*, Paris, La Colombe, 1955.

Bachelard, G., *La dialectique de la durée*, Paris, PUF, 1950.

Barthélemy-Madaule, M., *Bergson adversaire de Kant*, Paris, PUF, 1965.

Barthélemy-Madaule, M., *Bergson et Teilhard de Chardin*, Paris, Seuil, 1963.

Čapek, Milič, *Bergson and Modern Physics*, Dordrecht, D. Reidel, 1971.

Cariou, M., *Lectures bergsoniennes*, Paris, PUF, 1990.

Chevalier, J., *Bergson*, Paris, Plon, 1926.

Deleuze, Gilles, *Le bergsonisme*, Paris, PUF, 1968.

Delhomme, Jeanne, *Vie et conscience de la vie. Essai sur Bergson*, Paris, PUF, 1954.

Gillouin, R., *La philosophie de M. Henri Bergson*, Paris, Bernard Grasset, 1911.

Gilson, Bernard, *La révision bergsonienne de la philosophie de l'esprit,* Paris, Vrin, 1992.

Gilson, Bernard, *L'individualite dans la philosophie de Bergson,* Paris, Vrin, 1985.

Gilson, Etienne, *Le philosophe et la théologie,* Paris, Arthème Fayard, 1960.

Gouhier, H., *Bergson et le Christ des évangiles,* Paris, Arthème Fayard, 1961.

Gouhier, H., *Bergson dans l' histoire de la pensée occidentale,* Paris, Vrin, 1989.

Gunter, P. A. Y.(ed.), *Bergson and the evolution of physics,* Knoxville, The Univ. of Tenessee Press, 1969.

Heidesieck, F., *Henri Bergson et la notion d'espace,* Paris, Cercle du livre, 1957.

Höffding, H., *La philosophie de Bergson,* Paris, Alcan, 1916.

Hude, H., *Bergson I, II,* 2 vol., Paris, Ed. universitaires, 1989-1990.

Husson, L., *L' intellectuallisme de Bergson.* Génèse et dévelopement de la notion bergsonienne d' intuition, Paris, PUF, 1947.

Janicaud, D., *Une généalogie du spiritualisme français,* La Haye, Martinus Nijhoff, 1969.

Jankélévitch, Vladimir, *Henri Bergson,* Paris, Alcan, 1931.

Lattre, Alain de, *Bergson une ontologie de la perplexité,* Paris, PUF, 1990.

Le Roy, Edouard, *Une philosophie nouvelle: Henri Bergson,* Paris, Alcan, 1922.

Maritain, J., *La philosopie bergsonienne.* Etudes critiques, Paris, Téqui, 1948.

Mossé-Bastide, R.-M., *Bergson et Plotin*, Paris, PUF, 1959.

Mourélos, G., *Bergson et les niveaux de réalité*, Paris, PUF, 1965.

Péguy, C., *Note conjointe*, Paris, Gallimard, 1935.

Philonenko, Alexis, *Bergson ou de la philosophie comme science rigoureuse*, Paris, Cerf, 1994.

Rideau, E., *Les rapports de la matière et de l'esprit dans le bergsonisme*, Paris, Alcan, 1932.

Roustan, D., *La raison et la vie*, Paris, PUF, 1946.

Segond, J., *L'intuition bergsonienne*, Paris, Alcan, 1930.

Thibaudet, A., *Le bergsonisme*, 2 vol., Paris, NRF, 1923.

Tonquédec, J. de, *Sur la philosophie bergsonienne*, Paris, Gabriel Beauchesne et ses fils, 1936.

Trotignon, P., *L'idée de vie chez Bergson et la critique de la métaphysique*, Paris, PUF, 1968.

그 밖에 논문집으로 *Les études bergsoniennes I-X*(Paris, Albin Michel, PUF, 1948-1973)와 *Bergson et nous. Actes du Xe congrès des sociétés de philosophie de langue française*(Paris, A. Colin, 1959)가 유명하고, 다수의 철학잡지 특집호들이 있다. 가장 최근의 것은 *Magazine littéraire*의 베르크손 특집호(Bergson, philosophe de notre temps, No. 386, 2000. 4.)이다.

3. 『시론』에 대한 연구

베르크손의 철학은 전체가 얽혀 있기 때문에 『시론』 하나만을 놓고 논하기가 매우 어렵다. 또 『시론』은 베르크손 철학의 기초이기 때문에 그에 대한 연구는 모두 『시론』과 관계가 있다고 해도 과언이 아니다. 그 모든 연구를 다 열거할 수는 없으므로, 여기서는 특히 『시론』에 국한된 연구만을 추렸다.

단행본이나 박사학위 논문들

Bachelard, G., *L'intuiton de l'instant*, Paris, Stock, 1932.

Bjelland, A. G., *The foundations of Bergson's metaphysics:* An Essay on Henri Bergson's early metaphysical dualism, Diss. Saint Louis, 1970.

Boer, Jesse de, *A critical study of Bergson's change, duration and causality*, Diss. Harvard, 1942.

Campbell, C. A., *Bergson's doctrine of freedom*, Diss. Washington(St. Louis), 1926.

Cantin, Stanislaus, *Henri Bergson et le problème de la liberté*, Québec, Ed. de l'Université Laval, 1945.

Chahine, O. E., *La durée chez Bergson*, Paris, H. Boucher, 1970.

Florian, M., *Der Begriff der Zeit bei Henri Bergson*, Diss. Greifswald, 1914.

Gunn, J. A., *The problem of time*, London, Allen and Unwin, 1929.

Heath, L. R., *The concept of time*, Chicago, Univ. of Chicago, 1936.

Howe, L. W., *The idea of endosmosis in Bergson's philosophy*, Diss. Missouri, 1983.

Janet, Pierre, *L'évolution de la mémoire et de la notion du temps*, Paris, Chahine, 1928.

Jerphagnon, L., *De la banalité*. Essai sur l'ipséité et sa durée vécue:

durée personelle et co-durée, Paris, Vrin, 1965.

Labhabi, Mohamed Aziz, *Liberté ou libération? : A partir de liberté bergsonienne*, Paris, Montaigne, 1956.

Laporte, J., *La conscience de la liberté*, Paris, Flammarion, 1947.

Nabert, Jean, *L' Expérience intérieure de liberté*, Paris, PUF, 1924.

Nys, D., *La notion du temps*, Louvain, Institut supérieur de philosophie, 1913.

Parker, G. F., *Duration and method in the philosophie of Bergson*, Diss. Michigan, 1959.

Playne, C., *Bergson and free will*, Lodon, Headley, 1915.

Reichenbach, H., *The direction of time*, Berkeley, Univ. of California Press, 1971.

Souriau, M., *Le temps*, Paris, Alcan, 1937.

Theau, J., *La conscience de la durée et le concept de temps*, Toulouse, E. Privat, 1969.

Winston, A. P., *The concept of human freedom in Bergson and James*, Diss. Washington, 1950.

개별 논문들

박홍규, 「베르그송에 있어서의 근원적 자유」, 《철학연구》, 10, 1975; 『희랍철학논고』, 민음사, 1995.

Alessandri, A., "Review of *Liberté ou libération?* by Lahbabi", *Revue philosophique de la France et de l' étranger*, 84, No. 3, 1959.

Balsillie, D., "Professor Bergson on time and free will", *Mind*, N. S.

20, No. 79, 1911.

Barreau, H., "Bergson et Zénon d'Elée", *Revue philosophique de Louvain*, 67, Nos. 94-95, 1969.

Belot, G., "Une théorie nouvelle de la liberté", *Revue philosophique de la France et de l'étranger*, 30, No. 10, 1890.

Beurlier, E., "Review of *Essai sur les données immédiates* by Henri Bergson", *Bulletin critique*, 2e Ser., 10, 1892.

Bjelland, A. G., "Bergson's dualism in *Time and free will*", *Process Studies*, 4, No. 2, 1974.

Blanché, R., "Psychologie de la durée et physique du champs", *Journal de psychologie normale et pathologique*, 44, No. 3, 1951.

Bloch, Marc-André, "Sens et postérité de l'*Essai*", *Actes du Xe congrès des sociétés de philosophie de langue française*, Paris, A. Colin, 1959.

Bogdanovitch, R., "L'idée de durée chez Bergson et chez Marcel Proust", *Notre temps*, 1932.

Boll, M., "Sur la durée, la liberté, et autres 'intuitions'", *Mercure de France*, 122, 1919.

Bos, C., "Contribution à la théorie psychologique du temps", *Revue philosophique de la France et de l'étranger*, 50, No. 12, 1900.

Brown, W., "The philosophy of Bergson", *Chuch quarterly review*, 74, No. 2, 1911.

Căpek M., "Stream of consciousness and 'durée réel'", *Philosophy and phenomenological Research*, 20, No. 3, 1950.

Căpek M., "La génèse idèal de la matière chez Bergson: la structure de la durée", *Revue de métaphysique et de morale,* 57, No.3, 1952.

Champigny, R., "Position philosophique de la liberté", *Revue de métaphysique et de morale,* 64, 1959.

Chandra, S., "Henri Bergson's approach to freedom", *Aryan path,* 45, No. 1, 1968.

Chevalier, J., "le continu et discontinu", *Proceedings of aristotelian society,* Sup. V. 4, 1924.

Cluny, C. M., "Le temps de Bergson", *Lettres française,* No. 1249, 1968.

Couturat, L., "Etude sur l'espace et le temps de MM. Lechalas, Poincaré, Delboeuf, Bergson, L. Weber, et Evellin", *Revue de métaphysique et de morale,* 4, 1896.

Couture, L., "Review of *Essai sur les données immédiates* by Henri Bergson", *Polybiblion,* 31, 1890.

Cronan, E. P., "Bergson and free will", *New scholasticism,* 11, No. 1, 1937.

Cunningham, G. W., "Bergson's concept of duration", *Philosophical review,* 23, No. 6, 1914.

Dandieu, A., "Le conflit du réel et du rationel dans la psychologie du temps et de l'espace", *Revue philosophique de la France et de l'étranger,* 110, Nos. 7-8, 1930.

Devaux, A.-A., "La connection entre liberté et vocation dans la philosophie de Bergson", *Actes du Xe congrès des sociétés de philosophie de langue française,* Paris, A. Colin, 1959.

Dolson, G. N., "Review of *Time and free will* by Henri Bergson",

Philosophical review, 20, No. 3, 1911.

Dwelsauvers, G., "Evolution et durée dans la philosophie de Bergson", *Revue de l' Université de Bruxelle,* 18, No. 1, 1912.

Etcheverri, A., "La durée bergsonienne", *Actes du Xe congrès des sociétés de philosophie de langue française,* Paris, A. Colin, 1959.

Farges, A., "La notion bergsonien du temps", *Revue néo-scolastique de philosophie,* 19, No. 75, 1912.

Fawcett, E. D., "Review of *Time and free will* by Henri Bergson", *Quest,* 2, 1911.

Filion, R., "Durée et liberté. Une étude du premier Bergson", in *Vérité et ethos,* Québec, Press de l' Univ. Laval, 1982.

Ferri, L., "Review of *Essai sur les données immédiates de la conscience* by Henri Bergson", *Rivista italiana di filosofia,* 5, No. 2, 1890.

Forsyth, T., "Review of *Time and free will* by Henri Bergson", *Review of theology and philosophie,* 6, 1911.

Galy, R., "Le temps et la liberté chez Kant et chez Bergson", *Études philosophiques,* 16, No. 3, 1961.

Gaultier, Paul, "Le mouvement philosophique: La vie intérieure", *Revue bleue,* 49, No. 8, 1911.

Gerrard, T. J., "Bergson and freedom", *Catholic world,* 97, No. 578, 1913.

Guéréa, J. D., "Le problème de la connaissance et les durées", *Revue de métaphysique et de morale,* 43, No. 1, 1936.

Gurvitch, G., "Deux aspects de la philosophie de Bergson: temps et liberté ", *Revue de métaphysique et de morale,* 65, No. 3, 1960.

Hellman, W., "Der Begriff der Zeit bei Henri Bergson", *Philosophia natralis,* 4, No. 1, 1957.

Heroux, J., "La liberté humaine dans Bergson", *Le Canada français,* 31, No. 6, 1943.

Herr, L., "Review of *Essai sur les données immédiates de la conscience* by Henri Bergson", *Revue critique,* N. S. 30, No. 52, 1890.

Hoeber, F., "Erlebnis der Zeit und Willensfreiheit: Versuch über Bergsons intuitive Philosophie", *Die weissen Blätter,* 4, No. 12, 1916.

Hurley, P. J., "Bergson and Whitehead on freedom", *Proceedings of the american catholic philosophical association,* 50, 1976.

Husson, L., "Les aspects méconnus de la liberté bergsonienne", *Actes du 4e congrès des sociétés de philosophie de langue française,* Neuchâtel, La Baconnière, 1949.

Khatchadourian, H., "On time", *Philosophy and phenomenological research,* 21, No. 4, 1961.

Iacono, G., "La perception de la durée", *Journal de psychologie normale et pathologique,* 53, No. 3, 1956.

Joussain, A., "Le sujet conscient et l'inconscient dans leur rapport avec la durée pure chez Bergson", *Archives de philosophie,* No. 1, 1959.

Kehr, T., "Bergson und die Probleme von Zeit und Dauer", *Archiv für die gesamte Psychologie,* 26, No. 1, 1913.

Kümmel, F., "Time as succession and the problem of duration", in

The voices of time(ed. J. T. Fraser), New York, G. Braziller, 1966.

Lafrance, G., "Continuité et absolue nouveauté dans la durée bergsonienne", *Dialogue,* 7, No. 1, 1968.

Le Breton, M., "Les romanciers américains et la personne", in *Problèmes de la Personne,* Paris, Ed. Ignace Meyerson, 1973.

Lestienne, R., "Caractères de la durée physique", *Scientia,* 107, 1972.

Levy-Bruhl, L., "Revue critique de l'Essai, anonyme", *Revue philosophique de la France et de l' étranger,* 29, No. 5, 1890.

Lutzow, T. H., "The structure of free act in Bergson", *Process studies,* 7, 1977.

Marache, T. Jr., "Bergson and free will", *Personalist,* 20, No. 1, 1939.

Meissner, W. W., "The temporal dimension in the understanding of human experience", *Journal of existentialism,* 7, No. 26, 1966-1967.

Mijuskovic, B., "The simplicity argument and freedom of consciousness", *Idealistic studies,* 8, No. 1, 1978.

Minkowski, E., "L'irrationel: donnée immédiates", *Revue philosophique de la France et de l' étranger,* 84, No. 3, 1959.

Minkowski, E., "La durée pure et la durée vécue", *Actes du Xe congrès des sociétés de philosophie de langue française,* Paris, A. Colin, 1959.

Morkovski, M. C., "Henri Bergson on freedon without antecedent possibility", *Proceedings of the american catholic philosophical association,* 50, 1976.

Moore, J. S., "Duration and value", *Philosophical review,* 22, No. 3, 1913.

Moulyne, A. C., "Reflections on the problem of time in relation to neurophysiology and psychology", *Philosophy of science,* 19, No. 1, 1952.

Moulyne, A. C., "The function of point and line in time measuring operations", *Philosophy of science,* 19, No. 2, 1952.

Muirhead, J. H., "Philosophy of Bergson", *Hibbert journal,* 9, No. 4, 1911.

Paulus, J., "Les deux directions de la psychologie bergsonienne et la méthode introspective de l'*Essai*", *Tijdschrift voor Philosophie,* 5, No. 1, 1943.

Pillon, F., "Review of *Essai sur les données immédiates de la conscience* by Henri Bergson", *Année philosophique,* 1, 1890.

Pitkin, Walter B., "Review of *Time and free will* by Henri Bergson", *Psychological bulletin,* 8, No. 5, 1911.

Reck, A. J., "Bergson's theory of duration", *Tulane studies in philosophy,* 8, 1959.

Riefstahl, H., "Henri Bergsons *Zeit und Freiheit*", *Philosophischer Literaturanzeiger,* 3, No. 2, 1950.

Rivaud, A., "Remarque sur la durée", *Recherches philosophiques,* 3, 1933-34.

Romeyer, B., "La liberté humaine d'après Bergson", *Revue néoscolastique de philosophie,* 35, No. 2, 1933.

Royce, J., "The reality of the temporal", *International journal of ethics,* 20, No. 3, 1910.

Salvan, J. L., "Des conceptions bergsonienne et sartrienne de la liberté", *French review,* 22, No. 2, 1948.

Saussure, René de, "Le temps en générale et le temps bergsonien en particulier", *Archives de psychologie,* 14, 1914.

Schmidtke, C. R., "A crossroads for process philosophy", *Tulane studies in philosophy,* 24, 1975.

Schoubourg, Gary, "Bergson's intuitional approach to free will", *Modern schoolman,* 45, No. 1, 1968.

Selincourt, B. de, "Music and duration", *Music and lettres,* 1, No. 4, 1920.

Sertillanges, A. G., "Le libre arbitre chez Saint Thomas et chez Bergson", *La vie intellectuelle,* N. S. 39, No. 1, 1937.

Stark, Werner, "Diminishing utility reconsidered", *Kyklos,* 1, No. 2, 1947.

Stout, G. F., "Free will and determinism", *Speaker,* 1, 1890.

Taylor, A. E., "Review of *Time and free will* by Henri Bergson", *International journal of ethics,* 21, No. 3, 1911.

Virieux-Reymond, A., "Réflexion sur la nature du temps: Bergson", *Giornale di metafisica,* 14, Mo. 6, 1959.

Zaragüeta, J., "La liberté dans la philosophie de Bergson", *Actes du Xe congrès des sociétés de philosophie de langue française,* Paris, A. Colin, 1959.

"Review of *Essai sur les données immédiates de la conscience* by Henri Bergson", *Revue philosophique de la France et de l'étranger,* 19, 1890.

"Professor Bergson on freewill", *Spectator,* 105, No. 4292, 1910.

찾아보기

ㄱ

가역적 130, 133
간격 112, 128, 146, 148, 150, 151, 153, 243, 245
감각 17, 21, 23, 26, 28, 29, 34, 37-92, 111-125, 130, 133, 137, 138, 145, 157, 160, 161, 165, 167, 168, 175, 184, 187, 194, 196, 209, 213, 254, 274, 276
감동 37, 38
감성 122, 163, 164
감수성 36
감정 17, 25, 29, 32, 35-38, 46, 48-51, 94, 107, 113, 116, 161, 165-170, 182, 184, 208-217, 232, 234, 235, 245, 246,
강도(强度) 16, 18, 19-23, 25, 27, 29, 32, 38, 40, 41, 44, 46, 48-51, 56-58, 65, 69, 74, 76, 79, 82, 93, 95, 117, 137, 145, 232, 233, 237, 275, 276, 280
강도의 성격을 띤 17-24, 92, 93, 137, 145, 273, 276

개념 143, 198, 270
개연성 230, 231
객관적 107, 108, 263
건축 35
격렬한 감정 48-51
결정론 16, 183-189, 199-207, 216, 218-220, 224, 226, 230, 231, 249, 251, 253, 265, 271, 272, 281, 289
결정성 251, 264, 268
경험론 119, 121, 273
계기 16, 88, 101, 102, 128-130, 132, 135, 136, 140, 141, 154, 164, 177, 227, 238, 252, 253, 258, 262, 267, 272, 278, 279, 281, 282, 289, 291
계기적 111, 112, 128, 133, 135, 140, 141, 154, 257
고통 33, 39, 45, 47, 48, 50, 52-59, 65, 203, 223
골트샤이더 68
공간 15, 18, 20, 24, 41, 46, 53, 67, 68, 71, 97-138, 142-150, 154-157, 160-162, 169, 170,

177, 206-209, 222, 226-229, 238-240, 246, 254, 255, 256, 263, 272, 273, 275, 277-285, 287, 291
공감 31, 32, 34, 36, 40, 68, 71, 209
공존 97, 122, 128, 146
공포 47, 50
관념 15, 18, 20, 31, 49, 50, 64, 66, 71, 90, 92, 94, 95, 98, 100, 102, 103, 108, 115, 116, 118, 129, 130-132, 134-136, 141, 157, 158, 161, 165, 170, 172-174, 179, 181, 182, 184, 200, 204, 205, 207-215, 231, 233, 252, 253, 259, 261-268, 272, 275, 277, 286
관념 연상의 법칙 202
광원 72-74, 77, 79
구별되는 다수성 102, 117, 154, 155, 157, 158, 165, 277
구심 감각 43
구체적 다수성 95
구체적 지속 129-135
국부적 신호 71
국부적 신호 이론 120, 124
근본적 자아 210, 211
근육 41-48, 57, 67, 68, 71, 72
근육 감각 25, 71
근육의 힘쓰기 40-47

기계론 179-183, 190, 194, 201, 216, 224, 256, 259, 260
기쁨 25, 28, 29, 40, 47, 50
기생적 자아 210
기억 26, 47, 50, 75, 135, 136, 142, 159, 205, 213, 214, 219, 227, 248, 278
기저의 감정 38
기저의 느낌 25, 30
기저의 상태 94
기호 100, 117, 232, 274, 275
긴장 48, 61, 214
깊은 감정 25-29, 46, 232
꿈 26, 34, 162, 173

ㄴ

내적 다수성 154-158
냄새 60, 61, 167
네이글릭 75
노력 17, 20, 25, 27, 32, 33, 41, 43, 44, 46, 48, 50, 51, 57, 61, 66-68, 70, 71, 94, 130, 168, 261, 263, 265, 269
노엘 97
높이 36, 66, 71
능동성 121, 122, 182

ㄷ

다수성 27, 51, 94, 95, 97-118, 154-157, 160, 164, 165, 202, 206, 275, 276
다윈 48, 50, 57, 97
단순성 129, 180, 182
단위 98-106, 109, 111, 158, 245, 275
단일성 98-105, 107,
단자 264, 265
데까르트 193, 242, 256-258
델뵈프 75-82, 89, 90
도덕감 38-40
동시성 16, 100, 124, 133, 139, 141, 143, 148-154, 177, 227, 242, 243, 256, 272, 277-279, 281, 285, 289, 291,
동일률 257
동질성 127, 135, 256
동질적 112, 124-129, 138, 139, 143, 149, 157, 181, 254, 255, 280, 283, 285, 286
동질적 공간 71, 146, 158, 164, 165, 167, 172, 174, 177, 270, 280, 282, 287
동질적 시간 129-135, 142, 155, 162, 170, 288
동질적 연장성 254, 256
동질적 장소 117, 124, 127, 128, 129, 136, 138, 143, 144, 159, 160, 161, 169, 206, 271, 272, 276, 283, 285, 289
동질적 지속 164
두려움 39, 40, 203

ㄹ

라 로쉬푸꼬 39
라이프니츠 193, 264, 265
레만 75
로체 120
르누비에 289
리보 47
리셰 56

ㅁ

마비 환자 41-42
매력 31, 39, 58
먹 233
몸 27, 37, 43, 44, 48, 56, 58, 66, 67, 71
무(無) 29, 192, 194
무게 45, 63, 70-72, 114, 245
무기력 59, 213
무의식적 65, 102, 128, 214, 223, 227, 270
물리적 결정론 183-199
물활론 264

미리 이루어짐 254, 261, 262
미리 존재함 266
미술 34
미움 208, 209
미적 감정 30-38
미적 감동 25, 30
미주신경 57

ㅂ

박자 31, 34, 137
반복 35, 66, 160, 168, 251
반사운동 184, 289
반성적 의식 26, 27, 72, 117, 118, 129, 237
반응운동 61, 64, 69
발생론적 121
베버 83, 84
베인 41, 120, 203
병치 15, 100, 110, 115, 117, 121, 122, 130-137, 142, 157, 163, 169, 170, 177, 206, 208, 209, 283, 288-290
부대현상 194
분노 47-49, 210
분자 운동 23, 53, 55, 189, 190, 194
분트 41, 66, 120
불가분적 51, 103, 105, 106, 109, 144, 146

불가입성 113
불연속성 15, 106
불연속적 67, 80, 81, 107
뷜피앙 42
블릭스 68
비연장적 16, 18, 19, 51, 91, 118, 121, 122, 143, 264
빛 59, 61, 181
빛의 감각 21, 72-82
쁠라또 78
삐용 97

ㅅ

사랑 48, 50, 51, 168, 208
사물 143, 145, 153, 167, 175, 192, 222, 223, 227, 245, 247, 263, 270, 279, 280
사유 31, 108, 114, 121, 131, 188, 208, 215
삼투압 141, 145, 269, 279
상image 26, 94, 99, 100-102, 108, 118, 136, 160, 204, 227, 233, 238, 254, 255
상식 18, 20, 91, 157, 222, 253, 261, 262, 273
상징 117, 127, 140, 143, 164, 207, 221, 226, 227, 233, 271, 272, 277, 284, 288
상징적 91, 110, 113, 116, 136,

138, 159, 161, 164, 216, 222, 225, 226, 249, 271, 283, 291
상징주의 224, 225, 229, 230
상호 병치 26, 286
상호 침투 97, 116, 131, 135-137, 140, 141, 150, 154, 156, 161, 164, 168, 170, 171, 173, 207, 208, 216, 269, 279, 280-282, 286, 288, 291
색깔 63, 73, 74, 76, 77, 79, 80, 254
색조 25, 26, 60, 64, 71, 76, 80, 83, 86, 88, 90, 126, 171, 233, 237, 274
색채 72, 204, 208, 209
생득론자들 119
선결문제 요구 250
선율 26, 130, 134, 136, 144, 160, 188
세기 37, 59, 62, 65, 66, 74
소리 60, 61, 63, 112, 136, 164, 183
소리의 감각 65-68
속도 71, 148, 151-154
수 97-118, 135, 140, 153, 157, 244, 276
수의(隨意) 신경자극 41
수적 다수성 97-118, 159, 164, 169, 172, 174, 269, 288
수치 50

순간 101, 102, 132, 138, 140, 141, 149, 153, 154, 161, 169, 174, 176, 184, 236, 245, 249, 256, 258, 270, 272, 278, 284, 289, 290
순서 132, 133, 235
순수 지속 95, 100, 111, 113, 118, 130, 134, 136, 156, 282, 284, 291
스튜어트 밀 202, 219, 220
스펜서 50
스피노자 188, 258, 259, 264
슬픔 25, 28, 29, 34, 40
습관 46, 68, 71, 75, 77, 141, 157, 267,
시간 97, 101, 102, 112, 117, 118, 128-130, 132, 133, 135, 138, 139, 143, 148, 149, 152, 157, 159, 160, 162, 169, 177, 195, 196, 198, 227, 228, 239, 240, 244, 246, 247, 257, 270, 272, 273, 275, 279, 281-286, 289
시간-양 165
시간-질 165
신체 49, 50, 53, 54, 56, 58, 59, 62, 65, 68, 71, 200, 235
신체적 공감 31
신체적 징후 28
실재 지속 159-164, 219-271, 283, 286

실체 noumenes 284
실체 substance 172
심리적 결정론 183, 190, 191, 198, 199-207

ㅇ

아름다움 33, 36, 38
아름다움의 느낌 33
아리스토텔레스 156
아킬레스 146-148
압각(壓覺) 69
압력 69
양 16, 19, 24, 40, 45, 51, 58, 64, 65, 70, 72, 73, 75, 78, 82, 83, 86, 88, 90-97, 137, 138, 148, 152, 158, 162, 164, 174, 191, 195, 254, 275, 281, 291
양상 187, 188
양적 17, 60, 66, 68, 74, 155, 234, 236, 242
언어 15, 33, 156, 157, 164, 165, 167, 168, 170, 174, 176, 188, 204, 206, 208, 209, 219, 221, 224, 245, 272, 287, 288
에너지 보존의 법칙 182, 184, 186, 191, 193, 194, 197, 198, 280
에올 40
엘레아 학파 95, 145-149, 291
여럿 98, 104, 133, 156, 174

역동론 179-183, 217
역사 36, 37, 234, 235, 245, 246, 264, 265, 290
연민 38-40
연상 289
연상이론 173
연상주의 171, 199-202, 204, 205, 207, 209, 213, 277, 289
연상주의적 결정론 190, 202
연장성 16, 20, 40, 45, 47, 117, 118, 119, 121, 122, 125, 126, 132, 148, 187, 188, 257, 264, 269, 270, 272, 279, 281, 289, 291
연장적 19, 64, 91, 101, 104, 106, 116, 121, 122, 125, 270, 273, 276
열 감각 69, 85
열망 39, 215
열정 17, 26, 28, 40, 47, 161, 171, 211,
예견 39, 180, 192, 219, 229- 248, 271, 274, 280, 281, 290
예술 33-35, 37
예정 조화 264, 265
오귀스뜨 꽁뜨 185
온도 60, 63, 85
외부 원인 22, 51, 92, 93, 161, 250
외연적인 것 17-25, 85, 93, 94, 145, 164, 273, 276

외재성 127, 129, 140, 140, 161, 161, 175, 279, 281
외적 원인 52
욕망 25-27, 39, 40, 47, 48, 50, 51, 164, 203
우아함 30-32
우연성 218-229, 266
운동 25, 34, 35, 40-42, 44, 45, 47, 49, 50, 53, 54, 58, 60, 68, 71, 72, 95, 136, 138-153, 160, 181, 188, 189, 193, 204, 213, 239, 255-257, 279, 285
운동량 보존의 원칙 193
운동성 32, 144, 145, 149, 165
원인 21, 40, 64, 65, 69, 73, 76, 90, 94, 95, 137, 160, 161, 167, 168, 188, 197, 200, 202, 205, 220, 240, 249, 251, 253, 259, 263, 264, 266, 272, 284, 286
원자론 184
윌리엄 톰슨 185, 255
유기체 27, 52-54, 56, 137, 172, 183, 184, 210, 213
율동 30, 31, 34-36
음악 34, 66, 163
음영 72, 77, 81
의식 16, 23, 26, 27, 37, 42, 46, 49-52, 54-56, 58, 62, 71, 72, 76, 86, 88, 93, 95, 108, 111, 117, 122, 128-130, 132, 133, 137, 139, 142, 144, 145, 150, 154, 156, 159, 160, 161, 163, 164, 168, 170, 172, 174, 175, 179, 189, 190, 197, 199, 202, 207-209, 212, 219, 222, 232, 233, 235, 238, 243, 245, 246, 248, 249, 261, 264, 266, 267, 273, 274, 276, 278, 279, 281, 283, 286
의지 31, 41, 43, 179, 201, 221, 236, 241, 263
의지적 결정 275, 277
의지적 활동 222, 226
이미지 15, 132, 157, 165
이질성 125, 135, 156, 254, 277, 280, 286
이질적 127, 140, 154, 181, 284, 285, 286, 288
이질적 순간 142, 164
인과성 177, 189, 248-272, 280, 286
인과율 216, 249, 251-253, 255, 257, 260, 266, 267, 284
인광 188
인력(引力) 28

ㅈ

자동 운동 54, 191
자동성 289, 291

자발성 181, 268, 271
자아 21, 130, 139, 140, 156, 160-162, 164-177, 183, 202, 203, 207, 209, 210, 213, 216, 218, 220-224, 226, 229, 263, 267, 268, 270, 271, 274, 277, 282-284, 286, 288
자연 33, 34, 36, 39, 53, 55, 126, 167, 170, 180, 249, 262, 268,
자유 16, 54, 95, 177, 179-181, 191, 198, 204, 209, 211, 213, 218, 222-225, 228, 229, 231, 251, 252, 261, 266, 268, 270, 271, 280-283, 286, 289, 290, 291
자유[옹호]론 218, 219, 230
자유로운 행위 207-219
자유의지 95, 189, 197, 219, 220, 228
장 뮐러 120
정신 59, 98, 103, 109, 122, 125, 143, 172, 274
정신론 210
정신물리학 17, 70, 75, 78, 83-93, 276,
정의 16, 37, 65, 85, 86, 124, 126, 130, 132, 133, 143, 149, 150, 169, 180, 181, 222, 251, 254, 270, 271, 280, 281, 291
정조적 60, 64, 65, 69, 94, 110
정조적 감각 51-59, 73, 77

제임스 41, 43, 44, 49
조도 측정법 75
종합 98, 103, 108, 143, 144, 145, 153
주관적 107, 108, 263
주의 34, 36, 46, 47-48, 61, 69, 106, 109, 168, 175
중간 눈금법 89, 91
중량 감각 69-72
쥘 딴너리 89
증오 48, 51
지각 21, 26, 30, 36, 40, 43-46, 67, 71, 79, 82, 84, 86, 94, 108, 122, 125, 126, 137, 144, 164-166, 188, 232, 242, 254, 255, 259, 264, 265, 268, 273, 283, 288
지각함 140
지속 16, 95, 100-102, 128-139, 140, 142, 143, 148-150, 153, 154, 158-165, 167, 169, 170, 174, 189, 195, 197, 198, 206, 235, 241-243, 245, 248, 249, 256, 258-260, 266, 269, 270-273, 275, 277-281, 283-286, 289, 290, 291
직관 20, 98-100, 103, 104, 124, 127, 148, 259, 276, 287
직접적 의식 72, 164, 168, 261
직접적 직관 288
진전 46, 158

진정한 지속 117, 137, 140, 164, 198, 281
진행 29, 143, 145, 168, 227, 237, 242, 245, 247, 270
질 16, 27, 58, 64, 67, 68, 70-73, 76, 81, 85, 86, 91-95, 97, 112, 114, 117, 118, 124-127, 130, 137, 145, 148, 156, 158, 162, 164, 174, 229, 232, 237, 254, 255, 263, 275-277, 281, 291
질료 103, 109, 274, 287
질서 127, 130
질적 29, 33, 40, 45, 46, 60, 77, 85, 86, 112, 121, 124, 126, 131, 133, 135, 145, 149, 155-157, 164, 199, 254
질적 다수성 136, 155, 157, 159, 164, 275, 277, 280, 288, 290

ㅊ

채도 77
청각 67
체험된 지속 242, 244
초월적 감성론 119, 121
최면 34, 36, 201, 210
측정 19, 22, 57, 60, 79, 80, 81, 83, 85, 91-93, 139-149, 232, 276, 279, 281
측정 가능 21, 64, 136, 138

ㅋ

칸트 119, 121, 122, 273, 283-289
쾌락 29, 52-54, 58, 59, 203

ㅌ

타성 180, 181, 213, 271
통약 불가능한 208, 288

ㅍ

패러데이 270
페레 62
페리에 42
페히너 47, 78, 82-84, 86, 89, 91-93
표상적 60, 94, 119
표상적 감각 52, 59-82, 95, 116
푸이예 203
플라톤 212, 285
필연 180, 182, 186, 199, 114, 225, 257, 258, 265, 267, 268, 271
필연적 결정 259, 260, 262, 266-269, 272, 286, 290

ㅎ

하나 98, 99, 103, 174
합계 98, 99, 101-103, 105, 147, 240

헬름홀츠 43, 74
혐오 39, 40, 50, 56, 57
혼동된 다수성 165
혼동된 지각 94
활동 179, 191, 223, 224, 226, 271
활동력 183
활동성 223, 224

획득된 지각 64, 94
희망 27, 28
히른 185
힘 41-43, 45, 73, 161, 180, 181, 195, 197, 237, 265, 267, 268, 275

이 책은 대우재단의 지원을 받아 연구 및 출간되었습니다.

최화

서울대 법대를 졸업한 뒤 서울대 철학과에서 석사, 파리-소르본느(파리 IV) 대학에서
"Les genres suprêmes dans le Sophiste de platon"이라는 논문으로 철학박사학위를 받았으며,
경희대 철학과 교수로 재직했다. 저서로 『인간이란 무엇인가』(공저),
논문으로 「플라톤의 기초존재론초」, 「베르크손 무이론의 분석」, 「지속과 순간」,
「소피스트편의 존재론적 성격」 등이 있다.

의식에 직접 주어진 것들에 관한 시론

대우고전총서 001

1판 1쇄 펴냄 | 2001년 8월 20일
1판 10쇄 펴냄 | 2024년 3월 1일

지은이 | 앙리 베르크손
옮긴이 | 최화
펴낸이 | 김정호
펴낸곳 | 아카넷

출판등록 | 2000년 1월 24일(제406-2000-000012호)
주소 | 10881 경기도 파주시 회동길 445-3
전화 | 031-955-9510(편집) 031-955-9514(주문)
팩시밀리 | 031-955-9519
www.acanet.co.kr

ⓒ 최화, 2001
철학, 서양철학, 프랑스, 네덜란드철학, 제임스 KDC 166.81

Printed in Paju, Korea

ISBN 978-89-89103-57-8 94160
ISBN 978-89-89103-56-1 (세트)